U0152375

教皇方濟各傳

偉大的變革者

奧斯丁·伊凡里　著

李旭大　譯

中港傳媒出版社

書　　　名　**教皇方濟各傳**
　　　　　　　——偉大的變革者

著　　　者　奧斯丁·伊凡里
翻　　　譯　李旭大
編　　　輯　萬壑松
出 版 人　郭燕軍
出　　　版　中港傳媒出版社有限公司
　　　　　　THE CNHK Publications Limited
　　　　　　香港軒尼詩道338號北海中心27樓F室
　　　　　　Rm F, 27/F, CNT Tower No. 338 Hennessy Road, Hong Kong
　　　　　　info@cnhkpublications.com
　　　　　　www.cnhkpublications.com
版　　　次　2016年12月第一版第一次印刷
規　　　格　152mm×227mm
國際書號　ISBN978-988-16793-8-3
　　　　　　© 2016中港傳媒出版社有限公司

版權所有，未經版權人書面文字許可，不得以任何方式使用
本書內容係作者個人言論，不代表出版社觀點

THE GREAT REFORMER: Francis and the Making of a Radical Pope
by Austen Ivereigh
Copyright©by 2014 Austen Ivereigh
Complex Chinese Translation Copyright©2016 by CNHK Publications Limited
Published by arrangement with Henry Holt and Company,LLC,New York.
ALL RIGHTS RESERVED

謹以此書中文版
獻給教皇方濟各

郭燕軍

目　錄

序　言

　　本書誕生於我同教皇方濟各2013年6月在聖彼得廣場的短暫相遇。記得那天是星期三,我和同事有幸坐在了前排。當時,教皇方濟各順着一排排座席同與會代表和嘉賓們挨個攀談,我們有機會同他説上幾句。可誰曾想到,等他走到我們那裡時,時間已過了兩個多小時。這是由於他致辭之後,講了很長時間的話,過了兩個多小時,他才走到我們面前,這主要是由於他在致辭——還像以往那樣既有質樸的幽默,又有驚人的隱喻——結束之後,就耐心地同那些主的神聖信徒交流起來。他眼中最為關注的是那些普普通通的信徒,而不是我們這些坐在前排的記者。

　　那天,人們見識了炎炎烈日的厲害:等到方濟各走到我們身邊時,76歲高齡的他滿身是汗,氣喘吁吁。可最打動我的則是他散發出的能量:聖經上説的寧靜與快樂!坎特伯雷的大主教賈斯汀·威爾伯晚些時候接觸到方濟各,對此有更好的描述。他説:"這位來自阿根廷的教皇是一位非凡之人,對耶穌懷着火一樣的熱情。"倘若方濟各所傳遞出來的快樂是一團火的話,那你得是石棉做的才不會被灼傷。

　　從2013年方濟各當選教皇的那個雨夜起,他越來越讓我着迷了。當時我站在可以總覽聖彼得廣場的一個電視直播平台上,為英國的一個新聞頻道做即時直播。(預示着新教皇誕生的)西斯廷教堂煙囪冒出白煙已一個小時了，我們和來自世界各地的媒體都在等待新當選的教皇出現在聖彼得大教堂的中央陽台。大主教托朗出來宣佈新當選教皇結果的前幾分鐘，我從我的老闆科馬克·墨菲·奧康納那裡得到一點小道消息。奧康納已卸任威斯敏斯特主教，他曾參加教皇前期選舉會議，但由於年齡過大而沒有參加最終的教皇選舉會議。他告訴我的密使，既然選舉會議開得很短，那麼新當選教皇的人很可能就是喬治·馬里奧·貝戈利奧。

貝戈利奧這個名字我聽說過。我了解他的國家：它的一端是濕熱的雨林，那裡生活着長尾小鸚鵡。在群山與海洋之間是一望無際的大草原，牛群與奔馬點綴其間。它的另一端則展現出另外一種景象：企鵝在冰上嬉戲，噴水的鯨魚在旁邊暢遊。它曾是一個富有的國家，自視為歐洲延伸到拉美的前哨；到後來，它竟然成了研究繁榮走向衰敗的教科書，警示世人根深蒂固的政治對立如何癱瘓一個社會。我回憶起2002年的一次阿根廷之行，那次我為了寫一篇有關這個國家經濟走向崩潰的報道，那個時候國民們還在稱頌着超然又簡樸的主教。還可以追溯到20世紀90年代早期，我當時生活在布宜諾斯艾利斯，潛心撰寫討論宗教問題的博士論文，同時研究阿根廷歷史上的政治事件。此後我多次到訪布宜諾斯艾利斯，期間雖然經歷了未遂政變和貨幣危機，但不覺之間我卻愛上了這個令人陶醉的城市。我每次到那裡都要住上好幾個月，平時也經常講些當地的土話，連我的西班牙語也都有了布宜諾斯艾利斯人的口音。我的這段回憶，就像W. H. 哈德森講到自己對阿根廷的回憶時所描述的那樣——很遙遠，很久遠。如今貝戈利奧將我帶回到了那段時光。

我還回想起了發生在2005年4月的另外一件事情，當時我在羅馬陪着墨菲·奧康納主教，秘密會議已經選出了教皇本篤十六世。一些紅衣主教一直試圖找到合適的人選來替代約瑟夫·拉辛格，他

iii

們將目光放到了拉美這個宗教的新希望之地。幾個月後，一位不願透露姓名的主教在自己的秘密日記中披露，布宜諾斯艾利斯的貝戈利奧成了另外一位有力的競爭者。可自此之後，貝戈利奧似乎淡出了公眾的視野，到了2013年，幾乎沒有人會認定他可以做教皇的接班人。正因如此，我才十分慶倖自己事前能得到那條小道消息：說實在的，我並沒有料到這位阿根廷人會當選，幾乎所有的人也都沒有料到。儘管如此，當時至少在中央陽台的幕簾最終拉開，主教宣佈新當選的教皇時，我能說出他是誰，能講述一些有關他的故事，其他頻道的評論員們可做不到這一點了。

隨後，輿論似乎認為貝戈利奧只是幸運當選，背後並沒有一個為他競選的主教團隊。但事實果真如此的話，為何我的那位高齡老闆在選舉結果揭曉之前，就能那麼肯定地告訴我貝戈利奧將當選呢？我覺得這背後應該有更多的故事，貝戈利奧根本沒有變成一個暗淡無光的人，只不過我們這些言必稱歐的人們並沒有關注到他，和他的背後會有一個團隊在操持他參選的這件事。

這並不是我最為好奇的地方。我真正想了解的，就是他的成就，他的思想，耶穌將他塑造成了一個怎樣的人，以及在我長期研究的諸多宗教爭議中他所持的立場。在方濟各擔任教皇的首個百日裡，他成了梵蒂岡人，甚至世界各地人們討論的熱點。用方濟各的話來講，他成了人們的炒作對象。不少人試圖將宗教束縛同他扯到一起，可這種論調在拉美沒有市場，在庇隆主義（以國家復興和民族解放為主，同時主張集權）大行其道的阿根廷更沒有市場。人們對各種信息的誤讀讓社會上出現了不少相互矛盾的說法：他是一位樂於接受軍事獨裁的貧民窟主教？一位基督教的叛逆者，天主教的進步者？有些人甚至聲稱他兩者合一，20世紀90年代他在科爾多瓦（阿根廷城市）流亡期間就已經"改變信仰"了。那些熟悉他的阿根廷人指出，這些說法並不真實。那麼還有其他有關貝戈利奧的文字記載嗎？

　　講述這位阿根廷人的第一批傳記，是由那些長年報道他的記者們倉促之間編輯而成的，書中滿是有趣的故事和一些見解，這本書也借鑒了它們不少內容。但可以理解的是，它們的重點都放到了貝戈利奧擔任紅衣主教的晚年，其實講述這方面內容的文章很多，在互聯網上也能查到不少，可它們實際上卻並未談及貝戈利奧做耶穌會會員那30年的故事。要知道，那宗教紛爭的30年，正是他的宗教信仰及世界觀形成的關鍵時期。貝戈利奧同耶穌會之間究竟出了什麼問題？倘若我能對此有所了解，我覺得我會將這事講得更加明白。

　　我在火熱的廣場與方濟各相遇，從他緊握我胳膊的那隻手中得到了慰藉。我並不是説他想讓我來為他寫這本傳記——他並不喜歡別人為自己著書立説，他只是想借此將世人的注意力轉向他們應該去關注的地方——但他的緊握卻給我以莫大的鼓舞：作為一個長年同阿根廷錯綜複雜局勢打交道的外國人，或許我是幫助外人揭開貝戈利奧身上謎團的合適人選。

　　2013年10月，我動身前去布宜諾斯艾利斯，開始了為期五週的密集採訪與調研，搜集到他大多數著作的影本，其中有不少著作已經絕版很長時間了。我追尋着貝戈利奧的足跡，從布宜諾斯艾利斯到聖米格爾，從聖達菲到科爾多瓦，從恩特里里烏斯省沿安第斯山脈到智利的聖地牙哥。本書還談及貝戈利奧的其他旅程：2013年7月前去巴西里約熱內盧出席世界青年日活動；兩次去羅馬，一次是2014年2月參加紅衣主教的會議，另一次是當年4月出席約翰二十三世和約翰·保羅二世的追封聖典。我在幾十次的採訪中，接觸到耶穌會士、前耶穌會士及其他人士。在貝戈利奧先後擔任主教、大主教及紅衣主教的20年時間裡，上述人士都同貝戈利奧有過密切往來，他們的述説讓本書的內容日漸豐富。我意識到這麼多關於貝戈利奧的重要故事還未曾講述，而且只有追溯貝戈利奧的過去——他在阿根廷、在教堂、在耶穌會的經歷，我們方可得以了解貝戈利奧的思想遠見。《教皇方濟各傳——偉大的變革者》這本書不只是講述貝戈利奧的故事，也有必要順便講述其他人的故事。

許多人物傳記都是在重要人物退休或逝世之後寫出來的，而本書則是在2013年12月到2013年6月這7個月內完成的，它的主人公在此期間成了全球萬眾矚目的名人。說到這裡，我們不可能看不到貝戈利奧與方濟各之間的關係，也不可能假裝讀者在讀到有關貝戈利奧的故事時，不會聯想到方濟各。我知道本書視角應該不局限於貝戈利奧的背景，還應該讓讀者通過閱讀這本傳記，了解到快速進入角色的方濟各在教皇位置上的一番作為。然而，倘若我不斷地提醒讀者回想起前面講過的方濟各，不但會破壞敘事的流暢，還有損於聖徒傳記的嚴謹。讀者透過現在的眼光，去閱讀貝戈利奧昔日的故事，自然會意識到他往昔的人生經歷，彷彿在為走上今天的教皇位置預做準備。我的做法就是每章以讀者能記起的涉及方濟各教皇的重要插曲（一次出行或一份文件）來開篇：這樣一來，無須打斷敘事的流暢與完整，便可將他的現在與他的過去進行饒有興趣——有時甚至是吊人胃口的銜接。在這個插曲之中，我將他的往昔與當下融會貫通，分析他執掌教皇第一年的情況，並預示這位非同尋常的教皇將帶領教會走向何方。

《教皇方濟各傳——偉大的變革者》按年代順序展開，卻又不拘泥於此：它用故事來讓我們的主人公成為關注的焦點，隨後追憶那片他成長的土地和那段塑造他的歷史。在前面的章節中，我一直稱呼他"喬治"，直至他被授予聖職。除了介紹他自身經歷之外，我還花些篇幅講述阿根廷政治上的紛爭及宗教歷史上的動盪，因為這些對我們了解他的思想觀念形成至關重要。耶穌信徒的故事，無論在阿根廷還是在世界其他地方，無論過去還是現在，都產生過重要影響：聖伊格內修斯的《精神修煉》深深地影響着貝戈利奧的思想形成、精神升華及領導素質的提升；與此同時，第二屆梵蒂岡理事會之後，基督會內部圍繞基督教革新展開的鬥爭，因影響巨大而成為本書前半部分論述的另外一個重點。《教皇方濟各傳——偉大的變革者》自始至終都把貝戈利奧在耶穌會培養的洞察力，作為影響他決策的關鍵因素來認真探討。他做出的決斷並不僅僅基於信息與利益，更基於他看到的主的意志及其對立面："腐朽精神"的誘惑。

寫作本書期間，我閱讀了千百篇貝戈利奧的文章：從他1969年發表的首篇文章，直到他作為紅衣主教的封筆之作（他是一位毫不做作的作家，他的文章生動而準確）。他的絕大多數早期作品以及他幾乎所有的說教，都是用西班牙語寫的，而且它們的英文譯本幾乎都出自我的手筆。即便有了其他語種的譯本，也會特別注明。訪談的情形也一樣，幾乎所有的訪談都用西班牙語進行，後被伊內斯·聖·馬丁（現任《波士頓環球報》羅馬記者）在阿根廷大膽地轉錄下來，並由我來翻譯。為了避免過多的註釋，本書的引言應被認定摘自那些訪談（在書的結束部分均已羅列），除非特別說明摘自他處。註釋來源這一部分則詳細羅列出了我創作本書所參考的作品、訪談及其他資料。

❦

《教皇方濟各傳——偉大的變革者》中的許多故事注定會令人關切，這是因為它們要麼從新的角度觸及一些存在爭議的領域，要麼記述了方濟各的重要人生歷程。本書有一條敘事主線，它體現在書名之中，從開篇到尾聲貫穿全書：一位早年被稱為變革者的宗教領袖，被賦予了推進變革的權力。本書所講的，並非只是這個人的故事，還有他的三次變革：他擔任耶穌會阿根廷教會會長時的變革，他擔任阿根廷教會主教的變革，以及現在他作為普世教會會長的變革。兩位法國神學家伊夫·孔加爾和亨利·呂巴克堪稱他的導師，他們教他學會如何借助可引導人們走向神聖的激進變革，將主的臣民團結起來。倘若讀者能夠理清這條線索，從而更好了解羅馬教皇，那麼我寫作本書的目的也就達到了。

本書講述的一些饒有興趣的故事及真知灼見，源於我在阿根廷、羅馬及其他地方參加的一次次富有成果的親切會談。儘管它們的出處我在本書後面的註釋來源中已經提及，但我仍想在此對他們表達我的感激之情，他們包括：耶穌會士、紅衣主教、喬治·貝戈利奧的密友，其中還有一些人不想被提及。我與他們就一些複雜的宗教問題進行了深入探討，他們毫無戒心地給予我充分的信任。我希望即便《教皇方濟各傳——偉大的變革者》中的一些論調他們並不認同，他們也能夠感受到我並沒有辜負他們的信任。

在我眾多的採訪對象中，最讓人依賴也最能啟發靈感的是主教托尼·帕爾默。他是方濟各教皇的聖子，我在本書第九章及後記中都提到了與他的會談。帕爾默孜孜不倦地推動着各個教派之間的團結，他在教皇的支持下，推動天主教信徒和福音派信徒簽署重要協定，其中的幕後故事我會在本書中詳述。托尼過去一直就歷史的進程為我提供諮詢，可就是這本書即將出版之際，傳來了他於2014年7月20日遭遇摩托車車禍不幸身亡的噩耗，但不管怎樣，我心中堅信：他的辭世，並不意味着他和方濟各開啟的偉大事業走向終結。

第一章

受召喚的耶穌會士

(1936—1957)

第一位出生於美洲新大陸的教皇，將一個意大利小島確定為自己就職後在羅馬以外的首訪之地。他到訪的那個小島的海灘，遍是遭遇海難的非法移民者的屍體。這些屍體在數年之間被潮汐一具具地沖上岸邊，那種情景慘不忍睹。方濟各在2013年3月13日當選教皇後，從新聞報道中得知，高達25,000多名的北非人為去歐洲而這樣命喪黃泉，這個數字要大大高於從墨西哥偷渡美國而死在美國沙漠中的6,000人。誰知道這一點？很少有人意識到或者去關心它，方濟各對此感到震驚，於是他選擇這個距離非洲海岸180英里的蘭佩杜薩島，作為自己擔任教皇後的出訪首站。7月8日，他在那裡為死者哀悼，並將促進解決非法移民問題確定為自己的一項人生使命。

他在該島的體育場主持的彌撒是一次贖罪的聖餐禮，旨在懇求人們心懷寬容。他在說教期間，將眾人熟知的《創世紀》中詢問該隱的那個問題提了出來："你的兄弟在哪裡？"，隨後方濟各問道："誰應為這起慘案負責？"他站在一個用傾翻的木筏搭成的講台上，在風中緊握着那頂無邊便帽，大聲説道，起此情此景讓他想起了亞歷山德羅·曼佐尼的小説《未婚夫妻》中一位名叫里諾米納托的人物：一個難以形容的無恥暴君。緊接着，他的話鋒轉到慈善的撒馬利亞人身上，並將"我們"——他口中的"我們"時常也把他自己包括在內——比作從路旁經過的利未人和牧師。他説道："我們看到自己的兄弟半死不活地躺在路旁，或許我們會對自己説，'可憐的人啊！'……隨後我們便揚長而去。"他這次講話真正要強烈抨擊的，是他所稱的"享樂文化，那種讓我們只考慮自己的享樂舒適，對他人的痛苦漠不關心的文化。"他進而嚴肅指出我們面臨着"全球化的冷漠"。

好的佈道應該安慰受折磨的人，折磨安逸的人。這位新教皇開始折磨安逸的人了。他拿那些養尊處優的人，同那些在海上遇難的身無分文的移民聯繫起來。但他也明白，僅僅有些愧疚感是無濟於事的。

方濟各是耶穌會的成員，但當他做了主教，省卻了耶穌會的誓言時，他仍將"SJ"（耶穌會的首字母縮寫）放在他的名字後面。耶穌會創立者聖伊格內修斯的精神深深地感染着他。洛約拉學院的聖伊格內修斯創作了《精神修煉》，他鼓勵做禱告的人們，懇求聖靈去感受自己需要感受到的那一切——見到耶穌時的快樂；見到眾人時的敬畏；跪在十字架下的悲傷。如今在蘭佩杜薩島，第一位耶穌會教皇領導着全世界走上精神修煉之路，鼓勵每一個人學會傾聽，"懇求聖靈為我們的冷漠而哭泣；為世上的殘酷而哭泣；這種殘酷就在我們每個人的內心，就在讓這類慘劇發生的那些決策者的內心。"他邀約世人去用心感受，因為如果不觸動內心的話，什麼都不會改變。

　　教皇走訪蘭佩杜薩島的新聞一經報道，蘭佩杜薩島以及發生在那裡的慘劇一夜之間成了人們街談巷議的話題。他們中有人解釋說，蛇頭們用的偷渡船經常超載，毫無安全可言，在海上時常發生傾翻事故，非法移民眼裡的希望之船，往往瞬間就成了漂在海上的奪命陷阱。366名索馬里人和厄立特里亞人乘坐的船在靠近蘭佩杜薩島時，船上突然發生火災，他們無處逃生。教皇走訪蘭佩杜薩島三個月後，相關各方終於坐下來尋找應對之策。人們發現發生在那裡的慘劇遠非一起，即使在一年之後，仍有新聞報道稱潛水夫們在海底發現了沉船，艙內滿是屍骸。

　　輪船失火次日，方濟各去到阿西西大教堂，宣稱當天是為海難者"哭泣日"。政治家們和報社的編輯們感覺到一種新的不安，開始聲稱或許移民政策並不只是解決如何將移民們拒之門外，或者還應該去探討如何讓他們能夠安全進入。一年之後，歐盟設立了一個新的機構：歐盟邊防局。該機構配備的艦船和直升機將救助遇險的移民。在這件事上，方濟各可以說是最初的推動者。

　　那年晚些時候，方濟各去了位於歐洲外圍的另外一個島——薩丁島，在那裡的博納里亞聖母聖所主持彌撒。方濟各為當地的失業礦工佈道時，告訴他們說，他知道家庭遭受經濟危機時的那種感受，因為他的父母經歷過世界經濟危機，而且過去常常談起那次經濟危機。他知道"哪裡沒了工作，哪裡就沒了尊嚴。"他補充說："帶來這場悲劇的是一種經濟體制，這種經濟體制的核心就是拜金主義。"

　　移民與就業-這些平日裡窮人們關心的事情，也成了方濟各走上教皇位置後着手應對的事情。

　　他知道究竟是什麼讓人們背井離鄉。"那種堅毅，以及那種因生活所迫而不得不離開家鄉的痛苦，"在談及祖母羅莎時他曾這麼說過。方濟各出生於一個海納百川的美洲國家，Nostalgia（鄉愁）——這個單詞源於希臘詞語nostos和Alga——對回歸故鄉的渴望，在他的血液中流淌。他在2010年曾說：當我們失去它時，我們就拋棄了自己的老人；關愛老人意味着珍視我們的過去，懷戀我們的故鄉。

在蘭佩杜薩島，他乘船出海，將祭奠死難者們的花圈放入海中。這些移民們的命運如此牽動方濟各的心，如他在島上佈道時所言："它像一根刺，刺痛了我的心"，這其中的原因在於這件事讓方濟各想起在他還未出生的多年之前，一艘客輪在巴西東北海岸出事，坐在普通艙裡的500名乘客大都淹死。

那是1927年10月的一天，一艘開往布宜諾斯艾利斯的客輪上面的一個螺旋槳傳動軸斷裂，損壞了船體。這艘名叫普林奇佩薩·馬法爾達的客輪堪稱那個時代航速最快、最豪華的客輪之一，因此它成了像阿根廷探戈歌手卡洛斯·加德爾這樣的名人們的出行選擇。它就是意大利的泰坦尼克，由於人類的自大與無能導致的海難。

喬治·馬里奧的爺爺奶奶，喬瓦尼·安吉洛·貝戈利奧和羅莎·瑪格麗塔·瓦薩羅·貝戈利奧和他們的六個孩子——包括方濟各的父親馬里奧——都已買了那班客輪普通艙的船票。但由於他們處理都靈咖啡店裡的買賣花了很長時間，趕不上這班船了，於是改簽到一個月後的朱利奧·切薩雷號客輪。

他們全家人因此幸運地躲過一劫，這成了他們家史的一部分。

在移居阿根廷的過程中，貝戈利奧一家人所走的路，正是此前成百上千的意大利人所走的路。

有一則古老的拉美笑話稱，墨西哥人源於阿斯特克文明，秘魯人源於印加文明，而阿根廷人則源於船。從1880年至1930年，大批移民湧向阿根廷，有這麼多的船從意大利開過來，以至於作家喬治·路易斯·伯格斯過去常常戲謔地宣稱他不可能是一個純阿根廷人，因為他沒有意大利血緣。翻閱一下布宜諾斯艾利斯的電話簿，看一看20世紀它的紅衣主教名單，就可以得出同樣的結論。只有一個（阿拉布魯）是西班牙出身；其他的人——卡佩羅、卡利亞里、卡拉西諾、貝戈利奧——都是阿根廷土話中的塔諾安人。意大利人給阿根廷城市帶來的不只有飲食店、比薩餅、霜淇淋，以及每個月的最後一個週五做糰子（麵粉或馬鈴薯做的）的習俗，甚至連阿根廷人講話時有些帶有樂感的語調與有力的手臂動作，都很容易看出是受了意大利人的影響。

就像大多數移民所做的那樣，新來的人要先投靠自己的親戚。喬瓦尼·安吉洛·貝戈利奧的三個哥哥七年前先來到了流經布宜諾斯艾利斯的巴拉那河上游地帶，他們在繁華的巴拉那河口開設的鋪路公司經營得很紅火。未來教皇的這三位叔祖父用公司賺來的豐厚利潤，在家裡建起了一座帶有漂亮角樓的四層樓，並且還是全鎮上唯一一裝有電梯的樓房。全家人給它取了一個綽號：貝戈利奧宮殿。

對喬瓦尼·安吉洛和羅莎來説，這已是幾年之中第二次大搬家了。當年他們在波特卡瑪洛結婚，還生養了六個孩子。波特卡瑪洛是阿斯蒂的一個鎮——貝戈利奧是鎮上很常見的一個姓氏，而阿斯蒂則是位於意大利西北部山麓地帶的一座城市。他們出身農民，但像當時的不少家庭那樣，靠着讓自家孩子接受高等教育而步入中產階級。1920年，他們遷到了都靈西34英里的一個地方，他們在那裡靠經營一家咖啡店的收入來供應孩子們上學。未來教皇的父親馬里奧是家裡唯一一個男孩，出生於1908年，成年後在意大利邦卡的一個公司當會計。

　　1928年1月，貝戈利奧一家結束了5週的航程，在布宜諾斯艾利斯港下船。在此之前，布宜諾斯艾利斯是阿根廷出口拉動型經濟增長模式的典範，這種模式讓阿根廷超越拉美其他國家，成了當時世界第八大經濟體，經濟總量接近加拿大和澳大利亞。但時過境遷，等貝戈利奧一家移居阿根廷時，它那個經濟繁榮的時代即將終結。次年華爾街股票市場崩盤，隨後引發了全球經濟危機。這場危機也讓貝戈利奧一家變得一貧如洗，被迫另謀生路。這次經濟大蕭條連同十年後爆發的世界大戰，引發了阿根廷的政治、經濟動盪，進而改變了這個國家在全世界的經濟總量排名。

　　但當馬利奧的父母及兄弟姐妹們離開朱利奧·切薩雷，來到仲夏時節炎熱的布宜諾斯艾利斯後，仍然沒有看到未來的希望。羅莎緊緊地拎着她的那件狐皮大衣，彷彿此時仍是嚴寒的冬天。這並非因為她感到寒冷，而是因為她們此前在都靈開咖啡店賺的那點錢，都被縫在了那件狐皮大衣裡。這一家人幾乎沒有時間去欣賞當時號稱"南美巴黎"的布宜諾斯艾利斯寬闊的街道和氣派的大樓，在那裡稍做停留之後，便到恩特里里烏斯省尋求新的生活。

⚘

　　儘管阿根廷在1816年擺脫了西班牙的統治，獲得了獨立，但在此後的幾十年裡，它只是一個紙面上的獨立國家。儘管當時的律師與商人們，提出了以布宜諾斯艾利斯為政治中心建立一個統一國家的宏偉構想，但由於缺乏一個有權威的中央政府，他們的宏偉構想常常以引發動亂而告終。從19世紀30年代到60年代，這個國家是一個由自治省組成的邦聯，自治省則由軍政領袖及擁有私人武裝的牧場主們控制。他們之中的代表性人物包括布宜諾斯艾利斯省的胡安·曼努埃爾·羅薩斯，聖菲省的艾斯塔尼斯勞·洛佩茲，里奧哈省的法昆多·基洛加。他們牧場上的牛羊不計其數，有些人的牧場甚至和歐洲一些小國家一樣大，這個國家絕大部分財富都被掌握在他們的手中。在這三位權貴中，最成功、影響力最持久也最富有的人當屬羅薩斯。羅薩斯被譽為“法律體系的恢復者”，從1835到1852年間稱雄一時，堪稱克里奧爾的拿破崙。儘管他作為一個厲行紀律者曾讓不少人產生畏懼，但實際上他是一位學識淵博、很有修養的經理，一位很務實的領導人，他的政治力量源自千千萬萬的加烏喬人。他貼近這些普通民眾，了解他們的需求與他們的文化，而且他知道順勢而為的重要性。後來，貝戈利奧從一封羅薩斯寫給基洛加的信中，推斷出他自己對一個好的政府的評判原則：對一個好的政府來說，尤其重要的是“注重現實，少談想法”。

只有等到羅薩斯在1852年倒台後——難以想像的是，這隻潘帕斯草原之虎退休之後，和他的妻子一起到英國南安普敦的一個小屋安度餘生——自由主義者們在治國理政方面才有了自由決斷的機會，不再拘泥於那一原則。隨後，新的執政者試圖嫁接一種新的國家觀念：那就是要在西班牙天主教殖民地的基礎上，建立一個現代的、自由的、文明的、世界主義的國家。

新興的出口經濟在將權力與財富轉向城市，而城市則被擁護政治統一的律師們和商人們統治。然而，儘管各方都同意頒佈一部國家憲法，但在隨後的許多年裡，反對中央政府的軍閥叛亂此起彼伏，直到19世紀70年代，打擊阿根廷鄰國巴拉圭的三方聯盟戰爭爆發之後，這個軍閥內亂的問題才得以解決。從那場戰爭中得勝回師的政府軍到了這個時候，終於能夠開始讓各方服從國家意志。

　　學校和鐵路建起來了，移民們也紛紛到來。多明哥·F·薩爾米恩托總統的志向就是要將阿根廷歐洲化。隨着阿根廷的經濟愈加國際化，他夢想北歐的新教徒們能前去阿根廷填補空白，夢想擯棄軍閥們和牛仔們所謂的野蠻愚昧，將阿根廷建設成為現代化的、進步的文明國家。阿根廷將英國和法國確定為自己在政治、經濟、文化方面的努力目標，希望能夠沿着他們的道路前進，讓自由的阿根廷從西班牙的陰影中走出來，徹底告別落後的殖民時代。

　　這場現代與過去之間、外國與本國之間、新與舊之間的衝突，成了阿根廷20世紀文化戰爭的導火索。

　　阿根廷的大多數克里奧爾人——也就是出生在拉美的西班牙人——屬於統治階段，他們的心態與美國的傑弗遜和華盛頓並沒有太大差異。但阿根廷宣導自由主義的精英階層既不屬於自然神論派，也不屬於主一位論派，而是屬於共濟會。共濟會為其信徒提供了可以依賴的宗教組織，這樣一來他們就有了與天主教會分庭抗禮的資本。達爾文主義者的科學觀和白人（或新教徒）優越論的文化，深深地影響着他們思想觀念的形成。薩爾米恩托和其他幾位19世紀晚期的總統們失望地看到，新來的移民大多數都是意大利人和西班牙人，而不是瑞士人或德國人；他們還把平原地區野蠻人的失敗，看成是種族進步的必然勝利。

　　從這種自由、進步的視角來看，天主教——以及一切宗教——都是過去之事，是混血人的信經，是現代阿根廷努力去擺脫的鄉村世界。但他們並不想消滅宗教，他們只想控制宗教。曾為1853年憲法的制定做出重要貢獻的思想家胡安·阿爾韋迪指出，當時的廣大民眾並沒有為接受過多的科技進步做好準備，與此同時，神聖的宗教道德評判"依然是現有的、能讓民眾得到教化的最強大的機制"。

　　當美國拓疆牛仔們的世界被傳奇化的時候，也正是這些牛仔們日漸消失的時候；同美國一樣，在19世紀70年代的阿根廷，當潘帕斯草原上的牛仔日漸消失的時候，他們的傳奇故事開始廣為流傳。喬斯·赫爾南德斯的史詩《加烏喬人馬丁·菲耶羅》被視為阿根廷的經典作品，它也是貝戈利奧的最愛。這部史詩既是對落入地主及軍閥手中的鄉下窮人遭受虐待的抗議，也是對因蜂擁而來的外國人用鐵絲網大肆圈地而日漸消失的那種生活方式的謳歌。正如菲耶羅在作品中抱怨意大利移民那樣，"我們從政府那裡得到答案，他們為何要徵募那些外國佬？他們覺得這些人移民這裡有何益處？他們既不會騎馬也不會拴牛，他們無論做什麼事情，都需別人幫上一把。"牧師們稱貝戈利奧能夠大段大段地背誦菲耶羅的這部史詩。2002年，身為紅衣主教的貝戈利奧在阿根廷碰到一場巨大的災難時，曾用它來重新想像阿根廷所應有的國家形象。

　　到了1880年，聯邦制得以確立，崇尚自由的事業——中心化、現代化、資本主義——不再受到挑戰。布宜諾斯艾利斯成了聯邦政府的首都，拉普拉塔市成為布宜諾斯艾利斯省的首府，全國大選開始舉行：總統任期六年，任期結束之後將位置傳給新當選的繼任者。作為一個民主國家，阿根廷還遠稱不上完美：在1912年以前，只有已入籍且擁有一定財產的男性公民才有選舉權，而且它實行的是一黨制，省內的各方力量共同組成了一個被稱為全國自治黨的政治聯盟，借助正當的和不正當的手段來確保自我永存。這個政治聯盟很穩定，而且隨後阿根廷迎來了快速增長的50年：伴隨着數百萬移民從南歐進入，資本和工業品也大量湧入，同時這個國家的小麥、牛肉和羊毛等產品也在大量出口。在這個因運輸成本大大降低——蒸汽機和螺旋槳的發明所產生的巨大功效，如同我們今天的微晶片的發明一樣——而迎來的第一個全球化時代中，阿根廷成了當時經濟騰飛的一條龍，阿根廷經濟體制的擁護者甚至自豪地宣稱，這體現出自由市場資本主義的優勢。

經濟學家稱之為相對優勢：阿根廷生產出來的物美價廉的產品正好是歐洲國家所需要的，反之亦然。隨着阿根廷出口產品的市場需求越來越大，生產區域自然也在不斷地拓展。1879年，政府打着"征服沙漠"的旗號，從土生特維爾切人和阿洛柯人手中巧取豪奪了800萬公頃的土地，然後轉手將他們分配給寥寥可數的400位地主。隨着大片土地被開發出來，阿根廷將越來越多的食品和原料出口到歐洲工業發達、人口眾多的城市，同時用出口賺取的外匯買進國家發展所需要的產品與技術。英國是當時首屈一指的工業強國和資本輸出國，它成了阿根廷的主要出口市場、主要投資國和工業產品的主要進口渠道。英國資本家在阿根廷投資修建或經營鐵路、電報設施、大街上的煤氣燈、郵電業、布宜諾斯艾利斯的有軌電車以及拉美有史以來第一條地鐵——布宜諾斯艾利斯的地鐵一號線。幾十年後，這條地鐵迎來了它最忠實的乘客之一——紅衣主教方濟各。

同紐約一樣——有些年份甚至超越了紐約——布宜諾斯艾利斯當時是跨大西洋移民的主要目的地。在19世紀80年代，150萬人進入阿根廷，從1890年到1914年，移民到阿根廷的人高達430萬。超過100萬的意大利人和大約80萬的西班牙人前去阿根廷尋求新的生活，在這批移民潮中其他規模比較大的移民團體分別是波蘭的猶太人、敘利亞的穆斯林教徒、威爾士的養羊的牧民（他們去到了南部的巴塔格尼亞）和瑞士的新教徒（他們定居在聖菲）。布宜諾斯艾利斯的人口從1869年的18萬，猛增到1914年的150萬。移民們通常受過教育，社會流動性較強；他們尤其擅長創辦中小型企業，而且在很短的時間內，他們的數量就超過了土生土長的當地企業老闆的數量。尤其在1930年以後，情況更是如此，當時阿根廷的進出口急劇下跌，人們開始在當地製造那些以前大多靠進口的產品。

阿根廷黃金時代的主要受益者是律師、擁有土地的地主和擁有資本的商人，阿根廷人喜歡把他們簡單地稱呼為"寡頭"。他們中許多人的富裕程度令人難以置信。那個時代德克薩斯的百萬富翁們因為窮奢極欲而臭名昭著（當時的法國人用"像阿根廷人一樣富有"這樣的話語來形容他們）。他們搬出了既潮濕、又多蚊子叮咬的布宜諾斯艾利斯歷史上的中心區，在這個城市的北部氣候清爽的巴瑞諾特河床，以最新的法國建築風格建成了許多豪宅。相比之下，在這個城市靠着終年散發惡臭的瑞亞楚洛河的南部，則是來自內地的窮人們的謀生之地。大批窮人擁擠地居住在廉價房中，那裡逐漸成了犯罪、疾病的滋生地，同時也孕育了被稱為探戈的火爆音樂。到了20世紀晚期，大多數棚戶區都分佈在那裡。

歐洲移民的境況往往好於那些來自內地的移民。像貝戈利奧一家那樣，他們一來到這裡就有渠道融資、求學，而且總的來說，他們都定居在城市的中部，那裡既生活着普通的工人階級，又生活着小資產階級。在這方面，出生於意大利移民家庭的喬治，也毫不例外地居住在布宜諾斯艾利斯中低收入階層的聚居區，也就是城市的靶心位置。由於歐洲移民大多是技術工人，因此阿根廷能夠像美國那樣，發展成了一個擁有龐大中產階級的國家。這些移民靠着一技之長辛勤工作，發家致富。這種情形，在貝戈利奧的移民家庭中也有所反映。

✌

　　喬治的祖父母及其兒女移居巴拉那才剛剛兩年，世界經濟危
機就降臨了。當時祖父的兄弟中年齡最大的喬瓦尼·洛倫佐主管這
個家族的鋪路公司，在經濟危機最為嚴重的1932年，讓這個家族
雪上加霜的是他們的領頭人洛倫佐患白血病辭世，這兩大因素致
使他們的公司業務江河日下。貝戈利奧宮殿的命運如同這個家族
的大理石墓地，被以極低的價格賣掉。最年輕的弟弟前去巴西另
謀生路，而喬瓦尼·安吉洛則和另外一個弟弟帶着一大家子去了布
宜諾斯艾利斯。

　　喬瓦尼的兒子馬利奧——未來教皇的父親——到布宜諾斯艾
利斯之後結識了一位牧師，這樣一來他們一家就去這位牧師那裡
尋求幫助。神父恩里科·布佐尼屬於聖鮑思高的慈幼會，在意大利
及美國的城市工人階層中信奉慈幼會的人士比較多。馬利奧在都
靈的時候，曾對慈幼會有所了解。他到達阿根廷之後的數月裡，
不斷拜訪慈幼會士。自此以後，他每逢前去布宜諾斯艾利斯，都
會住在小型家庭旅館，與那裡的慈幼會士進行交流。也就是在那
裡，他遇到了聖鮑思高，隨後從1929年起，聖鮑思高成為馬利奧
的懺悔者——導師、勸告者和精神指導。

　　貝戈利奧一家人1932年來到布宜諾斯艾利斯時身無分文，聖
鮑思高安排人貸給他們2000比索，這家人正是靠着這筆貸款盤了
一家咖啡館，在那裡賣咖啡和蛋糕。馬利奧靠騎自行車送蛋糕養
家糊口，後來隨着經濟開始復蘇，他在一些小公司中當了個兼職
會計員。當時布宜諾斯艾利斯的教會對馬利奧而言，簡直就是一
根救生索，其實對許多其他家庭來説也是如此，這是因為教會讓
他們這些舉步維艱的窮困之人團結一致，為他們織起一張互助之

網；70年後，也就是在2002至2003年可怕的危機期間，紅衣主教貝戈利奧讓自己的教會發揮了同樣的作用。

聖鮑思高的周圍團結了一批年輕人，馬利奧後來也成為他們中的一員。大家時常在帕多瓦聖安東尼的慈幼會教堂與聖鮑思高聚在一起，這個教堂地處阿爾馬格羅的工人階級居住的貧困區。西伯利·斯圖拉兄弟倆是也在這個團隊，1934年的一個週日，他們將自己的妹妹雷吉娜介紹給了馬利奧。雷吉娜的父母出生在阿根廷，她的祖父弗朗西斯科是一位熱那亞移民，祖母瑪利婭·西伯利·斯圖拉來自意大利的另一行政區皮埃蒙特，他們當時的住處僅僅與這個教堂隔了幾條街。雷吉娜有好幾位叔叔，其中一位是聖鮑思高的好友，他們倆都還是攝影愛好者，經常相互切磋。其他幾位叔叔在天主教工人圈裡也很活躍。這是一個充滿生機的、完全由意大利人組成的天主教工人階級的世界，它對喬治童年的成長影響很大。他們與慈幼會神父們建立密切關係之後，他們的圈子也不斷得以拓展。要知道，這些慈幼會神父們大都是聲名遠揚的導師及懺悔者。孩子們進入慈幼會後，神父教導他們每次同慈幼會士道別時，都要懇請聖母瑪利亞賜福，懇請耶穌保佑。

巴厘奧·貝戈利奧和雷吉娜·西伯利在1935年12月12日喜結良緣。他們養育了五個孩子，喬治是他們的長子。直到1961年辭世，聖鮑思高一直是貝戈利奧家族和西伯利家族的家庭牧師。"如果在我的家庭中，我們像嚴肅的基督徒那樣生活的話，那應該感謝他！"喬治後來寫道。1936年的基督日，也就是喬治12月17日出生之後的第8天，聖鮑思高、喬治的祖母羅莎和以教父身份出現的喬治的外祖父弗朗西斯科，在阿爾馬格羅聖母教堂一起為喬治施浸禮。儘管聖鮑思高錯過了貝戈利奧家的第二個孩子的出生與浸禮儀式，但他卻參加了貝戈利奧家後三個孩子的出生與浸禮儀式。

到了此時，馬利奧仍在為弗洛雷斯的一些小企業做會計員。他和雷吉娜起初的時候租了一幢簡陋的兩層樓房，樓下是廚房、客廳，樓上是臥室。但沒過多久，他們就將這幢樓房買了下來。喬治·馬利奧就出生在這幢位於梅姆伯麗大街31號的樓房內，沒過多久，他們的兩個弟弟奧斯卡、瑪塔和兩個妹妹阿爾伯圖和瑪麗亞·埃琳娜相繼呱呱墜地，他最小的妹妹埃琳娜出生於1948年。他的祖父母喬瓦尼和羅莎·安吉洛·貝戈利奧也住在弗洛雷斯附近。他的外祖父母喬瓦尼和瑪麗亞·西伯利，仍舊住在距離喬治的父母當初相遇的教堂四個街區的阿爾馬格羅。

在喬治的孩童時代，人們依然能夠在弗洛雷斯看到大片肥沃的土地，弗洛雷斯也因此而得其名。上點兒年紀的居民們還能回憶起獨裁者胡安·曼努埃爾·德·羅薩斯在弗洛雷斯有一座別墅，以及阿根廷的第一個，也是唯一一個火車站是如何於1857年在那裡建成的。這個臨時用作火車站的地方在當時還只能稱得上是布宜諾斯艾利斯的郊區，甚至到了20世紀40年代，當喬治在那裡茁壯成長時，那裡距離市中心還有很遠一段路。如今布宜諾斯艾利斯的人口超過千萬，市中心的區域要比當時大得多，中產階級的數量也要比當時多得多。布宜諾斯艾利斯現在的街道兩旁高樓林立，樓房的陽台裝有鐵藝護欄及花飾，有的還帶有天井或小花園。但追溯到那個時代，街道兩旁的房子建得非常簡單，只有一兩層高，滿是塵土的街道一遇雨天便泥濘一片。

喬治頭20歲的時光是在考里曼姆布瑞拉的一座小房子裡度過的，他的生活軌跡主要在弗洛雷斯和阿爾馬格羅外圍。即使他離開家後，他也很少走遠。在作耶穌會會士的33年間，他大部分時間都在布宜諾斯艾利斯省的聖米格爾，離家只有一個多小時的路程。50多歲的時候，他作為一位輔理主教返回弗洛雷斯。他60多歲的時候開始擔任大主教，居住在五月廣場，乘坐公共汽車或地鐵只需半個小時便可直達弗洛雷斯東部。在他成為耶穌的牧師之前，他原本計劃在弗洛雷斯安度餘生，而且還特意要住在位於卡里退休牧師之家（康達科大街581號）一樓的13號房，這個房間目前也為他保留着。

從貝戈利奧家往南走過七條街道，那裡便是他們的教區教堂。它是弗洛雷斯的聖約瑟教堂，長方形的輪廓給人留下深刻的印象，阿根廷首位總統曼紐爾·多雷戈的葬禮就在此舉辦。喬治17歲那年，在這個教堂體驗了一次懺悔，這確立了他以後的職業走向。喬治升任大主教後每次返回這裡，他都要親吻一下裝飾考究的懺悔木屋的木頭，因為主在此開啟了他的心智。

這座長方形教堂坐落在里瓦達維亞大道，這條大道是殖民時代的"皇家大道"，連接着布宜諾斯艾利斯和上秘魯。後來，它成了連接東西部的主幹道，同時在人們眼中，它也成了一條貧富分界線，大道以北是布宜諾斯艾利斯富裕的北半部，大道以南則是布宜諾斯艾利斯貧窮的南半部。在這條大道下面，則是通向五月廣場的地鐵。

距離梅姆布里拉大街以北幾條街之遙，則是一所仁慈修女的修道院，裡面的一個小教堂是貝戈利奧家人為聽彌撒而時常光顧之地。這所修道院佔據了一個廣場的整整一邊，而這個廣場則依照該修道院名稱被命名為仁慈廣場。在上幼稚園的時候，喬治非常討厭長時間呆在教室裡，他總想到外邊轉轉。如今修女們提起此事，笑稱它第一次預示着教皇現在會為教會制定什麼樣的規劃。

在喬治的童年時代，有三位女士對他的成長產生過重要的影響，這所修道院的修女德洛麗絲·托特拉就是其中的一位。在喬治

8歲那年，德洛麗絲幫他準備開聖體。（"從她那裡我學到了平和、樂觀、喜悦與責任"，他後來回憶説。）多年後，喬治成為一名神學校的學生，在他身遇險境時，德洛麗絲成了他力量的源泉。1969年，喬治第一次做彌撒時，她也在場。無論是喬治後來做了耶穌會士，還是當了大主教，每次回到弗洛雷斯，喬治都要前去修道院拜訪她。2000年，她因畢生誨人不倦而領獎，喬治趕到現場，並在致辭中感謝她的言傳身教，讓自己認識到靈修生活的價值，懂得了兄弟之愛。在步入暮年之際，儘管癱瘓了，但她的思維仍很敏捷，那時身為紅衣主教的喬治時常會將她抱回她的房間。

"我當孩子的時候表現怎樣？"當喬治把她抱起時就故意逗她説，"告訴那些修女們吧！"

"你壞透了，真是壞透了，你太淘氣了！"德洛麗絲總是帶着一副哭腔説，而其他修女們聽到之後則會哄堂大笑。（在他離開之後，她常咯咯地笑着告訴她們，剛才自己説的都是假的，小喬治一直都是一個好孩子，他很快樂，待人很熱情。）德洛麗絲2006年與世長辭時，她的遺體停放在修道院的小教堂，他一整夜都在遺體旁邊守護着，為她祈禱。

修女們向喬治詮釋了主的仁愛（Mercy）的內涵，喬治平日也樂意談起它。他擔任大主教後，就將可敬的彼得講到耶穌招募稅吏馬太為徒時寫下的那句話當作自己的座右銘："他透過仁愛的雙眼看到了他，並且選擇了他。"貝戈利奧對拉丁語將"Miser方濟各ndo"（仁愛）用作動詞的做法比較欣賞，人們依照這種方式創造出來西班牙語單詞"misericordi方濟各ndo"——主施予你的一種神聖的行為。他時常會告訴那些滿懷愧疚的人和小心謹慎的人："讓你們自己感受主的仁愛"（be mercy'd）。他借助這種獨創的、將名詞仁愛（Mercy）用作動詞的方式，得出了自己的獨到見解。方濟各2013年7月在從里約熱內盧飛回的航班上對記者稱，宣稱世界在迎接一個仁愛的新時代。他回憶起《福音書》中曾談到，敗家子的父親並沒有讓自己的孩子去解釋金錢都被揮霍在哪裡了，反倒給孩子辦了一個派對。"父親不只是在等他來；他走出去迎接他。那就是仁愛，就是恩典！"

在自己的一生中，貝戈利奧一直敬仰主的這種品質。主總是起表率作用，他發現了我們，他的那種寬容仁愛讓我們感到驚詫。這位大主教2010年曾說過："宗教能給人這樣神奇的體驗：當你遇到了一直在等待着你的主時，你會無比驚喜。"他補充道："主不斷敲打你，讓你追隨他。"喬治的美妙之言時常讓你會心一笑，而你頭腦中會想像着總有人在你前面奮進，他要佔據你原以為屬於自己的位置。

對喬治的童年影響最大的人是他的祖母羅莎。她是一個令人敬畏的女士，有着堅定的信念和政治技巧。喬治頭5年的大部分時間，都是和祖母一起度過的。

羅莎回都靈後，便全力投身於天主教運動之中。這是一次由意大利主教們在20世紀20年代發起的全國運動，旨在捍衛教會的獨立，擺脫法西斯獨裁者墨索里尼統治。羅莎定期發表演講，與她那個年代天主教運動的全國婦女領袖們建立了密切的工作關係。她演講的話題不一定具有鼓動性，喬治保留下來一本她的小冊子，封面印着"聖約瑟夫走進單身女性、寡婦及妻子的生活"。然而由於法西斯分子將天主教運動視為對抗國家的行為，因而演講者們不斷遭到騷擾和壓制，最終致使教皇庇護十一世在1931年發表了慷慨激昂的反極權主義檄文。當法西斯分子封鎖了羅莎要去發表演講的街道時，她就站在臨時表演台上，絲毫不懼法西斯分子追隨者們的淫威。有一次，她在自己教會的講道壇上公開譴責墨索里尼。意大利的獨裁政權，也是導致她做出移民決定的因素之一。

"我小時候記憶最深刻的，就是在我父母家和祖父母家的那段生活經歷，"貝戈利奧回憶道，"我童年的開端，從我一歲時起，就和我祖母生活在一起。"在喬治的弟弟奧斯卡出生之後，羅莎就開始帶喬治了，她每天早上將喬治接來，下午再送回去。羅莎和喬瓦尼在一起的時候常常講意大利的皮埃蒙特方言，喬治也從他們那裡學會一些。喬治稱："我有幸能夠欣賞到他們記憶中的語言。"時至今日，喬治仍能背誦偉大的皮埃蒙特詩人尼諾科斯塔筆下的大部分浪漫主義詩歌。因為喬治的父母渴望早日融入阿根廷社會，因此他們刻意淡化自己的祖籍國。這樣一來，喬治的祖父母反倒引導他了解意大利的關鍵人物，讓他更能感受到自己是意大利裔阿根廷人。相比之下，他的父親馬利奧只說西班牙語；他是需要不斷打拼的移民，努力尋求阿根廷社會的接納，從不帶着思鄉之情去追憶皮埃蒙特。"既然他出於某種原因在刻意回避故鄉，這就意味着他必定感受到了它，"貝戈利奧後來曾回憶道。

貝戈利奧總是確信祖父母——尤其是祖母——扮演着至關重要的角色，他們作為父母之外的備選監護人，履行着其他人可能會忽略或拒絕的教育責任。"我非常幸運地了解了我的祖父母和外祖父母這四位老人，"他在2011年回憶說，"長者的智慧為我提供了莫大的幫助，這就是為何我崇敬他們。"2012年，他在設於貧民區21號住宅的社區電台對伊薩斯門迪神父說：

"祖母會在身旁，祖父有時也會在身旁，但更多的時候是祖母在；她就像照顧孩子的預備隊，時刻在那裡準備着。她講禮儀、信仰宗教、有文化。她將故事完完整整地講述給我。爸爸媽媽雖然也在，但他們手頭總有工作，忙這忙那的，他們似乎有成千上萬件事情要做。祖母呆在屋裡的時間更多些；祖父也是。他們給我講述以前發生的事。祖父時常給我講1914年一戰的故事，有些事情是他們親身經歷的。他們講述自己的經歷，他們口中的故事並非從書本上讀來的，而是他們自己的故事，是他們自己的生活。這番話我想說給做祖父母的人們聽的，希望他們也能向自己的孩子們講述人生之事，以便孩子們能夠知道人生是什麼。"

羅莎是一位了不起的信仰傳播者。她將聖徒介紹給喬治，向他傳授《玫瑰經》。到了耶穌受難日（復活節前的星期五），她帶上自己的孫子孫女們去看被釘在十字架上的耶穌，告訴他們耶穌是如何去世的，以及到了星期五他如何復活。她的信仰讓她能夠超越宗教的界限，認識到人性的善良。如果在家裡和父母生活在一起的話，那麼天主教徒處事非常古板——"倘若你家的親朋好友中有人離婚或分手了，那麼他們是不能進你家的，"他回憶說，"而且他們相信所有的新教徒都將進地獄"——但他從羅莎那裡得到了不同的信息。他五、六歲那年，有兩位來自救世軍的婦女從大街上經過。"我詢問她，那兩位婦女是不是修女，因為她們頭上戴着修女們經常戴的那種無沿小帽。她回答說，'不是，但她們是好人。'"現在回想起來，他意識到這是"真正宗教的智慧。這些都是做善事的好女人。"

　　他記起羅莎曾帶他去伊波利托·伊里戈延大街，到那裡的慈幼會去做彌撒。羅莎告訴他，紅衣主教歐金尼奧·帕切利1934年在布宜諾斯艾利斯主持國際聖體大會時，曾到訪過這裡的慈幼會。她經常拿取過去的剪報，講述當年讓人興奮的一件大事：10月12日，超過100萬人參加了聖餐儀式，其中幾乎一半是男士（讓人稱奇的是，那個時代去教堂的女士要多於男士），這麼多的人在城市的街道上祈禱，沿五月廣場排着長隊懺悔。當帕切利在1939年當選庇護十二世時，貝戈利奧一家非常激動。不久之後，德國入侵波蘭，二戰爆發，布宜諾斯艾利斯的外來移民數年都得不到家人的消息。喬治記得9歲那年，意大利人熱烈慶祝戰爭結束，他們在弗洛雷斯的教堂做過彌撒之後，便跑出去相互轉告親人們的消息。

　　祖母還教育他熱愛意大利文學，給他讀小說家亞歷山達羅·曼佐尼的偉大作品《婚約夫婦》，喬治能將它膾炙人口的開篇背誦下來（科莫湖的那條支流，順着兩側綿延不斷的山巒向南流淌……）。1827年首版的《婚約夫婦》一直都是喬治鍾愛的讀物。它堪稱意大利的《戰爭與和平》，它是講述在戰亂與饑荒的年代真愛與寬容的一部史詩，作品刻畫的眾多人物令人難忘：虔誠的戀人、殘暴的貴族、善良的農民，一大批神職人員：比較世俗的鄉下牧師、聖潔的化緣修士、簡樸的紅衣主教。

　　故事的主人公倫佐和露琪婭是一位戀人，他們渴望走進婚姻的殿堂，但卻遭到教區牧師堂阿布迪奧的阻撓，原來他受到了一心想霸佔露琪婭的當地貴族堂羅德里戈的威脅。這對戀人便求助於敢同堂羅德里戈對抗的聖方濟會神父克里斯托夫。惱羞成怒的堂羅德里戈發誓要殺死倫佐，拐走露琪婭。在神父克里斯托夫將這對戀人藏起來後，原來的陰謀升級了，堂羅德里戈求助兇殘的男爵里諾米納托對露琪婭實施綁架。緊要關頭，簡樸、神聖的紅衣主教費德里戈·博羅梅奧走了進來。在他面前，里諾米納托開始懺悔自己的罪惡。小說的大結局發生在米蘭郊外專門收治瘟疫病人的一所傳染病醫院，當受害者與作惡者在化緣修士的鼓動下，面對面地寬容對方，達成和解時，那種情景令人心碎。

《婚約夫婦》是一部情節複雜、多層次、多主題的小說，貝戈利奧無論當年作耶穌會士時，還是現在當教皇時，都很喜愛這樣的一部作品：上帝的仁愛，甚至給予了罪大惡極的人；有些牧師的懦弱和其他牧師的無畏形成了鮮明的對比；權貴的貪贓枉法與普通百姓的剛直不阿；祈禱的力量與寬容的力量；當成醫院來用的教堂。無所畏懼的紅衣主教博羅梅奧對膽小怕事的堂阿布迪奧一番義正辭嚴的鞭撻："你應該給予愛心，我的孩子；學會關愛，學會祈禱；這樣你才能明白邪惡勢力有力量去威脅別人，傷害別人，但卻沒有力量去指揮別人。"這段話幾乎成了方濟各推進變革的檄文。

貝戈利奧一直深愛着自己的祖母。到了20世紀70年代，祖父已經去世，身體羸弱的祖母平日在聖米格爾由修女們照料，期間貝戈利奧常去看望她。"他崇拜她，心裡一直惦記着她，"照料她的修女卡塔利娜回憶說，"她也留心他說的話。"在羅莎彌留之際，喬治在他床邊為她守夜，摟住她的身體，直至生命的最後一刻。"他告訴我們，'在這一時刻，我的祖母正處在緊要關頭。主正在對她的去留做出判決。這就是死亡的神秘。'幾分鐘後，"卡塔利娜說道，"他起身離開，還像往常那樣平靜。"

有了羅莎及外祖父母在背後的默默支持，喬治的父母相親相愛，他們和喬治的兄弟姐妹之間也相互關愛。喬治生活在一個知足、安穩的意大利家庭，他的童年生活幸福，對周圍環境也很適應。馬利奧是個生性快樂的人，很少發怒。瑪利亞·埃琳娜稱，在這一點上，父親和他的長子很相像。慈幼會的家庭牧師堂恩里克經常會來家中拜訪，為大家提供幫助。尤其是當他前去西伯利家裡時，整個宗族都會聚集在那裡與他一起吃有點餡的酥皮水餃。

喬治在自己生活的那個地方有很多玩伴，大家時常聚到當地的一個廣場。小學就在附近，他在那裡勤奮好學，順利通過了各個學科考試。他同自己一年級老師埃斯特拉·基羅加終生保持通信聯繫，將自己在宗教旅程上的每次前行都及時告知她。1969年，她出席了他的神職授任儀式。

瑪利亞·埃琳娜——在家裡常被稱為瑪琳娜——比喬治小12歲。“我就是個洋娃娃，而他卻是一個老成之人，”她笑稱。週日的事情她記得最牢，這是因為每逢週日，他們經常去教區做彌撒，回來之後吃起午飯會一直吃到下午。從物質生活上講，他們過得較為簡樸。“我們是體面的窮人，”她曾説。這個家庭沒有汽車，也不像中產階級那樣外出度假。但餐桌上總有吃的——雷吉娜做的意大利水餃和皮埃蒙特調味飯（一種米、洋蔥、雞肉等製作的米飯）深愛家人喜愛——家裡也總有衣服穿，即使這些衣服是由舊衣服改做的。“媽媽為我們做衣服時很擅長舊物利用，她甚至會用爸爸穿過的衣服來改做：她有時將爸爸扯爛的襯衣或磨破的褲子重新縫補一下，就交給我們穿。或許我和弟弟的那種極其節儉的習慣，就是由此養成的。”

他們家信仰很堅定，也很傳統。馬利奧下班後，會帶領家人念《玫瑰經》，週日的時候大家一起做彌撒。但由於喬治的父親的會計資格證在阿根廷不被認可，他不得不做多個工作來保持家裡收支平衡。到了週末，他常帶着一大本分類帳簿坐在家中，同時還用家裡那台手搖留聲機播放歌劇及意大利歌手的唱片。為了輕鬆一下，家人們會一起玩一種意義大利的撲克牌遊戲。週六同媽媽及弟弟妹妹一起聽歌劇，給喬治的童年留下了最快樂的回憶。他記得為了保持孩子們的注意力，雷吉娜時不時地會小聲評論。比如，同孩子們一起觀看《奧賽羅》時，雷吉娜會悄聲告訴他們，"仔細聽，他就要殺掉她了！"喬治10到12歲期間，父母每逢布宜諾斯艾利斯上映安娜·麥蘭妮和阿爾多·貝里斯主演的意大利影片，都會帶上他去觀看。其中影片《大路》和《羅馬不設防》是喬治的最愛。

接下來該談談足球了。孩童時代的喬治身材瘦長，喜歡和朋友們一道踢球，儘管他踢得並不太好：他是平底腳。經常在顯靈聖牌的教區教堂後面和他一起踢球的歐內斯托·拉克則稱，喬治戰術意識很強，是一個能抓住機會給對手致命一擊的球員。可他的大多數球友都覺得他更喜歡呆在家中看書。大家都記得他學習勤奮，總在專心致志地看書。但愛看書並沒影響喬治對足球癡迷的追求。受父親的影響，他喜歡上了規模最小卻最勇猛的桑洛倫佐隊。桑洛倫佐隊是布宜諾斯艾利斯三大球隊之一，由慈幼會的牧師洛倫佐·馬薩1907年創建。馬薩曾在馬利奧與雷吉娜相遇的聖安東尼教區擔任牧師，而且他的足球俱樂部受聖母瑪利亞的保護。在球隊1915年進入大聯盟之後，馬薩牧師拿到了伯度附近的一座體育場，並在那裡參加"老油表"比賽。值得一提的是，馬利奧和他的兒子從未漏掉一場比賽。喬治10歲那年，桑洛倫佐隊進入鼎盛時期，該隊富有傳奇色彩的射手瑞尼·波托尼率領球隊達到了難以企及的高度。"有了偉大的波托尼，這支冠軍隊的所有比賽我沒有漏掉一場，"貝戈利奧後來告訴這支球隊。

喬治1961年12月開始皈依耶穌會，此後不久年僅51歲的馬利奧在體育場觀看比賽時，不幸死於心臟病。喬治最小的弟弟阿爾伯特當時同馬利奧在一起，這件事之後他再也沒有去過那裡。紅衣主教貝戈利奧2013年2月前去羅馬時，隨身帶了一件自己非常珍愛的紀念品，即便現在他在梵蒂岡時也還帶着它。它是紀念"老油表"比賽的一件木製品，它帶給貝戈利奧的是一連串的記憶：桑洛倫佐隊、球星波托尼、他的父親和弟弟、以及當成千上萬觀眾從看台上激動地跳起來，向空中揮舞拳頭時的那種狂喜之情……他是桑洛倫佐隊的終身球迷，即使當了教皇，他仍然每年都堅持交他的俱樂部會員費。倘若你碰巧在週三前去聖彼得廣場參觀，而且當天那裡還有一場比賽，你穿上一件桑洛倫佐隊球衣進入現場，那麼你一定能夠看到方濟各像坐在教皇專車中向外揮手一般，滿臉喜悦地揮動着手指告訴你賽場的比分。

在20世紀40年代的阿根廷，童年時代的喬治所了解到的宗教充滿活力，具有較強的民族主義，而且還體現出胡安·多明哥將軍1946年執政後的社會特色。

它與移民潮開始前的19世紀中葉迥然不同。河谷地帶位於西班牙殖民地邊緣，國家剛剛獨立後憲法嚴重受到政府的左右，沒有彰顯出強大的力量，教會在這種大背景下於尚未停息的內戰之中悄然興起。1869年，教會只有五個主教。他們由國家任命，幾乎同羅馬沒有什麼聯繫，而且也沒主動權。那個時候的天主教會的領導者並不是大主教，而是傳教士，比如被稱為"加烏喬牧師"的約瑟·加布里埃爾·布洛切諾（1840-1914）。方濟各當選教皇不久之後，便將他供奉為走向神聖的牧師。布洛切諾在世時常騎一匹騾子，穿件雨披，抽着方頭雪茄煙，拿着水瓢呷上一口茶，四處奔走創建教會、小教堂和學校，在科爾多瓦的賽拉山脈開關通道，靠着自我犧牲的英雄主義去幫助最貧窮的人們改善生活。

　　然而，當移民紛紛湧入城市時，阿根廷教會不但在數量上大有增加，而且獨立性也有所增強，不必再處處受制於政府。在此，有兩個重要的時間節點值得一提：第一個是1865年，當時布宜諾斯艾利斯被作為歐洲人定居點，到了1880年，牧師的數量達到84位。第二個是1899年，當年拉美的大主教們齊聚羅馬，經過商討後一致同意開始一系列的變革。大概在那個時候，阿根廷政府擁有更大權力，全國的許多教會被羅馬化了。

　　在隨後的幾十年裡，國家與教會都得到快速發展。國家開始推進公共事業的建設——擴建鐵路，發展電報事業，常設軍隊——與此同時教會也創辦新教區，建設神學院，許多新的宗教人士，尤其是修女們，開始參與醫院與學校的管理工作。這類活動大多數集中在城市，尤其是在布宜諾斯艾利斯和科爾多瓦。相比之下，大片的內陸偏遠地區仍然處於未開發的貧困狀態。生活在那裡的農村窮人和教會很少往來，直到20世紀這種情形才有所改觀。廣受歡迎的宗教——貝戈利奧時常尊其為福音文化——可以在此尋根求源：鄉下人並不懂得什麼教義，但即使沒有牧師在場，即使沒有去教堂，他們遇到難事時更看重的是祈禱而非聖禮。

　　到19世紀晚期，教會無論在規模還是在影響上，都已經發展到了自由派人士開始將其視為對手的地步了。在19世紀80年代，阿根廷政府表現出了世俗主義的熱情，效仿法國的做法將婚姻與教育置於國家的控制之下。它的婚姻法規定，只有國家機構工作人員才能作為合法的證婚人；它的教育法規定，公立學校禁止教授天主教教義，而是開設旨在培養文明市民的必修世俗道德課。在國會的激烈辯論中——教育部長宣稱科學戰勝了“數千年神秘的的歇斯底里”——政府輕而易舉地擊敗了天主教代表，並借助驅逐羅馬教廷的宗座代表，暫時讓主教們（他們是國家僱員）停職，解僱挑戰新法律的天主教大學教師等手段，達到壓制宗教的反對聲音的目的。恰如歷史學家約翰·林奇所言："有人説，拉美自由主義者秉承寬容的信條，但阿根廷活生生的例子對這種論調反戈一擊。"

　　但政府自然也不希望內戰期間引發的各種騷亂長期持續下去，當時曾發生過共濟會會員火燒教堂，反聖職的暴民襲擊耶穌會管理的薩爾瓦多大學之類的騷亂事件。法式的世俗主義被擯棄，政府開始尋求一種保守的、幾乎英式的教會與國家的關係。在這種關係中，不可知論的統治者將順從的宗教用作維護社會秩序的防波堤。在20世紀20年代的鄰國智利，國家與教會友好地分離着；與智利情況不同的是，阿根廷政府將天主教確定為官方宗教，同時保證公民有信仰其他宗教的自由。阿根廷的主教們從政府那裡領取薪水，而總統也只是到近年才被要求是受過洗禮的天主教徒，有權否決主教的任命。教會與國家一直密不可分。每天一過上午9點，天主教堂裡的工作日彌撒儀式就開始了，身着禮服的佩劍士兵沿方壇行進到解放者聖馬丁將軍的覆蓋國旗的墓地。每年一度感恩讚頌活動由教會在5月25日舉辦，總統和重要的政治家們都會出席此項活動。多年來，這項傳統的活動成了乏味的、安撫人心的宗教活動，直到紅衣主教貝戈利奧將它轉變為一種先知的挑戰，情況才有所變化。

　　譴責現代資本主義邪惡的文章有很多，教皇利奧十三世1891年發表的《新事通論》當屬開山之作。它一經發表便在阿根廷得到眾人附和，如同他對富有階層盲目崇拜自由市場的反對之聲也在阿根廷得到回應一樣。勞動階級的貧窮以及該為此做些什麼——所謂的社會問題——成了困擾阿根廷政府的首要問題，由此引發的社會暴力事件愈演愈烈：1919年，布宜諾斯艾利斯警察局長被一位無政府主義者用炸彈炸死，數百人則死於隨後展開的鎮壓行動。儘管政府實施了公共秩序法，卻拒絕出手干預市場；國會阻止了天主教和社會主義代表們推進更穩健改革的倡議。

教會推動的唯一有組織的勞工運動既不是由共產主義者領導，又不是由無政府主義者領導，而且在其社會教義中，教會對左派及右派的意識形態都有清晰的替代方案。他們曾嘗試為佔據統治地位的自由政府找出政治替代，但這些嘗試一一受挫：基督教民主聯盟贊成婦女擁有選舉權、建議實行最低工資標準及勞動法的做法，讓主教們心神不安。

而在20世紀20年代早期，自由政府對主教們的接納遭到了羅馬的反對。當時政府試圖任命一位新的布宜諾斯艾利斯大主教，基督教社會主義黨的黨員和耶穌會會士向教皇提出申請，但教皇卻拒絕了他們的提名人選：布宜諾斯艾利斯大主教這個職位在新的人選最終被各方同意之前，要空缺長達兩年。在這次羅馬教廷同阿根廷總統府的對峙中，阿根廷教會日漸有力量發出自己的聲音，這種聲音在政治和經濟兩個層面都尖銳地批評自由主義。用教會的術語來說，這種聲音代表着教皇絕對權力主義者，他們指望羅馬而非自己的國家。簡而言之，天主教徒成了反對正流派者。教會成了抗議當時自由經濟和政治的主力軍，它要阿根廷傳播着教皇的社會教義和新的民族主義思潮，這二者深刻影響着20世紀40年代至50年代的庇隆主義政府。

教會在20世紀30年代獲得了動員民眾的巨大能量，一個比較有代表性的事件就是國際聖餐大會在布宜諾斯艾利斯舉辦。儘管它發生在喬治·貝戈利奧出生前兩年，但他後來從祖母羅莎那裡聽到無數則關於它的故事。在阿根廷宗教史上，它是一個絕無僅有的事件。隨後數年天主教在阿根廷快速發展，可以說阿根廷迎來了一個"天主教的春天"：十個新的主教教區得以創立；做彌撒的人數飆升，洗禮被廣為接受；神學院得到擴充；聖職數量的增加速度趕上了人口膨脹的步伐。教會學校飛速發展，達到了四分之三的私立小學教宗教課程的程度。

在知識傳播領域擁有大量資源讓教會非常自信：教會經營着報紙、雜誌、廣播電台，以及那個年代最大的教會出版社——編輯傳播出版社，僅在20世紀30年代，該出版社就銷售百餘類圖書600萬冊。在20世紀40年代及50年代，成千上萬的天主教徒——他們之中包括喬治·貝戈利奧——紛紛加入"公教進行會"的學習圈。他們組織遊行，散發傳單，公開演講，猛烈抨擊自由資本主義帶來的社會弊病，同時鼓勵工人抵制社會黨人的誘騙，大力宣揚天主教的社會教義。但天主教徒與社會黨人又能在國會相互合作，最終說服他們通過了引入週日休息及8小時工作制的法律。

活力四射、充滿自信且懷着必勝主義信念，這就是喬治成長過程中所在的那個教會的寫照。在阿根廷人看來，它是反自由主義的。與自由主義相聯繫的，則是自由市場推崇者、世界主義者、唯理主義者、獨裁主義者眼中的阿根廷的美好年代。在20世紀30年代，它是一種越來越被視為背離國家利益的世界觀。

在民族主義的旗號下，一系列針對自由主義的早期抗議活動爆發了。這場運動源於學術界對歷史及文學的研究，到20世紀30年代它演變為一場對現行制度進行的社會及政治抨擊。在關閉向阿根廷出口商品的市場的過程中，世界經濟危機暴露出這個國家的對外依賴性，它的相對優勢開始看起來就像卑屈的逆來順受，它所保護的是寡頭政治的自身利益而非國家利益。

自由資本主義的這場危機，使得信奉民族主義的知識份子開始挑戰自由主義神話——阿根廷通過擯棄西班牙殖民傳統而獲得巨大的進步。他們把希望寄託在一個更古老，更可信的國家，儘管當年這個國家曾慘遭自由主義者頂禮膜拜的外國人的奴役。在拒絕政治與經濟自由主義的同時，民族主義者信奉自由主義者所蔑視的那一切：西班牙及天主教的傳統現在被證明為更加"可信的"傳統，獨裁者羅薩斯則被視為一位愛國愛民的英雄。

天主教徒贊同這些新觀念，因為提出新觀念的人們將天主教文化——它曾遭到民族主義者眼中被異化的自由主義者的壓制——作為阿根廷歷史上重要的精神財富進行拯救。具有諷刺意味的是，有些更加貴族化的天主教民族主義者則指望國外的右翼運動（當時處在弗朗哥和墨索里尼時代），但阿根廷教會的主流則在自由主義與極權主義之間開闢出一條道路。天主教徒尋求的是一個好政府，這個政府可以讓那些被自由主義精英剝奪了公民權的新的城市民眾擁有話語權。他們想讓政府成為發揚阿根廷傳統的民族主義者，而不是只去照抄照搬法國或英國。他們希望政府在制定經濟及社會政策時，能夠參照教會的社會教義。這意味着他們希望政府運用調控手段，抑制經濟過度市場化，消除日益拉大的貧富差距。

到1930年軍事政變爆發時，自由共和黨在阿根廷已經沒有多少支持者了。1916年引入的全體男性選舉權，導致了"激進公民聯盟"這個中產階級政黨的選舉壟斷。儘管從名字來看，"激進公民聯盟"給人一種很激進的感覺，但他們並沒有對經濟模式的基本宗旨提出質疑，但卻因借拉贊助獲得選舉支持而增加了國家開支，這種做法讓加入國家民主黨的許多保守人士產生了敵意。1930年，軍隊以拯救憲法的名義推翻了"激進公民聯盟"，最終將權力移交給國家民主黨。該黨在20世紀30年代採用它的慣常伎倆進行投票舞弊，同時將"激進公民聯盟"排除在選舉之外。

除了投票舞弊，當時還存在着在專賣權方面向英國讓步，貪污蔓延，統治階級與外國企業勾結獲利等各種醜惡現象，這一切使得20世紀30年代成了醜陋的10年。前後發生過兩次軍事政變的自由主義時代日薄西山。第二次政變在二戰期間的1943年爆發，當時阿根廷——保持傳統的中立，對美國號召拉美國家支持盟軍置之不理——被美國的武器及工業品禁運拖入危機。在風起雲湧的社會抗議及民眾對選舉作弊的憤怒中，軍隊奪得政權，隨後靜觀二戰結果。當盟軍的勝利幾成定局時，由胡安·多明戈·庇隆率領的一群年輕軍官掌控了政權。

庇隆認為阿根廷正處在革命的浪尖，舊的體制已壽終正寢，目前所面臨的任務就是做好向新的大眾政策的過渡。當他的同僚們只考慮在戰爭結束後恢復以前的狀況時，庇隆卻用他嫻熟的政治技巧，建立了一個新的強大的利益與價值共同體。借助可以自行調配國家資源的權力，庇隆開始支持工會，以各種方式接觸被剝奪了公民權的工人階層。在不到兩年的時間裡，他發起一場聲勢浩大的運動，宣導民族主義者及移民階層的天主教價值觀，並讓窮人得到實實在在的利益。

當戰爭結束，國家準備選舉時，庇隆被逮捕。但在1945年10月17日——一個被庇隆主義者神聖化的日子——千千萬萬工人齊聚五月廣場，要求釋放庇隆。軍方釋放了這位上校，而他不負眾望，在1946年2月的選舉中獲得壓倒性勝利，那年喬治剛10歲。當時美國駐阿根廷大使斯普魯伊爾·布萊登誤以為庇隆是一位法西斯分子，因此將現有的各個"自由主義"社團，無論是左派還是右派，全部糾合在一起組成一個彩虹聯盟，但在選舉中被庇隆擊敗。1952年，庇隆再次贏得選舉，他的第二個任期3年之後結束。

庇隆主義改變了阿根廷的政治版圖，也影響着未來教皇青年時代
的成長。

　　貝戈利奧家中的第一次真正的危機發生在1948年2月，當時喬
治12歲，庇隆已執政兩年。在生瑪麗亞·埃利娜的時候，雷吉娜患
上了併發症，癱瘓在床一段時間。當羅莎幫助最年幼的兩個孩子
阿爾伯托和瑪麗亞·埃利娜時，這個家庭的牧師堂·恩里克匆匆地為
另外三個大孩子在慈幼會寄宿學校找了個學習的地方。當瑪塔被
送到阿爾馬格羅的瑪麗亞·奧克西利亞朵拉學校時，喬治和奧斯卡
則在1949年被送到羅馬斯梅西亞西區的威爾弗里德·桑托斯·安吉拉
學校。

　　威爾弗里德·桑托斯·安吉拉學校，是以一位移民阿根廷的法
國百萬富翁的名字命名，由他的遺孀1925年出資興建。喬治上六
年級時在此寄宿，他很愛這所學校。"光陰似箭，我從未厭倦過
自己的學校生活，"貝戈利奧1990年在寫給慈幼會神父卡耶塔諾·
布魯諾的信中回憶說。這所學校處處彰顯着自然的天主教文化，
在校學生做彌撒同學習或玩耍一樣正常。靜靜地學上幾個小時，
這種良好習慣造就了他的專注，他也培養了各種各樣的愛好和技
能：神父蘭布魯斯基尼教他唱歌，神父阿維萊斯教他用白明膠做
備份，一位烏克蘭神父教他如何在東方的宗教儀式上做彌撒——
對一位十幾歲的學生來說，選擇一項並不在這所學校進行的課餘
活動，的確非同尋常。

　　無論是學習還是體育，教師教育他們都要"像基督徒那樣"
去參與競爭——努力贏得成功，但永遠不要鄙視位居第二者。他

們不但學習什麼是罪過,而且學習什麼是寬容。慈幼會士"不擔心用耶穌的話語來直接同我們打交道,"他在一封信中回憶道。喬治學會了睡前禱告,請求聖母恩賜,以及尊重當時的教皇庇護十二。慈幼會會士還教育喬治保持童貞——喬治入學的時候正好進入青春期——讓人看起來健健康康。"學校裡沒有學生沉迷於性,"貝戈利奧給堂·布魯諾寫道,"後來我從教育者及心理學家身上看到更多的性癡迷,他們主張讓性順其自然,可他們透過從哪裡都能看到性的佛洛德透鏡,去看待一切。"

喬治的心智那年成熟很快:"我幾乎在不覺之間懂得了萬事萬物的意義。"他意識到在他自身之外存在着真理,他有學習美德的需求,以及他來到世間的責任。慈幼會會士經常談起窮人的需求,並鼓勵學生們義無反顧地幫助那些需要幫助的人。

他還懂得了死亡。1949年10月的一個夜晚,慈幼學校的督察米格爾·拉斯潘蒂閣下告訴喬治說,他的祖母幾週前已經去世。"那天晚上,我並沒有害怕,我只是感到有朝一日我也會死亡,而且那是最自然的事情,"他對堂·布魯諾說。他開始聽一些關於年長的慈幼會會士如何與世長辭,以及他們怎樣才能死得其所之類的故事。

學期結束後,貝戈利奧家的幾個男孩子回到家裡,看到自己的媽媽還不能站起來,只是坐在那裡削椅子上的土豆,做菜用的配料都攤開放在一旁。"那裡她總告訴我們怎樣用配料做菜,我們原來對此一竅不通,"貝戈利奧記得,"'現在把這個放在罐裡,把那個放在平底鍋裡,'她吩咐說。我們就是這樣學會做菜的。"

喬治大約十二、三歲的時候,第一次有了未來職業取向的意識,儘管在那個階段他所想的將來當一個牧師,"與你所想的將來當一個工程師、醫生或音樂家，都是一種朦朦朧朧的想法，"他向神父伊薩斯門迪回憶說。說到愛情方面的事情，他至今還清楚地記得自己愛上了隔壁的同齡姑娘阿瑪麗亞·達蒙特，青春期的衝動讓他墜入愛河，而他對她做出的承諾卻並不是那麼浪漫。"倘若我不做牧師了，我就娶你，"他在給她的一封信中寫道。在信中，他還畫了一座漂亮的房子，紅瓦屋頂，他說他們要在那裡生活。（姑娘的父親非常憤怒：他動手打了她，還禁止她去看他。）喬治與牧師坎塔魯蒂交談之後，便在學校裡經常祈禱，希望找到自己未來的職業道路。喬治後來還同另外一位素有"擇業高手"之稱的牧師馬提尼茲，探討自己將來也做牧師的可能性。但在第二年，也就是1950年，他開始上中學時，當牧師的念頭漸漸被拋之腦後，直至四年後，夢想的蠟燭再次點燃，這一次它的火焰再也沒有熄滅。

喬治開始上中學時，庇隆已經當了四年總統，阿根廷開始了轉型。那是庇隆總統第一個任期裡如日中天的時候，時至今日人們甚至還心懷敬畏地記得那個年代數額巨大的國家支出，一大部分財富被分配給工人階級以及快速的工業化——民族主義的規劃，幾乎在每個方面都扭轉了以前自由主義的模式。國際社會進入一個新的時代：飽受戰爭創傷的英國，已不再是一個主要的交易伙伴；美國在提供着工業品的同時，已經能夠在國內生產以前從阿根廷進口的產品。一種更加自給自足的經濟模式需要確立。庇隆打算靠增加工資來拉動消費，他鼓勵工業戰線滿足這種要求，同時盡可能地把一些重要的資源和設施，如石油、鐵路、有軌電車等國有化。如同羅斯福新政背後的考慮一樣，庇隆的政策考慮就是讓經濟解決社會問題，同時國家能夠掌控經濟。

人們對庇隆主義的爭論無論過去還是現在，都圍繞在它屬於權威民粹主義，還是左翼民族主義上面。其實這些爭論沒有涉及更深刻的一點：它是庇隆的座駕，它不為其他任何特定的意識形態所用。庇隆遠非一位理論家，但他卻是一位憑直覺做出判斷的政治天才，靠着非凡的能力去維護新興階層的利益，點燃他們的希望之火。這個新興階層，指的就是移民及其子女，以及大批進入城市尋求更好生活的民眾。他懂得他們的希望與夢想，因為他曾是他們中的一員。英俊上校和他美麗的廣播電台女職員妻子埃維塔的傳奇故事——兩個人出生在布宜諾斯艾利斯省的一個小鎮，他們洗刷了社會污名，戰勝逆境，靠着多年打拼而出人頭地。他們發起的政治運動讓比較貧窮的阿根廷人產生共鳴——這些傳奇故事早已家喻戶曉，並且被寫進書中，編入音樂劇，拍成電影。但在劇場和傳奇故事之外，庇隆主義之所以在其創始者逝世之後依然有生命力，是因為庇隆在為新阿根廷分配利益的時候，他創立了一些遠大於他自身的東西：一場運動而非一場派對；一種文化而非一個利益集團；一個如此廣受歡迎、兼收並蓄的政治混合體，以至於幾十年來它控制着現代的阿根廷，甚至讓那些將它列為禁忌的選舉活動都顯得暗淡無光。

庇隆1946年的選舉勝利一舉摧毀了許多障礙，其中就有反對教會的阿根廷自由主義所立起的那堵牆。庇隆政府，是阿根廷現代歷史上首個因推崇天主教價值觀及優先事項而贏得擁戴的政府，傳播教會的社會教義，讓天主教和民族主義在幾十年的時間裡重煥生機。庇隆執政的早期，教會的發展如火如荼。總而言之，庇隆政府弘揚阿根廷的天主教傳統，貫徹天主教的教義，支持教會的福音傳道。

後來，也就是在第二屆羅馬教廷理事會召開之後，教會不再——至少從官方上講——指望國家充當其福音傳道的工具。但在那個時候，這是天主教國家的主教們默認的立場：教會是政府應宣導及貫徹的那些道德價值及精神價值的捍衛者，同時政府還尊重教會的那種讓社會基督教化的自由。庇隆在其政治生涯的早期，沒有跡象顯示出他是一個虔誠的天主教徒，他早年的人生經歷也沒有表明他與教會關係密切，但他渴望通過教會贏得政權，於是他便宣導那些觀念，並把他發動的運動看成"天主教國家"的政治體現。1954年到1955年，庇隆與教會之間產生激烈衝突，導致他在另外一次政變中被罷黜，但他當年宣導的觀念在此後好長一段時間內仍有影響力。

恰如庇隆通過讓工人及其工會獲得實實在在的利益來換取他們的忠誠，他用同樣的手法和教會打交道：主教和牧師的薪水大漲，神學院建起來了，政府資助神學院學生出國留學，教會進口的物品免稅，教會組織能夠得到政府補貼，而更為重要的是重新接受天主教思想。庇隆明確地將政府指令和天主教社會教義結合起來——他談到讓資本人性化，讓勞動者有尊嚴——他還聘請公教進行會的領袖們就他們長期以來努力推進的事情提出建議，比如家庭工資和童工規定，這些很快都成了法律。庇隆政府甚至還請耶穌會神父荷南·貝尼特斯作顧問。貝尼特斯明確地把庇隆主義同《福音》和天主教社會教義聯繫起來。

但由於教會拒絕被收買，他們彼此間關係就破裂了。在圍繞新憲法進行的幾次談判中，由於1853年的憲法，依然支持殖民時代延續下來的國家以各種方式控制教會的權力，羅馬教廷極力呼籲取消政府這項權力，但庇隆對此予以拒絕。當時籠罩在歐洲的法西斯陰雲剛剛散去，羅馬教廷對天主教國家尋求用宗教作為社會控制的工具的潛在危險十分敏感。他們明白在庇隆政府下台之後，另外一個更具敵意的政府可能會濫用那種權力，去壓制教會的佈道。對庇隆而言，他也不會放棄憲法賦予他去任命政治上忠誠的主教的這項權力。按照庇隆主義邏輯推論，這才是天主教國家的政治體現。

雙方針鋒相對，互不相讓。羅馬教廷由於越來越擔憂教會被"庇隆化"，便拒絕批准新主教的任命，而庇隆站在自己的立場上，對教會的不知好歹惱羞成怒，試圖將基督教從教會中分離出來。國家新頒佈的一項法令，宣導以庇隆而非耶穌為核心的基督教價值觀（"庇隆是黑暗中的主，"埃維塔在她的自傳中宣稱，"2000年前的伯利恒事件在此重演；謙卑之人首先相信了"）。國家為與教會爭鬥而開始設立平行的機構，進而剝奪了天主教機構的合法地位。庇隆主義者不再標榜自己按教會的教導去做，卻反其道而行之。

1951年，當這個國家正在為選舉做準備時，埃維塔因患癌症病倒，並於次年7月去世。在未去世前，儘管癌症侵襲着埃維塔的身體，但她依然堅持在卡薩羅薩達的陽台上露面，發表慷慨激昂的演講，這也成了庇隆主義傳奇中的精彩之筆。庇隆借着全國對埃維塔的同情，以及來自廣大女性的支持（他1947年賦予女性投票權），庇隆以巨大的優勢贏得1952年的選舉。

隨後庇隆就開始走下坡路了。隨着國家經濟下行，庇隆轉為守勢，變得比較偏執，蛻變成了病狂的專制者。這種專制者在拉美很普遍，他們不停地折騰着無論是左翼還是右翼的民粹主義——民族主義政府。民族、國家和政府合為一體：政府官員需要是黨員，不同意見被視為異己，反對者（無論是激進分子、社會主義者還是天主教徒）均被定性為人民的敵人。官方藝術所描繪的庇隆主義輪廓清晰的"新人類"形象開始出現，司法條文蛻化成了哲學上的陳詞濫調，並出現奇特的雙重性。埃維塔的葬禮可與威爾士公主戴安娜的葬禮相提並論，成了全國民眾極其悲痛的時刻，但政府試圖借此讓她成為民眾狂熱的崇拜對象——在學校版的埃維塔自傳中，她被描繪為俗界的聖母瑪麗亞。政府的這種做法標誌着它同教會的關係走向低谷。

在1951年和1952年，天主教積極分子從最開始一起批評政府，後來醒悟後發現僅靠批評作用不大，於是便徹徹底底地反對政府。昔日許多支持庇隆的公教進行會領袖們都返回到原來的陣營，這使得公教進行會煥發出新的生機。教會報紙和公教進行會報道了歐洲新的基督教民主黨，並且拿它來同政府進行對比。庇隆察覺到在他的後院誕生了一個宗教支持的政治對手，於是下令取締它。

在1954年11月發表的一次講話中，庇隆嚴厲譴責一些主教插手政治，隨後有一位主教被逮捕。公教進行會被依法解散，教會出版社和廣播電台被洗劫和關閉。借助對墨西哥革命的回應，公共場合的宗教活動被禁止。隨後政府頒佈一系列法律，旨在限制教會，蔑視它的道德關切，讓離婚和賣淫合法化，禁止在學校開展宗教教育，降低宗教機構的免稅待遇。政府開始給新教徒和巫師提供小恩小惠，以給教堂抹灰來否認耶穌的神聖。

主教發表致教區內信徒的信，它哀歎政府採取的這些措施，指責政府企圖炮製一個類似的祭儀。在這種情勢下，已經擁有7000名積極分子的公教進行會上街示威，教會的人也利用各自的網絡出版發行小冊子，對抗當局的新聞封鎖。教會還組成戰術突擊隊來護衛教堂，防止政府的追隨者擾亂彌撒儀式。但他們抵抗的主要方法仍是公開組織足夠大規模的宗教活動，讓政府的禁令無法實施。

1955年5月25日，庇隆抵制在布宜諾斯艾利斯天主教堂舉辦的讚美頌——由政治領袖及宗教領袖出席的、一年一度的為國家祈福儀式。公教進行會組織民眾上街抗議。到了6月11日的基督聖體節，抗議活動達到高峰，它對天主教具有非常重要的意義。儘管政府千方百計想阻止它，但25萬多人依然靜靜地聚集在教皇旗幟和國旗之後，明確表現出對政府的蔑視。

庇隆感到恐慌，下令逮捕幾十位神父，洗劫公教進行會的總部。海軍航空兵轟炸了五月廣場，它的飛機還懸掛寫有"耶穌征服者"的標語。這次轟炸炸死了工會組織的數百名示威人員。紅衣主教貝戈利奧在2011年回想起這次事件時，對他的朋友拉比亞伯拉罕說，那幅標語"讓我噁心，也讓我出離憤怒。我氣壞了，因為它竟然為了一次純政治的行動而使用耶穌的名字。它將宗教、政治和純粹的民族主義混為一談。無辜百姓被殘忍殺害。"

出於報復，市中心的12所教堂被燒毀。在隨後的兩個月裡，政府實施了更多的反聖職運動，越來越明顯的跡象表明一系列將庇隆趕下台的軍事陰謀正在籌劃中。1955年9月，其中的一個軍事陰謀得以實現，這就是人們熟知的"解放者革命"。軍隊重新掌權，號召恢復秩序與憲法。

有人猜測庇隆和教會之間的衝突，可能會導致所有的天主教徒成為反庇隆主義者，但實際情況並非如此。它是一場家庭衝突，一場發生在天主教國家神聖理想的高牆內的衝突。下台之後流亡西班牙的庇隆會及時與教會握手言和，而教會也樂意去修補破裂的關係。在20世紀50年代晚期，尤其是在20世紀60年代，當時喬治作為一位耶穌會士還在接受培訓，許許多多的天主教徒目睹普通百姓那麼衷心擁戴庇隆，便轉而信奉庇隆主義，呼籲這位流亡總統回國。貝戈利奧從未積極地加入哪個政治黨派，1958年他加入了耶穌會，但此後他從未參加過選舉。然而，他總對庇隆主義代表的文化與政治傳統有種自然的親近感。

執掌政權的軍方越是迫害和詆毀庇隆，越是讓普通百姓對這位流亡領導人更加忠誠。在隨後從1955年至1983年的近30年裡，庇隆主義黨在每次選舉時都被禁止參選，只有1973年的選舉除外。期間18位總統先後執政，他們每人的平均任期是一年半，軍方統治了14年。到20世紀60年代末，阿根廷在該地區有了規模最大的游擊隊，直到20世紀70年代這支游擊隊才被美洲大陸最兇殘的軍事獨裁者擊敗。為了更好地解釋為何阿根廷會成為西半球最不穩定的國家，我們的敘述必須總是從20世紀50年代開始，當時天主教與庇隆主義黨都在走下坡路，而軍方則設法將阿根廷帶回庇隆之前的時代。從20世紀50年代到70年代，阿根廷被外國人很難理解的政治矛盾所癱瘓：反自由派（民族主義者，庇隆主義者）很受歡迎，並通過贏得選舉而掌握政權，與此同時，自由派——民主派，多元論者——則借助獨裁來讓庇隆主義者下台。

自1952年開始，在此後的5年時間裡，喬治一邊作為一名藥劑師在一所中學接受培訓，同時還加入了弗洛雷斯教區的公教進行會。當時公教進行會仍是教會的一個充滿生機的分部，百餘位有識之士參與其中，其中的青少年部很有名氣。那時大家經常在長方形會堂聚會，那裡也成了牧師的培養地。在教會同庇隆之間產生衝突的那段時間，公教進行會的人數增加很快，只是到了20世紀50年代末人數才有所下降。

在那批有識之士中，平靜、禮貌且博覽群書的喬治很快便脫穎而出（他幫助在教區的教堂前廳設立並經營書店），但他並沒有給別人提起自己未來的職業選擇。在教會與國家關係緊張的1954到1955年間，他們把精力放在私人慈善行動上面；而在1956至1957年間，喬治和千千萬萬人聚集一起，為教會爭取管理大學的權力。喬治還有一些慈善工作要做，他經常走訪弗洛雷斯非常窮困的人，為他們帶來物質幫助及精神慰藉。

公教進行會每週都舉辦被稱為"創造更美好世界的論壇"的交流活動，喬治每次參加時都認真學習教會社會教義的核心信條，其中大部分社會教義，仍由當時最新的教皇書信（人們稱其為"羅馬教皇的通諭"），如教皇庇護十一世1931年發佈的通諭，來進行闡釋。透過當代政治事件，通諭為庇隆主義的支持者和反對者都提供了攻擊對手所用的彈藥：一方面，它譴責自由經濟，呼籲工會和國家干預經濟；另一方面，它努力去為國家劃清界限，避免國家肆意控制和塑造社會。教會與國家之間爆發衝突時喬治年方18，外部的環境有利於他的信仰與政治思想的覺醒。

喬治所在中學校長的兒子，回想起父親曾提醒喬治來校上課時帶一枚庇隆主義者徽章；中學的學生們本來被禁止佩帶任何徽章。但和喬治很熟的同學烏戈·莫雷利聲稱喬治反對庇隆主義。"我是庇隆主義者，而他不是，我們總圍繞這一點展開爭論。"後來到了20世紀50年代，教會與國家之間的關係愈加緊張，以前曾支持庇隆的許多天主教徒轉而反對他；到50年代中期，喬治成了他們中的一員：在那個時候，他被社會主義吸引。後來在20世紀60年代及70年代，他又開始敬重庇隆主義，因為他覺得它表達了普通百姓的價值觀。

　　另一方面，學校旁邊一些人云亦云的人，絲毫不會懷疑其忠誠。喬治的同學栩栩如生地回憶起有人尖聲喊道，"庇隆萬歲，見鬼去吧！"，隨即引起一片笑聲。除了莫雷利之外，喬治1950年至1955年間比較要好的同學，還有阿爾貝托·阿萊佐、艾貝爾·薩拉、奧斯卡·克雷斯波和弗朗西斯科·斯賓諾沙。他們是關係密切的朋友，在後來貝戈利奧成為紅衣主教後，他們還定期聚會。

　　第十二號工業學校一年之前在弗洛雷斯塔行政區的一所私宅成立，建設這所學校的提議還比較前衛，庇隆政府為提升阿根廷工業能力也在推動此類學校的建立。喬治的父親馬利奧是公民協會主席，負責為該校籌資，順便安排自己的兒子來此學習。那時學校只有十幾位學生。儘管學校開設了國家統一要求開設的必修課，但它還是為學生們留出時間，讓他們在實驗室裡學習食品化學。

　　他的同學稱喬治當時是個普普通通的年輕學生，為人熱心，酷愛讀書，樂意與人交往。當他們支持的球隊在比賽中遭到聖洛倫索隊重創時，他就取笑他們。在各自支持的球隊比賽的間隙，他還同他們一起打籃球。到了週末，他還同他們一道和女孩們跳舞。

　　他們的描述至少反映出喬治的兩個強項。第一個就是他的超強智力：他能夠非常快速的領會新的思想，了解新的信息，這能保證他毫不費力地在班級裡名列前茅（他"那確實令人羨慕的智力確實高出我們許多，"莫雷利說，"與我們相比，他總是遙遙領先。"）。他的同學們大都不出意料地從事化學行業的工作，大家顯然也都很聰明，可提起喬治的聰明腦袋，他們還都自愧不如。此外，大家還很佩服喬治在化學課之外的出色成績，尤其在文學、心理學和宗教科目上，他都是佼佼者。但他出眾的才華並沒有招來別人的嫉妒，因為他總是樂於助人。"我們無論哪個科目碰到問題，他都會幫助解決；他總愛幫助同學，"克雷斯波回憶說。從同學們對喬治的評價中，我們會對這位未來的神父有更多了解：他尤其有能力去解決問題，達阿里佐補充說，"無論是我們學習上的問題，還是我們的個人生活問題。"

他的另一個顯著特點就是具有強烈的信仰。"當時我們才十四、五歲，他已對宗教深信不疑，"斯托爾·卡拉巴喬回憶說。那時候一群14歲到20歲的年輕人經常聚集一起，卡拉巴喬和喬治都在其中。他們經常去郊外的蒂格雷三角洲，那裡有大片的森林和草地。喬治，"長着一張娃娃臉，總是顯露出強烈的天主教傾向，"莫雷利稱。

他和克雷斯波生動地回想起那時的宗教教育課。1944年，軍政府將宗教教育課列為學校的必修課，隨後到了庇隆支持宗教的階段，宗教教育在學校被強化。當時學校要求每一位學生到了一定年齡都要開聖體，於是有次老師在班上詢問哪位同學還沒有開聖體，其中有兩位同學舉了手。"顯然老師事先同喬治談過這事，"克雷斯波稱，"因為老師接着便說，'貝戈利奧答應幫助你們在弗洛倫斯的聖約瑟夫會堂開聖體，'"喬治向自己的同學講解了第一次恭領聖體的相關知識，隨後便帶他們在聖約瑟夫會堂初領聖體，完事之後又帶他們到家吃了午飯。當時喬治才15歲。

喬治此後開始工作賺錢。父親幫他在會計公司找了份差事，開始的時候只是去做些保潔，後來協助做管理工作。同時，他還堅持到一家針織廠做行政工作，這家廠子是父親的另外一個客戶。做工的同時還要堅持上學，因此喬治每天都很辛苦，經常要忙到晚上8點才能回到家。但他熱愛工作，他超凡的工作能力一生中都給人留下深刻印象。作為紅衣主教，他向教徒們講述工作對一個人的自我價值和尊嚴的極端重要性，他認定長期失業是艱難困苦的根源。

他並不在夏天外出度假，但他有自己的放鬆方式：他會到外祖父母家裡，前輩們在那裡教他學習奔放的熱那亞小調。當地有不少讓年輕人消遣的地方。克利斯波回憶說："我們總愛到阿韋亞內達和塞古魯拉的酒吧聚一聚。我們在那裡打枱球。到了週末，我們去彼此家中聚會，有時還會去查卡里塔的一個俱樂部跳舞，因為那裡有很多姑娘。"他和莫雷利都記得喬治會同他們倆中的一個外出。"是的，他有一個女朋友，"莫雷利說，"他很拘謹，而且他也和我們大家跳。是的，他確實很拘謹，我們便鼓勵他放開些。"

一旦克服了自己的害羞，喬治便愛上了跳舞，尤其是參加探戈舞會。艾達·法爾孔版的"拉帕那達"成了他的最愛之一。

安娜·科隆納是喬治教區的一位朋友，她記得喬治身穿西裝，優雅地請一位女士同自己跳一曲。她也在喬治的朋友圈裡，定期在私人家中組織週六通宵派對。男孩們戴着領結（如果有人過生日，就穿白色夾克），來時帶喝的，女孩們來時則帶吃的。黎明時分，男孩們會送女孩們回到住處，如果幸運的話還能索上一個吻。他們都是20世紀50年代公教進行會的年輕人。"次日早上8點，"科隆納回憶說，"我們全在做彌撒。"

科隆納稱她所認識的喬治"周到細緻，很愛交際"，在音樂方面他所鍾愛的是探戈。"喬治的探戈舞跳得非常出色，"她說，"探戈是他的一大愛好。"

貝戈利奧在2010年曾說："探戈源於我的內心深處。"

布宜諾斯艾利斯的標誌性聲音，源於世紀之交硬漢們在拉博卡港口地帶，進行程序化的格鬥時的手風琴伴奏樂。隨着時間的流逝，它越來越受歡迎，到了20世紀20年代，它轉變為一對對舞者跳舞時的音樂，輕浮、競爭、傲慢是它的特色。接下來值得一提的是，到了20世紀30年代和40年代，聲音柔和、容貌英俊的卡洛斯·葛戴爾，在大銀幕上滿懷柔情地演唱“你會愛我的那一天”的時候，探戈無論在阿根廷還是在國外都風靡一時。而葛戴爾的英年早逝（在阿根廷產生的社會反響，如同甘迺迪總統遇刺後在美國產生的反響一樣強烈）讓更多的人記住了他。

到20世紀50年代時，探戈不但演變成了舞曲——喬治尤其喜歡胡安·阿列恩佐的樂隊——而且它還是一種抒情歌曲，它是伴舞的樂曲，但更多是給人聽的。探戈使用了創造性地融合意大利語和舊西班牙語的布宜諾斯艾利斯方言，創造了令人難忘的語言和形象。要知道，紅衣主教貝戈利奧時常利用它們。另外，貝戈利奧還追隨紅極一時的探戈詞作家恩里克·桑托斯和歌唱家胡里奧·索薩和艾達·法爾孔。他最崇拜這兩位當代歌星，對其而言探戈也成了一種社會評論，成了一曲對價值觀被侵蝕而唱的輓歌。比如，在1955年，索薩演唱了《絲語交融》。當時他身着條紋衣服手中拿着香煙，倚靠在一個酒吧門前，還很聰明地用一家當鋪的窗戶作為背景，透過當鋪的窗戶可以看到在破舊的暖氣片旁邊，放着一本彷彿在哭泣的《聖經》。

在2010年出版的《耶穌會會士》中，紅衣主教貝戈利奧引用了《絲語交融》中著名的對白“真見鬼，什麼都是一樣的；在地獄那裡，我們無論如何也能彼此相見，”來譴責當代相對論。

貝戈利奧一直在聽探戈曲子，即便在由阿斯托爾·皮亞左拉於20世紀70年代領導的復興的時代也不例外。作為一位耶穌會會士，他認識了第一位主要的女性探戈歌手阿祖切娜·梅札尼。為了能引人注目，她的穿戴打扮都像一位男士。1970年，他給她做最後的宗教儀式，在她的病榻之前遇到了同是來自弗洛雷斯的偉大藝術家雨果·德爾·卡里爾。

在貝戈利奧當選教皇時，他對探戈的熱愛，對聖洛倫索的追隨，以及對無處不在的阿根廷綠茶的鍾愛，一併被媒體作為他具有鄰家氣質的佐證予以報道。然而即使在20世紀50年代，探戈依然很躁。它依然朦朦朧朧地暗示着塗着口紅的妓女，沿着昏暗的小巷逃離身着條紋衣服的流氓。對於帶着青春期的困惑，且將來想做聖職的少年來說，仍為探戈所吸引就顯得不同尋常。

☙

1953年9月21日，喬治距離17歲生日還有六週，主"先他一步抵達他內心"。那是開春時節，布宜諾斯艾利斯四處可見的紫藍花楹樹的花兒開始綻放。他走在去見女朋友的路上，和他一起的還有公教進行會的教友和學校的朋友們，大家此行的目的是慶祝全國學生日。他沿着里瓦達維亞大街走過十分熟悉的聖約瑟夫的長方形會堂時，他感到了一種走進去的衝動。"我走了進去，我感到自己必須走進去，這些你都能在自己的內心感受到，可你又不知道它們是什麼，"他對艾薩斯門迪說。

"那是9月份的一個早上，或許是9點來鐘，我看了看，天還沒透亮，我看到一位牧師走過，我並不認識他，他不是教區牧師中的一員。他隨後坐在其中一間懺悔室裡，若從聖壇的左側開始數起，算是最後的一間。我並不很清楚接下會發生什麼，我只是感到有人從內心拽着我，把我帶到了這間懺悔室。顯然我將自己的情況告訴了他，我懺悔……但我並不知道發生了什麼。

當我懺悔完畢後，我詢問牧師他從哪裡來，因為我並不認識他，他對我說："我從科達特斯來，就住在附近的牧師之家。我時不時地常來這裡做彌撒。"他患了不治之症——白血病,次年去世。

就在那裡,我明白我必須做一名牧師;我完全確信這一點。我沒有再和別人外出,而是返回家裡,因為我心潮澎湃。後來,我繼續自己的學業,繼續做事,但我已明白了自己的努力方向。"

宗教職業是"主對一顆心的呼喚,這顆心有意識或無意識地在期待着這種呼喚,"貝戈利奧曾解釋説。他接受它,在很大程度上並不是依照主給他的旨意,而是出於他內心最強烈的渴望,即使在他這麼做之前主已經知道了——主會先他一步抵達他內心。在聖伊格內修斯的三條選擇途徑中,這顯然屬於第一條:當你剛剛省悟時。在1990年的一封信中,他把這次經歷描寫成像是從馬上摔下來一樣。

在一年多的時間裡,在沒有告訴家裡任何人的情況下,喬治和在長方形會堂裡偶然遇到的懺悔者杜阿爾特·伊瓦拉牧師,進行着他所稱的"莊重的精神指導",而且一直進行到這位牧師第二年在軍隊醫院去世為止。

當時除了做懺悔,他還同奧斯卡·克雷斯波,在位於聖菲與阿茲庫那加交匯處的希克賽爾·巴赫曼化學試驗室工作,偶爾也會在晚上到探戈酒吧作門童掙錢。克雷斯波記得有一天喬治告訴他説:"我會同你們一起讀完中學,但我將來不打算做一名化學家,我打算做一名牧師。但我不會整天呆在長方形會堂裡當牧師。我要做一名耶穌會會士,因為我打算走出去,走進居民區,走進貧民區,和大家在一起。"

克雷斯波對喬治所講之話的記述,比喬治自己能回憶起來的都更確切。儘管他很清楚自己想做一名牧師，"可實際上，我並不十分清楚前面的路該怎麼走，"他在2010年回憶説。克雷斯波的記述，暗示貝戈利奧已在腦子裡勾勒出了他的前進方向，但它卻並非一個具體的計劃。他直到加入耶穌會後，才認識了耶穌會會士。此前，他只認識慈幼會和道明會的人員。喬治出身於弗洛雷斯的下層中產階級，對他來説，敲開那些只接受最好教育——大都是私立學校——的上層人士的大門並不是一件易事。

"只有經過了數年的努力，我才接到他們的邀請，也才做出了相應的決定，"教皇方濟各於2013年9月在薩丁島給年輕人講道，"那是一段成功與快樂的歲月，同時也有失敗，也有脆弱，也有罪過……但即使在罪過與失敗的最暗淡的時刻，我都仰望主，而且他從未丟下我不管。"

那也是一段政治實驗的歲月。他的朋友記得他十分關心社會問題，他還經常拜訪教育方面存在欠缺的鄰居。他定期從一份共產主義期刊上做摘抄，消化他能找到的左翼散文作家和劇作家列奧尼達斯·巴勒塔寫的每一篇文章。喬治從未被馬克思主義説服，但接觸它嚴謹的理論有助於讓自己思想敏鋭。喬治做教皇之後，在自己第一部重要的論文中對利益擴散論進行了嚴厲的批評，隨後美國的一些保守人士便指責他是馬克思主義者。但喬治告訴記者："我在自己的一生中遇到許多馬克思主義者，但他們都是好人，因此我並不覺得自己被冒犯了。"

喬治當時遇到的馬克思主義者，以斯貼·巴勒斯特里諾·德·卡里加就是一個好人，這是喬治繼自己的祖母羅莎和妹妹德洛麗絲之後，對他的早期人生產生重要影響的第三位女性。巴勒斯特里諾是巴拉圭的一位共產主義者，她在1949年帶着女兒逃離巴拉圭獨裁統治，到了布宜諾斯艾利斯。在隨後的3年時間裡，她在希克賽爾·巴赫曼試驗室當他"卓越的老闆"。她不但教喬治明白科學工作的重要性，讓他通過反復試驗來排除存在的其他可能性——他當時負責做營養素的化學評估——而且教喬治學習她的母語巴拉圭瓜拉尼語的基礎知識，以及許多很有價值的政治課程。"我非常感激這位女性，"他在2010年說，"我非常熱愛她。"

10多年後他們再次相見，此時喬治已是耶穌會會士，而她和家人則處於軍事獨裁政權的監視之下。他同意將她收藏的馬克思著作藏起來，並幫助她找到女兒安娜·瑪麗亞——一位信仰共產主義的工人代表，被捕後下落不明（最終她被釋放）。在尋找女兒的過程中，以斯貼成了五月廣場之母的創立者之一。五月廣場之母是一個人權運動組織，帶頭抗議在20世紀70年代阿根廷軍事獨裁下出現的大規模人員失蹤。1977年6月，她和法國修女們在苦難會修士的聖克魯茲教堂聚會時，被軍事獨裁當局綁架。直到多年之後的2005年她的遺體被發現並得到確認時，她的另外一個女兒馬貝爾懇求時任布宜諾斯艾利斯紅衣主教的貝戈利奧，允許將她母親的遺體埋在聖克魯茲教堂的花園裡，因為馬貝爾稱"那是她作為自由之人的最後一個地方。"他當然同意。這就是紅衣主教少年時代所敬愛的一位共產主義無神論的巴拉圭女性，被安葬在布宜諾斯艾利斯教堂花園——她被從這裡帶走後遭到謀殺的來龍去脈。

被布宜諾斯艾利斯教區神學院錄取後，喬治本應在1956年3月開始自己的學業深造。但在1955年11月，作為一名技術化學專業的學生剛剛畢業的喬治，向父母宣佈了一個重大新聞：他已經做了兩年的懺悔，接下來他要把宗教作為自己未來的職業選項。這個消息一下子在家裡炸開了鍋，尤其讓媽媽雷吉娜感到震驚，因為她從銀行貸款供應兒子完成學業，希望他將來做一名醫生。她指責兒子喬治此前一直對她撒謊，喬治用典型的耶穌會會士的機敏來為自己辯解。"好好，我可沒有對您撒謊，"瑪麗亞·埃琳娜回憶起喬治告訴過自己，"我要鑽研的是心靈醫學。"

與其他母親一樣，雷吉娜也曾試圖不讓自己的大兒子離開溫暖的家。"我覺得倘若喬治告訴媽媽說，他要結婚了或要出國了，媽媽會有同樣的驚詫反應，"瑪麗亞·埃琳娜這麼認為。儘管他們的父親馬利奧支持喬治參與宗教活動，但他贊成雷吉娜的做法，父母倆都勸喬治先緩一緩，等拿到一個學位再說。當喬治拒絕他們的規勸時，家裡的氣氛頓時緊張起來。

料想到無論早晚神父布佐尼會被請到家來裁定此事，喬治主動去見他。神父布佐尼詢問他未來的職業取向，給他以祝願，並告訴他去祈禱，這事交給主來定奪。不出所料，沒過多久家裡有人提出建議，為何我們不同神父布佐尼談談這事呢？喬治不露聲色地答應了。1955年12月12日，也就是罷免庇隆的軍事政變發生兩個月後，巴厘奧和雷吉娜迎來了結婚20周年紀念，請來神父布佐尼在聖約瑟夫的長方形會堂為這個家庭做彌撒。隨後大家在弗洛雷斯的小餐館用早餐，便談起喬治的職業選擇。"神父布佐尼說，去上大學是個好主意，但人必須按主的旨意行事，"貝戈利奧回憶說。

"神父開始講述各種各樣的職業選擇，而且不站在任何一方的立場上，最後他講了自己的職業故事：自己如何萌生做神父的念頭，多麼快就做了副助祭，隨後又做了助祭、神父，這一切都那麼出乎意料……講到這裡，我父母的心已被軟化。當然了，談話結束時神父布佐尼並沒說他們應當讓我去學院深造，也沒有讓他們立刻做決定；他意識到首先得把他們的心變軟。這是他典型的做事方式。你不知道他下一步的打算，但他心裡有數，他只是不想造成一種看上去他‘贏了’的局面。當他感覺到他就要如願以償時，他便在別人可能會意識到這一點之前就主動撤回。靠着這種方式，所有參與者都能暢所欲言。大家都不會感到任何壓力。但他已讓他們做好了心理準備。他播下了種子，然後讓別人獲得滿意的收成。”

貝戈利奧的父母終於勉強同意，可讓雷吉娜真正接受，還是花了幾年的時間。直到貝戈利奧在科爾多瓦成了耶穌會會士，她才去見他。1969年，這位守寡多年的母親終於開始為兒子當初的決定感到驕傲，並在兒子的指導下，接受主的恩賜。

他的祖母羅莎很久之前就猜測這就是喬治的努力方向，但她還是裝出一副很吃驚的樣子。“噢，假如主召喚你，那就讚頌主，”她告訴他。同時她又說，倘若他決定回來，大門總是為他敞開的；倘若他堅持走下去，也沒人會阻攔他。她給他上了很好的一課，讓他明白如何與人一起做出人生的重大決定。

當他將這個重大新聞告訴朋友們時，大家都為他高興，同時也為失去一位親愛的伙伴而憂傷。大家相互擁抱，共同祈禱。有人開玩笑說，這可是洛倫佐未來的損失。當時還有兩位女孩哭了起來，或許為她們自己感到失望，為失去他而傷感。

喬治在1956年3月敲響神學院的大門時，年方20，和他父親幾乎是在同樣的年齡開始自己的宗教之旅。

第二章

年輕的傳教士

(1958—1966)

2013年7月的最後一週,科帕卡巴納海灘雖然還有新鮮的椰子喝,有巴西國酒凱匹林納雞尾酒供人啜飲,但古銅色皮膚的里約熱內盧比基尼美女在此已無處可尋——這可並不只是因為這片世界聞名的海灘不合時令地下起了暴雨,颳起了狂風。方濟各就在鎮上,科帕卡巴納海灘現在已經成為虔誠的教徒們的天下,三英里長的海灘上擠滿了來自各個國家年輕的天主教徒。作為世界青年日的香客之首,方濟各領導着成千上萬聚集在那裡的年輕信徒。此時此刻,他心中牢記着一個更加偉大的使命:履行教皇的職責。"我的教皇職責始於里約之行之後,"他早些時候曾在布宜諾斯艾利斯對一位朋友透露。

這項盛會在本篤十六世辭職之前就被列入他的計劃,如今方濟各將其繼承下來。世界青年節是天主教規模最大的宗教盛會,來自世界各地千千萬萬的年輕香客們聚集一起,進行為期數天的傳道與祈禱,隨後教皇帶領眾人做禮拜,活動最後的一個星期天則被稱為世界青年日。世界青年日是由教皇若望·保羅二世1984年創立，從此之後它為全球各地的天主教會注入了無限活力。整整一代的天主教徒通過參加世界青年日活動，深切感受到內心深處的宗教信仰：它不只是傾聽宗教音樂，沉思默想，令人振奮的傳道；它還是眾人聚集一起時感受到的快慰與自豪。1995年在菲律賓馬尼拉舉辦的世界青年日創下了人數紀錄：當時500萬人參加最終的彌撒儀式，據說這是人類歷史上規模最大的集會。依照世俗化的社會學理論，許多人，尤其是年輕人隨着時間的流逝，漸漸產生遠離宗教化的傾向。這種理論讓人半信半疑，世界青年日活動舉辦期間的真實情形，更讓人對這種理論產生同樣看法。

只有當主辦國人口眾多又宗教流行的時候，世界青年日的參加規模方可與馬尼拉的參加規模相提並論。巴西位於天主教流行的南美洲，堪稱世界上最大的天主教國家。里約熱內盧是全世界最大的現代化都市之一，它的無窮魅力和它的社會分裂同樣為人所知。還有什麼能比教皇將這裡選作療治這些社會裂痕的平台更好的呢？里約熱內盧距離阿帕雷西達聖母朝聖地——巴西的國家聖地——並不遠。2007年，拉美眾多主教聚集於此召開洲際會議，在當時的紅衣主教貝戈利奧的領導下，這次會議形成的重要決議都體現着他的遠見卓識。這些重要決議一直被拉美之外的天主教徒忽視，但現在普拉特河水和亞馬遜河水已開始流入台伯河。方濟各不久便明確指出，阿帕雷西達聖母朝聖地在為整個教會做規劃。

阿帕雷西達聖母朝聖地的神殿十分巨大，僅次於羅馬的聖彼得神殿，在方濟各5天旋風般的訪問行程中，它自然成了訪問的首站。此後教皇就呆在里約熱內盧，他的排程包括了參觀一所貧民窟、一個足球場、一所醫院、一所天主教堂，同時還要見許多人：吸毒者、民間領袖、主教、總統、少年犯、貧民窟居民，當然還有巴西人民。他花了一個又一個小時，與他們擁抱，從教皇專車的敞篷處與他們握手。這些都是前面的活動，真正的大事安排在週末：在科帕卡巴納海灘舉辦眾信徒參加的禮拜儀式。隨着週末的來臨，這片海灘漸漸消失在人浪之中，在最後一天，多達400萬充滿生機的香客們都聚集在這裡，里約熱內盧從未出現過這種令人震撼的場面。儘管天氣異常惡劣——這座城市很少這麼寒冷，也很少下這麼大的雨——但科帕卡巴納海灘卻成為一個"信仰的海灘"，它美麗的自然景觀，永遠被後面基督山上基督雕像張開的雙臂擁抱着。

當方濟各教皇抵達里約熱內盧時，彷彿從南半球颳來了一股聖靈降臨的清新之風。"這一週，"方濟各在科帕卡巴納海灘上講道，"里約熱內盧成了宗教的中心。"數不勝數的參加者成了對這句話最好的詮釋。1910年，世界上70%的天主教徒都居住在北半球（主要在歐洲），只有30%居住在南半球；而到了2010年，只有30%居住在北半球，居住在南半球的接近70%。全球大約40%的天主教徒集中在拉美，倘若生活在北美的拉美天主教徒也被計算在內的話，這個比例是50%。西班牙語——或者說西語的美洲國家喜歡用的"castellano"——現在成了天主教世界最廣泛使用的語言。信仰天主教的拉美人的年齡構成讓人吃驚：超過70%的天主教徒年齡都低於25歲，歐洲與北美的統計結果與此正好相反。由於年輕人精力充沛，富有激情且足智多謀，因此這片大陸的教會領導着整個世界。

實際上，唯一的問題就是主究竟是阿根廷人還是巴西人。方濟各在接受環球電視台採訪時，解決了這個問題。由於教皇是阿根廷人，因此他很謙讓地聲稱主必定是巴西人。

里約熱內盧的本地人感受着方濟各光臨引發的衝擊波,他們火一般的熱情似乎要將他熔化。計程車司機和飲料店服務員,電視台權威人士和生意人,貧民窟裡的窮人都對他寄予了那麼多的希望,彷彿羅馬人在三月對新春寄予的那麼多的希望。他們熱愛他的簡樸、他的率直、他的謙遜、他追求社會公正的熱情以及他不知疲倦地擁抱老人與殘疾人。他們稱讚他目的明確的三要點演講、他恰當的引述和他生動形象的比喻;讚揚他與年輕人打成一片;讚揚他的幽默和他的坦率。但最為重要的是,他們熱愛他因為他是拉美人,因為他以人為本,因為他關愛身居寒舍的人。尤其他做事不墨守成規更贏得了人們的熱愛。

從報紙上看,這次訪問看上去很尋常:意大利航空公司的空客A330降落在機場,駕駛員座艙外飄動着梵蒂岡和當地的旗幟;前來歡迎的政治要員和主教們;他坐在教皇專車裡隨着車隊開進市中心,在那裡他將向眾人揮手致意;實際上,幾乎一切都迥然不同。這次訪問的第一則故事講的就是方濟各拎着他的公事包(他後來告訴記者,裡面裝着一本講述利雪區的聖德蕾莎的意大利語祈禱書,以及他的日記),這在教皇體制中是件打破常規的事情:什麼時候會有一位教皇自己親自拎着東西呢?在這次13個小時的長途飛行中,方濟各似乎一直都很活躍:他與人會談,修改文本,長時間與駕駛艙的飛行員聊天。“這位教皇精力過人,”梵蒂岡的發言人神父費德里科·隆巴迪在他們抵達的當晚告訴記者。

這次行程的真正革新之筆,在於他以一種全新的方式,對待那些搭乘教皇專機的羅馬教廷認證記者。教皇本篤十六世乘專機出訪時,會把記者要提的問題事先收集起來,然後照着準備好的稿子回答他們;與他的這種做法不同,教皇方濟各像對待聖徒那樣虔誠地對待記者，熱情歡迎記者的來訪。方濟各會一個個地接見他們，和他們拉拉家常，並和他們擺出各種姿勢拍照。羅馬教廷認證記者以前在這類出行中常有一種被忽視的感覺，這次都覺得受到了關注，而且被方濟各的做法深深打動。他們需要一篇報道，方濟各認認真真地留給了他們一篇——他圍繞世界青年日的重新構架談了足足五分鐘，提及應將年長者吸收在內。"很多時候，我們將年長者置之一旁，我覺得這種做法對他們很不公平，"方濟各指出，"彷彿他們沒什麼可對我們說的。實際上他們可以告訴我們人生的智慧，昔日的智慧，我們的國家和我們家庭的智慧。我們需要這些。"

返程途中，方濟各給了記者們意外之喜：在長達1小時20分鐘的答記者問中，他即興回答，同時全程錄音，不做任何刪節。他自始至終一直站着，感謝記者提出各種問題——包括如何看待元老院中的同性戀，梵蒂岡銀行的貪污問題——這些問題記者原本認為教皇會極力回避。他的回應非常坦誠，甚至連記者們在寫頭條新聞時都有選擇餘地。最後，他對有關同性戀的問題做出了這樣的回應："如果他們滿心虔誠去追尋主，主又怎能對其妄作評判呢？"——他的這句話被用作新聞標題，而且很好地詮釋了他早期的做事風格。

到達加利昂國際機場後，方濟各請巴西民眾允許他走進他們偉大的心靈，與大家共度這一週。他引用門徒保羅的話稱："我沒有帶來金銀，但我帶來的卻是最為珍貴的'耶穌'。"方濟各同巴西總理迪爾瑪·羅塞夫共同出席歡迎儀式之後，羅塞夫總理坐進一架直升機，他則坐進一輛有倉門式後背的菲亞特汽車中，車窗搖下來，他的胳膊伸出車窗外。依納爵羅耀拉早期的同伴赫羅尼莫·納達曾稱，耶穌會會士們的住處各有不同，但他們最溫馨的住處就是旅途。"人在旅途,全世界都是我們的住處。"

　　沒過多久,方濟各的車便被堵在里約熱內盧長長的車流中——他的司機駕車駛離了警察已清出的道路,他的周圍到處都是祝福者。許許多多敬仰教皇的人早早就坐公交趕到了新聞中心,希望在那裡見證電視直播的實景,眼前的景象讓他們惶恐:人群中會不會有人攻擊他?儘管當時方濟各的秘書已經把心提到了嗓子眼,但方濟各卻很高興。最重要的是,他來這裡是接見民眾的。"我的車開到大街上時,我把車窗玻璃搖下來,這樣我就能夠將手伸出來歡迎大家,"他後來對巴西電視台解釋說,"我要麼收穫很多,要麼一無所獲。既然選擇來這裡訪問,我就必須與大家進行交流;如果誰也不見,那麼我就根本不應該來訪。"他知道梵蒂岡和巴西的安全小組不希望他這麼做,為此他向他們表示歉意,但他也解釋說:"他們都明白,這並不是因為我想給他們的安保工作出些難題,而是因為我想接見民眾,我想把他們當成親人來對待——我想接觸他們。""但你這樣做,不會使自己容易遭受襲擊嗎?"環球電視台問道。"我沒有意識到,"他微笑着答道,"沒有恐懼感。"

　　在休息了一天,並訪問過阿帕雷西達之後,方濟各開始訪問里約熱內盧。在瓦格尼哈的貧民區——這裡被過去常常被稱為當地的加沙地帶,敵對的販毒團伙之間時常火拼——方濟各賜福於聖赫羅尼莫·埃米利亞尼的小教堂的聖壇。那所小教堂有18張簡易的木樰,牆上粉刷得很光亮,外面的街道上流浪狗來回游走,很像布宜諾斯艾利斯的聖母院,或者說同拉美的任何一個城市裡貧民區的任何一所小教堂比較類似。一般來講,教皇出現在這樣的地方,彷彿是外星人到訪,但對方濟各而言,卻另當別論了。他到了這裡就像到家一樣,如果非要說出什麼與這裡不相般配的話，那就是成群結隊的記者們和成百上千閃亮的智能手機。

方濟各花了不少時間與熱情的民眾擁抱，握手，親吻，調侃，弄皺頭髮，歡笑，祝福，還與有些等着摸他一下的人們嬉戲一下。有位等着見他的老太太由於太激動了，不得不用上心臟除顫器。方濟各走進只有一個房間的新砌房子，外面裝飾着黃色和白色氣球。這個家庭被挑選出來作為瓦格尼哈其他眾多家庭的代表，供方濟各走訪。由於房間窄小攝像人員無法跟進去，方濟各自當選教皇以來，第一次能夠去做他一生大部分時間都在做的事情：首先做一位耶穌會會士，然後做一位主教和大主教——與這一家子人坐在一起，聽他們講述自己的故事，與他們的孩子一起玩，離開時給這個倍感溫暖的家庭留下些許希冀。

接下來教皇前去貧民區的足球場，在那裡號召全世界從窮困之人身上學些寶貴的東西，然後做出改變。"自私自利和個人主義的文化時常在我們這個社會甚囂塵上，但它無法帶來社會的發展，也無法引領我們創造一個更宜居的家園，"他說道，"只有團結互助的文化才能做到這一點，它能提醒我們不把他人視為對手或累贅，而視為兄弟姐妹。"

這位一生致力於傳道的教皇吹來一陣清新之風。

保羅六世出訪不多，而且大都是為了參加一些為政治及宗教領袖們牽線搭橋的會議；若望·保羅二世在疾病纏身之前常常出訪，像一位偉大的國王外出安撫自己的臣民，每到一地便為成千上萬的民眾們演講。本篤十六世每隔一段時間勉強出訪，靦腆且平靜，喜歡小範圍內會見別人。方濟各與他們有所不同。他既不像保羅二世那樣虛張聲勢，也不像本篤十六世那樣博學。但他的過人之處在於在接見千千萬萬的民眾時，他能將人們關注的焦點從他身上轉移開。保羅六世出席會見時，關注焦點在他會見的顯貴們身上；保羅二世出席會見時，關注焦點必定在他自己身上；本篤十六世出席會見時，關注焦點在他閱讀的書籍上。而方濟各出席會見時，關注焦點在那些被他稱為主的虔誠信徒身上。教皇方濟各喜歡深入民眾，讓普通百姓成為主角。

在即將結束此次訪問的最後時刻，方濟各又在自己的日程中添了一項活動：前去里約熱內盧天主教堂接見阿根廷的朝聖者。遇到來自本國的同胞，他重新做回了他自己，而且顯然很放鬆。前面連續幾天他要努力說好葡萄牙語，現在他可以大聲說起西班牙語了。他在和自己的同胞親密交流時，向他們坦白說有些時候，他呆在梵蒂岡感到像被關在籠子裡。"我想告訴你們一件事情，"他語速緩慢地對他們說，"舉辦完世界青年日之後，你們想知道我希望發生什麼事情嗎？我希望人們走上街頭盡情釋放。"

"的確，在內心我們要盡情釋放，在里約熱內盧我們也要盡情釋放，而且我還想讓大家去到主教教區，在那裡盡情釋放；我想讓教會的人走上街頭，我想讓大家避開很俗氣的事情，不談安逸享樂，告別聖職專權，不要沉醉自我。教區、學校、機構——這些都是我們需要走出的地方。倘若我們不能走出那裡，我們就成了非政府組織。要知道，教會不能變成非政府組織！"

Hacer lío這個詞在阿根廷有特別的含義，指的是當地的人們走上街頭，使勁敲着平底鍋，扯着嗓子呼喊，來表達自己對某項事業的激情。但"走上街頭盡情釋放"在洛杉磯或倫敦意味着什麼呢？當一家教會新聞社把方濟各的話誤譯為"我想在街頭製造混亂"時，它造成的混淆更大了，尤其讓那些英語國家的天主教徒們對教皇打算讓他們做什麼更為困惑了。

　　可方濟各對阿根廷人民說的同樣一番話，卻異乎尋常地讓他們之間的關係變得更加密切。他甚至在科帕卡巴納海灘舉辦的大規模集會上也展現出這一點，當時作為傳福音者的領頭人，他鼓勵年輕的香客們提出具有挑戰性的問題，做出樸實的選擇，邀請他們成為傳教的信徒，"為朝拜聖主做好準備。"在那裡，他平靜而堅定的聲音激發起無限的活力；他不是靠着像聽眾那樣聲嘶力竭地叫喊來喚醒他們的能量，他靠的是與大家建立起一種難以名狀的親密，他當眾講話彷彿就是在與每個人親切交談一般。

　　7月26日發生在科帕卡巴納海灘耶穌受難像前的那一切，非常清楚地說明了這一點。傳統的祭祀儀式按照想像中的耶穌受難的先後順序而展開：耶穌先是受到羞辱，隨後承受着痛苦，最後死在十字架上；天主教堂在其牆上擺了14尊不同的耶穌受難像，這些頭像通常是用白石膏做的。巴西人受此啟發，僱了一個演員來扮作白石膏耶穌像，當現代的海濱地帶生活的民眾遭受苦難的情景展現出來時，耶穌復活了。在第十尊耶穌像那裡，耶穌被打得滿臉青腫，掙扎着爬上血紅的斜坡，背景則是里約熱內盧主要的海濱酒店的看板——它象徵着富有之外的貧寒與苦難。方濟各從容地向數百萬香客演說，好似在一個耶穌會寓所給一小撥人講話，請他們確定出耶穌受難記中的人物——彼拉多（釘死耶穌的古代羅馬猶太總督）、昔蘭尼的西蒙、瑪麗亞或耶路撒冷的婦女。隨後他問了一些追根究底的問題，便讓大家開始一段較長時間的沉思默想。

　　在次日晚上的守夜祈禱中，方濟各邀請年輕人做服務教會的傳教信徒——"當好耶穌的運動員"，為了"比世界盃更偉大的"事業而做好訓練。他指出，這種訓練涉及日常祈禱、做聖禮和關愛他人（"學會傾聽，理解，寬容，接納與幫助別人，幫助每個人，不把任何人排除在外"），要建設一個更加公正和友善的社會，必須從每個人做起。他以福音派傳教士的口吻，請他們做出回應，投出他們的贊成票。但到了夜幕降臨時，方濟各讓他們平靜下來，請他們跪在巴西教會宣稱史上最大的聖體宿主前面。在那裡，他曾帶着300萬香客在大西洋巨大的浪濤聲中沉思默想。

在同香客們做第一項儀式時，方濟各觀賞了為歡迎他而舉辦的音樂演奏。方濟各在自己坐的椅子上動來動去；他不是那種可以久坐不動的人，他患有坐骨神經痛，不能長時間坐着不動。有一場演出他顯得最為喜歡：來自巴拉圭熱帶雨林的瓜拉納合唱團演唱了《聖母經》，其所用的背景音樂取自意大利電影配樂大師埃尼奧·莫里康內為影片《傳道》創作的主題曲。

這部由羅蘭·約菲執導的影片拍攝於1986年，它之所以深受耶穌會喜愛，不只是因為羅伯特·伯爾特寫了劇本，莫里康內創作了主題曲，還因為其中的演員羅伯特·德·尼祿、傑瑞米·艾恩斯和連恩·尼遜分別扮演了耶穌會傳教團的牧師和兄弟。這個耶穌會傳教團指的就是18世紀巴拉圭的"點化團"。影片《傳道》講述了一個反映百年文明進程的勵志故事，儘管其以悲劇結尾。影片展現了耶穌會會士與巴拉圭瓜拉尼土着人相遇之後共創的文明成果，以及統治者與貪婪的殖民者相互勾結，毀滅文明成果的淒慘場景。

"點化團"的故事讓喬治·貝戈利奧學到重要一課，給他展示了一個傳遞福音的模式，而喬治無論是擔任耶穌會會士還是擔任主教時，都全力地推廣這種模式。當時雙方在交換禮物——耶穌會會士虛心學習瓜拉尼文化，瓜拉尼文化也積極吸納《福音書》的精髓的基礎上，融入到彼此的生活中。這啟發喬治如何去傳播福音，如何去擁護窮人的主張。他通過認真思考"點化團"的悲慘結局，學到了很有價值的智慧，這些智慧對增強他的政治與歷史意識發揮了莫大的作用。

✍

喬治在維拉·德沃托行政區的神學院學習的第二年，就開始同耶穌會打交道，當時布宜諾斯艾利斯的牧師們要在那裡接受培訓。由於在1960年之前耶穌會管理着神學院，而神學院院長、他的精神導師及多位教師也都是耶穌會會士，這樣一來他自然能一直與他們保持聯繫。

這所大教區的神學院建有厚厚的院牆，有些地方還圍着鐵格柵，內部分為小神學院和大神學院，在整個何塞庫巴斯大街最為顯眼。12歲的少年被安排在小神學院，他們中有一些會被天主教作為未來的神父進行培訓。像喬治這些稍大一些的人，私下裡被喚作"鰥夫"，因為他們從年齡上講應上的神學院居於小神學院和大神學院之間。正規地講，他是一位剛上完初中的拉丁語學生，但他如果想在大神學院學習哲學和神學的話，還需要把自己的拉丁語和希臘語基礎打得更加扎實。

他在神學院的綽號叫"外國佬"，或許這是由於他長得像歐洲人，而且身材較高。在大家的記憶中，他很用功，為人低調，和藹可親，溫文爾雅，受人尊重，很健談，愛踢足球。喬治·岡薩雷斯·瑪特（又被叫做"戈馬"）是他的一位朋友，來自弗洛雷斯公教進行會，在週日拜訪他發覺他是"一個普通人，生活幸福。"神學院的學生們週末的時候到教區做幫手；喬治做幫手的教區是維拉路若的三藩市索拉諾。平日的時間被分配到如下的活動中：公共祈禱（晨禱、晚禱）、彌撒、學習、安靜用餐，以及參加體育活動——主要是足球的自由時間。在那裡教學的老師們中，英俊的高年級神父卡洛斯·穆希卡是球場上的領軍人物，也是出身貧寒的牧師們學習的榜樣。在20世紀60年代，這些牧師紛紛投身社會革命。

喬治花些時間進入神學院的部分原因在於他對婚姻難以割捨。人們"想着他們的蛋糕，而且也要去吃它，"他在2011年說，"他們想着做個聖人時能得到的美好東西，同時他們也想着做個凡人時能得到的美好東西。在進神學院之前，我就走在這樣的路上。"在神學院深造的第一年，喬治在一位叔叔的婚禮上遇到了一位年輕姑娘，才貌雙全的她讓喬治大為動心，他被迫要再次做出選擇。連日來，每逢喬治開始祈禱，滿腦子都是她的影子。他為此深感困惑：這表明他不適合獨身嗎？他的生活中能夠沒有性愛，沒有女伴，沒有孩子帶來的歡樂嗎？他無需起誓且可自由離開，他該這麼做嗎？

最終他決定留下來，而且發現自己能專心祈禱了。但他還面臨着選擇。做了紅衣主教後他曾回憶說，當這種時刻到來時，它可能表明一位神學院的學生不能一生單身，同時還做牧師。碰到這樣的情形，"我幫助他平靜離去，以便他能做一個好的基督教徒，而且不做一個差勁的牧師。"

喬治在維拉·德沃托上第二年學時，開始認真考慮放棄教區主教培訓而去加入耶穌會的可能性。他欽佩他們專心傳道和甘於貧窮，尤其敬仰他們的精神境界。作為一名耶穌會會士，他要擔任神父一職，但並不是某一個教區的神父。他要居住在其他耶穌會會士的社區，而且將對耶穌會的主管負責，而不是對主教負責。這也意味着他要在某個地方的天主教堂接受最長期限的培訓：在被授予聖職之前，至少接受10年的培訓；在成為一位完全被公開承認的耶穌會會士之前，接受十三四年的培訓。

當喬治在考慮做出何種選擇時，一場疾病幾乎將他拖到死亡的邊緣。1957年8月，他開始患上了對抗生素有耐藥性的胸膜炎。他勉強能夠呼吸，生命垂危之際，被緊急送到神學院附近的敘利亞—黎巴嫩醫院，在那裡醫生給他切除了肺部的三塊囊腫和小部分右肺上葉。他戴了五天的氧氣罩，還經歷了術後一個月的痛苦，他的胸腔插着一根導管，不停地將裡面壞死的胸膜和傷疤組織抽出去。

對當時剛剛21歲的喬治而言，這是他首次經歷身體的劇痛。有的時候疼痛讓他神志昏迷，他懇求來探視的人解釋一下到底怎麼了。他的母親和別人一樣，試圖通過轉移他的思想來安慰他：她對他說，疼痛很快就過去了，一切都會好的，在你明白之前你就出院回家了。可喬治內心的疑慮並沒有被消除：當時的劇痛和病危，要遠比別人讓他去構想的未來更加真實。

就像奧地利精神病醫生、大屠殺的倖存者維克多·弗蘭克後來回憶納粹集中營的情景一樣，揭示出經受過苦難的秘密並不是要想像它的結局，而是去發現它的現實意義。修女德洛麗絲為喬治初領聖體做準備的過程就說明了這個道理。德洛麗絲到醫院探望遭受病痛折磨的喬治時，只對他說了簡單的一句話："經歷着疼痛時你就是在效仿着耶穌受難。"她這句話一直縈繞在喬治的腦海，給他帶來內心的寧靜。以前不得要領，現在終於頓悟，喬治的疼痛並沒減緩，但他的承受力卻得以提升。

苦難的意義，多年之後他反思道："只有徹底經受了化身基督的主的苦難，方可懂得。"耶穌在十字架上受難時非常孤獨。在經受任何極大痛苦時，無論是身體上的還是精神上的，一個人所需要的是關愛他的人，是尊重他沉思默想的人，是"祈禱着主會光臨完全孤寂之地"的人。何塞·博尼特·阿爾坎塔拉和何塞·巴比奇這兩位神學院學生就是這樣的人，他們倆輪流守候在喬治的病床旁，有時整夜呆在醫院。當喬治需要輸血時，他們就親自獻血，兩人先後獻出了一升半的血。

在看護喬治的白衣天使中，有一位護士不得不提，她堅持將喬治的青霉素和鏈霉素用量加大三倍，因為"她膽大心細。她知道該怎麼做，因為她天天陪着病人。"喬治認為他能活到今天，正是因為有了她。醫生決定用藥的劑量，可醫生"生活在實驗室，"方濟各告訴神父史帕達羅，而護士"生活在搶救病人的一線，每天都和用藥打交道。"

實驗室對比工作一線：他心裡漸漸明白要按誰說的去做。作為教皇，方濟各對耶穌會會士提出挑戰："我們應該注重實際呢？還是做事平庸，滿足於信徒們根據實驗室的意見而做出的安排呢？"實驗室對喬治來說象徵着腦子裡的妙方，而工作一線則代表着走進人類現實，給主以驚喜。

當喬治在那年的九、十月份漸漸康復時，他向家庭牧師布佐尼透露了自己想做耶穌會會士的想法。牧師布佐尼用一些針對性很強的問題再次測試他之後，便給他開了綠燈。1957年11月，他正式向耶穌會提出申請，並在次年3月被接納。

由於喬治同母親之間的關係比較緊張，布佐尼擔心喬治回家會引發矛盾，於是就安排他到自己的度假房度過夏天的幾個月。這所度假房坐落在布宜諾斯艾利斯省南部坦迪爾群山中，由他的慈幼會經營。在那裡，喬治和正在度假的牧師們及傳道者們生活在一起，他的活力日漸恢復。他在那裡遇上的這些人中有的成了他的終生好友。

貝戈利奧在他的第一本著作《為宗教沉思》的扉頁上，用熱情洋溢的語言表達了對牧師布佐尼的無限感激。由於牧師布佐尼不但是一位出色的鐘錶匠，還是一位才華橫溢的攝影師，喬治在文中用這樣的語言來描述他："用靈敏的耳朵去捕捉良心的滴答聲，用敏銳的眼光去記錄人們心頭主的關愛。"他"懂得如何按主的時間去穿越人們心靈的隧道，去展示主為每個人的人生所做的設計。"這位慈幼會士最令喬治欽佩的是博學與堅定：他是"通曉一切的人，"貝戈利奧1990年在給布魯諾的一封信中這樣寫道。

　　儘管喬治動了大手術——時至今日，他的聲音仍有些細弱，有時會喘不過氣來——但這並不妨礙他過正常人的生活。但醫生在肺部做小部分切除之後，也折斷了他飛翔的雙翼：儘管他仍保持着對足球的那份熱愛，但他再也不能踢球了；在接受耶穌會培訓的過程中，有些耗費體力的活動就給他免了。考慮到他做過肺部切除，耶穌會總會長拒絕了他訪問日本的請求。在完成羅馬教皇的使命之前，他的活動區域總是離家較近。

　　喬治在從一次大手術中康復時便做出加入耶穌會的決定，着實令人吃驚，因為像他這樣遭受磨難的例子要追溯到近500年前了。伊尼戈——後來他把自己的名字拉丁化，叫做伊格內修斯——是一位30歲的貴族兵，他來自西班牙北部巴斯克地區，在同法國作戰時他的腿被一發炮彈炸爛。身負重傷的他被從山地送到他的家鄉洛約拉，在那裡他在沒用麻醉藥的情況下接受了三次手術，這裡面的細節被廣為傳頌，因為手術牽扯到醫生要把他的腿鋸掉一節，把他破碎的骨頭重新接好，他總算保了一條命。1952年，他在自家城堡的頂層度過了9個月的康復期，開始的時候承受着的劇痛，後來漸漸讓位於厭煩和沮喪。

　　伊格內修斯原本屬於爭強好勝、貪戀女色且喜歡戶外運動的人，平日穿着時髦的雙色緊身衣，外套一件中古騎士所穿的鎖子鎧甲，頭戴一頂顏色鮮亮的帽子，長長的頭髮一直垂到肩上。對他來説，躺在室內靜養自然成了一種折磨。更為糟糕的是，他本來很喜歡閱讀一些英雄救美的故事書，但現在手頭沒有一本這樣的書，能找到的只有他妻妹的幾本宗教書籍，如14世紀德國神學家莎索尼亞的四卷著作《基督的人生》，以及雅格布·德·沃拉基尼筆下的《聖徒的生活》。

　　當伊格內修斯開始翻閱它們時，心中不由一驚。他閱讀了一位位聖賢的故事，他們的虔誠與苦修把他嚇退了，但有些故事卻開始吸引了他——尤其是阿西西的聖人弗朗西斯的故事。弗朗西斯在改變信仰之前，也像伊格內修斯一樣，是位愛慕虛榮的年少貴族。這位年輕的士兵發現這些故事提升了他的精神境界，讓他產生了高尚的思想——“我真這麼做的話，情況該會怎樣呢？”他思索着——然而當他想到那位騎士的故事時，他覺得枯燥無味，不甚滿意。他一個小時接一個小時靜靜地反思，內心極為專注，隨後覺得自己消失在夢幻之中。當他走出夢幻時，他開始察覺到自己內心的感受和靈魂的躍動。借助了解這些精神會讓他產生什麼樣的感受，他學會了辨別它們是否來自他的內心；倘若是來自他自身之外，還是來自主呢，或者是來自所謂的“壞的靈魂”，或者有時是來自“人性的敵人”。他開始沉思，他開始想像着聖母瑪麗亞連續數個小時讓他沐浴在幸福之中，讓他浪子回頭，告別昔日放蕩的生活。最終有天晚上，獨自呆在四樓床上的他大徹大悟了：他無條件地屈從，甘心成為主的信徒。

　　隨着伊格內修斯在靈魂世界的不斷成長——接下來的15年

裡他當了一個窮光蛋，經常出入宗教場所，無論是走路還是坐船他都閱讀、深思、齋戒、乞討——他開始深入鑽研靈魂的躍動，終於懂得壞的靈魂巧妙的表現方式，比如它會把自己偽裝成有誘惑力的好的靈魂，乍一看似乎是主的靈魂；懂得有些時候你只能通過追蹤壞的靈魂讓人脫離正道的那一刻的感受，才能發現他所稱的毒蛇的尾巴。伊格內修斯還懂得由於人們性情各不相同，所以靈魂對其產生的作用也各不相同。由此他在自己著名的靈魂鑒別第七條定律中寫道，善良的天使輕柔撫摸一個有精神傾向的靈魂，"恰似滲入海綿的一滴水，"而一個壞的靈魂會讓人感覺很粗糙，恰似水打在石頭上。反之，在精神生活中不求進取的人會覺得好的靈魂有些礙事，讓人煩心，而壞的靈魂悄悄地"通過一扇敞開的大門，像進自家一樣輕鬆地溜了進去。"

　　在做了不少無用功之後，伊格內修斯最終在1548年出版了《精神修煉》。它與其說是供人閱讀的一本書，倒不如說是給人們提供點滴知識、技巧和啟示的小冊子，讓人比較容易在喧鬧的都市中找到一份鄉村田園般的寧靜，如同他在巴黎和羅馬的那種感受。《精神修煉》中的知識與技巧可以在實踐中靈活運用，因此它為一個出行與發現的時代提供了一個完美幫手：伊格內修斯生於1491年，一年之前哥倫布無意中發現了美洲。《精神修煉》傳遞着耶穌會的精神：在萬事萬物中找到主，而不需要從世俗世界隱退；做事多沉思，以祈禱為根本，過着積極的生活；崇尚自由與超脫，學會擺脫金錢、地位、權勢的束縛，以便更好地為主和他人服務。《精神修煉》提供了傳遞福音的新途徑，猶如在春雨中撒播了福音的種子，它鼓勵人們借助在腦海中勾勒出《聖經》描述的情景，來達到在精神層面與耶穌直接交流的目的。

　　《精神修煉》的建設性作用非常巨大：伊格內修斯在自身及

他人身上發現了一條精神之路，以此為基礎產生了一種可供人們依照的積極上進的結構模式。貝戈利奧曾對這種結構模式做了如下評述：

它的原理與根據，借助去肯定不偏不倚的智慧，以及解釋為何"我們應該只去渴求並選取有助於我們實現人生崇高目標的那一切"，從而奠定了堅實的基礎。第一週所體驗到的兩大基本現實令人印象深刻：我們認識到並憎惡我們的罪惡以及它們在精神世界的根源；同時我們也開始與"懸掛在十字架上的"耶穌談論這一切。進入我們罪惡迷宮的可靠途徑只有一條：握住耶穌那只受傷的手。在第二週，我們聽到了為理想王國而努力的召喚；我們終於懂得鬥爭的意義以及自身的處境有多危險；我們開始明白我們能在鬥爭中贏得勝利的唯一武器就是謙遜，而且我們做出了選擇。在第三週和第四週，我們對復活的奧秘沉思默想，同時思考我們如何借助它來融入社區與教會。明白了復活的奧秘，我們便可肯定自己所做出的選擇。

這就是皈依基督的模式。它始於第一週的體驗，就像喬治17歲那年體驗到了主的仁愛——我們與主建立了聯繫，主創造了我們，儘管我們有時會背離他，但他卻以誠相待。只有意識到這一點，才能有新的體驗。

作為以前的耶穌會會士及省區的牧師，後來的紅衣主教、主教，現在的教皇，貝戈利奧總是堅稱，（從優先順序和重要性方面來看）教會在給人們傳授基督教教義之前，應當先傳授他所稱的"基本宣言"——先讓人們體驗到主的仁愛。2013年9月，方濟各在接受斯帕達羅牧師採訪時，聲稱教會不應該整日只做一些道德說教，而應該像一所照顧傷者的戰地醫院。他解釋說"傳教宣言"應該發揮如下作用：讓人們體驗到主的仁愛，只有這樣才能使其為接受教會的教誨而做好思想準備和心理準備。這種遠見產生於第一週的修煉，就像方濟各的主要教學文獻《福音的快樂》產生於第四週的修煉。

伊格內修斯將他的心得與男士和女士分享，與已婚者和單身者分享。在單身者中，和他在巴黎一塊兒學習的一群學生成了主的首批同伴（Jesuit這個詞後來才出現，它的意思是"耶穌會信徒，陰險的人"，由此可見那時Jesuit這個稱謂不太友好）。首批同伴指導着後來的同伴，耶穌會這個團體以一種我們在互聯網時代所熟悉的方式不斷擴展。耶穌會最初在羅馬有10位同伴——其中有位叫皮埃爾·法赫的農民雖然所受教育程度最低，但卻深得貝戈利奧欣賞。貝戈利奧在擔任教皇的第一年裡，宣稱法赫是一位聖賢——它的初期發展並不迅速：到伊格內修斯1556年去世時，12個省份的耶穌會會士總數剛過千人。到了1615年，耶穌會會士遍佈32省，人數發展到1萬3112，到了18世紀中期，人數幾乎翻番。儘管20世紀大多數時候，耶穌會會士總數量相當低——1945年和1995年均為2萬3000位，但在1965年全世界的總數量達到3萬6000位。即使在縮減之後，耶穌會仍然活躍於六大洲的112個國家，堪稱教會裡規模最大的男性宗教團體。

伊格內修斯和他的首批同伴甘願為教皇服務，承諾聽從教皇的派遣，教皇覺得派他們到哪裡合適，他們就去哪裡。"針對佈道而言，"這就是耶穌會會士對教皇發出的著名的第四項誓言，它在方濟各當選教皇後舉辦的梵蒂岡記者招待會上，迎來了眾人歡笑的時刻。一位現場記者提出這樣一個問題：新當選的教皇作為耶穌會會士，也受此約束嗎？梵蒂岡新聞發言人隆巴迪神父也是耶穌會會士，碰到這樣的問題也強忍着沒笑出聲來。"我想啊！"他擦了擦眼睛，最終回應說，"他現在自己就是教皇了，這個誓言不再適用於他了。"

伊格內修斯不只是一位精神大師。他還善於吸引青年才俊，儘管他們一個個遍佈在世界的各個角落，但他有能力將他們一一聯繫起來。"這位熱情似火的騎士，"他的傳記作者菲力浦·卡拉曼寫道，"變成了一位至關重要的管理員，一個不斷發展的大家庭裡睿智的元老。"他身居羅馬的一間陋室卻能決斷千里之外的大事。1540年，教皇保羅三世授權伊格內修斯，耶穌會的創立者，寫一封令人稱道的千言書，其中滿是鼓勵、建議、關愛、衷心的支持和新聞。在伊格內修斯眼中，寫信既是一種藝術，又是一種協調，一種與人共事的方式。從這方面講，喬治·貝戈利奧稱得上是伊格內修斯的弟子：即便做了教皇，他仍堅持動手寫大量信件，並且在信件背面寫上羅馬教廷在梵蒂岡的地址，以便投遞不到收件人那裡時信件可以退回。

伊格內修斯和方濟各還有相像之處：他們都具備很少能在一個人身上發現的兩種素質。一方面，伊格內修斯（像方濟各那樣）具備可能被一些人稱為魅力的政治才能：有能力去閱讀他人，贏得他們的信任，激勵他們，組織他們為更崇高的理想而努力；作為領導者、導師和談判者，他們工作起來游刃有餘。另一方面，伊格內修斯（與方濟各一樣）是神秘主義者，能夠分辨諸靈，能夠為了行善，為了服務主更偉大的榮耀——耶穌會會士用拉丁語將其描述為magis——而做出任何選擇。精神導師很少是能幹的管理者，那些當權者也幾乎從來都不是聖人。但伊格內修斯和方濟各卻是打破這種模式的極少數。

他們兩人都一直關注在晨禱時及思考最世俗的活動時的靈性識別——主召喚我們去哪裡？在聽從這種召喚的過程中，人們會遇到什麼誘惑或者紛擾？這種關注可以讓他們擺脫自己的習慣及日常瑣事的煩擾，並讓置身教會或社會中的他們獲得自由。可讓現代社會的人們（天主教徒除外）內心比較矛盾的卻是，它會讓人深信教會是主在這個世界上所用的工具，從而產生根植於服從教會的激進主義。對伊格內修斯和方濟各而言，激進改革最終就是讓人們有勇氣去剝去煩擾的層層偽裝，去找到曾喪失的那些寶貴的東西。這是以退為進的做法。正是這一切讓他們兩人成了偉大的變革者。

耶穌會會士在人們眼中通常的形象就是受過訓練，順從教皇，墨守成規。其中有些也是事實：在數百年裡，耶穌會會士一直捍衛教皇的普救論，反對日益增強的國家控制教會的傾向。可對我們比較有幫助的類比，就是將耶穌會視為一個充滿活力的環球公司，一方面它有一個明確的共同目標和服務對象；另一方面它也依仗個體的主動創新。當然了，它的目的並不是分享利潤，而是建設主的王國。但就像成功的公司通常會將大量資金投入到研發及培養領導者那樣，耶穌會在其成長的過程中也付出的極大的努力，投入了大量的資源，這才使它能夠在早期現代化的歐洲脫穎而出，而且直到今天都比其他任何教派發展得更長久、更完善。

每位耶穌會會士都要先做兩年的見習生，在進行首次"簡單"宣誓要甘守清貧、保持純潔及絕對服從之前，進行長達數月的修煉，來確定主是否召喚他加入耶穌會。接下來無論他身在何處，他都要開始進入10到13年（時間長短取決於他的先天素質）的"成長期"，這段時間結束後他通常會被任命為牧師。這期間他可能會在大學學習一些普通課程，但他通常都要花幾年時間學習哲學和神學，中間還要穿插兩年的學校教學。之後他就成了兩次見習生，學業上也進入了第三修道期學習，在這個學期他還要重複數月長的修煉。接下來，耶穌會會士將應邀去做出他莊嚴的職業承諾，包括發出第四誓言。

伊格內修斯認為這個過程並不是為了"達標"而要走的形式，而是一個讓主塑造為成熟之人的機會：很有希望成為自立、成熟、智慧的精神領袖，能幹，受過各種教育，能被"派遣"到需要的地方，無論這個地方是大學講堂，還是遙遠林地的一個小屋。伊格內修斯不是嚴格地控制他的會士，在管理上他要求較鬆，讓會士能夠培養自己的辨別力，讓他內心有一個他所稱的羅盤，"在我們前進的路上指引方向"。耶穌會被劃分為一個個區——這是一個靈活的單位，每區可能包括一或多個國家，或者（在耶穌會眾多的國家）一個國家設有多個區。每個區的負責人由羅馬的會長任命，任期6年。除了參加樞機全體會議——由各個區參加的10年一屆的大會，為耶穌會確定大方向——各個區很大程度實行自治。

耶穌會會士以崇尚個人主義而着稱。據說當你碰到一位耶穌會會士時，你等於碰到一個獨當一面的人。漫長的培養過程，產生了名義上的耶穌會領袖；多位耶穌會領袖呆在一起，常常會吵成一團。一位耶穌會會士曾沮喪地發現，耶穌會從本質上講是一個"首席小提琴手的樂團"。由於難以形成一致意見。意大利人稱，三位耶穌會會士會有四種意見，因此他們要靠講究服從來擴大陣營。

喬治的成長過程包括兩年的見習、一年的預修班（學習大學層級的人文科學）、三年的哲學、三年的學校教學、三年的神學和一年的第三修道期。從1958年到1971年，前後長達13年。其中只有兩年分別在智利上預修班，以西班牙度過第三修道期，其餘年份都在阿根廷度過：見習期在聖達菲和布宜諾斯艾利斯的科多巴，然後在聖米格爾的布宜諾斯艾利斯鎮的科萊希奧·馬克西莫學習六年的哲學與神學（中間被前去學校教學打斷）。在結束神學學習後，他在1969年被任命為牧師。1970年，他最後宣誓。

　　他的成長碰到了教會的劃時代變革時期。在他開始見習數月之後，教皇二十三世宣佈他打算在羅馬召開世界各地主教參加的會議，這是幾乎百年以來的第一次此等規模的會議。第二屆梵蒂岡理事會（1962－1965）——先由教皇約翰監督，從1963年起由教皇保羅六世監督——發起的改革轉變了教會與世界的接觸方式，從而產生了影響深遠的內部變化。這屆理事會成了貝戈利奧日後履行教皇職務的最偉大的導師，也成了他可利用的最偉大的資源。該理事會宣導的變革包括讓各個教派煥發起原來的活力，舉辦教派創始人所宣導的活動。20世紀70年代阿根廷的多個耶穌會的一項主要任務，就是借助回歸來實現更新。

　　在喬治成長過程中，伊格內修斯的精神和耶穌會的歷史成了他知識的源泉，正確的成長觀讓他在見習期出類拔萃，也讓他隨後成為耶穌會區的領導者。在那個耶穌會遭遇危機的時代，在理事會成立前夕，當許多耶穌會學徒們因看不到前途而選擇了離開時，喬治發現了內在的精神動力，他對耶穌會的未來以及自己在耶穌會的前途有着獨到見解。他的思想是諸多資源共同作用的產物：早期耶穌會會士的精神與觀念，天主教的神學理論，尤其是梵蒂岡理事會的神學理論。此外，阿根廷的歷史和耶穌會會士都在其成長期發揮了非凡作用。

殖民時代的耶穌會會士奠定了現代阿根廷的基礎。他們是後來變為城市的那些移民落腳地的開拓者和創建者。他們經營着規模最大、管理最好的牧場，這在當時是殖民經濟的核心。他們是土著居民的保護者，他們反對新來的移民虐待土著居民。他們是那個時代的偉大教育家，是殖民大學和中學的創立者。

在伊格內修斯去世後的那個年代，他們到達了河床地區，開始和雖被征服但未被同化的土著居民打交道。該地區沒有比較發達的文明社會，有的只是分散四處的半游牧族群，其中最大的族群當屬瓜拉尼，他們居住在今天的阿根廷、巴拉圭、巴西三國交界的河流間的熱帶雨林中。

當耶穌會會士們1585年從秘魯抵達圖庫曼（阿根廷西北部城市）時，河床地區的核心還不在大西洋沿岸（儘管後來這裡成為核心），而是在今天阿根廷西北部的山區——當時的上秘魯地帶，以今天的玻利維亞著名的波多西銀礦為中心。布宜諾斯艾利斯當時作為走私貨的貿易中心剛露雛形，人們繞過皇家的壟斷，通過這裡將銀走私出去，同時將國外的商品走私進來。

西班牙的殖民政策禁止奴役土著居民；這些土著居民被征服之後，殖民者便將他們劃分為一組一組，給他們洗禮後，把他們分派給可能需要勞動力的人。但這種體制很快就垮掉了，這是因為殖民者渴望快速致富，想方設法剝削在很殘酷的環境中工作的土著居民，導致他們逃回熱帶雨林。殖民者趕到那裡將他們逮捕，然後當奴隸販賣；與此同時，教會的傳教團在沒有持續資助的情況下，也很快就散掉了。

16世紀80年代來到這裡的耶穌會會士對殖民者的貪婪、印第安人的慘狀及教會的貪污感到震驚。他們努力創立一種新的體制，保護那些受洗禮的土著居民不受殖民者的奴役。當時瓜拉尼人已逃離了最殘忍的殖民者，生活在伊瓜蘇瀑布上方廣袤的雨林中。在贏得瓜拉尼人的信任之後，耶穌會會士於1604年創立了一個從秘魯分離出去的巴拉圭新耶穌會區。該區的首任管理者迭戈·托雷斯牧師曾寫道：“這樣一來，便可將傳教團派遣到在城市及被征服地區的邊緣地帶發現的印第安人那裡。”

正當在巴西的葡萄牙殖民者為尋找可在他們的種植園勞動的奴隸，而開始入侵瓜拉尼人的領地時，耶穌會會士也一起到了那裡。1594年簽訂的《陶德西利亞斯條約》為西班牙及葡萄牙的殖民地劃分了界線，這條界線從今天的巴西南部和阿根廷北部穿過。由於擔憂葡萄牙殖民勢力的侵入，西班牙王室看到了設立緩衝區的好處，於是同意耶穌會會士的請求：免除土著居民的勞役和稅賦，允許他們攜帶武器應對外來的入侵者，無論他們是葡萄牙的奴隸販子還是西班牙的奴隸販子。印第安酋長們意識到他們被敵人所包圍，出於對自身安全的考慮，同時也被耶穌會會士的善意和理解所感動，同意被耶穌會會士劃分為一個個團隊，並且接受西班牙王室的管理與保護。為彼此利益而相互結盟，從而達成了脆弱的平衡，在此基礎上一個很大的村落便在桑·伊格納西奧·瓜蘇誕生了。

在1640年到1720年的高峰期內，大約15萬瓜拉尼人生活在40多個村落，約有200位耶穌會會士在此提供服務。這些村落大都在今天的阿根廷北部。每個村落有一小部分耶穌會會士，他們中有一人是教區牧師，與酋長一起負責管理着2000到1萬人口不等的村落。威廉·班戈特對全盛時期的典型村落做了如下描述：

在一個中心廣場的東南西北四個方向，坐落着用石頭和土磚等材料建成的民宅，居民的人數有時高達1萬。附近有一排排裝配廠房，裡面分別配有做木工、石工和五金工藝的工具。民宅的後面散落着果園，養牛的牧場和種植小麥、水稻、甘蔗和棉花的農場。在教堂裡，在最華麗的建築裡，在社區生活的中心地帶，受過禮拜儀式教導及聖壇之美啟迪的印第安人唱着他們的歌曲，彈奏着樂器……為建立這樣的信仰中心，耶穌會會士除了帶來聖事和主的恩賜之外，還以冶金家、家畜飼養者、建築師、農民及泥瓦匠等身份，帶來了他們的技術。

耶穌會會士不但向瓜拉尼人傳遞福音，而且還幫助他們建設一個現代國家。傳道士們對他們語言文化的尊重實實在在地體現在多個方面：瓜拉尼人的語法書、教義問答書及他們編輯的其他文獻都反映了這一點。每逢土著居民的習慣與《福音書》產生矛盾，耶穌會會士便努力於改變它們，只不過他們會首先理解土著居民那樣做的道理，然後再合理地加以引導。比如，瓜拉尼人有個“孩子在出生時一旦是殘疾兒便會被殺掉”的習俗，對於以前一直採取游牧生活方式的土著居民來說，這樣做也是迫不得已，但當他們固定地居住在各個村落時，這種做法便沒有必要了。為了應對酗酒帶來的危害——瓜拉尼人喜歡喝自釀的很傷身體的吉開酒——耶穌會會士便鼓勵他們養成飲用巴拉圭茶。這種茶時常被裝在葫蘆中，供人用一根吸管飲用。方濟各教皇每天早晨都這樣飲茶。

當地的金銀讓貪婪的殖民者垂涎欲滴，但耶穌會會士和瓜拉尼人對其不感興趣，他們感興趣的是技術。耶穌會會士將鐵製工具引進來，極大地推動了生產力的發展，在一段時間內就產生了盈餘，積聚了財富，而這些盈餘和財富都被用於村落居民們的福利。隨着巴拉圭茶在殖民地的流行，巴拉圭茶葉也成了他們的主要出口產品。

　　生活變得比較有序，成了工作與祈禱的一種平衡，不時還有各種節日點綴。這些節日綜合展示了耶穌會戲劇化的宗教活動和當地部落的習俗。瓜拉尼人是了不起的音樂人和手藝人；他們的學校和手工作坊生產出了聞名遐邇的雕刻木製品，當地最好的教堂也展現出了一些土著圖案和風格。許多村落都有大型合唱團和能創作聖樂的作曲家。《萬福瑪利亞》就是由瓜拉尼人作曲的著名聖樂，方濟各教皇訪問科帕卡巴納海灘時人們就播放了這首聖樂。

　　1985年，為慶祝耶穌會會士抵達阿根廷400周年，貝戈利奧發表了重要講話。他在講話中稱讚這種"文化互融"是傳道士和牧師們學習的典範。傳道士和牧師們需要認識到每種文化固有的尊嚴並去欣賞它，盡可能不局限於自己的文化的同時，能夠接納其他文化。他補充說，這種程度的文化互融是有代價的，尤其是當某位耶穌會會士被派到其他的傳教團工作，而且必須重新經歷這個過程時更是如此。"當他被調動時，他感到很痛苦，"貝戈利奧說，"如果他絲毫沒有痛苦感，那他就不是一位耶穌會會士。"

　　這些巴拉圭村落是河床區耶穌會會士最著名的、最具代表性的傳道之地，卻並非唯一的傳道之地。在遼闊的殖民區域，耶穌會會士成了被征服的土著居民的利益代言人，要求殖民者為土著居民付出的勞動提供報酬，可這種姿態並沒有給耶穌會贏得太多朋友。在1977年於聖達非發表的一次談話中，貝戈利奧回憶起當年阿比林和莫科比怎樣在那座城市的耶穌會中學會面，然後同中學校長討論在耶穌會幫助和保護下定居村落的好處所在。年長的土著居民們由於同殖民者打交道時有了慘痛經歷，因此更喜歡保持游牧狀態，但他們的酋長對中學校長比較信任，在對方的勸說下相信定居村落符合他們的利益。耶穌會會士作為17世紀走進窮人們生活的社區組織者，以這種方式推進自己的事業。

　　他們還非常成功地經營着連鎖牧場和種植園，那裡成了貿易與製造業中心，由平行的貿易網絡進行聯繫，不同於中世紀歐洲修道院。18世紀作為經理來經營這類大牧場的耶穌會會士不足500人，他們與當時的其他大牧場的經理一樣，分派非洲奴隸去勞作——耶穌會似乎並沒有對這種做法提出過質疑。

　　耶穌會會士從集中管理、掌控大筆資本及能夠免稅的待遇中，獲益匪淺。靠高效管理這種經濟而積累的大量財富，是對耶穌會巨大的教育網絡的豐厚回報：到18世紀50年代中期，所有的城市都建立了耶穌會學院，其中最悠久、最重要的則是科多巴和聖達非的耶穌會學院。殖民時代的耶穌會學院的特點，就是培養為國王和教會服務的領導者，其中還有一所學院——科萊希奧·馬克西莫耶穌會學院——專為耶穌會自身培養領導者。耶穌會學院並不只是一排排教室：它是學者的社團，是人文研究的場所，是克里奧爾的精英們文化生活的心臟地帶。耶穌會會士作為殖民時期先進技術的保護人，主持着這些學院的工作：他們是天文學家、植物學家、藥劑師、印刷師、動物學家、製圖師、建造師、神學家和法學家，不僅因其知識與成就贏得尊重，還因其自律與樸素受到敬仰。

　　耶穌會會士一點也不受18世紀中期那些企圖更多地控制社會的歐洲君主們的歡迎。那個時代，天主教的教堂越來越受政府制約。擁有財富且忠於教皇的耶穌會會士顯得不合節拍，他們的特立獨行看起來像是傲慢無禮。最為冒犯馬德里、里斯本和巴黎的新一代較為開明的專制主義者的，就是耶穌會神學家弗朗西斯科·蘇亞雷斯的作品。他的威權的民主之源理論被寫進了當時耶穌會學院的教科書中。

蘇亞雷斯的理論可以被概括為四大原則：沒有哪位統治者可直接從主那裡得到國內政權；統治者通過人民的仲裁獲得其權威；人民賦予權力，這是政府合法性的根源所在；被轉交的權力也可以被收回，因此權力是受限的。儘管這些原則只不過是重述了天主教對權力的理解，但在像西班牙卡洛斯三世當政的專制主義時代，它們顯得頗有顛覆政府的危險。卡洛斯三世聲稱自己靠聖主賜予的權力執政，而且不接受對其政府採取的任何限制。

土著居民的村落是在一個弘揚蘇亞雷斯思想的時代被創立的。瓜拉尼的多個群落曾被合併為一個國家，他們是一個民族，是一種文化，他們曾擁有西班牙王室應當保護和捍衛的尊嚴與自治權。但專制主義的那種新的政治意識形態卻無法包容這一切。西班牙王室和葡萄牙1750年訂立的條約，重新劃分了雙方在南美的殖民地邊界，土著居民的村落隨即遭受重創。

為了換取薩克拉門托港口，西班牙將新邊界以東的7個村落連同其居民拱手讓給葡萄牙。隨後西班牙和葡萄牙的皇家軍隊花了18年時間肢解了瓜拉尼的傳教團。那些土著居民為保護自己的村落而奮起反擊。在一次次可怕的大屠殺中，1萬多人慘遭殺戮；數千土著居民被捕之後成了奴隸，剩餘的人則逃到了雨林之中。身在羅馬的耶穌會總會長命令傳教團遵守條約，離開那裡，但有些人卻拒絕了，他們拿起武器自衛——牧師加布里埃爾（傑瑞米·艾恩斯扮演）和羅德里戈（羅伯特·德·尼祿扮演）在《傳教》充滿悲劇色彩的結尾中擺出戰鬥到底的姿態。

　　可怕的行動接踵而至。葡萄牙、法國和西班牙王室將耶穌會會士從他們的領地驅離，查封了他們的財產。在幾年之後的1773年，同樣受到了葡萄牙、法國和西班牙王室的騷擾和威脅，教皇克雷芒十四世下令平定並廢除耶穌會。

　　耶穌會會士在從西班牙殖民地離開的過程中也經歷了無數的悲傷。1767年4月2日，殖民者依照西班牙卡洛斯三世所謂"解釋權在他自己的"那些法令，將世界各地大約5350位耶穌會會士包圍，逮捕，趕到開往教皇轄地的船隻上。殖民者從河床區運走了457位耶穌會會士，他們中162位是西班牙人，81位是當地人，別的則來自歐洲其他不同的國家。不久之後，一則皇家法令要求鎮壓與耶穌會相聯繫的老師，查封由耶穌會會士撰寫的書籍。卡洛斯三世企圖消滅的不只是教派，還有它們具有煽動性的思想。

　　耶穌會會士遭驅逐事件，就是拉美版的波士頓傾茶事件，它對殖民社會的經濟與民眾的幸福帶來沉重的打擊，而且自此之後殖民社會的元氣再也沒有恢復，克里奧爾人之間也產生了深深的怨憤。隨後推行的波旁改革，旨在讓美洲領地置於馬德里的更嚴格的控制之下，這只會加劇人們的怨憤，破壞西班牙同其殖民地之間的密切關係，影響殖民地民眾的忠誠度。在接下的幾十年裡，不少殖民地成為獨立的國家。阿根廷新國度的建築師們已在耶穌會學院受過訓──尤其在科多巴的耶穌會學院受過訓。當他們在1810年宣佈自治時，蘇亞雷斯殖民地的民眾們對其羨慕不已，但那裡的殖民者卻千方百計去鎮壓這些渴望自治的民眾們。

　　貝戈利奧1988年在談及巴拉圭的耶穌會烈士時稱，他從當年的村落中看到了蘇亞雷斯民眾的精神追求──由耶穌會會士帶來的《福音書》，它將人民團結起來，形成了一個瓜拉尼族群──還看到了1750年的條約，該條約用殘酷的、分離的、唯理主義者意識形態去征服他們。在卡洛斯三世身上，他看到了一位忘卻並背叛自己人民的王子。他眼中的卡洛斯將一種與人民利益相背離的意識形態強加給人民。耶穌會的村落規劃是一個暖心工程，它體現出的是褒義上的家長作風：關愛、呵護土著居民，為他們尋求自由與幸福。後來土著族群的滅絕，則是自上層強加的那種意識形態的產物：那是一項思想工程，生硬地讓現實去順應某種主義，從而將人民變成它的工具。

　　"富有成效的普適性強調尊重差異並融合差異，但它後來卻被最專橫跋扈的霸權主義所取代，"貝戈利奧談起波旁改革時稱，"這些土地以前都是（西班牙）王國的'省'，現在卻淪為殖民地。再也沒有實施暖心項目的空間了：如今成了改造人們思想的時代。"在20世紀60年代，他將這種分歧幾乎發展成了一種教義，窮人們接受了這種教義，便對左派或右派的意識形態——無論它是波旁的改革，還是19世紀的經濟自由主義的毀壞性產生了抗體。

　　貝格利奧在20世紀70年代舉行的靜修中，對這種意識形態改造項目做出了令人難以想像的徹底拒絕。"可能會發生在人們身上的最糟糕的事情，"他說道，"莫過於硬逼着人們去沐浴某種理論的'光芒'……我們的傳教團對其成因進行了追根溯源。"方濟各教皇曾在拉美主教們參加的里約熱內盧會議上，告誡大家不要將《福音》發展成為一種意識形態——無論它是崇尚自由市場的自由主義，還是某種形式的"心理分析"。方濟各教皇注意到諾斯替教（初期基督教的一派）是教會"首次偏離正道"，這種情況在宗教發展史上還曾再次出現過。他告訴主教們說："通常情況下，它的追隨者被稱為'思想改造過的天主教徒'，因為他們深受思想改造這種文化的影響。"

　　當貝戈利奧1974年作為耶穌會會士為薩爾瓦多大學服務時，他在《原則宣言》中描述了耶穌會與捍衛空洞無物的意識形態的波旁政府發生的衝突。在開篇之處，他就指出耶穌會尊重文化的多樣性（"基督的真理是唯一的，但它的信徒有許多，而且每位信徒各有特點，在歷史進程中發揮着不同的作用"）。因此：

　　信奉自由主義的資產階級，越發主張借助宣揚國家主義和唯理主義，讓世界的歷史和人類的現實變得類同，這樣做破壞了主創造的豐富多彩的萬事萬物。不足為奇的是，耶穌會發現自身與資產階級的這些主張格格不入。在阿根廷的河床區，耶穌會拒絕為歐洲擴張進行宗教方面的辯護，耶穌會通過傳道，幫助那裡的民眾發展他們獨特的文化，同時將吸納的普救學說轉化為自己的信仰。耶穌會從根本上來講是信奉普救學說的，出於這個原因，他們反對均質化的國際主義。他們認為，這種國際主義通過"說理"或強迫手段，否認民眾有權利展示自我。

　　教宗庇護七世在1814年重新創立了耶穌會，15年後耶穌會會士們受獨裁者胡安·曼努埃爾·德羅薩斯的邀請，返回河床區——這時已從西班牙那裡獨立出來。但這件事情一波三折。當耶穌會會士們拒絕將他的畫像擺放在他們的聖壇，並對他的政敵做反面宣傳時，他們再次被驅逐，直到這位獨裁者被罷免後他們才得以再次返回。在19世紀50年代，有些教堂被歸還給耶穌會；到了19世紀70年代，耶穌會會士在不同的城市裡開始充當教育者，建立或重建了有聲望的學校，比如聖達非的學校和首都的薩爾瓦多大學。此外，他們受委託管理布宜諾斯艾利斯的大主教神學院，喬治·貝戈利奧1956年在那裡接見了他們。

　　到了那個時候，耶穌會再度成為阿根廷眾多教派中規模最大、最重要的教派之一。1961年，烏拉圭的耶穌會為創立自己的省區而一分為二，此時的阿根廷省區有407名耶穌會會士——這同卡洛斯三世驅逐他們之前時的數量並沒有降低太多。但與更早的、18世紀的耶穌會相比，此時的耶穌會在許多方面都大勢已去。該會針對偏遠地區的民眾的傳道活動減少了，卻將更多的人力用於構築保護教會不被現代社會所湮沒的堡壘上面。

在那個堡壘裡，幾乎沒有革新的空間。精神修煉的活動只局限於集體靜修、交談及訓誡，捨棄了聖賢伊格內修斯設計的個人之間的深入溝通。它的基礎課安排了一大堆的評論。耶穌會的修士們被當作小孩來對待，平日裡只給他們教授一些諸如每位修士應該有幾件襯衣、早餐應該吃些什麼之類的內容。方濟各2013年9月在同斯帕達羅神父交流時，回憶起在當時的環境裡，他快要被培養成"思想閉塞、僵硬的苦行僧，而不是思想活躍的神職人員。"

貝戈利奧的職業發展並沒有被這種缺乏活力的培養模式扼殺，這是因為他並沒有只去埋頭學習那些膚淺無聊的培訓內容，他靠着自己獨立的鑽研精神，透徹地領會了16世紀時那些早期耶穌會會士們的"原有魅力"，這也將成為他變革的模式。貝戈利奧通過深入學習伊格內修斯16世紀的豐富思想，使自己沒有受到當年耶穌會梵蒂岡理事會內部一片混亂的影響。最為重要的是他學到了精神辨別的本領，具備了又一種良好素質。

這意味着貝戈利奧不但學會了辨別好壞善惡，而且學會努力為主去做好事善事——耶穌會的格言就是"為了主更偉大的榮譽而奮鬥"——值得一提的是，他還會以謙遜的、默默無聞的方式去做好事善事。貝戈利奧作為一位耶穌會士所學到的本領，就像他自己對斯帕達羅所說的那樣，"每天都用一顆向主敞開的偉大之心，做一些日常小事。"

                        ✒

　　喬治是在科爾多瓦同25位18歲到26歲之間的年輕人一起開始見習的。伊格內修斯教導他們，參照早期耶穌會會士的成長經歷，見習期包括了被稱為"實驗"的六大核心體驗。其中最重要的則是每次長達一個月的靜修，即精神修煉，在此期間見習生要能夠在生活中覺察到主的存在，而且確認（或不能確認）主召喚他們成為耶穌會會士。還有一個月在醫院實習，打掃衛生，倒便盆，陪護正在遭受痛苦的病人。第三項"實驗"就是一個月的朝聖之行，見習生會被按照三人一組派出去，每個人都幾乎身無分文，在外期間不得不靠陌生人行善。第四項體驗就是去完成一些"低下卑微的任務"。這些任務——擦東西，搞掃除，坐在桌旁等人，洗衣服——都被編進了日程表。在伊格內修斯的那個年代，這些活兒在那些出身貴族的見習生的家人看來很有損身份。最後兩項體驗——在當地學校給孩子們上宗教課及練習佈道——也都是要幫助見習生們為成為合格的耶穌會會士做好準備。

　　每當不外出體驗——靜修、去醫院實習或朝聖——的時候，見習生每天的日程都安排得很正式，既要懺悔又要接受嚴格管理。從早上6:20起床，到晚上10:30熄燈，實際上見習生的每個小時都做了安排。除了用餐之外，見習生還要搞衛生、學習拉丁語和希臘語，同時學習戒律，其餘的時間或者單人或者大家一起做祈禱。此外，他們每天四次背誦聖經舊約中的詩篇，然後沉思默想，做彌撒，唸三鐘經，玫瑰經，閱讀提升精神境界及講述聖賢生活的書籍並做聖餐禮。在這類活動中，對伊格內修斯來説最重要的當數每日三次自省，他要求見習生們要檢驗自己的良知。為了鼓勵大家贖罪及做人謙遜，還會讓見習生的班長每次挑選出一位見習生，讓他站在眾人面前接受批評。

與其他一些教派一樣，見習生也會被要求禁欲，正如伊格內修斯所言："這樣做就是讓你的欲望受理智支配，讓一切低俗的自我更加服從高尚的自我。"見習生還要使用一條多刺的金屬帶，每週將它纏在大腿上數個小時；為了訓導見習生，有時還讓他們用一個小鞭子去自我鞭撻。這樣做是鼓勵他們保持純潔：信徒可以自由地關愛他人但不能沉溺於愛戀他人；信徒要堅守清貧，不貪戀他人錢財。但到了20世紀60年代，由於對性欲普遍產生一種惶恐不安的情緒，上述觀念讓人感到有些困惑，這從許多條清規戒律中可以看出來：見習生必須以正式的形式彼此交流；為了避免產生所謂的曖昧關係，任何一個小組至少要有三名見習生組成。如果説這樣做會產生一些不良影響——在第二次梵蒂岡大會召開之後，禁欲的情形幾乎在每個地方都消失了——那麼它至少還有一條重要的遠見：小圈子裡排他性的友誼，可能導致大的團體出現隔閡和分裂。

貝戈利奧沒有談過他的見習期，但我們從與他同時代的人，被稱為"戈馬"的喬治·岡薩雷斯·梅內特寫的回憶錄中，可以對貝戈利奧見習期的情況多少有些了解。戈馬是貝戈利奧參加弗洛雷斯的公教進行會時的同事，他隨貝戈利奧加入了耶穌會，卻在烏拉圭的蒙特維多度過了第一年的見習期。當他第二年到科多巴和喬治一起學習時，他發現把喬治稱呼為"貝戈利奧兄弟"有些生分。他回憶説由於喬治在農學院學了18個月，所以他的拉丁語比任何人都好，而且他的書架上擺的書籍，已經透露出了他未來的追求：羅曼諾·瓜爾蒂尼的《真主》；伊格內修斯的同伴皮特·法夫爾的傳記；利雪的《心靈的故事》；還有一本書講述阿西西的聖賢弗朗西斯的故事。如果説貝戈利奧有些書呆子氣，那部分原因是他的健康問題所致：他患有嚴重的肺病，這使他一方面不用外出朝聖，另一方面也不用做繁重的清潔工作。可他的虔誠顯然煩擾了一些見習生。戈馬回憶説，有次輪到貝戈利奧被挑出來接受大家的批評，"對他的許多批評意見都集中在他那張虔誠的長臉上，當他領聖餐時，或者當你在走廊碰到他時，他時常頭歪到一旁，拉着張長臉。"

1959年，見習生們迎來了一位貴賓：當時在日本的耶穌會負責人佩德羅·雅魯伯，6年後被選為會長。他給他們播放了廣島遭原子彈轟炸的情況，這是雅魯伯掌握的第一手資料。同時，他也講述了自弗朗西斯·賽維爾（譯者註：西班牙天主教教士，原七耶穌會會士之一，遍遊東方傳教、皈依者數千之眾）和利瑪竇（譯者註：意大利的耶穌會傳教士，學者）那個時代起，在東亞傳道的耶穌會會士們的非凡經歷。貝戈利奧和戈馬都聽得很入迷，私下單獨請他考慮讓自己也去那裡傳道。雅魯伯告訴他們這事要等到他們學完哲學之後再考慮，而且建議他們也給羅馬的總會長寫封信。

喬治在1960年3月12日宣誓甘守貧寒，保持純潔，永遠順從，隨後成為耶穌會會士，有了將SJ（耶穌會的英文名稱"Society of Jesus"的首字母）這兩個字母放在自己姓名之後的權利。誓言是主對他的召喚的核心。甘守貧寒意味着不受物質財富的左右，與主一樣貧寒；對耶穌會會士來講，它能夠讓人適應性強，生活簡樸，且能夠致力於傳道事業，而且這個誓言可讓人對主所指的"財富、名利和驕傲"產生抗體。伊格內修斯曾將獲得權勢及財富的那種欲望，想像成惡魔用來利誘人們背離主的召喚的工具。第二個誓言保持純潔講的也是使徒時代的自由：能夠關愛及服務他人，而不尋求擁有他們。第三個誓言永遠順從，也與傳教的自由息息相關：勇敢前去主最需要信徒去的地方，聽從主的差遣而不是按自己的想法行事。它意味着要相信自己的主管，管好只知道為自己着想的那個自我。

直到20世紀60年代，南美南部的耶穌會會士們還在一起學習：儘管每位初進耶穌會的學生都在自己的國家度過見習期，但來自智利、阿根廷、烏拉圭、巴拉圭和玻利維亞的學生們，要在智利首都聖地牙哥完成兩年制預修班，然後再到布宜諾斯艾利斯省的科萊希奧·馬克西莫學習哲學和神學。對貝戈利奧來說——由於耶穌會將他在神學院接受教育的時間也計算在內——只用上一年的預修班。喬治同戈馬及其他同學一起坐卡車到門多薩，然後坐飛機飛越烏雲密佈的阿空加瓜山，降落在安第斯山脈和太平洋之間的狹長地帶，那就是智利。

卡薩·洛約拉是一所專門為預修班建的學校，位於聖地牙哥郊外12英里的一個當時被稱作摩洛哥的村子。整個佈局透出一種鄉村風格：滿是杏樹和朝鮮薊樹的大花園，在這裡讓位於大的梨園和蘋果園，人們順着兩旁種着玫瑰花的小道便可到達果園。那裡還養有家畜，建有釀酒用的酒窖，還有耶穌會兄弟們照看的菜園。像在見習期一樣，這裡過的是修道院的生活：自給自足，除了祈禱，其餘時間一片寧靜，沒有收音機，也沒有報紙。校園裡有130間簡易的小屋子（裡面有床、碗櫃、盆、書桌），一條長長的走廊盡頭是公共浴室，每週供應兩次熱水。預修班的學生們在校外以及做彌撒的時候身穿教士服，但在學校內他們身着便裝。

這裡的時間表沒有他們在見習期時的時間表安排得那麼具體，留給他們自由學習的時間相對多一些。早晨6點起床後，個人祈禱進行到7點半；然後做彌撒（用拉丁語），8點吃早飯，隨後打掃衛生。上課時間從9點到下午1點,到了週日及齋日,學生們可以相互交談,吃午飯時大家默不作聲地圍坐在一張長桌子旁,聽人朗讀怡情養性的書,或者在餐盤的嘩啦聲中進行15分鐘的佈道交談。午飯後休息一段時間,然後重新開始上課,從下午2點半一直上到晚上8點,只有在下午5點時課間休息,這時學生們會聚集成群,在樹下喝茶、聊天。按規定他們應該用拉丁語聊,但這個規定很少被強制執行,不少人會用智利語聊。每週兩次的體育活動——籃球和排球——安排在下午,隨後大家會清掃花園小路或者採摘蘋果。除了簡短的娛樂時間,學生們被要求保持安靜,或祈禱,或沉思,或努力學習。

學校學習為學生們在人文學科上打下了基礎:拉丁語、希臘語、文學、講演術、修辭學、藝術與文化。由於學習成績從未被張貼出來——這樣做是為了營造一種鼓勵團結一致而非相互競爭的氛圍——因此不可能知道在學習上誰名列前茅;班級設置很正規,規模不小(通常大約有50名學生),學生以被動聽講的方式學習。然而,“儘管那個時代仍很保守,但在智利省卻產生了一種變革觀,它在此後的數年裡隨着理事會的發展也有所發展,”喬治在卡薩·洛約拉的一位同齡人胡安·加西亞·維多夫羅回憶説。比如,他的同學們都記得神父何塞·多諾索在藝術課堂上的互動教學。“我們學會欣賞這個世界的美麗與神秘,知道做人意味着什麼,知道主的高深,”當時的一位烏拉圭學生弗朗西斯·洛佩茲回憶説。戈馬也記得多諾索的黑板上總是寫滿了語錄和符號,多諾索靠着“令人驚訝的博學多才”讓學生們在課堂上大有收穫。

預修班的部分經歷對喬治產生的影響尤其深遠:週末走訪學校所在地區的窮人。卡薩·洛約拉學校由當時的神父——如今的聖人——阿爾伯托·烏爾塔多所建。烏爾塔多堪稱耶穌會中做社會工程的先鋒，他建設的社會工程包括今天仍在使用的霍加爾教堂。像他那個時代大多數智利耶穌會會士一樣，他來自上流社會，但在20世紀40年代便開始對教會在社會中的位置提出疑問：對烏爾塔多神父而言，智利聲稱是一個天主教國家，但貧窮卻是損害智利聲譽的醜聞。他有一句著名的話：慈善應該只在正義終結之地開始推行。

烏爾塔多神父曾想讓與窮人的直接聯繫，成為耶穌會會士必修課的一部分，他希望卡薩·洛約拉學校能向摩洛哥的民眾派一個傳教團。10多年後，身為省區主教的貝戈利奧曾尋求在阿根廷效仿這種模式。

這個村子位於佃農們所在的中心區，這些佃農生活在貧窮的邊緣。阿根廷和烏拉圭當時都比智利富裕，街頭上游走的赤貧之人，成了喬治和他的烏拉圭同伴弗朗西斯·洛佩茲的新發現。喬治被派到摩洛哥村埃斯庫里塔4號的一所規模很小的學校教宗教課，來上學的孩子們都髒兮兮的，而且時常窮得連鞋都穿不起。在1960年5月給妹妹瑪麗亞·埃琳娜的一封信中，喬治試圖將他在智利看到的貧窮與其11歲的禱告者聯繫起來。在祝賀她寫信有進步及學習很勤奮之後，他將話題轉移到她的精神成長方面。"我想讓你成為一個小聖人，"他寫道，"你為何不試試呢？我們的確需要很多的聖人。"

讓我告訴你一些事情。我在一所學校為三年級和四年級的學生上宗教課。男生和女生都非常窮，有些人來上學時，甚至腳上連鞋子都沒有穿。很多時候，他們沒東西吃，到了冬天，缺少衣服的他們也只能受凍。你不了解那種情形，因為你從未缺過吃的，而當你感到冷時，你只用坐到爐子旁邊。但當你過着幸福生活時，卻有這麼多正在哭泣的孩子。當你坐在餐桌旁邊用餐時，還有許多人甚至沒有一塊可吃的麵包。當天下大雨，氣溫驟降時，他們中許多卻生活在用鐵皮圍成的棚子裡，連遮蓋自己的東西都沒有。有一天，一位矮小的老太太對我說，如果我能有條毯子，那該多好呀！

　　最糟糕的是他們並不知道主。他們之所以不知道，是因為沒有人教他們。你現在明白我為何對你說我們需要那麼多的聖人嗎？我想讓你站在我這個使徒的位置，幫我去關心那些孩子們——這項工作你會做得很漂亮的。比如，要每晚努力去唸玫瑰經，你會說些什麼？我知道這是一種嘗試，但你的祈禱會像冬天的毛毛雨，當它降落到大地時，會讓大地更肥沃，讓大地長出的果樹能結果。我需要讓自己這個位置也能夠出成果，這就是為何我要向你求助。

　　我在等著你儘快寫回信，把你打算幫我的計劃告訴我。可不要忘了，孩子的幸福就指靠你的這份計劃了。

　　喬治的同伴記得喬治是個平靜、用功且很健談的人。嚴重的肺病一直讓他不能參加體育活動——在卡薩·洛約拉學校裡這指的是籃球——出於同樣的原因，夏天他無法和其他同學一起到山中野營。但他確實堅持游泳——為了肺部康復，這是他一直保持的習慣。

　　參加預修班的智利學生，幾乎都上了耶穌會經營的付費的聖地牙哥貴族學校，而阿根廷的學生社會背景不同，政治觀點也不同。"來自普通階層的學生是堅定的庇隆主義者，而那些來自上層社會的學生上完了薩爾瓦多大學，他們是堅定的反庇隆主義者，"來自智利的同學羅·維加拉回憶說，"你真的能看到，阿根廷學生中缺乏團結精神。"

喬治沒有上耶穌會的私立學校，沒有出身特權階層，他越來越同情庇隆思想——儘管他的同學回憶不起來他在爭論中持何立場。1956年，他的堂兄——奧斯卡·洛倫佐·科戈爾諾中校——和其他17位軍官參加了反抗反庇隆主義總統阿蘭布魯將軍的起義。這次起義失敗後，這18位軍官被軍隊行刑隊殺害。

這次起義是在抗議狂熱的反庇隆主義，貝戈利奧也對反庇隆主義非常反感。他是年輕的天主教徒中的一員，越來越對軍隊對庇隆主義行使否決權感到憤怒，他們禁止庇隆主義者參加選舉，而且使出各種花招，有些時候甚至是小小的伎倆，去羞辱庇隆主義的支持者。在庇隆政府被推翻後，主教們對軍政府深感遺憾，稱其為"極權體制，借用主的名義，欺騙和誤導廣大民眾，懷着取代教會的目的去迫害教會。"他們曾受軍方矇騙，將其視為建設一個基督教國家的擔保者。當喬治在1958年參加選舉時，與民族主義者及基督教社會主義黨關係密切的阿圖羅·弗朗迪西，承諾要解除不允許庇隆主義者參加選舉的禁令，這樣一來他很有可能上台。

烏拉圭人弗朗西斯科·洛佩茲稱，卡薩·洛約拉學校耶穌會的學生們生活在兩個時代中間："一方面，他們重複着同樣的一種生活方式，每天做着我們所了解的耶穌會會士要做的日常之事；另一方面，他們又感覺到這一切完全可以用另外一種方式來做。"日子這樣過，與日子本可以那樣過，這兩者給人內心帶來的困惑不安，成了導致喬治那些同學脫離宗教生活的主因。但對喬治而言，這卻更加堅定了他留下來，並去引領變革的決心。那些當時認識喬治的人，都被他的專心致志打動。甚至在自己早期的成長階段，喬治清楚地看到了他的未來之路。維加拉回想起有天下午大家一起喝茶的時候，"有人問貝戈利奧對自己的未來如何設計，他答道，'我真正感興趣的，就是負責培養未來的耶穌會會士。'換而言之，他希望自己將來能成為見習生主管或耶穌會會長。"

　　1960年3月，喬治到了位於布宜諾斯艾利斯省的馬克西莫大學，從這裡開車到阿根廷首都只需一個小時。在接下來的26年裡，喬治將那裡作為自己活動基地的時間就長達23年。這所大學佔地120英畝，建有可供180位耶穌會會士居住的房間，還有一座凹狀的教堂和一眼望不到頭的小禮拜堂，供牧師們每天做彌撒使用。之所以建這麼多，是因為除了許多學生之外，這裡還生活着不少牧師和教會的兄弟們。這所大學還有一處供客人使用的休息寓所，同時設有各種各樣的辦公室，以配合牧師佈道及傳遞福音等活動。

　　然而，設立馬克西莫大學的主要目的，還是要為大家提供一個學習研究的場所。這所大學是南美最重要的天主教教學研究中心之一：研究生和博士生常來這裡使用它世界一流的圖書館和檔案館。隔壁是耶穌會經營的國家天文台，其中的三棟高樓供科研使用。這裡還有一個業務很忙的印刷廠，廣受重視的神學雜誌《基質》在此印刷。儘管只有耶穌會會士居住在這裡，但課堂上會見到許多來自其他教派的學生們，他們的預修院就設在聖米格爾附近，為的就是可以共用馬克西莫大學一流的教學科研設施。實際上，各個教派都在聖米格爾設有培養學生的預修院，耶穌會的預修院則位於這裡的核心地帶。這麼多的預修院讓聖米格爾成了阿根廷名副其實的宗教生活中心區。

喬治在學習哲學的第一年裡，剛剛學了幾個月，就失去了兩位父親——一位是生身之父，另一位則是精神之父——他們倆在數週之內相繼與世長辭。馬利奧於1961年9月24日去世，那年他才50出頭，因為心臟病發作而在體育場死亡。馬利奧剛去世那陣子，牧師恩里科·布佐尼身體已經極度虛弱。他昏迷後，被緊急送到一所意大利醫院，經過搶救蘇醒過來。

當喬治趕到醫院看他時，這位慈幼會士睡着了，於是喬治便離開病房，在走廊外同一位牧師聊了起來。沒過多久，另外一位牧師走出病房，過來告訴喬治說，牧師布佐尼已經醒來了，在等着他。但喬治接下來做了件古怪的事情：他託這位牧師告訴布佐尼，他已經離開醫院了。幾天後，這位多年來一直給予喬治精神指導的慈幼會士，未能同喬治說聲再見便遺憾地離開人世。

喬治當時的舉動讓自己好長時間內都深受折磨。"我可以向你保證，布魯諾牧師，"他在1990年寫給這位慈幼會會長的信中稱，"如果時光能夠倒流，我多想彌補那個遺憾！"即使這件事情已經過去28年，從這封信中人們仍能看出，貝戈利奧當時的舉動，連他自己都說不清，道不明：他原沒想到牧師會醒過來。他解釋說，因為"我當時心情很糟糕，不知道說什麼好。"他撒謊了，因為"我不知道我當時究竟怎麼了，是自己羞怯還是其他。"他顯然糾結於自己無法了解或表達的情緒之中。

在教會，有一種舊事物正在走向死亡。1962年的第二屆梵蒂岡會議在羅馬召開前夕，一股新風吹進這個時代。年輕的牧師和平信徒在20世紀50年代已達到法定年齡，他們與20世紀三、四十年代的達到法定年齡的老一代阿根廷主教之間的代溝愈加擴大。

他們組成了當時拉美規模最大的主教團體——　共有代表着

46個教區的66位主教。在參加梵蒂岡會議的各主教代表團中,阿根廷主教代表團的規模位居第十。然而,他們大都並未對會上即將發生的事情做好準備,而且在很大程度上他們都屬於旁聽者。他們和教皇庇護十二世聯繫密切,同意大利關係也很親密,被人們視為羅馬天主教的元老。他們中很多人抵制本次會議宣導的改革。除了一些年輕的主教們致力於改革之外,眾多年長的主教們隨聲附和其他的元老們,期望會議只是讓大家簡單聚聚,譴責一下現代社會的一些東西,然後就讓他們回家。可當會議的進程朝着另一個方向展開時,這些阿根廷的主教們發覺自己肩負着他們不想肩負的變革責任。他們只想固守那種公共參與的模式,可這已無法取信於年輕的天主教徒們了。

但對新的一代來說,他們有着遠大的前程。他們閱讀了布宜諾斯艾利斯的天主教雜誌《規範》,該雜誌當時由優秀的年輕牧師喬治·梅希亞編輯(他在2001年和貝戈利奧一併當選紅衣主教),他在雜誌中刊登許多法國的新思想。此外,愛德華多·畢諾尼(保羅六世的合作者)和安東尼奧·庫瑞納西諾(他勸說約翰·保羅二世讓貝戈利奧當主教,後來作為他的繼任者當布宜諾斯艾利斯的紅衣主教),這兩位神學院教授也經常在這本雜誌上發表文章,他們後來成為紅衣主教,對貝戈利奧的成長影響很大。這些都是新一代的閃光點。

戈馬留在智利深造之後,在馬克西莫學院追趕上了喬治。他記得那次會議"就像是一次個人靈修默想:我們中間有些人幾乎不知道正在召開這樣的會議,而另一些人卻密切地追蹤着它。"他和喬治顯然屬於後者,他們倆在一塊塊展板上簡要地寫上這次會議的性質及議事日程,然後把它們擺放在馬克西莫學院的大門旁邊,借助展覽來宣傳此次會議。他們的展覽大獲成功,該地區的不少教堂和修道院紛紛請求在他們那裡巡展。

會議結束後，喬治和未來的智利教區主教費爾南多·蒙特斯兩人之間展開了討論。他們總是趁着別人參加體育活動的時間，在林蔭下的同一個地方邊品茶邊談論。"他有肺病，我對此不太在意。我喜歡聊天，"蒙特斯回憶説，他們成了朋友。"他不像別的布宜諾斯艾利斯人那樣強勢，"蒙特斯稱。他這裡所説的"強勢"，實際上指的是當時布宜諾斯艾利斯人那種出了名的莽撞無禮。"與他們相比，他更像是來自聖達非或科多巴。在我眼裡，他很有教養。"他們不只是談論會議上的事情。他們還笑談學院裡一位喪失記憶力的耶穌會老先生每次講課，都是一大堆説不完的廢話。

梵蒂岡會議成了他們談論越來越多的話題。蒙特斯説，他和喬治清楚地意識到，"要站在那些想讓宗教更加開放的人們的一邊，反對那些主張宗教應當將塵世拒之門外的人們。"他們懂得本次會議的目的，是要重新闡釋宗教在這個世界的存在，以便能夠更好地去傳教佈道。就像因循守舊的主教與反庇隆主義的軍政府沆瀣一氣，守衛着天主教國家的神秘，脱離了勞苦大眾，導致教會成了遠離當代社會，只去關注自身的孤家寡人。它總是生活在自己的光環之中，總在闡述它的永恆真理的邏輯與榮耀，還把大量時間用來研究它的古老禱文的複雜語法上面，而很少去沐浴主的光芒。

在這層意義上，它很類似他們正在鑽研的哲學——枯燥的評論，對一些根本沒人問的問題提供精細複雜的回答。"我從課本中學到的哲學，都是些頹廢或很大程度上已無人問津的托馬斯神學學説，"弗朗西斯對牧師斯帕達羅回憶説。

　　一種公式化的思想何時不再有用？當它漠視人類時，甚至當它懼怕人類或者自欺欺人時。騙人的思想就像是設法讓人相信尤里西斯聽到了海妖之歌，唐懷瑟會同色情狂和酗酒的女人一起狂歡，或者像在瓦格納的歌劇第二幕中，帕西發爾身居爾克林索爾的宮殿一樣。教會的思想必須恢復靈氣，更好地去理解當今人類如何了解自身，以便發展並深化宗教的教義。

　　對於智利耶穌會會士而言，他們早已習慣了卡薩·洛約拉學校更為開放的、更有感情的教育管理體制，馬克西莫學院顯得冷冰冰的。這是馬克西莫學院要求學生更加嚴格地遵守有關謙遜及特殊友誼的規章制度，鼓勵學生們哪怕在課外活動的時候，相互之間也只說拉丁語。當然了，課堂上更是只講拉丁語，讀的文章及寫的論文都是拉丁語。然而，在有些比賽中——阿根廷的傳統體育運動是足球，而足球比賽也是馬克西莫學院最受歡迎的比賽，它的足球場也充滿傳奇色彩——激動不已的隊員們用西班牙語高喊成了常事。

　　還有一些新鮮事物雨後春筍般地發展起來。哈辛托·盧齊在課堂上開始講到法國作家、神學家皮埃爾·泰亞爾·德·夏爾丹。夏爾丹還是一位耶穌會會士，他的作品主要有《人的現象》和《神的氛圍》，在本屆梵蒂岡會議召開之前，他的作品還遭禁。夏爾丹不但主張宗教可與自然界及科學和諧共生，而且還堅持一種樂觀的、進化論的思想，這與當時課堂上教的新教院思想並不一致。對喬治來說，馬克西莫學院最重要的教授是哲學系主任米格爾·菲奧里托，他是深刻領會伊格內修斯識別規則的大師。作為貝戈利奧的精神導師，菲奧里托對他的成長起着關鍵作用。"靈性識別是方濟各教皇雄才大略的一個體現，"貝戈利奧的一位同伴弗爾南多·阿爾比斯特牧師回憶說，"他這一點大都是在這所學院從菲奧里托那裡學到的。"

可這些只是一些例外。"這是一個變革的時代，但馬克西莫學院對此的反應則是抵制與形式主義，"喬治的一位烏拉圭同伴弗朗西斯科·洛佩茲稱。大多數教授年紀很大，來自國外，並未對投身當今世界——"這個時代的人們，尤其是那些貧窮的或飽受磨難的人們的歡樂與希望，痛苦與焦慮，"1965年頒佈的《牧職憲章》開篇聲稱——做好準備，但本屆梵蒂岡會議號召教會做到這一點。馬克西莫學院那些年採取的真正舉措，就是讓大家分成一個個小組，每一個小組都去探討在新時代做一位耶穌會會士意味着什麼。這是一個自我質疑的過程，它導致許多人離去；對貝戈利奧而言，它卻培養了他的社會革新觀。

1963年，當喬治的哲學要結業時，他迎來了對自己三年學習進行答辯的重要時刻。這是一次有點兒讓人望而生畏的考試：考試時間長達兩個小時，考生需要站在由至少10位耶穌會會士組成的評審組前用拉丁語進行答辯。依照此次考試結果，考官將對學生們的成績進行分類。成績好的學生們將來會去做教研工作，成績差的學生們將去做些更多社會實踐的工作，比如去傳道。喬治進入了成績好的學生行列。

哲學學習結束之後，喬治和其他的畢業生們被授予次級神品（天主教低級神職人員的品位），到了當牧師需要經歷的一個階段。他給剛剛當選會長的雅魯伯牧師寫信，毛遂自薦去日本傳道。但他得到的回復卻是由於身患肺病，他不適合前去日本。

他隨後成了一位校務委員，這意味着作為一名耶穌會會士，隨後的兩年時間裡（按他的情況，會是三年）他要在學校教學。喬治和戈馬一起被分配到聖達非的聖靈受孕節學院——阿根廷耶穌會最古老、最受鍾愛的學院之一——教文學。

☙

莫里斯·韋斯特是梵蒂岡粗製濫造的文藝作品，如《漁夫的鞋》的作者，他在1999年去世之前，出版的最後一本小說名為《顯赫》。這部小說講述的是一位當選教皇的阿根廷紅衣主教的故事。除了他的意大利姓之外，故事的主人公盧卡·羅西尼與喬治·貝戈利奧沒有任何共同點。讓人更為驚訝的是，在羅西尼這個人物身上幾乎看不到阿根廷人的任何特性。或許韋斯特覺得一位深愛探戈，喜歡喝巴拉圭茶並且追隨聖洛倫索阿根廷人做教皇，顯得多麼荒誕；倘若他筆下的主人公還了解偉大的短篇小說作家喬治·路易斯·博爾赫斯，那麼在他眼裡這也是一件不可思議的事情。

但事實比起小說還要離奇：貝戈利奧1965年教十六、七歲的孩子們時，曾邀請博爾赫斯給這些學生講過加烏喬文學，自此之後他對博爾赫斯有了更多的了解。讓貝戈利奧和博爾赫斯得以認識的人，是貝戈利奧的秘書瑪麗亞·以瑟·萬斯克斯，她曾教貝戈利奧的孩子學鋼琴。那時她在埃斯塔多廣播電台主持節目，邀請喬治——喬治順便邀請戈馬同自己一道——就耶穌會會士教授文學一事接受採訪。

拉因馬庫拉達中學佔了聖達非大廣場一整塊地方，是阿根廷第一所中學，也是最古老、最有聲望的一所中學，阿根廷眾多知名的公眾人物都畢業於這所中學。正是在這所學校——為教育殖民地的精英而於1610年設立，為培養耶穌會會士而於1862年重建——當時的校長曾勸說莫科比和阿比波尼的土著人接受劃分村落的建議。1636年，一位耶穌會會士畫的聖靈感孕畫懸掛在這所學校旁邊的小教堂裡，給它帶來福佑。

喬治1965年到達那裡，他穿過一個殖民時代建的大門，逕直到了種有桔子樹的一個露台。從這裡向右是學校，向左則是耶穌會的社區，直接向前則是電影院——那裡的空間很大，平時學校的集會時常安排在那裡，但到了週日就會成為放映電影的地方。它是鎮上最好的影院，廳裡可坐1500人，70毫米的影片放映機常常被用來放映最新影片。到了夏天，影片就投射在桔子樹中間扯起的大銀幕上，點着的蚊香從一排排椅子中間冒出縷縷青煙。

喬治28歲和29歲那兩年在拉因馬庫拉達中學教書時，一半的學生都寄宿。學校有紀律要求，對着裝也有明確的規定——每天做彌撒時穿夾克，戴領結——但不像那時的英國寄宿學校要求那樣嚴格。每週兩天，學生們做社區義工，為耶穌會在阿爾托維迪經營的貧窮教區建木頭房子，或參加體育活動、野營等。

"從第一次看到他的那一刻，我就覺得他是一個很成熟的人，"當時的耶穌會會士卡洛斯·卡蘭薩回憶說。卡蘭薩把貝戈利奧描繪為"一個謹慎、寧靜、平和的人，學生們都很關心他。"戈馬後來接管了喬治所教的文學課，他也回想起喬治與他的文學院的學生們之間"非常特殊的關係"，那些學生們還記得自己的老師要求嚴格，慷慨大度，工作優秀，溫和謙遜。他的幽默與率真贏得了學生的愛戴，他為了學生而孜孜不倦地工作感動了他們，同時他們也意識到他完善的頭腦。"在黑板上總有一些箭頭指向圓圈內的現實與想法，"日後在倫敦擔任大使的羅赫略·菲爾特回憶說，"他鼓勵學生們提出各種各樣的問題，而他給出的答案又快速又準確。我從未看到他猶豫過。"羅赫略的弟弟則回憶起貝戈利奧謙遜的品格，"他這人很樸素，從不張揚，從不顯山露水，這在當時耶穌會會士身上並不多見。"許多人還評論了他談論的水平，比如他以前的一位學生吉爾勒莫·文丘里稱他的談話很有趣，很吸引人。"他說起話來親切自然，而且由於他文學素養很高，這使他能夠以一種非常優雅的方式去解釋一些事情，"卡蘭薩牧師回憶說。

儘管貝戈利奧很受大家歡迎，但還免不了被人起些綽號。喬治·米利亞記得他由於臉上常露出哀傷之情，曾被人叫作"長臉"。當法國喜劇電影《花街女神》1963年上映之後，由演員莎莉·麥克琳扮演的法國紅燈區妓女為眾人熟知，有人乾脆給貝戈利奧起了一個"花街神女"的綽號，其原因在於作為一位紀律執行者，"他會面容慈善地對犯錯者進行嚴厲處罰。"

羅伯特·波吉奧是那裡的一位學生，他永遠也忘不了自己遭受的一次處罰。在一場體育比賽中，波吉奧順手打了一個男孩一耳光。得知此事後，貝戈利奧讓他在指定的時間到教室去。當他按時趕到那裡時，他看到自己的10位朋友坐成一圈，貝戈利奧坐在一旁。"他對我說，我應該將發生的事情原原本本地告訴我的朋友們，當時的情景讓我一輩子都不會忘。他們明白了事情的原委，便給我提出忠告，此後我如釋重負——他們並沒有訓斥我，批評我。"最後，由這些學生們組成的評判團做出了處罰決定：波吉奧停賽兩週，並且必須向那位男孩道歉。

喬治·米利亞還記得貝戈利奧獨特的處罰方式。米利亞由於沒能按時交作業，包括貝戈利奧在內的三位耶穌會會士給他安排了一次文學口試，以此作為他期末考試的一部分。在說出自己能想到的所有論據之後，米利亞得出了自己的結論，開始等待老師的評判。考場沉默了很長一段時間，然後貝戈利奧開口了：

我們都知道像這樣的考試是不計成績的，我們也知道米利亞先生本不必參加這樣的口試。他之所以參加了，是因為他沒有按時交作業，是因為他覺得對他來說，學校的規章制度並不存在，是因為他不管付出什麼代價都想自行其事，這成了他的習慣。因此，儘管剛才他的口試成績應當記10分，但我認為我們應該只給他九分，以此來提醒他：這是他留在本校學習的最後一次機會了。我們無須訓斥他，但這樣一來他就總能牢記日復一日履行的職責多麼重要，有條不紊地去完成的工作是多麼的重要，平日一磚一瓦耐心地去建設高樓，而非像他那樣臨時突擊是多麼的重要！

"九分"其他兩位耶穌會會士表示贊同。米利亞被老師公正的決定所感動，他永遠也不會忘記這次教訓。

分派給喬治教的科目——文學、心理學和藝術——顯然不會是一位學化學的技術員的首選，但對耶穌會會士而言，他們為了不斷拓展自己，可以按自己意願選擇喜歡教的科目。喬治無論在什麼情況下，都是古典文學的熱心讀者，因為讓他負責學校很有聲望的文學系也是有道理的。拉因馬庫拉達學校設有不同的專業，繼承了學院獨特的傳統：學生們想要進入這所學校，就必須在入學申請中寫明自己應被錄取的理由，負責各個專業的老師們則決定是否接收他們。

喬治在學校裡第一年教西班牙文學，第二年教阿根廷文學。在了解到自己的學生想直接學習現代文後，他重新調整了自己的教學大綱，安排他們在家閱讀中世紀經典著作《萬世英雄》，而在課堂上開始講20世紀詩人費德里戈·加西亞·洛爾卡的作品。當他們的文學興趣培養起來後，他以一種他後來所稱的"自然而然"的順序，讓他們回過頭來學習西班牙黃金時期的作家，如塞萬提斯、克韋多和貢戈拉。這項嘗試奏效了；當學生們更為投入時，他鼓勵他們追尋自己的夢想，並為他們提供輔導。"貝戈利奧了不起的一面，”米利亞在其學生時代回憶錄中寫道，“就是讓每扇門都為學生們打開。無論誰想鑽研那些西班牙語的不朽之作，也無論想鑽研多深入，他都會無條件地予以明確支持。”

米利亞回想起喬治介紹他們參加一次中世紀後期以死亡為主題的作品朗誦活動，在活動中，死亡的化身邀請不同年齡段的人們繞着一個墳墓跳舞，以此提醒他們在作者的作品中，這裡就是他們死亡的歸宿。為了幫助他們更好地理解作品，喬治安排他們去電影院觀看英格瑪·伯格曼（瑞典導演）1957年拍攝的影片《第七封印》，該片講述了一位中世紀騎士用國際象棋玩死亡遊戲的故事。米利亞和其他同學隨後被要求寫電影評論，評述影片中場景、人物、音樂等元素的運用。

喬治曾提議邀請作家們來學校講座，以便學生們不但能夠學到他們的創作成果，也能夠學到他們的創作手法。第一位受邀請的是瑪利亞·艾舍爾·瓦斯奎斯（阿根廷作家，新聞記者），她隨後安排了博爾赫斯於1965年8月訪問拉因馬庫拉達。在長達5天的訪問期間，博爾赫斯重點講述了加烏喬人的詩篇。這是一次非同尋常的訪問，讓當地其他大學羨慕不已。據米利亞回憶，“這就像給孩子的生日派對請來了柏林交響樂團，現場演奏‘生日快樂’一樣。”

這位阿根廷詩人、散文家、短篇小說大師，20世紀60年代拉美文學國際大傳播的先驅，當時已年過花甲。他是阿根廷人的偶像，無論走到哪裡他都會被認出來，他獨特的聲音也被廣為模仿。在他聲名日益顯赫時，他的視力卻在快速消退——博爾赫斯曾令人辛酸地說，主賜予他“書籍，同時也賜予他黑夜。”即使到了這個時候，他仍然依靠圖書館員般的記憶力，去理清他那些引人入勝的小說。

貝戈利奧在2010年稱博爾赫斯"像天才一般對任何話題都能娓娓道來，卻無半點炫耀。"他了解博爾赫斯，喜愛他創作的故事。這些故事發生在一種超現實裡，其中的人物像是穿梭在圖書館和思想的迷宮中一般。從貝戈利奧自己的講話及寫作風格——清新、機智、詼諧、悖論和文字遊戲之中，能夠看出不少類似之處。

為了迎接這位偉人的來訪，喬治做了各種準備。他將圍繞博爾赫斯的全部作品給學生們上了速成課。1965年8月，當博爾赫斯冒着寒冷乘坐公共汽車到達學校時，他驚訝地發現迎接他的學生們對他的作品非常熟悉。在那些天裡，這位拄着手杖幾乎失明的老人倍受歡迎，他給能夠欣賞自己作品的忠誠聽眾講座，樂於和學生及耶穌會會士們交流。回首往事，米利亞認識到貝戈利奧給學生們的大禮送的太是時候了，讓大家能夠見到這位雖然眼睛已看不清東西卻能妙筆生花的文壇巨匠。

喬治力保此次訪問能夠帶來成果。他一直在激勵他的學生去寫作，現在他又讓他們創作一些故事，然後將選出來的最好的故事寄到博爾赫斯那裡，讓人讀給他聽。他和戈馬選了八篇最佳故事，裝在一個標有"原創故事"的袋子裡寄給了博爾赫斯。沒過多久，學校校長里卡多·奧法雷爾牧師收到了博爾赫斯的回信。他在信中感謝耶穌會會士們的熱情接待，並提出要給"那本書"寫序，而且他很喜歡"原創故事"這個題目。對那些學生們而言，第一次碰到自己寫的故事被人說成是"書"，更不用說它們會被出版了。但有了博爾赫斯作序，出版社便很容易可找到。

博爾赫斯11月返回聖達非，出席了《原創故事》的發行活動。這本書得到了他的讚賞，很短時間內便在這個城市成了暢銷書。貝戈利奧將這本書寄給他認識的詩人索菲亞·阿科斯塔，詢問她覺得本書怎樣。隨後，他直接將她的讚揚信寄給了鄰近城市巴拉那（他姑老爺當年在這座城市建的豪宅如今已被改作餐館）一家報紙的編輯。"我們的願望就是重點宣傳一下這部作品的成就與價值，它在聖達非已經成為暢銷書。"喬治寫道。同時，喬治還用"借助您這份著名的報紙"這樣的語句，請他能讓讀者更好地了解這部作品。這是喬治政治悟性的早期體現。

在《原創故事》的序言中，博爾赫斯寫道："很有可能在本書的八位作者中將出一位著名作家，我不敢妄加預測這個人會是誰，但藏書家將來為查到他或她的名字，會想法找到這本書讀一讀的。"直到2013年，這本書被找到了，它是由記者找到的，而不是藏書家找到的。它之所以為人們樂於收藏，並不是因為上面有八位作者的名字，而是因為博爾赫斯雖不是其中的一位作者卻是作序者。博爾赫斯這位偉大的諷刺作家一定會感到快慰。

記者喬治·米利亞就是這本書其中的一位撰寫者，他和貝戈利奧一直保持着聯繫，在貝戈利奧的催促下，他在40年後出版了自己的學生時代回憶錄。那時擔任紅衣主教的貝戈利奧答應給這本2006年以《幸福時光》的書名出版的回憶錄作序。如今在宣傳方濟各的貝戈利奧主義的網絡專欄上經常發表文章的米利亞，可以毫不誇張地被稱為唯一一位得到阿根廷人民最偉大的兩個兒子——喬治·路易斯·博爾赫斯和教皇方濟各——作序的作家。

博爾赫斯把自己視為不可知論者，然而他那位信奉英國新教的祖母卻教他閱讀《聖經》；他每天晚上都祝福我們的聖父，因為他曾向母親做過承諾；他去世的時候，牧師也在場。他熱愛猶太人的智慧，寫過有關佛教的作品，也對《古蘭經》有足夠的了解，可以告訴別人書中根本沒有提及駱駝（有些民族主義作家給他的作品貼上"地方色彩"的標籤，他用這些事實來回擊他們）。博爾赫斯在他最後一部幻想小説《反叛者》中，想像着建立一個夢幻之國，在這個國家裡，“不同種族的人們信奉不同的宗教，使用不同的語言，做出看似怪異卻合乎情理的決定。他們最終決心忘卻彼此間的差異，尋求共同之處。”這聽起來很像紅衣主教貝戈利奧後來宣傳的邂逅文化。

第三章

風浪中的領航人

(1967—1974)

"我要叫方濟各。"選擇這個名號極具挑戰性,因為從沒有教皇選擇這個名號,裡面沒有羅馬數字,簡單質樸,猶如當初選擇神貧的聖人脫去絲綢華服,穿上粗布衣。

沒有人料到新教皇會叫方濟各,大家認為更有可能會叫做彼得或者傑西等這樣有特殊寓意的名字。

"他的果斷和魄力深深地震撼到了我,因為方濟各這個名字是整個管理系統的一個縮影,"梵蒂岡評論員約翰·阿倫告訴波士頓電台,"他是天主教的標誌性人物,能夠警醒教會,引導教會體制改革的方向,前路漫漫,任重而道遠,如果沒有做好奮力前行的準備,那麼遇到的將是無盡的困難。"

貝戈利奧一生秉持節儉,現在更能體現出他勤儉節約的習慣,比如他一直穿着一雙很舊的黑鞋子,胸前佩戴的是銀質十字架(教皇一般為金質),手腕上佩戴的是黑色的塑膠手錶;他拒絕豪華轎車載他去賓館用餐,("願主寬恕你的所作所為,"他經常和其他紅衣主教這樣開玩笑）。和紅衣主教們一起做完彌撒的第二天，他乘坐福特福克斯離開梵蒂岡去聖瑪麗大教堂做禱告，保安的車都比福特福克斯要好。回到參加教皇選舉會議之前住的旅館，他收拾自己的行李，找店員結帳，店員流露出很吃驚的表情。（"我用另外一個名字登記入住的"這句話成了一張在社交媒體上廣泛推送照片的標注），他和店員們聊天、開玩笑，收拾自己的隨身物品，其實沒有什麼可收拾的，只有一件前一天晚上洗的衣服，放在暖氣片上已經烘乾了。

　　兩天之後，方濟各在聖彼得旁邊的現代化會客廳接見媒體，他放下手中準備好的發言稿，告訴媒體一些教皇怎樣選用自己的名字：例如阿德里安，選用這個名字是為了紀念十六世紀的一位荷蘭教皇（"他是一位改革者，我們需要改革"）；克萊門蒂十六鎮壓了耶穌會士，選擇克萊門蒂十五的名字或許是因為想報復克萊門蒂十六。等採訪接近尾聲，會客廳裡共吸引了來自81個國家的6000多媒體人，他走到舞台前部，親自上前逐個向部分媒體人問好，而不是坐在那裡等待他們前來。在媒體人中間，有一位在梵蒂岡通信辦公室工作的盲人，隨行的還有一條導盲犬，導盲犬配備有方便牽引的繩索，方濟各擁抱了這個人，在他們談話的同時，他用手輕輕的撫摸着金黃色導盲犬的頭。

　　這樣的事跡比比皆是，這並不是裝腔作勢，也不是處心積慮誤導眾人，這些行為是對福音書中基督精神的詮釋。

　　在接下來的時間裡，方濟各利用教會賦予的權力釋放更多的能量，並盡可能地用自己的行動詮釋人道慈愛之間的含義。他以客觀的態度看待事物，只有妨礙人們或者迷惑人心的東西才能引起他的反對。有家媒體報道說他所做的一切說明他在拒絕財富和特權，這是因為清貧主義抬頭。其實他之所選擇住在教皇選舉會議期間分配居住的旅館，是因為住在那裡方便和人民溝通交流；他不想像本篤十六那樣受制於一些外在的因素而脫離民眾變得遙不可及，儘管本篤十六本人是一個非常謙卑、平易近人的人。而不是因為像報道所說的那樣，羅馬教皇宮殿過於奢華浪費（事實並非如此）和聖瑪塔賓館太過於寒酸簡陋（聖瑪塔賓館造價2500萬美元，飾以大理石）。

在聖瑪塔，方濟各制定出一套全新的教皇交流方式：早上7點對三點內容進行簡潔的訓誡；每天在小教堂裡做彌撒；每天早上思考一天要閱讀的內容；手中端着烏拉圭茶。

那年八月份，他告訴耶穌會的來訪者安東尼奧·斯帕達羅，"我們要學着做普通人！"，實際上，他一直是這麼做的，在聖瑪塔餐廳他和其他人一樣收拾自己的餐盤，每天和普通人一樣撥打私人電話、會見親友、寫日記，他經常不帶隨從、獨身一人駕駛藍色福特福克斯去拜訪羅馬附近的教區和慈善機構，為老弱病殘、無家可歸的人祈禱祝福，與遠離家鄉的人促膝交談。

有關方濟各淳樸善良的故事俯拾即是，不一而足，因為數量太多而不方便付諸文字，例如有一次他出門看到一位瑞士籍護衛站在他的門口，他就給護衛搬了一把椅子招呼他坐下。"謝謝神父，老闆不允許，我不能坐下。"護衛告訴他，"我是你老闆的老闆，我允許你坐下"方濟各安慰護衛並讓他坐下，回來的時候又為護衛帶了一塊意大利奶油蛋糕。

他不怕麻煩，也不怕引起小規模的混亂，2013年9月他拜訪了位於羅馬的一家難民中心，他指出，空置的修道院不能做賓館用，應該提供給移民們做住所，"這體現了基督的內涵"。有一次，他給阿根廷的一位婦女打電話，那位婦女的牧師不允許她領聖餐，他告訴那位婦女應該領取聖餐（"有人比教皇還要虔誠"，她説方濟各這樣告訴她）。還有一次，他告訴拉美和加勒比兄弟姊妹宗教聯盟的代表團，不要害怕因為做出一些不符合教規的事情而受到梵蒂岡教廷的制裁，因為教會犯了錯誤或者某個人惹出一些爭議對於教會來説是一件好事。

"我們應該給煎蛋捲翻翻面兒"，他告訴拉美和加勒比兄弟姊妹宗教聯盟代表團：為什麼道道瓊斯指數的一絲波動就能夠成為世界新聞頭條，有人凍死街頭反而無人問津？"我們應該扭轉這種局面，"他説，"這就是福音。"

在他的日常訓誡和發表的演説中，他通過委婉的語言、但立場堅定地反對所謂的"精神世俗"，"精神世俗"由神學家亨利·迪·魯巴克提出，是指有多種症狀的頑疾：高級教士們的高消費；"空中飛人"主教們很少出現在他們的主教教區；主教們流連於各種豪華盛宴；天主教普通信徒專注提高他們的經濟收入；主教教區極度追求效率，制定一些不切實際的計劃；精英階層的禮拜流於形式；一些自以為是的人通過梳理牧師們的訓誡內容意圖找到異端邪説；教會組織因為太過於教條而流俗。此類問題不勝枚舉。方濟各經常指出，教會不是非政府組織，而是一則愛的故事，每一個兄弟姊妹都是故事中環環相扣的點。"如果我們意識不到這一點，"方濟各説，"那麼等於我們對教會一無所知。"

方濟各對名字的選擇有更深一層的含義，聖方濟各是對抗精神世俗的傑出代表。1205年，聖方濟各摒棄了舒適的生活和貴族的特權，衣麻跣足，托缽行乞，來到翁布里亞，與麻風病人、花草綠樹、野獸蟲魚為伴，內心洋溢着滿滿的喜樂，他最敬畏主、耶穌基督和他的創造力。"他喜歡大自然、喜歡各種動物，為草坪上青草的葉片歡喜洋溢，為天空中飛翔的小鳥滿懷喜樂"，2013年10月4日方濟各在出發阿西西之前在接受媒體採訪時談到了同名的教皇，"總的來說，他愛人民，包括老、弱、婦、孺。"

　　之所以選擇方濟各為自己的名號，並不僅僅是因為聖方濟各是一位聖徒，更重要的是他的精神猶如在心底潺潺流動的小溪，每當遇到危機的時候便會蕩起層層漣漪，雖然轉瞬即逝，但卻可以堅強自己的內心，讓一切都明朗起來。"這是傳教士的理想，條件差的教堂在數量上還是多於條件合格的教堂，這是耶穌在他對門徒們的訓誡中這樣說過。"這是他的願望：教會的格局由其是否以窮人為中心的外圍所決定，這個外圍是可變動的。"生活簡樸、因為傳福音而收穫喜樂，"這才是能夠抗拒精神世俗的教堂，這種教堂因為神聖的福音而存在，在教皇選舉會議開始之前，貝戈利奧這樣告訴其他主教。

　　2013年10月4日，方濟各對阿西西進行了十二個小時的訪問，在參觀所有有關聖方濟各的地方時，他有足夠的時間發表自己關於教會的看法。儘管他有準備好的演講要發表，提前計劃好在哪些地方做停留，但是在別人看來，方濟各在信徒們簇擁下來到了不同的地方，人們急着讓他看到慘遭地震摧毀的小鎮，那個小鎮位於山頂上。"人們帶他來到每一處洞穴、每一個聖壇以及每一間地窖，"當時一直陪伴他的嘉布遣會聖芳濟修道士肖恩·奧·馬利主教回憶說，"他每到一處，總會有人站起來說'從沒有教皇來過這裡，我原以為您也不會來到這裡，畢竟您已是耄耋之年的老人'。"

　　每想到麻風病人身上潰爛的傷口，而且還要陪伴着他們，弗朗西斯科·迪·貝爾納多內就會感到害怕，甚至抵觸，同時他也會感到深深的罪責。但當他在麻風病院為麻風病人清洗傷口、沐浴更衣的時候，煎蛋捲翻了面兒：那些曾經讓他退卻的人現在給他帶來了滿心的喜樂，這是一種重生，一種自我救贖，更是通過主的眼睛來看這個世界。今天方濟各教皇來看望塞拉菲卡姆機構的麻風病人以及永久癱瘓的病人，他整整一小時陪着病人們，病人們和他握手，帶他到房內和他交流感受和心得，病人們撫弄他胸前的十字架，或大聲吆喝、或低聲咕噥，抑或歇斯底里的尖叫。"我們正處於主的傷口上，"方濟各用低沉的聲音說到"我們要看到這些痛苦，聆聽他們的呼喚。"

在接下來的那個月裡，方濟各因為撫摸了一個叫維尼西奧·里瓦的人的傷疤而震驚了整個世界。維尼西奧，53歲，因為基因問題，患有嚴重的神經纖維瘤病綜合症，他的面部嚴重扭曲，乘坐公交時乘客因為不想看到他的容貌而紛紛下車。當方濟各親吻維尼西奧時，維尼西奧感到自己心跳加速，心臟激動的快要跳了出來。"他毫不猶豫的直接上前擁抱了我，"他說道，"我的病不會傳染，但當時他並不知道這個情況，他卻擁抱了我，親吻我臉上每一個部位，我感到了他的愛。"

方濟各是訪問阿西西的第十九位教皇，但他是第一位走進大主教宮殿的隔離房間裡面的，就在那個房間，弗朗西斯科·迪·貝爾納多內脫掉他貴族的絲質衣服，聲明放棄財產和權力。"世俗把我們變得浮華、自大、傲慢，甚至以這些為追求目標，"方濟各教皇說，"我們每個人要把自己從這些世俗思想中拯救出來。"他說，"否則，我們就成了蛋糕店的基督教信徒，像華麗的蛋糕和美味的甜點，外表光鮮，但是從內在來講，我們已經不是真正的基督教信徒。"

那天下午，方濟各教皇和牧師以及年輕人在戶外集會。他說着一口流利的帶有阿根廷口音的意大利語，他非常健談。在聖魯菲諾大教堂，他告訴牧師們不要進行"冗長而乏味的訓誡，那些沒有人能聽懂"，可以追憶一下過去的日子，那時候教區牧師們能夠記起每一位教區信徒姓名，“甚至還能叫出每個家庭所養的狗的名字”。他還告訴牧師們，離婚的夫妻不知道怎樣及時地去原諒對方，“我經常告訴新婚夫婦，你們可以盡情爭吵，想摔盤子發洩儘管發洩，但是天黑之前一定要和好！一定！”，要求雙方忘卻不快，和好如初。“不要讓偏見、習慣、思想上的僵化、牧師不懂變通的說教蒙蔽了你——例如這句著名的‘事情一直以來都是這麼解決的’教條式的思維誤導了你，只要內心牢記主的話，像聖方濟各那樣與福音同行，你就能得到恩典！”

他秉承了聖方濟各和本篤十六的旨意，行走在傳播福音的大道上。

根據喬治·馬里奧·貝戈利奧在其文獻中記述，1965年梵蒂岡第二屆委員會解散，那年他在布宜諾斯艾利斯的科萊希奧·德·薩爾瓦多任教。60年代末70年代初，教會分裂為若干教派，貝戈利奧加入耶穌會，成為耶穌會的見習修士。當時的宗教秩序依靠自身的改革逐步確立，委員會要求各個教派溯本清源，耶穌會內部按照委員會要求在全球範圍內進行改革。委員會宗教會議同時引發了很多變動，在拉丁美洲的動盪最為嚴重，不僅像歐洲和美國那樣爆發了文化運動，同時還爆發了政治革命喬治·貝戈利奧堅持選擇改革而不是分裂，提倡用改革取代革命，因此耶穌會會員們極力向羅馬推選他為省會長。但是，當時省內的精英知識份子們並不支持喬治，他們散佈一些關於喬治的不實言論，他們稱他為保守派，他的目的是為了把教會變回委員會宗教會議之前的樣子，後來喬治的一切行動和著作使這些謠言不攻自破。理事會掘開了堤壩，蓄積已久的改革洪流噴湧而下。信徒們可以直接用經文祈禱，虔誠的人們可以使用自己的語言向主傾訴。從更高層面上來說，他們不再把猶太信徒當成自己冥頑不化的敵人，而是變成了相親相愛的兄弟姊妹。教會內部沒有了昔日等級分明的制度，教皇和主教不再通過牧師或者其他神職人員管束信徒，而是通過信徒們不同的分工角色進行統領。天主教會不再排斥現代化，而轉變成為服務於現代文明孕育的助產士。主教們在長達三年的討論切磋中達成了共識，並形成了教規，聖芳濟修會潮流逐漸形成。理事會宣導主教和牧師們過簡樸的生活，保羅六世曾經指出"日常生活保持簡樸清貧，語氣態度上要保持卑微謙遜"。

天主教大憲章裡面依然保存着16條教規的內容，吸收了聖經及基督的精髓，再現早期教會的活力與宗旨。通過對世俗因素的摒棄，教會呈現出了它應有的福音功能——更加值得信賴和託付。擺脫了權力以及名望的束縛，聖靈賜給他們在全世界傳道的動力和能量。

但有時候，有人並不能真正的理解教規的意義，理事會致力於利用教會來促進現實世界的改革和進步，長期以來他們拒絕承認世界的變化發展，教會也一直沒有採取相應的改革措施，理事會一直敦促教會順應時代發展的要求，但是，不管是激進的改革者還是反對改革人的人同時都犯了一個錯誤，他們認為只要把教會變成現實社會的樣子就是現代化，而不是通過改變教會自身去滿足社會發展的需要。

2013年2月，本篤十六在最近的一次佈道中指出，問題的根源在於理事會出發點不在於主，而是從媒體的角度出發。所有的改變都帶有政治色彩，當教會內部分裂為不同幫派時，媒體選擇與支持分裂的幫派站在一起。在理事會之前，很多教會都在思考教會的本質是什麼，哪些需要永久保持——耶穌賜予教會的必須要秉持。理事會之後的情況卻背道而馳，本質的、根本性的東西被認為是空洞虛無，新生事物、能看得到的被認為是最重要的，所以出現了這樣的情況：有人抱怨教會改變的太多，而有人卻埋怨教會改變的太少。教會的衝突分裂日益加劇：教皇的權威下降，天主教信徒爭取到自己的權利，然後去評判其他人。

20世紀60年代，矛盾的焦點轉移到計劃生育上。保羅六世選派的專家委員會支持人工避孕，而保羅六世沒有採納他們的建議，提出反對人工避孕，他的書信《人世通論》激發了反對狂潮，並引發了關於權利和個人認知之間的大辯論。退教的人數不斷攀升，尤其是西方的中產階級，大量的信徒加入了一個嶄新而日益壯大的教派，這個教派被稱為“偽天主教”教派。

這場危機造成了信徒的大量流失，同時神職人員數量和宗教活動也相應下降，第二次梵蒂岡會議之前，已經出現信徒退教的苗頭，尤其是會議之後，新入教人數急劇下滑，當時的混亂造成了這樣的損失。

期間，因為最先執行理事會要求，耶穌會的損失尤為嚴重。1965年，從全球範圍來看，擁有3萬6000名信徒的耶穌會是教會中人數最多、組織最好、牧師整體水平最高的一個教派，三分之一的牧師分佈在世界各地的5000所學校當中任教，學生人數超過一百萬人。到70年代，耶穌會會員的數量減少了三分之一。在有些地方，退出耶穌會的人們開始聯合起來加入新的信仰行列。

信徒的流失在一定程度上說明了耶穌會不能確立自己的新使命。例如耶穌會士們屢次被邀請到創世之井，飲用裡面的水，這個過程被稱為回歸本源，這些事件深深地為人所詬病。

1965年，理事會即將解散時，聚集起來的代表們在羅馬推選神父佩德羅·阿魯佩為終身領袖，他開始了在全球範圍內耶穌會的改革。耶穌會第三十一屆代表大會一致同意"應該對所有的機構進行改革，以適應現代化和人們生產生活的需要"，耶穌會的精神確定為"為了時代的需求，我們淨化和充實自己"。高瞻遠矚、熱情激昂的阿魯佩神父是一名醫生，他長着與伊格內修斯相像的鷹鈎鼻，擁有溫暖的笑容，他曾經目睹了廣島原子彈爆炸。

理事會解散以後，神父阿魯佩要求各個教會省進行一次組織嚴謹的調查，旨在理清耶穌會在現代社會的目標和使命，三年之後，耶穌會的使命終於確立起來：與窮人同行，滿足他們所需，維護公正與和平。

接下來的幾年裡，西班牙四分五裂，神父阿魯佩四處游歷，努力把全社會團結起來。他動員耶穌會教友們來到伊格內修斯思想的發源地，《精神修煉》重新開始引導眾信徒，它就像一所祈禱者的學校。伊格內修斯的《自傳》隨即面世，它們是《憲章》的雛形，圖書館裡收起當時的主流書籍，把它們擺上書架供人們閱讀，耶穌會信徒讀書不再是為了尋求方向，而是對他們的行為進行更好的指導。

1967至1970年期間，喬治·貝戈利奧在科萊希奧·馬克西莫讀神學，這次改革給他留下了深深的影響。其間他和神父米格爾·安吉爾·菲奧里托建立了深厚的友誼，菲奧里托是耶穌會阿根廷省精神改革的先驅，他認為精神修煉的基本方式應該是個人靜心潛修。菲奧里托年近五十，性格內向，頭髮花白，宣導精神修煉，在任哲學系教長期間，他被推選為阿根廷聖伊格內修斯精神修煉的領軍人物，"在某種程度上，他是阿根廷省的精神領袖，"目前在羅馬任教的米格爾·亞涅斯這麼說。

菲奧里托是一個浩氣凜然、不苟言笑的人，了解他的人都願和他成為朋友，其中包括今後阿根廷和智利的教會省負責人，作為精神導師，"他引導我們回歸伊格內修斯的精神本源，"智利人費爾南多·門泰什回憶說，"是菲奧里托給我們以啟示。"在20世紀70年代和 8 0年代期間成為阿根廷省領導人的喬治·貝戈利奧、安德列斯·斯溫倫、歐內斯托·洛佩斯·羅薩斯成立了一個以菲奧里托為中心的小組，幫助他完成《精神啟示錄》的出版。

1968年貝戈利奧發表了一系列的文章，這些文章着重闡述了"選舉的神學意義"，論述了主的選擇與被選舉的人之間的平衡，這些文章富含聖伊格內修斯精神和耶穌會改革歷程的印記。喬治是菲奧里托忠實的學生和擁護者。據貝戈利奧的烏拉圭同事弗朗西斯科·洛佩斯回憶，貝戈利奧曾經告訴他，他和菲奧里托正在準備設立新主教，在1968-1969年期間，他們把只有一兩個新信徒的教會從科爾多瓦搬到聖米格爾租用的房子裡面，神父阿爾弗雷多·埃斯特里拉成為新主教，維拉·巴拉里和貝戈利奧成為他的助教。

菲奧里托的團隊非常重視《本源》中的觀點，認為應該引領改革回歸到耶穌會教義最初的狀態，同時還要適應現實發展的需求。這與當時改革的另外一種觀點迥然不同，那種觀點認為改革應該摒棄以前的所有，不加鑒別的接納新觀點。貝戈利奧對兩個觀點的理解被法國神學家伊夫·孔加爾引用。教皇約翰二十三世曾受伊夫·孔加爾的影響組建了梵蒂岡第二理事會。伊夫·孔加爾在其經典著作《教會改革的真與偽》中指出，回顧教會的改革史不難發現，有的改革者初期懷有美好的改革目標——反對濫用職權、反對腐敗，重塑宗教的聖潔和崇高，但最後卻陷入分崩離析的泥潭，而其他的改革者卻實現了基督的復興，重獲教會的神聖與統一，他們最大的區別在哪裡？

　　孔加爾發現成功的改革始於對普通人的關注，他們不以成功者為中心，而是以邊緣人士為出發點和改革目標，也就是説，是對宗教傳統的敬畏，即天主教自始至終一直堅持的對聖靈的讚美，對教權，對聖徒的熱愛——這些深為普通教眾喜愛，而不是取悦於上層社會精英。教會改革應該讓教會回歸本源，而不是作為世俗的發展助力，自然就會得到信徒忠誠的擁護，教會就能實現統一。真正的改革應該抨擊精神的世俗化，因為它妨礙教會的回歸和信徒的聖潔。這是貝戈利奧早期閱讀的耶穌會故事——改革應該通過恢復教會應有的清貧、聖潔、對福音的信仰、對教皇的順從以及全體信徒的齊心協力從而使教會充滿活力——這也是一個教會領導人從三十多歲開始堅守並窮盡餘生的追求。

　　這説明，在改革過程當中要警惕導致改革失敗的那些誘因，脫離基本教義、自以為是的思想是導致改革失敗的罪魁禍首，他們拒絕傳統慣例，拒絕事物之間的聯繫，喜歡和當代的意識形態保持一致，非常脆弱，不堪一擊，最後導致內訌、四分五裂。先鋒派常以這樣的邏輯進行改革：先進知識份子給自己冠以頭銜，然後以某一特定思想或者意識形態為目標進行改革，這種改革經常會引起不同意見者或者維持現狀者的反對，教會則成為先進知識份子們激烈衝突的戰場，最終會引起分崩離析以及教會的自我迷失。

　　這差不多可以説是阿根廷耶穌會20世紀60到70年代之間的真實寫照，當時教會分裂為兩個主要教派，由神學專家們組成的激進派脫離了教區這個基礎，致力於運用馬克思主義解放神學，他們引起了由老年人和保守者們所組成的派系的強烈反對，這個分歧引發了耶穌會關於耶穌會身份認同的激烈辯論，這次辯論影響的範圍更廣泛，因為一系列政治因素的刺激，引起了繼理事會之後阿根廷教會內部的又一次極大分歧。

✿

　　1968年，哥倫比亞麥德林市召開的主教會議決定在拉丁美洲設立第二屆梵蒂岡理事會，拉丁美洲主教聯盟的成立使美洲教會有自主權，總的來說是優先選擇為窮人服務。

　　麥德林文件深化了對基督教精神的理解，除了把人們從罪惡中拯救出來，更要改變罪惡的社會結構，正是這些罪惡的社會結構導致了大部分人的貧窮。這就是《解放神學》的淵源。在2010年的一次採訪中，貝戈利奧解釋說：

　　優選服務窮人理念來源於一世紀的基督教精神，是福音的要求，如果你閱讀了一世紀神父們佈道的內容，了解一下二三世紀教會要求怎樣去對待窮人，你會發現他們的要求與毛澤東思想以及托洛斯基主義完全一致，教會也常常以優先服務窮人為榮耀，窮人成為教會最珍視的財富。在三世紀，當有人告知羅馬主教區助祭勞倫斯把所有的珍寶都帶到教堂時，幾天之後，勞倫斯帶來了一大群窮人，他說："這些是教會最珍貴的寶貝"。第二屆理事會把教徒定義為主的子民，在麥德林召開的第二次拉美主教會議上廢除了這個觀念。

　　這個新的態度包含了一些政治因素，不允許教會繼續和社會經濟前沿保持一致，在抨擊暴力制度以及不公平社會結構的同時，麥德林會議指出馬克思主義和解放思想是對人類尊嚴的侵犯，同時公然提出反對武裝革命，理由是它們"引起了新的不公正"。麥德林會議還旗幟鮮明的提出支持《人世通諭》，反對人工避孕，會議認為人工避孕是新馬爾薩斯主義，是富人嘗試減少窮人的數量的一種企圖。

阿根廷的主教們引進了麥德林精神，吸納在1969年聖米格爾宣言當中的內容，宣言以哀歎神父職業精神的下滑、職權被不當運用、社會抗議不斷出現為基本論調，但同時他們支持麥德林會議的精神指引，即號召教會"以窮人為榮耀，憐憫他們、保護他們、寬恕他們"，他們認為教會不應該"表面繁榮"，而應承擔應負的責任。

會議公文中一部分由神父盧喬·格拉起草，被認為是後麥德林神學的阿根廷版本，貝戈利奧和他周圍的耶穌會士深受影響。它呼籲公平正義，反對剝削和壓迫，宣導保護工人權利，這不是保守、教會之上主義，但他們沒有像後來的解放神學那樣，對"人民"一詞用社會學或者馬克思主義觀點進行闡述。聖米格爾宣言認為人民是自己歷史的主人，宣稱"教會活動不僅要服務於人民，更要來源於人民"。宣言認為教會應該明確規定其服務於窮人的宗旨，但認為人民僅屬於自己的歷史範疇，而不是像其他人群一樣，可以作為一個"階級"參與社會鬥爭，這個對於人民身份認同的觀點被認為很激進。貝戈利奧接受聖米格爾的觀點。

在20世紀60年代末70年代初，出現了一種新的神學解放思潮，許多天主教徒對新思潮表現出濃厚的興趣，尤其是普遍接受馬克思主義的中產階級，這個人群有一定的教育背景。通過馬克思主義理論可以得出阿根廷和其他一些國家貧窮的根源，儘管這些國家有源源不斷的外商投資和出口，但無濟於事，馬克思主義理論認為第三世界越親近外國資本，就會變得越依賴這些資本，繼而變得更加貧困。1971年，愛德華多·加雷亞諾在風靡全球的反殖民主義的著作《拉美開裂的血管》一書中指出，當時以出口為導向、以政府為主導的經濟發展模式實際上是古巴社會主義發展模式，可以保護經濟的發展不受國際資本主義的影響，從而保護窮人的利益。

在阿根廷，這個論斷被新的庇隆主義左翼所採納，他們試圖把馬克思主義和庇隆主義廣大的工人基礎結合起來，但作為最大的政黨，他們在選舉中落選，他們的領袖胡安·多明戈·庇隆敏銳的嗅到了政治動向，在流亡西班牙期間，他重新修訂了他的運動為反殖民主義革命鬥爭。雖然他沒有真正的進行革命鬥爭，但他也沒有阻止例如約翰·威廉姆·庫克這樣的阿根廷"抵抗主義"活動家所做的努力，這些活動家試圖把他們的運動轉變為古巴式的阿根廷社會主義革命。

社會主義和庇隆主義同時失敗，馬克思主義吸引了越來越多的基督教徒。1967年，第三世界的一部分主教呼籲教會反對市場經濟，他們稱僱傭勞動者為奴隸，認為社會主義是對福音的實踐，"第三世界牧師宣言"很快在阿根廷成立，其中有320名牧師簽字，其中包含了九名耶穌會牧師，第三世界牧師運動持續壯大，20世紀70年代初阿根廷有十分之一的神職人員參加了這場運動，其中大約包括四分之一的年輕牧師，另外還有成百上千的牧師雖然沒有加入，但是他們支持這場運動。

其中最著名的是神父卡洛斯·穆希卡，他來自一個富裕保守的家庭，喜歡打網球，很有魅力，他在布宜諾斯艾利斯市雷蒂羅區的貧民窟傳教。和當時其他富裕的天主教徒一樣，穆希卡神父因為深深的愧疚感而選擇支持庇隆主義。1955年，教會反對庇隆主義制度，從而引起了許多工人階級對教會的厭惡。"我們當中有許多神父認為我們並不受人民愛戴，被邊緣化了，所以我們決定'從人民中來到群眾中去'，決定和人民同行"他寫道，"貧民窟的牧師以及代表人民利益的牧師就這樣開啟了這場運動"。

　　穆希卡神父和其他牧師們把庇隆主義當成解放的有力武器，從社會主義的角度看待社會政治，第三世界牧師運動認為人民支持庇隆主義，教會理所應當的也要支持庇隆主義。1969年，第三世界牧師運動確立運動的奮鬥目標，即"實現生產方式、政治、經濟和文化的社會主義化"。兩年之後，第三世界牧師運動確定庇隆主義是實現這一目標的必經之路。1971年爆發了庇隆主義解放運動，"引導這場運動成為拉丁美洲社會主義的起源並以實現社會主義為目標"。

　　第三世界牧師運動和社會主義者認為，應該改變教會中的一些教規和活動，例如牧師的禁欲義務，這引起了教會內部的辯論，大部分主教左右搖擺拿不定主意。20世紀60年代的教會是最團結一致的教會，神職人員認為他們存在共同的奮鬥目標，不管是在教會還是社會各階層都應該加強團結、緊密合作。

　　隨着社會政治集團的分裂，阿根廷教會很快又出現了四分五裂的狀況，天主教徒們很快分為兩支重要的力量，其中一支力量支持社會改革，另外一支力量支持政府軍隊對抗共產主義，這種分歧的焦點持續到70年代中期轉化為新的矛盾，一部分牧師支持游擊隊，認為他們殺戮的目的是為了革命，而另一部分牧師則認為逮捕虐殺游擊隊是為了維護西方基督教文明。

　　1969年，阿根廷爆發了持續十年的暴亂，在科爾多瓦的一次抗議活動當中，軍隊殺害了一部分學生和工人，這就是著名的科爾多瓦事件。因為科爾多瓦事件，阿根廷游擊隊成立。阿根廷游擊隊在古巴哈瓦那召開會議，卡斯特羅社會主義政府同意為游擊隊提供資金、槍支彈藥、部隊訓練以及情報支持。阿根廷游擊隊骨幹由四名阿根廷代表組成，後來聯合成為兩支重要的武裝力量，即自由革命軍隊和庇隆主義左翼城市游擊隊，這兩支武裝力量製造了70年代大部分的流血事件。70年代初，這兩支武裝力量人數達到6000左右，他們採取製造城市恐怖事件戰術，在1969年到1979年期間，共實施了800多次謀殺、1748次綁架、在市中心製造了數百次炸彈襲擊，對軍隊和警察駐地進行了幾十次襲擊。

庇隆主義左翼城市游擊隊由男性學生和來自於中高產階級家庭的大學畢業生組成，他們深受馬克思主義的影響，同時接受第三世界牧師運動的指導。他們當中的三位創始人是天主教好戰分子，後來被穆希卡神父取代，穆希卡神父把游擊隊的思想帶到了貧民區，引入到解放神學，一步步地融入到庇隆革命主義當中。

穆希卡神父不支持使用暴力，但是，在接下來的運動中，一個叫胡安·加西亞·埃洛里奧的年輕人宣導使用暴力。胡安·加西亞·埃洛里奧來自於高收入家庭，曾是一名神校學生，1967年參加古巴會議，是當時的四名阿根廷代表之一。他在手記《基督變革》裡記述了對馬克思主義的分析以及第二次獨立戰爭的民族主義——軍隊不接受庇隆主義是因為企圖維護其寡頭政治特權，而本次運動要打擊寡頭政治、國際資本主義及其在阿根廷的支持者。其中最激進的因素是信仰，胡安·加西亞·埃洛里奧提出最具救世犧牲精神的代表人物是卡米洛·托里斯，卡米洛·托里斯曾任哥倫比亞牧師，是游擊隊會員，1966年在戰鬥中犧牲，犧牲時手中緊緊地握着一把來福槍。

穆希卡神父和第三世界牧師不支持游擊隊的暴力行動，但是他們認為游擊隊的行動是正義的，歷史客觀現實所決定了它的不可避免性。庇隆主義左翼城市游擊隊1970年成立，當天是科爾多瓦事件的周年祭日，他們實施了殘忍的綁架，處死了前總統阿拉布魯將軍，阿拉布魯曾在1955年屠殺庇隆主義分子。部分庇隆主義左翼城市游擊隊隊員在戰鬥中犧牲，穆希卡神父沒有遵從主教的命令，他主持葬禮。神父埃爾南·貝尼特斯曾經是耶穌會士、伊娃·貝尼特斯的告解神父，他在《基督變革》讚美了庇隆主義左翼城市游擊隊隊員的事跡，暴力是邪惡的，一點也不聖潔，但是它合乎基督教義，他寫道："我們要為受壓迫的民眾而戰，即使要承擔使用暴力的罪責。"

在接下來的三年裡，綁架和謀殺進一步升級，軍隊和庇隆就庇隆黨派地位的提升和控制範圍進行了多次談判。天主教會中越來越多的年輕活躍分子以及支持庇隆主義的年輕人報名參加庇隆主義左翼城市游擊隊，接受訓練，他們堅信有千千萬萬的人效忠支持他們，屬於他們的時代終於到來。

只要游擊隊掌握政權，拆除庇隆主義，游擊隊暴力革命就能被認定為保衛民主選舉的有生力量。1973年，阿根廷順利實現了民主選舉，游擊隊已隨歷史的推進而煙消雲散，事實證明暴力革命並不具有其自我標榜的重要性。

科爾多瓦事件之後不久，當游擊隊和第三世界牧師運動開始進入戰鬥狀態時，喬治·貝戈利奧被一位退休主教推選為克萊希奧·馬克西莫的教堂主教，那是1969年12月13日，距離他33歲生日還有5天。

和他一起入職的還有其他幾位神職人員，他們當中大部分人是科爾多瓦的見習修士，後來有十多人離開，有人結婚，有人投身社會革命，在接下來的時間裡還有人陸續離開，已經沒有新會員加入。

　　他穿着潔白的法衣，跪在教堂的石頭地面上。目睹這一場景的有弟兄阿爾貝托（曾任耶穌會神職，後來離開）和奧斯卡、姊妹瑪利亞·埃琳娜、他的一年級教師埃斯特拉·基羅加，還有他的媽媽雷吉娜和奶奶羅莎。在做完彌撒之後，他走上前去，雙膝跪在地上祈神賜福，在場的人都深深為之感動。奶奶羅莎當時很清瘦，身體羸弱，她交給他一封親筆書信，她擔心等不到這一刻而提前寫了這封信，方濟各教皇至今還把這封書信折起來夾在每日祈禱書裡。"在這個美好的日子，你可以雙手合十，感謝基督聖靈帶來的榮耀，前面有更寬廣的路為你展開，更崇高的使命等你去完成，"她寫到，"這是一份樸實無華的禮物，它不是金銀珠寶，但卻能給你帶來精神上的無限愉悅，"這是她的"遺囑"，用西班牙語和皮埃蒙特語混合書寫，書信的部分內容是：

　　祝福你，我親愛的孫子，我深深的愛着你，祝福你長命安康，快樂幸福！如果某天有人遭受痛苦或疾病的折磨，因為失去親愛的人而痛不欲生，記得讓他們在英靈安眠的聖龕前進行哀悼，向十字架下方的聖母瑪利亞祈禱，撫平他們內心的悲痛。

　　為更好的履行神職，貝戈利奧進行了為期八天的靜修。靜修期間，遠離紛擾的生活，使身心更近距離的感受主的存在，乞求主赦免其罪責，接受主賜予的榮耀。據貝戈利奧回憶，在其中的一個祈禱環節，由於內心強烈的感情驅動，他寫下了《我相信》：

　　我相信主和耶穌；主待我如幼子，主的靈豐盈我的生命，讓我感受喜悅，帶我進入天國的永恆。

　　我相信教會。

我相信主在深情凝望我生命中的一切,那年,9月21日,那是一個明媚的春日,他出現在我的面前,引領我勇敢前行。

我相信,為掩飾軟弱而傲慢自大讓我痛苦不已。

我相信,追求索取而不予奉獻使我身心受煎熬。

我相信人們的善良,我要毫無保留的去愛他們,給予他們我的愛,而不是去尋求自身的安全。

我相信宗教生活。

我相信我自己可以滿懷熱愛。

我相信時光易逝而不敢面對,但是它要我微笑接受。

我相信主的耐心猶如夏夜般溫柔與熱情。

我相信父親在天國與主同在。

我相信杜埃爾特神父在天國守護我的牧師之旅。

我相信深愛我的聖母瑪利亞永遠與我同在。

我相信每天都會有愛和力量,也會有背叛和罪惡帶給我驚喜,引導我最終與未曾謀面的人不期而遇,我希望我可以給予更多的關心和愛護。

阿門!

從這篇《我相信》中可以看出他內心堅定的信仰,在任職前夜,他認為要對以下三個方面進行不遺餘力的追求:所熱愛的知識、有意義的活動以及對未來的信心,如聖伊格內修斯所描述的慰藉狀態那樣,他內心充盈着對主的虔誠信仰以及對民眾的發自內心的愛。

喬治意識到自身存在的問題——以自我為中心以及小氣吝嗇——這並沒有讓他產生自我厭惡的情結,而是轉為相信主給予他無私的愛。1953年春天以來,他內心一直堅信他是主選擇的人,儘管他失去了親愛的父親和告解神父，但他從沒有感覺到孤單，十多年來，他堅持每天祈禱、參加彌撒、閱讀聖經、反省懺悔，每次坐在聖餐前，他總能深深的感覺到那些已經逝去的人在一直默默的支持着他。經歷了天主教會內部的動盪，他認識到應該堅持信奉教會和基督，堅信聖靈一直與他同在，最終會把他帶到主的面前。

第二年年末，他從神學院畢業。1970年，前往西班牙開始他的修戒期，這是為他在耶穌會晉升宣誓做準備。1970年9月至1971年4月期間，貝戈利奧在馬德里以東的阿爾卡拉·哈納雷利市進行修戒，這個城市遍佈尖頂的角塔，15世紀20年代伊格內修斯在這裡研究和傳播精神修煉。和喬治一起進行修戒的有幾十名將要晉鐸的神職人員，他們分別來自西班牙、拉丁美洲、美國和日本，他們在一所大學學習，很受學校重視。在此期間，他學習了修訂版《憲章》，重新認真學習《精神修煉》，上次學習是在12年前的見習期，通過這次學習，他對自己和社會有了更為清晰的認識。修戒之餘，他們拜訪了安特沙那醫院的病人，聖伊格內修斯曾經在那家醫院做廚師，照顧病人。他們還訪問了拉加萊拉的女子監獄。

這是喬治的首次歐洲之旅，得以親自參觀在書籍中熟知的城市。他不僅參觀了與聖伊格內修斯和耶穌會相關的城市，還參觀了卡斯提爾邊境城鎮，那裡的街道鋪滿了鵝卵石，到處能夠感受到鼎盛時期奧秘教派、聖徒以及劇作家們留下的印跡。和他一起修戒的傑西·瑪利亞·阿萊馬尼陪他參觀了馬德里、薩拉曼卡、塞哥維亞、阿維拉，喬治給這名西班牙耶穌會士留下了深刻的印象，傑西認為喬治是一位節儉純樸、和藹可親、溫和謙遜的人，他熱愛足球、喜歡與人交流，信仰堅定，精神聖潔。

在聖誕節之前，貝戈利奧和其他修戒的人一起重述了見習期間的誓言：安於清貧、保持聖潔、謙恭順從，竭盡餘生在耶穌會為主和其他人造福。經過修戒，他覺得自己已成為一名純粹的耶穌會士，回到阿根廷時需要進行最終宣誓。在潘普洛納，喬治在另外一個修戒人士約瑟·恩里克·魯伊斯·加拉雷塔的家裡和其家人一起度過了聖誕節，約瑟認為喬治聰慧過人，是一位有魅力的好朋友。除了潘普洛納，他們還參觀了位於比利牛斯山與法國邊境的地方，之後幾週的時間裡，貝戈利奧拜訪了與聖伊格內修斯有關的兩個標誌性地點：他的出生地羅約拉和位於巴塞羅那附近蒙瑟拉特島的本篤會修道院。

回到阿根廷，在1971年4月末，貝戈利奧進行了最終宣誓"遵從教皇交給的一切傳道使命"，教區省會長神父里卡多·奧法拉代表總會長參加儀式。之後貝戈利奧進入教會裡廳進行更為深刻的私人宣誓，私人宣誓由聖伊格內修斯制定，用以預防濫用職權和精神世俗。貝戈利奧宣誓說會遵守《憲章》有關清貧的規定，會從嚴執行；絕不在教會或者耶穌會內部奢求更高職位；還承諾如果有幸成為主教，仍會遵守耶穌教會總會長的命令。聖伊格內修斯在十六世紀制定這項誓詞，以防耶穌會神職人員奢望成為主教，但即使是遠見卓識的聖伊格內修斯也沒有預料到，今後會有耶穌會士成為教皇。

宣誓之後，貝戈利奧成為一名新晉教會執事，當時在省教區任一個非常重要的職位。1970年教會內部出現人才匱乏，接下來的幾年裡這種形勢不斷升級，1971年缺三位，1972年缺四位，教會裡亟需培養人才。貝戈利奧曾經給前任新晉執事做過助理，在教會省和菲奧里托一起做過精神改革工作，很明顯，他是一名合適人選，但是任命一位35歲的年輕人為執事，這種情況並不多見。

與上次見習期不同的是，這次見習期擁有充分和窮人接觸的機會，讓他有機會思考自己的精神動力之源。耶穌會法國奧秘派帶給貝戈利奧很多啟示，尤其是17世紀的路易斯·拉勒芒，拉勒芒和貝戈利奧一樣都宣導精神修煉，和60年代末的貝戈利奧和菲奧里托一樣，拉勒芒終生都在探究如何恢復伊格內修斯之後的"內在精神"。長達一個世紀以來，"內在精神"一直束縛在森嚴體制內，這種體制強調人們通過對教規的順從以及自身的努力養成美德，拉勒芒認為這是對伊格內修斯的誤讀，1665年，他在《精神信條》中寫到"應該嚴格履行聖靈對我們心靈的要求，而不是加強執行憲章以及教條的內容'。貝戈利奧和拉勒芒都認為"感受我們心中聖靈的教誨和指引，並通過追隨他們讓自己變得堅強，這是精神生活的要義。"

貝戈利奧認為通過安於清貧、保持謙卑才能保持內心的自由：每日穿上法衣、在園子裡勞作、為病者祈禱、為弱者佈道、堅持每天反省自身、準時禱告。神父安吉爾·羅西回憶說在修戒的那段時間裡，貝戈利奧一直保持着高度的熱忱，他安貧樂道，恭敬虔誠，果斷毅然，"他很嚴於律己，但不固步自封。"他說，"他遵守教規戒律，但並不是不知變通"。

1973年7月成為省會長之前，貝戈利奧在離馬克西莫不遠的維拉·巴拉里和其他的新晉職神職人員在一起，這段時間他擔任副教區牧師一職，還是神學院的教授，教授最實用的神學課程，如舉行聖禮、訓誡、佈道的相關課程以及精神品德課程。許多年前，貝戈利奧在智利時曾經計劃讓自己成為年輕人的心靈導師，完成耶穌會精神藍圖的設計，現在，他開始實現自己的計劃。

⚜

　　1971年，貝戈利奧和他的同事神父亞辛諾·魯茲在耶穌會薩爾瓦多大學給予瓜爾迪亞·德·耶羅（"鐵衛團"）庇隆運動以精神支持。後來教皇選舉的時候，有人認為貝戈利奧所支持的這個團體是受到羅馬尼亞同名的法西斯組織影響成立的，事實並非如此。鐵衛團是因普埃爾塔·得·耶羅（"鐵門"）的影響而成立，普埃爾塔·得·耶羅（"鐵門"）的活動地點位於馬德里東北部，庇隆被流放的時候曾居於此。與右翼截然不同的是，他們支持二十世紀四十年代庇隆主義的基本觀點，即尊重事物的本源，為工人階級而戰，追求社會公平與正義。

　　當初為回擊軍隊對庇隆主義者展開的清洗，部分庇隆主義者抵抗力量於20世紀60年代早期便形成了，而素有"鐵衛"稱號的庇隆運動組織，則反對約翰·威廉·庫克領導的庇隆抵抗力量的左傾路線。該組織的領導先後於1967年和1968年去了馬德里，在那裡會見了庇隆。庇隆說服他們成為基層政治力量，借助在貧民區組織隊伍，傳播庇隆主義來培養自己的領導骨幹。到了1973年，"鐵衛"已經有了大約4000名正規力量，15000名積極分子，這些人大都分布在大布宜諾斯艾利斯及羅薩里奧。自1970年起，年輕人中爆發了支持庇隆主義的浪潮，"鐵衛"則在那些年裡從薩爾瓦多大學吸收了許多追隨者。

　　20世紀60年代晚期，所謂的青年庇隆主義者（"庇隆青年"）的激進分子被動員起來支持庇隆回歸，他們這些人由20多個不同組織結成龐大網絡，"鐵衛"正是這類組織中的一個。青年庇隆主義者中，既有規模較大的左翼革命團隊（在20世紀70年代由庇隆主義左翼城市游擊隊員控制）及規模較小的右翼革命團隊，又有其他一些中間團隊，或"正統團隊"，而"鐵衛"則是其中規模最大、最為重要的團隊。

與中上階層的庇隆主義左翼城市游擊隊員不同，"鐵衛"隊員來自受庇隆主義影響最多的工人階層及中下層阿根廷家庭，因此他們能夠聲稱自己是真正的人民運動組織，有別於那些游擊隊員的運動組織。"鐵衛"對游擊隊員的做法及背離真正的庇隆主義的暴力行為極為不滿，他們覺得那樣既不道德，又是一個會讓很多人白白送死的戰略性政治錯誤。1971年貝戈利奧認識他們時，他們也逐漸開始接受一個痛苦的現實：庇隆戰略性的支持讓左翼城市游擊隊員在青年人中間廣受歡迎。

薩爾瓦多大學裡有三個政治團體，每一個都有他們自己的耶穌會牧師。保守的團體贊成翁加尼亞的軍事獨裁，被視為反對共產主義的堡壘，與神父阿爾弗雷多·薩恩斯走得較近；另外一個團體就是贊成武裝革命的左翼城市游擊隊，他們與神父阿爾伯托·西利有聯繫；第三個團體聽從貝戈利奧和盧齊的號令，由"鐵衛"隊員組成：傳統的或正統的庇隆主義積極分子及知識分子，致力於為庇隆回歸打基礎。

胡里奧·巴爾瓦羅是"鐵衛"在薩爾瓦多大學的領導之一，一直都是庇隆主義者的代表，他回憶說貝戈利奧和盧齊是為數不多的理解"鐵衛"的牧師，他們支持"鐵衛"成為真正的、非暴力的、普韋布洛型的庇隆主義者。"貝戈利奧與那些來自第三世界的牧師們迥然不同，"他回憶道，"他們那些人搞政治只是為了彌補自己信仰上的缺失，而他一直信仰堅定，並靠着這種信仰去豐富政治。他說重要的並不是意識形態，而是親自見證。"儘管貝戈利奧會同"鐵衛"成員就感興趣的問題進行交流，但他一直都是一位牧師，巴爾瓦羅補充說："倘若你是庇隆主義者，並且你找到了他，他會支持你，給予你指導，堅定你的信念。這類做法並不是政治干預。他是一位碰巧成了庇隆主義者的牧師，而不是一位專門宣教庇隆主義的牧師。"

"鐵衛"成員為貝戈利奧提供了一個很自然的政治與知識之家，他們彼此相互學習，相互影響。比如，他給他們介紹了法國小說家及激進評論家萊昂·布洛伊。貝戈利奧在自己的首次訓誡（《不向上帝祈禱的人會向邪惡祈禱》）中，曾引述了萊昂·布洛伊的觀點，他力求純化人的、激進的及正統的天主教義很好地契合了"鐵衛"推崇的庇隆主義。"鐵衛"的閱讀書目中還包含有其它一些關於政治及軍事戰略的經典著作，比如所謂間接戰略的鼻祖、英國軍事理論家巴茲爾·利德爾·哈特的作品。他的有些戒律幫助解釋了貝戈利奧自己的策略：避開直接對抗，用間接的方式漸漸消弱敵人的抵抗，隨後出其不意突然出擊。

薩爾瓦多大學最具影響力的"鐵衛"知識分子當屬阿梅莉亞·波德蒂。當貝戈利奧1970年遇到她時，她將他引見給了像阿圖羅·豪雷切和勞爾·斯卡拉布里尼·奧爾蒂斯這類左翼民族主義思想家。她先後在薩爾瓦多大學和馬克西莫修道院傳授上述兩人的思想，同時還負責編輯一份庇隆主義者的政治日報《事實觀點》，貝戈利奧曾閱讀過該日報。直到1981年去世，她一直是思想家團隊（烏拉圭哲學家阿爾貝托·麥瑟爾·費雷也是其中的一員）的一位得力幹將，她將教會視為一種新的拉丁美洲意識誕生的關鍵，認定它將在現代世界中佔據一席之地，並對其產生重要影響。這就是貝戈利奧的知識分子之家——指望普韋布洛人而非指望國家，且把視野從阿根廷擴展到拉丁美洲的天主教民族主義。這個知識分子之家認為拉丁美洲必將成為引導教會及整個世界前進的燈塔，而麥德林則是踏上拉美之旅的開端。

✿

　　1972年，貝戈利奧被任命為主教顧問團會員，這個職位非常重要，和其他一起新任命的四位顧問團會員一起輔佐教省會長李嘉圖·奧法雷。一年之後，在省內的一次危機當中李嘉圖·奧法雷被降職，貝戈利奧被任命為教省會長。這次危機體現在很多方面，但是有一個共同特點，在20世紀70年代，阿根廷省耶穌會有超過400名會員，其中包括100名準會員和25名新晉會員，但是截至1973年僅剩下243名會員，其中包括九名準會員和兩名新晉會員，和耶穌會其他教會省相比，會員流失現象過於嚴重。

　　阿根廷教會省沒有強烈的身份觀念，分裂日益嚴重，奧法雷領導下的漸進式實驗和改革更激化了阿根廷教會省的矛盾，這個矛盾主要圍繞如何實施1965年在羅馬召開的三十一屆耶穌會大會上形成的革新措施。神父奧蘭多·約里奧在1969年至1972年之間缺席了很多次教會省的會議，"會議上經常出現不可調和的矛盾，主要表現為個人之間的爭權奪勢。"神父約里奧是神父穆希卡的朋友，也是第三世界耶穌會牧師團體的非官方領導，弗朗茲·哈利科斯參加了第三世界牧師運動中首批簽字儀式，奧法雷同意讓約里奧和弗朗茲·哈利科斯在意杜薩高行政區建立"嵌入式"教會，教會初期只有六名神學生。

　　奧法雷對第三世界牧師運動的支持引起了阿根廷原有宗教秩序的強烈反對。有兩所知名大學的畢業生進入社會之後擔任多領域的領導職務，例如通過血緣關係或者私人交往而成為法官、將軍或者商業領域的領導，一部分成為耶穌會會員。這兩所大學許多出身於軍人家庭的耶穌會會員以及科萊希奧·馬克西莫地區的四名軍隊專職牧師一致反對耶穌會對游擊隊的支持，認為第三世界牧師運動對教會等級制度的批判簡直是無稽之談。

另外的一個矛盾體現在薩爾瓦多大學改革的問題上。1956年耶穌會創建了薩爾瓦多大學，奧法雷任命五名耶穌會會員成立委員會，成立目的是對薩爾瓦多大學的行政進行改革，但截至目前沒有取得任何成效。他們制定了一個很宏偉的機制來吸引窮人入學，而實際上入學的窮人寥寥無幾，同時學校沒有足夠的資金支付教授們的工資，進入了惡性循環。另外學校資金流失嚴重，欠債高達200萬美金，這種情況已經失控。此外學校校風渙散，許多的耶穌會會員和學生結婚，而其中大部分學生是馬克思主義和庇隆左翼的追隨者，他們經常組織靜坐或者罷工。而任教的教授中也出現了一些問題，例如兩位耶穌會自由主義者西利和約里奧與第三世界牧師運動以及游擊隊隊員保持緊密的聯繫；穆希卡和阿爾貝托·卡博曾經是庇隆主義左翼城市游擊隊的反對者，而庇隆主義左翼城市游擊隊隊員卻用他們的打字機打印出第一公報。

1969年，奧法雷任命約里奧為神學院副院長，並委任以約里奧為首的團體負責制定耶穌會改革大綱。而約里奧安排的神學以及哲學課程主要包括社會學和黑格爾的邏輯辯證法，約里奧認為人文學科屬於中產階級的範疇，所以他縮短了預修班的學習時間，這些安排引起了很多人的不滿。貝戈利奧反對這樣的安排，認為這樣的改革不是伊格內修斯的回歸，而是與伊格內修斯的神學精神背道而馳。

1972年，耶穌會阿根廷省的一個高級神職人員組成的小組向神父阿魯佩提請免除奧法雷省會長職務，阿魯佩同意了他們的請求，1973年，奧法雷在自己六年的任期中的第四個年頭降職。顧問團需要擬出包括三名候選人的繼任者名單，貝戈利奧等顧問團會員了解了十五個耶穌會教區，通過同184名神父以及46名男性教徒溝通交流，一致同意顧問團會員神父路易斯·伊斯科魯布諾為繼任者。路易斯本為奧法雷的順位繼承者，但是他在出差科爾多瓦返回的途中遭遇車禍，不幸遇難。由於年長的一代存在嚴重的分歧，繼任者便從年輕的耶穌會會員中選出，貝戈利奧脫穎而出。

教會省廣受歡迎的聖賢神父菲奧里托支持貝戈利奧，在他的著作《修煉》裡面宣導耶穌會的改革應該朝向基督的本源發展，這樣才能結束數年的盲目摸索和四分五裂，使耶穌會團結一致，吸引更多會員的加入。菲奧里托自身不適合做領導，但是他深知誰是做領導的最佳人選，他認為貝戈利奧自身所具有的特質——睿智、機敏、勇敢——是一個領導需要具有的基本素質，除此之外，對於耶穌會教義本源的認識和對宗教精神的敏銳洞察力使貝戈利奧成為不二人選。

伊格納西奧·法勒斯·德爾·比索回憶說，當時教會省非常關注貝戈利奧發佈的第一個改革指令，因為他們以為"太多的精力關注社會公平會使我們忘記宗教所涉及的範圍"以及"他的堅定信仰會使他保持平衡"。伊格納西奧·法勒斯·德爾·比索擔心貝戈利奧經驗不足，除他之外，還有其他人持懷疑態度，因為貝戈利奧年紀輕輕，又沒有擔任耶穌會高級神職的經驗，除非情況緊急，耶穌會不會選擇沒有擔任過高級神職的人成為省會長。雖然他管理過新晉職神職人員，但同精神病人、老弱病殘、酗酒者、性取向混亂者打交道完全是另外一回事，這對於一個完全沒有經驗的人來說是一個非常大的挑戰，但是人們堅信"我們正處於特殊時期，我們需要像貝戈利奧這樣年輕有為、堅毅果斷的人做我們的領航人"，伊格納西奧回憶說。

另一位耶穌會神父費爾南多·阿爾維斯圖爾回憶說"貝戈利奧是我們風浪中的領航人"。

“當時我只有36歲，”教皇方濟各告訴採訪者斯巴達羅神父，“那是一個瘋狂的決定”。

❧

1973年6月，主教恩里克·安吉勒里在拉里奧哈撤銷了顧問團。

在3月份舉行的選舉中，庇隆主義分子過半數贏得了選舉，5月25日，統治權由軍隊轉移到政府，他們為庇隆六月份回國以及參與10月份的選舉做準備，庇隆在10月份的選舉中以壓倒性的票數取得了競選勝利。隨着軍隊失去統治權，因為恐怖襲擊而被關押的370名犯罪分子被釋放，這從一定程度上體現了反抗游擊隊暴力的行為無疾而終。

因為庇隆的回歸，庇隆主義左翼城市游擊隊暫時放棄發動武裝戰爭在拉里奧哈耶穌會顧問團解散的同月，托洛斯基革命分子認為發動革命的時機已經成熟，他們實施了三次謀殺，對商人實施了五次綁架，以及一系列的武裝搶掠。庇隆於6月20日回到國內，同時內部的矛盾空前惡化：庇隆主義右派放火燒了左派的埃塞撒機場，同時造成了16人死亡，433人受傷，只是這些損失與後來衝突所造成的損失相比顯得微不足道。1974年初，在庇隆政府掩護下，阿根廷反共產主義聯盟敢死隊採取暗殺、綁架等殘忍手段與游擊隊展開了鬥爭。

一部分耶穌會傳教士分佈在拉里奧哈，那裡的形勢非常緊張。耶穌會會員們和主教恩里克·安吉勒里保持密切的聯繫，主教安吉勒里不遺餘力的支持失去土地的農業工人。在解散顧問團的前一天，主教前往他負責的教區之一阿尼拉克教區，為那裡的傳教士和信徒們做彌撒，在那裡他見到了一群要被農場主用私刑處死的農場工人，主教通過聯合一些可以聯合的力量予以鬥爭，佔領了一處水壩，那個水壩位於一片被人遺棄的土地上，之前的主人搬回了意大利。最終農場主們被迫放棄對農場工人的控告，之前他們控告農場工人是共產主義分子。雖然主教在這次事件中倖免於難，但是他已經成為軍隊的眼中釘，在1976年政變中，主教被軍隊殺害。

30年後的2006年，紅衣主教貝戈利奧回憶起這次謀殺以及顧問團被解散的日子，他說："那是一段難以忘記的日子，從一位牧師和他的教眾對話中我們領悟了智慧"，並從這些事跡中感悟出"教眾和牧師經受住了磨難，是因為他們對福音的信仰"。

1973年晚些時候，貝戈利奧在羅馬學習期間，他接到了來自以色列政府的邀請，他們邀請他於10月上旬到聖城朝聖。他剛剛到達位於耶路撒冷阿拉伯廣場的美利堅殖民賓館時，贖罪日戰爭爆發（埃及和敘利亞侵略以色列）。他用一天半的時間參觀了舊城，其中包括聖墓、艾因·凱雷姆和伯利恒，接下來的日子裡他一直待在賓館裡。他從西耶穌撒冷的耶穌會羅馬教宗經書機構借閱圖書，其中包括記載聖保羅寫給柯林斯家族的書信內容的書籍，外面戰機轟鳴，警報呼嘯，六天的時間他一直在賓館裡讀書。時任教會機構院長的是神父卡洛·瑪利亞·馬丁尼，他後來成為米蘭的紅衣主教，貝戈利奧和卡洛將會在這裡第一次相遇。

20世紀70年代初，貝戈利奧開始使用一個名詞，這個名詞引起了他的極大關注，並圍繞這個名詞展開思考。2012年，在接受來自電台的神父伊薩斯門迪採訪時，這位紅衣主教回憶了1970年和1971年發生的事件。

當時關於"人民"一詞有多層含義，當別人說到"人民"一詞的時候你不知道他們指代的是誰，政治家在說"人民"，知識份子在說"人民"，那些人可以被稱為"人民"……，"人民"到底指代誰？我們牧師必須和"人民"交談，這裡的人民特指一種人，在聖經裡我們以"聖民"的身份出現，聖彼得談到"被基督鮮血救贖的聖民"，這些要求我們忠誠於這個召喚……跟隨耶和華的人會信仰耶和華和聖母，遵守基督的指引是對我們信仰的基本要求，所以我開始逐漸理解為帝的聖民、忠誠的聖民，我最喜歡的表述是"santo queblo fiel de dios"，意思是"主忠實的子民"。

當閱讀登青格的《指南》——一本關於教會傳統的手冊，使用者眾多——貝戈利奧得到了啟示，教會初期在制定基督信仰要求時指出：虔誠的人民能夠保持信仰不出絲毫差錯。第二屆梵蒂岡文件《教會憲章》重申教堂不僅僅是一個機構，教徒也不僅僅是人民本身，而是"主之民"；登青格指出"人民"是信仰的廣大沃土。貝戈利奧後來寫道："如果你想了解教會傳教的內容，你需要了解教權……，當你想了解教會如何傳教，你需要了解虔誠的信徒，教權會告訴你誰是聖母瑪利亞，但虔誠的信徒們會告訴你如何去敬愛聖母瑪利亞。"

作為省會長身份第一次講話貝戈利奧就利用這個概念反駁了意識形態學說，從那以後，他的手稿裡面不斷的出現這個詞，這個概念成為他同其他言論辯論的有力武器，同時利用這個詞語能夠很好的解釋什麼才是真正的改革。

儘管這是他個人的見解，但是提到這個詞很容易想起奧根廷教會會議之後出現的解放神學，即被人稱為“人民神學”。許多年過去了，很少人知道“人民神學”，而且在阿根廷之外沒有人認為那是解放神學。有三個牧師和這個“人民神學”緊密相關聯，他們是：盧西奧·格拉，拉斐爾·特略以及耶穌會胡安·卡洛斯·斯坎諾內。

格拉是先鋒，他是位於布宜諾斯艾利斯的維拉·德沃托神學院的一名教師，是麥德林官方邀請的神學家，同時還是1969年主教聖米格爾宣言的發起人之一，他和特略參與了第三世界牧師運動早期的討論，認為不能接受第三世界牧師運動與馬克思主義相結合。

在1972至1973年期間，在成為省會長之前，貝戈利奧和斯坎諾內均為耶穌會廣受歡迎的神學期刊《基質》的編輯小組會員，早20世紀70年代早期，《基質》在科萊希奧·馬克西莫組織了多次重要的專題討論會，其中包括以下重要議題：獨立、社會化以及自由主義，因為貝戈利奧擅長靈性而不是神學方面的研究，所以在期刊以及討論中並沒有做出貢獻。但是關於解放神學的這兩個理論卻一直縈繞着他，這兩個理論都基於麥德林會議中對自由探索歷史的反思，但是解放神學家卻用馬克思主義的範疇對現實進行分析和改革，以格拉為中心的阿根廷神學家們開始以文化和人民對宗教的信仰來分析現實，這自然和馬克思主義以及解放神學相背離。

誰是“人民”？格拉在1973年寫的一篇文章中曾經提到這個問題，這篇文章被收錄在1974年出版的《基質》中。格拉指出人民是不被重視、被邊緣化的大部分人，正是這部分人產生了對正義和和平的渴望。他認為人民是歷史的代理人，這與自由主義以及馬克思主義的論點不同，他們認為人民是被壓迫、需要被喚醒的大眾。“人民自有理性，”格拉寫道，“他們有自己的計劃，而不是我們給他們制定"，他認為神學家的任務不是幫助他們實施計劃，而是從人民自我救贖的歷史中描繪出他們的計劃藍圖。他認為"神學要麼是對主聖民的表達，要麼什麼都不是"。

斯坎諾內闡釋了受馬克思主義影響的解放神學與人民神學之間另外一個主要的區別，前者認為人民是社會經濟不可缺少的因素，是相對於主流階級或者中產階級的一個階級範疇（即工人階級和失地農民）；後者認為人民屬於文化、歷史甚至象徵意義的範疇，其中包括和自由主義者擁有共同目標的人，無論他們是什麼樣的社會地位。前者認為在社會主義革命登上歷史舞台之前，拉美地區的人民歷史是受壓迫的歷史；後者認為拉美地區的文化和歷史在很久以前就開始覺醒，一直在等待呈現出全新面貌。"主流文化"中"富含智慧的理性"不是啟蒙的產物，"也不是現代科技的發展以及儀器分析出來的結果"斯坎諾內說，"但是它能使自身的發展更加人性化，更加理智，更加合理，更有利於神學的發展。"

斯坎諾內和格拉的神學理念有許多可疑之處，不僅宣導精英們從意識形態的角度看待歷史，同時也要警惕各類精英主義。格拉認為無論是自由主義還是馬克思主義以及教權主義，都試圖操控人們的思維以及活動，這與基督教徒的信仰是相悖的，基督教徒通過內心所具有的"基督感召力"信賴基督。"消除物質佔有和所有權領域的精英主義是遠遠不夠的"，斯坎諾內寫道，"我們也應該堅決消除知識領域的精英主義，而這種精英主義在左派和右派都有發現。"

貝戈利奧沒有直接參與這些辯論，因為他不是神學家，而且也擔心會受到某些稱謂的誤導。但是從他自身來講，民族主義和基督教義引領他向着同一個方向前進，貝戈利奧的觀點"主忠實的子民"直接把人民最為關注的焦點，猶如一根準繩，使全省團結起來，順利推進改革。他的觀點並不保守：他認為牧師、主教以及羅馬教宗所傳播的觀點不一定是真理，而人民和教會之間的對話才能彰顯出聖靈的內涵，這是一種激進的態度，為普通民眾、漁夫、牧民們傳遞福音，這也是兩千多年前主通過耶穌顯靈所要達成的目的。

儘管從理論上來講，不信仰庇隆主義的人支持人民神學，人民神學的追隨者會成為庇隆主義者，他們重視天主教民族傳統，反對自由主義、保守主義和社會主義，他們認為追隨庇隆主義就是為人民而戰，典型的人民神學耶穌會會員有歐內斯托·洛佩斯·羅薩斯，他出版了很多重要的作品，這些作品主要闡釋庇隆主義中的基督精神。

1974年2月和3月，除瓜爾迪亞外，貝戈利奧和柯洛內爾·韋森特·達瑪斯克也保持密切的聯繫。達瑪斯克和庇隆之間有親密的合作關係，庇隆曾經邀請十二位專家起草《國家模型》，柯洛內爾就是其中的一位。庇隆視《國家模型》為其政治聖經，並寄以厚望，他希望自己去世之後能夠通過這本書的力量使阿根廷統一起來。（在庇隆去世之前，《國家模型》就已經出版，但是庇隆的遺孀伊莎貝爾不重視該書，她對達瑪斯克持觀望態度）。7月份，庇隆去世，貝戈利奧為其做了彌撒，並修書一封懷念這位將軍，他在書信中說庇隆在三次國內選舉中獲勝，表明是人民"選定"了他。貝戈利奧認同並尊重庇隆主義，他認為庇隆主義承載了人民的理念，但他並不是黨派活動家。貝戈利奧認為人民優先於庇隆，是人民塑造了庇隆主義，推動了運動的發展，委托庇隆承擔政府的工作任務；同時，中產階級組成游擊隊以及其繼承者從人民的角度來批判庇隆主義。

　　20世紀70年代，教會被高度政治化，親庇隆主義的人民神學耶穌會會員不可避免地和自由主義者、社會激進分子以及像約里奧那樣的馬克思自由主義者產生了極大分歧。1974年約里奧在《基質》中發表文章指出社會主義是福音的政治轉化，馬克思主義促使了這一轉化的實現。與此同時，托洛斯基革命分子和蒙特內羅游擊隊員——來自中產階級家庭的學生或者畢業生開始參與大規模的恐怖活動，他們認為這是"窮人"反抗殘酷壓迫、保護自己的有效方式。約里奧在文章中稱讚道"受馬克思主義的啟發，庇隆特殊組織和其他的武裝力量響應時代的號召，確保人民翹首以盼的社會主義成為現實。"

　　具有諷刺意味的是，擁護和領導革命戰爭的是像約里奧那樣的中產階級或者社會高層人士，理查·基萊斯皮在他記載蒙特內羅游擊隊員的著作中這樣寫道"發起城市游擊隊的創始人來自'上層社會'，他們的決定來自於一小部分武裝人員，而不是為了滿足廣大人民的需要而做出的決定。"除了70年代初期招募新會員時發展很快之外，蒙特內羅游擊隊沒有取得什麼實質性成果，沒有發動大規模的運動，但是卻成為影響阿根廷和平與穩定的最大威脅，他們造成的影響遠超意大利的"紅色旅"以及德國的"紅色派"。1976年，他們的恐怖行動和大屠殺政策引起了另外一支武裝力量的不滿，對方同樣以恐怖行動和大屠殺為手段，對蒙特內羅游擊隊展開鬥爭，兩支力量的鬥爭就像內戰中兩個中產階級的派系鬥爭，而窮苦人民和普通百姓——格拉所忽視的大部分人群，貝戈利奧眼中的人民——站在一邊觀看。

　　新任職不久，貝戈利奧搬到了位於布宜諾斯艾利斯富有歷史意義的波哥大大街，他拜訪了神父阿魯佩。1973年8月，他們一起拜訪了拉里奧哈的傳教士，四個月之前貝戈利奧曾經到訪過該地。拉里奧哈有四個教區，那裡地理位置偏遠，經濟落後，人民貧困，但被教皇保羅六世輔以重任，為主教安吉勒利提供公共支持。媒體提前報道了他們的到來，實際到達時卻發生了一些意外。當飛機降落科爾多瓦時，飛行員和乘客們被告知不能離開飛機，經過漫長的等待，主教終於乘車到達，接到他們之後從機場後門離開，原來是因為被僱傭來向安吉勒利投擲石子的一群暴徒被派往機場來羞辱阿魯佩。

　　2013年9月，教皇方濟各在阿魯佩的墓前進行了長時間的祈禱。他告訴採訪者神父史帕達羅，唐·佩德羅"有正確的態度，並且做了正確的決定"。那次拉里奧哈之行讓他們有數小時的時間交流並成為親密的朋友，在之後苦難的歲月裡他們一直保持深厚的友誼。阿魯佩鼓勵他進行耶穌會改革，在動盪不安的年代，要關注大部分人的利益，通過統一教會省，建立耶穌會身份意識，吸引更多的人加入耶穌會。

　　卡洛斯·泡利是拉·伊馬庫拉達學校的一名年輕教師，他回憶說1974年貝戈利奧來到學校，在學校的一間農舍裡面為教職工做靜修。他的年輕活力給教職工留下了深刻印象，但更不容忘記的是他激情洋溢的講話，他告訴大家意識形態和基督徒的信仰之間的區別，並說明後者怎樣表現為"未啟蒙的"阿根廷人民，"他解釋了意識形態怎樣把窮人轉變為工具，並對現實進行了合理的分析，基督教則超越了一切意識形態，因為基督教創造了讓主關愛世人的條件，"泡利回憶說，"當時政治上風聲很緊，聽到高級神職人員能夠說出這樣的話覺得非常不可思議。"

　　1974年在對教會生的第一次講話中，貝戈利奧也表達了這樣的思想，他號召耶穌會教徒戰勝內心的怯懦，着手建立"真正信徒計劃"。這次講話態度堅定，觀點明確，為一直爭執無果的主教們注入一針強心劑，緩解了"改革派"和"保守派"之間的衝突，鼓勵耶穌會教徒遵循自己內心的想法，而不是主的計劃。他利用第二週靜修的機會告訴教徒們，主的旨意不是通過某一個人的理解或者某個活動需要而體現出來的。"真正的敵人，"他說道，"是妨礙主計劃的人，真正的麻煩是那些敵人為了阻礙主的計劃而製造的麻煩，這是讓我們辨明真偽、輕重緩急的標準，是建立團結一致的教會的前提，也是每一位教徒衡量自己行為的尺規。"

　　貝戈利奧認為"前衛主義"和"精英主義"對於某些耶穌會成員的誘惑猶如"癡迷於脫離了實際情況的意識形態。"他曾在有關格拉和斯坎諾內的"人民神學"的文章中指出，他看到阿根廷耶穌會教徒對於"不切合國家實際情況的理論"所產生的"理智冷靜的反應"，感到由衷的高興。他說他的"主忠實的信徒"理論，是對抗當前主流意識形態和政治暴力的有力武器，他倡議耶穌會教徒反思自己是否真正的把人民放到了第一位，以促使教徒踐行耶穌會教義。

　　信徒們不會把自己的宗教信仰與其對歷史的認識割裂開來，也不會在救主即將降臨的革命時期把兩者混為一談，他們相信復活和生活——救贖、工作、麵包、對日常生活的感悟。對於整個國家來說，人們期望和平，有人認為這不是革命，但是對於渴望和平的信徒們來說，他們深信和平是正義之果。

　　貝戈利奧推行的第一次改革，主要包括三方面的目標：實現統一、鞏固人民、保護財產；重新部署耶穌會士到偏遠地方去；

宗教革新的同時吸引新教徒加入耶穌會；這三個目標的順利實現將有力推動總體目標的實現，即實現教會省的非政治化，專注於耶穌會傳教使命。

首要的任務就是要把四分五裂的教會省統一起來。位於門多薩和科爾多瓦的財產，其中包括貝戈利奧見習生活過的建築，都被拍賣用於支付薩爾瓦多大學欠下的債務，之後薩爾瓦多大學將會被移交給其他人經營管理。放棄薩爾瓦多大學的決定得到了神父阿魯佩的支持，阿魯佩認為教會人員數量銳減，在布宜諾斯艾利斯同時運行兩所大學已經沒有實際意義（耶穌會另外一所大學是天主教大學），另外，在科爾多瓦和薩爾塔還有其他的大學。

接手薩爾瓦多大學的是瓜爾迪亞·德·耶羅的前領導人，庇隆回國之後開始遣散他們，在1973年10月選舉之後進一步加大遣散力度，1974年7月庇隆去世之後被徹底清除。貝戈利奧信任他們，要求他們根據阿根廷主流價值觀以及耶穌會準則建設學校，另外貝戈利奧和他們親密的友情，促使整個移交過程進展得非常順利。1975年5月，在薩爾瓦多大學移交期間，貝戈利奧告訴新成立的公民聯盟，這是一個需要"創造力"的時代，需要具有"傑出的智慧去準確判斷敵人是誰，以及他們懷有什麼樣的陰謀"，接下來稱讚他們是"唯一一支可能保存薩爾瓦多大學理念的力量。"

1975年3月，薩爾瓦多大學順利移交，耶穌會士可以繼續為薩爾瓦多大學提供傳教服務，但是不能繼續參與教學和管理工作，然而他們可以建言獻策。在學校選定主任人選時，貝戈利奧為這所大學提出了三點建議，"歷史與變革"，他總喜歡從這個角度切入：人民的信仰是改革的第一動力，"傲慢的精英階層反對這個觀點，因為他們為人民的信仰打上了易受騙和異化的標籤"，未來的前進方向應該"用我們所取得的經驗去照亮我們前進的道路”，而不是去卑躬屈膝的照搬國外發展模式，放棄我們自己所擁有的經驗。

但是，貝戈利奧認為薩爾瓦多大學的非政治化，在其他有些人看來是政治化的表現，其中包括耶穌會左派的約里奧和西利，以及擁護激進黨派的耶穌會右派神父費爾南多·斯托里尼，他們認為薩爾瓦多大學被拱手讓給了貝戈利奧的“瓜爾迪亞朋友們”，這是一種背叛，他們永遠不會原諒他。

另一個引起反對聲音的決定是關閉嵌入式教區。在奧法雷任省會長期間，嵌入式社區教會迅猛發展，貝戈利奧計劃通過關閉規模比較小的教會，保存現有教區來鞏固耶穌會，保存下來的是兼有年輕教徒和老年教徒的教區。貝戈利奧對這樣的教區非常有信心，在教徒數量持續減少的前提下，貝戈利奧希望通過鞏固原教區居民來提高他們的歸屬感，同時也有利於吸引脫離教會的會員重新回歸耶穌會。這樣的舉措引起了支持第三世界牧師運動、反對游擊隊的主教們的恐慌，因為危及到了他們的傳教生涯和宗教生活。截至1974年底，除了反對者約里奧領導的一個嵌入式社區，其他的嵌入式社區都被關閉。

貝戈利奧採取的第二項措施，是把耶穌會士分配到阿根廷比較偏遠的地區，到窮苦民眾中去傳教。這是與關閉嵌入式教區同時採取的一項措施，把那些在教區中養尊處優的傳教士們安排到偏遠的地區。在經濟落後地區，貝戈利奧增加了新的教區，例如在拉里奧哈新成立了五個教區，在聖·何塞·德爾·博克龍以及聖地牙哥·德爾·埃斯特羅地區也建立了教區，這些地區曾經是耶穌會教區，在18世紀遭到了驅逐。他還派人到位於薩爾塔省的聖塔·維多利亞鄉村去傳教，聖塔·維多利亞位於阿根廷最北部，與玻利維亞接壤的邊境地帶。除此之外，他還派遣傳教士到胡胡伊省和圖庫曼省傳教。另外，他還組織了一個由12名牧師組成的流動傳教小組，這個流動傳教小組集中在某個地區傳教幾個月之後，再到下一個地區去傳教。新加入的見習傳教士會被安排到流動傳教小組以增加他們的"閱歷"。

20世紀70年代末，貝戈利奧委派年輕的耶穌會士前往厄瓜多爾進行支援，當時阿根廷教會省人員緊張，他們反對這項決定。據神父阿爾維斯圖爾回憶，貝戈利奧當時說"我們耶穌會士不是緊緊圍繞一部分人民不放，我們應該到人民最需要的地方去。"

貝戈利奧在科萊希奧·馬克西莫附近的工人聚居區設立了一個傳教點，在20世紀80年代末，不斷有新會員加入，這個傳教團體不斷發展壯大。他還給予在布宜諾斯艾利斯"米塞利亞貧民區"區工作的耶穌會士們以支持，其中包括在巴霍·弗洛雷斯的約里奧以及神父"皮契茄"梅塞格爾，梅塞格爾和穆希卡一起在雷蒂羅站附近31號貧民區工作——事實並非如此，他在2010年的一次採訪中說："當時只要為窮人服務的牧師都會被視為'黨員'"，當三A敢死隊開始清洗貧民區的牧師時，貝戈利奧為他們做掩護，沒有供出他們。1974年5月，穆希卡在教堂外被槍殺，貝戈利奧告訴他們不要單獨出行，天黑之後儘量待在家裡。

第三項措施是吸引新教徒的加入。貝戈利奧成立了小組，神父喬治·卡馬戈任領袖，去不同的學校組織年輕人進行清修，效果非常顯著。20世紀70年代曾經有一段時間年輕人遠離政治，開始加入教會，阿根廷教會新增見習牧師數量快速增加，其中耶穌會的增速最為明顯，1975年新增見習牧師三名，人數每年逐步遞增，截至1978年發展為14名，從此之後每年新增見習牧師的數量在28名到34名之間，超過了20世紀60年代初的水平。因為耶穌會發展態勢迅猛，卡馬戈神父收到羅馬耶穌會元老院的邀請分享阿根廷教會省的發展經驗。

　　他採取的最後一項措施是充實傳教士早期社會生活，以此來激發耶穌會的活力。通過這項措施，吸引了許多新教徒的加入並且忠心追隨耶穌會，到20世紀70年代末80年代初，脫離教會的人數幾乎可以忽略不計。他任命神父安德列斯·思文為見習神父的領導人，神父安德列斯·思文是菲奧里托的一位親密合作伙伴。他每週至少拜訪一次見習牧師，鼓勵他們為基督徒召命祈禱，有時候號召全教會省進行祈禱；他還要求見習牧師進行連續九天的祈禱儀式，這是天主教一種傳統的祈禱方式，為耶穌教會年長的弟兄們祈禱，這些弟兄們已進入衰老之年，當時耶穌會有30位弟兄已經70多歲，到80年代，70歲以上的弟兄達到53人。

　　除了依靠制定切實可行的策略，貝戈利奧還向奇跡之神（在薩爾塔省廣受崇拜）保證，如果新晉牧師人數每年達到35人，他就派新晉牧師們去聖地朝聖。1979年9月，貝戈利奧任期快要結束的時候，新晉牧師的數量達到了35人，他立即安排這批新晉牧師們開啟聖地朝聖之旅。

　　第三十二屆耶穌會全球大會在羅馬舉行，來自五大洲九十個教會省的237名代表出席這次大會，貝戈利奧是其中之一。與以往大會不同的是，本次大會於1974年12月召開，1975年3月結束，歷時13週，會議的主要目的不是選舉出新的會長，而是鞏固梵蒂岡大公會議後的改革成果。

　　西班牙的眾生復位說信徒一直在游說羅馬建立一個新的自治教會省，像十九世紀那樣這個教會省直接歸屬羅馬教廷。保羅六世駁回了他們的建議，但是激進分子們仍不放棄，他們一直在進行活動，尤其是在羅馬，他們的活動尤為頻繁。他們得到了羅馬高級職員的支持，在格力高里大學有自己的活動力量。神父阿魯佩希望通過這次會議平息這場紛爭。在大會舉行的前夜，激進分子們建立了新的網絡組織，稱為本真耶穌會士，他們志在反對第三十二屆耶穌會全球大會和阿魯佩。

　　阿魯佩任命貝戈利奧去阻止激進分子，因為從教規方面來說，貝戈利奧是"本真耶穌會士"的首領尼古拉斯·普亞塔的上級，尼古拉斯·普亞塔是一名西班牙耶穌會士，在20世紀60年代中期加入阿根廷教會省。貝戈利奧反對眾生復位說，當他成為阿根廷教會省會長時，把普亞塔遣返回歐洲。回到歐洲的普亞塔在1974年初印發了反對阿魯佩的小冊子，在第三十二屆耶穌會全球大會召開前夜，本真耶穌會士分發了那本小冊子，準備發起抗議。在兩位見證人的見證下，貝戈利奧命令普亞塔離開羅馬，如有不從，則逐出耶穌教會。為了能繼續保持耶穌會士的身份，普亞塔離開了羅馬，和他一起離開的還有他在馬克西莫的老同事費爾南多·蒙特斯，蒙特斯現在在智利教會省。貝戈利奧之後到達特米尼車站，在那裡他成功說服其他剛到達的激進分子們離開羅馬。

　　其中的另外一個挑戰來自於教皇保羅六世，1974年12月3日，教皇保羅六世在第三十二屆耶穌會全球大會的開幕式上發表演講，演講的內容充滿愛意，同時也提出了警告。保羅六世與耶穌會保持很親密的關係，非常認同耶穌會，認為耶穌會是貫徹執行第二屆梵蒂岡委員會精神的中堅力量，他熱情洋溢的演講彰顯出耶穌會精神，"無論是在教會，還是在最困難、最棘手的地方，在意識形態的十字路口，在社會的最低谷——人類內心最深層次的需要和福音傳遞之間的對話一直都在進行，耶穌會一直在這樣做，並且，他們做到了。"保羅六世這樣說道。貝戈利奧之後評論這場演講是"這是所有教皇發表的有關耶穌會最精彩的演講之一。"

另外，在他的演講中，保羅六世表達了對耶穌會的期望，他說耶穌會士不能因為順從而拋棄自己傳經授道的核心任務，他們需要適應時代的發展，但是不能被迷惑——懷疑論、個性說、理性主義以及對新奇事物的狂熱——不能忘記自己的身份。他提醒說耶穌會不少地方的改革已經脫離了正常的軌道，他着重指出這些決策應該面對現實，回到應有的軌道上，這點異常重要，而且刻不容緩。

一部分代表深深地被演講的內容吸引，一部分卻感到失望，因為他們來到羅馬是為了對貧窮和正義展開探討，而教皇卻關注於教義和制度。而包括貝戈利奧在內的另外一部分代表卻產生了強烈的共鳴。貝戈利奧認為教皇在講話中，對阿根廷教會省改革的分析見解獨到，阿根廷教會省的改革已經偏離了正常的軌道，這樣的現象在其他的教會省也有出現，依據孔加爾理論，保羅六世勾畫出來了改革應有的架構，並驚醒人們提防錯誤的改革，以防被錯誤的改革帶進死胡同。保羅六世的訓示"在很多方面啟發了貝戈利奧對社會的看法"，神父思文說，那段時間他任新晉牧師的領導人。

保羅的提示很有預見性，第三十二屆耶穌會全球大會雖然鞏固了耶穌會的改革成果，但是卻引起了社會的倒退，形成了新的分裂局面。第四條法令體現了對社會公平正義的追求，這也是耶穌會大部分工作的努力方向。在十六世紀，耶穌會最初的目標是"保護福音、傳播福音"。在今天的第三十二屆耶穌會全球大會上變成了"為福音服務，提升公平正義是其必然要求"。

　　第四條法令並沒有得到預料中拉丁美洲代表們的擁護，而是得到了講法語的歐洲人和加拿大人的推崇，他們認為對公平正義的追求不是宗教份外之事，而是宗教內本身應該解決的問題。但是對於拉丁美洲的代表們來說，1968年麥德林會議之後他們一直在接觸這個觀點，所以第四條法令對於他們來說沒有什麼新意。但與麥德林不同的是，第四條法令缺少被轉化為意識形態的防禦，是在時間緊促的情況下用兩篇文章混合而成，經不起細讀和推敲，貝戈利奧認為第四條法令存在兩個風險點：一是強迫耶穌會士參與政治運動以追求公平正義；二是如同保羅教皇所警示的自我身份的喪失。哪裡應該是福音傳道和全體教士前進的方向？最重要的任務是什麼？什麼可以阻止耶穌會士成為一名單純的政治運動家或社會工作者？

　　無論拉丁美洲其他代表們怎麼看待第四條法令，"貝戈利奧對第四條法令不感興趣，"神父思文回憶說，"和見習牧師們交談時，他沒有提起過第四條法令的內容"。

　　在接下來的20年裡，耶穌會一直在找尋原因：死於拉丁美洲耶穌會右翼獨裁政權手下的耶穌會士，尤其是死於西班牙和墨西哥突然關閉"特權"學校運動中的耶穌會士被認為是反叛者，在教會內部被確認為"頑固的反對派"，因為他們經常以公平正義的名義，在政治上和左派保持一致對抗教皇約翰·保羅二世。

　　從當選教皇的第三個年頭開始，教皇約翰·保羅二世開始大規模的干預教會事物，曾經有一段時間暫停憲章的實施。1983年第三十三屆耶穌會全球大會上通過對四條法令的解析，認為"對公平正義的涵義進行了過於人道主義的延伸"，1995年第三十四屆耶穌會全球大會上重新修訂了它的目標任務，這次會議明確指出如果沒有信仰的提升就不會有公平正義的提高，當時貝戈利奧任主教職務。

在他1978年的講話當中，多次引用到第三十二屆耶穌會全球大會的內容，但是從沒有提起第四條法令。他曾經引用保羅六世關於福音傳教的歷史教育文獻《在新世界中傳福音》，《在新世界中傳福音》在第三十二屆耶穌會全球大會結束後不久的1975年12月出版發行，在書中保羅六世明確指出如果沒有試圖把人民群眾從"不公平的現實"中解放出來，就不能宣稱得到了福音，這個觀點與麥德林會議精神一致。同時保羅六世也提醒教會把自己的使命降低到了"僅僅是權宜之計"的地步，為"意識形態體系和政治團體進行操控"提供了便利之門，這些都是第四條法令許多方面所忽略的關鍵環節。

《在新世界中傳福音》是貝戈利奧最喜歡的教會文獻，在他擔任省會長、神學院院長以及後來的主教職位期間，一直喜歡引用的其中的內容，在他當選為教皇不久，教皇方濟各對其做出了這樣的評價"最偉大的牧人作品"，它主要的目的是調和教會傳教和不同文化之間的關係。

有其他人參與了這本文獻的起草，能夠輕易看出本書緊扣1975年及以後的時代背景，有關信仰的章節中所提到的人民的血肉（保羅六世稱之為文化）以及對流行宗教的重視，很顯然來自於阿根廷，這些章節由神父格拉起草。馬爾·德爾·普拉塔前主教愛德華多·畢諾羅把阿根廷的思想也寫進了這些文獻當中。畢諾羅是阿根廷人，1967至1968年任拉丁美洲主教聯盟總秘書長，在麥德林會議期間起到了精神推動作用，他還是保羅六世的搭檔以及懺悔神父，最近他在羅馬新任職教會主教法院主席，《在新世界中傳福音》就誕生在那裡。

教會法院標誌着教會另一個成熟時期的到來。貝戈利奧未來的搭檔古茲曼·卡里吉瑞曾經寫到教會法院標誌着“推翻宗教神像”的階段的結束，那段時期的特點是“北大西洋權威危機，格拉瓦主義革命失敗，知識份子們深陷迷茫”。1979年第二屆CELAM在墨西哥布埃布拉舉行，期間重要的領導人是格拉，在人民神學者以及貝戈利奧和他在薩爾瓦多大學和瓜爾迪亞同事們看來，這是意識形態的失敗，知識份子們迎接虔誠的布埃布拉時代的到來。

從某些方面來説，紅衣主教皮羅尼奧是貝戈利奧的前輩，他的任務是在拉丁美洲傳播梵蒂岡第二委員會精神。他非常關心窮人，警惕意識形態，他認為福音為建立新型社會提供了堅實的基礎，這個新型社會超越了資本主義和社會主義的範疇。貝戈利奧也持有這樣的觀點。皮羅尼奧遠離保守主義，致力追求社會公平正義，支持左派馬克思主義指導下的解放神學，最後導致了失敗。和貝戈利奧一樣，皮羅尼奧不是革命者，但是有更堅定的信仰：虔誠的福音傳道者，堅持窮人優先策略。1980年之後任馬克西莫神學院院長以及後來任主教和大主教期間，貝戈利奧一直堅持皮羅尼奧的觀點，堅持《在新世界中傳福音》精神，在大街上傳經授道。

2008年，皮羅尼奧已經逝世10周年，貝戈利奧回憶起皮羅尼奧，這樣描述他“一個隨時為你敞開大門的人”，當你想見他的時候，“無論他在哪裡，無論有多忙，他會讓你感覺到你是最重要的”，在很多人眼裡，貝戈利奧也是這樣的人。

他們還有其他方面的共同經歷。1978年保羅六世逝世，皮羅尼奧是人們熱議的教皇候選人。他出生在阿根廷的一個意大利人家庭，篤信聖方濟各精神，因為某些原因，他實際上是意大利人。如果主教們想了解發展中的世界，為什麼不關注這位阿根廷人呢？

第四章

亂世裡的保護人

(1975—1979)

　　2014年1月中旬，再有很短一段時間就到了教皇方濟各當選一周年的日子。此時，大量的評論員在聯合國總部面前，共同目睹了教皇方濟各當選後面臨的第一個巨大的挑戰，梵蒂岡深陷教士性醜聞的漩渦，多家媒體就此事件對方濟各進行了採訪報道。從方濟各即將訪問瑞士日內瓦兒童權利委員會前幾週的形勢來看，梵蒂岡將會面臨越來越多的質疑和挑戰。

　　在舉行聽證會的當天，卡薩·聖·瑪塔的教堂裡，方濟各像往常一樣在早上7點做彌撒，他說到“墮落的牧師”不再是“為人民提供精神食糧的人”，而是“毒害了主忠實的信徒”，他停下來，帶着不可思議的神情搖了搖頭，“我們羞愧嗎？這麼多醜聞！”他說，“有些讓我們付出了高額的賠款”，“這樣好了，事情就應該是這樣，這是教會的恥辱”，他接着說，“這些墮落的牧師、主教等神職人員”缺乏對主堅定的信仰，世俗蒙蔽了他們的心智。“他們在教會裡擁有權力，擁有職位，擁有舒適的生活，但是他們沒有記住主的話"。

在日內瓦，羅馬教廷代表們——大主教西爾瓦諾·托馬西以及梵蒂岡首位檢舉醜聞的主教查理斯·希克盧納——從容不迫的面對聯合國委員會十八位委員的問詢，如果說梵蒂岡有段時間不願面對醜聞危機的現實，希克盧納說，今天就是直面這個問題的時刻。在數小時的問答中，代表們闡明了羅馬教廷和全球天主教會之間的法律關係，描述了在過去的幾十年裡在郊區主教層面以及梵蒂岡發生的巨大變化。

從宗教內部，沒有任何一個組織因為歷史遺留錯誤接受過如此多的批評，也沒有任何機構如此深入、如此快速地做出反應來阻止自身重蹈覆轍，這些錯誤廣為人知，被立冊索賠提供依據，單是美國而言，所付出的賠償金達到千萬億美元之多。天主教會沒有處理性侵的成熟機制：受害者們保持沉默，或者被迫沉默。根據當時不成文的處理方式，施虐者以治療的名義被派送到其他的教區或者教堂繼續傳教，到達新的傳教地點之後，他們往往還會實施性侵。20世紀90年代的受害者們，現在已經是成年人，受害者們有自己的心理理療師以及律師，開始進行訴訟來維護自己的權益，雖然如此，這些事件仍未浮出水面，因為教會的賠償條款是機密條款。在2001年美國馬薩諸塞州波士頓危機中教會的文檔被呈上法庭之前，大量的悲劇被人為處心積慮地遮蓋、掩飾。

接下來發生了大規模的變化：加強外部監管防止這樣行為再次發生；為受害者支付大筆的賠償金；翻閱過去幾十年的文件；將幾十位犯罪牧師免職或者逐出教會。但是這樣的舉措並不能從根本上解決問題，在非洲和亞洲仍有一些地方的教區遲遲沒有採取行動，處理的程序拖沓冗長，缺少主教們犯錯誤必須引咎辭職的規定，這些都不能有效的解決問題。受害者們需要繼續對數十年前的遭遇進行控訴，受傳經授道的神職人員所害，他們遭受的傷痛可能影響到幾代人。但是有些西方國家的天主教會有效進行整治，形成了處理問題的有效機制，這些機制被其他的組織機構仿效運用。

在20世紀90年代，梵蒂岡開始對抗拒和拒絕的態度進行整治。羅馬教廷直接管束在羅馬教會省市工作的1000餘名牧師，全球大約有41萬名牧師，幾乎所有的牧師由他們的主教或者宗教命令管束，梵蒂岡統一管理主教們的行動。從2011年開始，紅衣主教約瑟夫·拉辛格以及後來的本篤十六世開始要求主教們呈送每個案件的詳細情況，以防主教們掩蓋問題，確保罪犯被送往警察局或者社會服務機構。2005年本篤十六世當選之後，要求全球所有主教會議制定出嚴格的指導方針，以確保之前以及目前存在的指控能夠被認真對待，所有的規定都符合當地法律，以便於控訴成立時，當地的警察和社會服務機構能夠及時介入，因為保障受害者的安全及權益是最重要的。梵蒂岡修改了相關規定，由梵蒂岡保留取消神職人員資格，這樣使整個程序更加簡單快捷。2004年至2011年期間，梵蒂岡共處理由各個教區呈送來的3400起案件，848名牧師被逐出天主教，2572人受到了其他方式的懲罰，例如年老的施暴者會被處以少量的罰金，之後在監獄中為他們的罪行付出相應的代價，梵蒂岡要求他們在獄中禱告、懺悔，在囹圄中度完餘生。

2月5日，聯合國發佈調查報告，但是從報告的內容看不出羅馬教皇曾經來到日內瓦，似乎一切都沒有發生過。委員會報告稱教會好像是一個低級別的機構，而羅馬教廷是全球所有機構的總部，這與當地法律衝突。報告要求梵蒂岡"立刻開除"所有施暴的牧師；控告羅馬教廷對教士們實施"無為政策"，保護他們不被警察局調查，安排他們在不同的教區傳教。譴責"使施暴者免於受罰的政策規定以及處理措施，因為它們導致屢次發生性侵事件"。令人不可思議的是，報告還提到梵蒂岡在其他地區的政策，要求廢除天主教學校教學大綱中關於性別的過時理論，認為男性和女性是互補的兩個概念，與現代性別理論相衝突，甚至還要求教會改變有關墮胎的內容，就像一些天主教徒所說的那樣，因為其很難保證兒童的權利。

梵蒂岡發言人神父費德里科·隆巴迪表達了自己的詫異之情，他說這份報告好像"在很久之前已經完成撰寫，或者大部分內容在舉行聽證會以前已經被確定下來"，事實上，這份報告與兒童權利資訊網提供給記者的一篇報告非常相像。兒童權利資訊網是倫敦一家不知名的非政府組織，和聯合國委員會有密切的工作交接。該機構董事在接受媒體採訪時曾說"兒童性侵案發生在已經關閉的一家機構裡面，碰巧的是羅馬教廷的天主教會主動在兒童權利保護協定上簽字。"（她似乎不太擔心那家"已經關閉的機構"可能會配合聯合國委員會的調查）

7月初，貝戈利奧在梵蒂岡分別會見了六位性侵事件的受害人，受害者團體領導人聲稱這是在為公共關係作秀，但是參加會見的受害者們卻認為不是那樣。"聽到我的遭遇，他看起來很痛心，一直在認真聽我訴說"，來自愛爾蘭的受害者瑪麗·凱恩說，"他非常同情我們，在會談時他非常專注，沒有時不時的看手錶，是我決定結束談話，因為想說的都已經說了出來"。

在正式會見的前夜，受害者們在聖瑪塔受到了貝戈利奧的非正式會見。第二天早上，她們一起參加了教會舉行的彌撒，在訓誡中方濟各祈求獲得她們的原諒，"在主和他的信徒們面前，那些牧師們給你們帶來了慘痛的傷害，我深深為你們的遭遇感到悲痛，他們的所作所為是罪孽，我今天虔誠地懇求你們的原諒。"之後，方濟各就怎樣改進教會所採取的措施，徵求受害者們的意見和建議。

他會見的受害人當中，有一位是受到耶穌會牧師性侵的英國人彼得·桑德斯，他開通服務熱線為受害者們提供服務，還成立了童年時期遭受性侵協會。桑德斯是一位自行車騎行愛好者，他贈送給方濟各一頂自行車頭盔，並跟他開玩笑說，很難做出決定是從倫敦騎行到法國去欣賞美景，還是來會見教皇。會見時由紅衣主教奧馬利提供翻譯，桑德斯告訴方濟各，世界各地的教會都應該引用目前美國和英國的問題解決機制，教會應當加大資源投入來幫助受害者們從悲慘經歷中恢復過來。桑德斯和方濟各會談了大約半個多小時，只要他想表達就可以一直說下去，方濟各不停地點頭贊許。"我知道他在認真聽我講話，"桑德斯說，"他的全部注意力都在我身上，我們有目光接觸，我告訴他我不喜歡參與公共關係方面的活動，很顯然，這次會見並不是那樣的活動。"桑德斯深深地被教皇的真誠打動，"他非常有誠意。"

會見之後，桑德斯收到了很多憤怒的受害者們的郵件，他們譴責他與教皇的會面，並在郵件裡聲稱方濟各曾經是一名隱蔽的阿根廷獨裁分子，桑德斯說："這些郵件的內容簡直匪夷所思。"

20世紀80年代中期，幾名阿根廷人權活動分子，控告貝戈利奧為1976至1983年軍事獨裁戰爭時期的通敵分子。前庇隆政權官員、人權組織的發起人埃米利奧·米尼奧內，在1986年出版的書中首次發佈了這一消息，這本書一經出版便受到了阿根廷天主教律師們的廣泛關注。米尼奧內所成立的人權組織是社會和法律研究中心。在他的《教會與獨裁》一書中，米尼奧內聲稱由於貝戈利奧給安全保衛部門透漏了消息，導致了在布宜諾斯艾利斯貧民區的兩位耶穌會士遭到逮捕，這是一則爆炸性消息。

1998年米尼奧內去世，社會和法律研究中心的同事奧拉西奧·韋爾比茨基，與其中一位遭到綁架的耶穌會士進行了交談。韋爾比茨基是一位馬克思主義記者，庇隆主義左翼城市游擊隊情報首領。神父奧蘭多·約里奧1976年退出耶穌會，韋爾比茨基對奧蘭多·約里奧進行了採訪。根據採訪內容，韋爾比茨基對米尼奧內的一系列文章進行了詳盡的解釋和闡述，1998年貝戈利奧當選為大主教以來，這些文章經常成為媒體頭條，這些謠言就像被注入了無盡的能量，飛快傳播，尤其是方濟各當選為教皇之後，這些謠言像病毒一樣開始瘋狂擴散。

2013年3月13日當選的那天晚上，方濟各在可以俯瞰整個聖彼得廣場的中央陽台上發表演講，演講還沒有結束，英國日報《衛報》發出特稿：方濟各是否是謀殺和錯誤入獄的同謀？重新刊登了2011年的一篇文章，文章中充斥很多錯誤，報社修改了其中的兩個錯誤，當時謠言像是長了翅膀一樣迅速傳播。記者在互聯網搜索韋爾比茨基檔案，可以檢索到海量信息，韋爾比茨基今年70歲，因得到全球的關注而深感自豪，他發表了對新教皇方濟各的看法，認為"他表現出的不是真正的自己，就像是貧窮的母親用水摻麵粉來哄騙饑餓的孩子"，而且他還給新教皇起了一個綽號"獨裁教皇"。

梵蒂岡發言人神父費德里科·隆巴迪帝告訴記者，這些指控來自"反牧師左翼分子"，從韋爾比茨基的經歷背景就可以看出來這一點，但是他們成立了一個防禦的圈子。從另外一位耶穌會士初次發表的言論中，可以看出他的立場是站不住腳的。神父弗朗茨·哈利克斯來自德國清修院，是一位耶穌會士，自稱經過調停，他和前省會長之間的恩怨已經了結。他不能對"經歷這些事件的神父貝戈利奧"給予評論。但這僅僅是推脫之詞，如果哈利克斯已經原諒了貝戈利奧，那麼他原諒了哪些方面，為什麼不能評論他的前省會長？一段日子之後，哈利克斯又一次發表言論"事實是這樣的，神父貝戈利奧沒有罷免我和奧蘭多·約里奧。"

方濟各當選後的一週，媒體發現自己報道的文章中出現了兩種自相矛盾的觀點：一種觀點認為方濟各為"貧民窟的教皇"，而另一觀點認為他是"獨裁教皇"。由於這兩種觀點無法調和，他們開始虛構出新的故事："保守派"耶穌會省會長貝戈利奧在20世紀90年代初期，轉變為"激進派"紅衣主教貝戈利奧。根據新編故事，所有的天主教會自由派可以盡情讚揚教皇方濟各，但同時保留挖掘他過去可疑歷史的權利。

政變引起了人們的廣泛支持，如果非要找出一條能夠體現武裝力量曾經掌握阿根廷大權的法令，那就是制定於1976年的法令，當時阿根廷已經經歷了五年的內戰。

1974年5月，庇隆主義左翼城市游擊隊與庇隆政府決裂，引發了近年來阿根廷最後一次暴力衝突，得以延續武裝鬥爭。將軍去世之後的兩個月裡，他的第三任妻子瑪利亞·埃斯特拉掌握了總統的大權，這給阿根廷帶來了沉重的災難。埃斯特拉又被人稱為伊莎貝拉塔，庇隆主義左翼城市游擊隊以將軍前任夫人西·艾薇塔·維維拉的名義，宣佈不承認伊莎貝拉塔新成立的政府，他們認為：
"如果艾薇塔還活着的話，她肯定是一名庇隆主義左翼城市游擊
隊隊員。"

面對接連不斷的炸彈轟炸以及綁架，伊莎貝拉塔宣佈發起反
攻，她派出神秘的敢死隊來對付游擊隊。這支神秘的敢死隊就是
所謂的3A敢死隊（阿根廷反社會主義聯盟），在1975年7個月的
時間裡，他們共發動450次暗殺，製造2000起"神秘失蹤"事件，
但是這些舉措並沒有妨礙到游擊隊的合法化，當時游擊隊的領導
人認為他們可以掌控整個國家的局勢，托洛斯基分子和庇隆主義
左翼城市游擊隊，開始部署重型武器來對付對方的武裝基地和軍
隊，通過綁架商人獲取資金來購置重型武器，另外還有源源不斷
的外國資金支持，當時通貨膨脹達到了600%，失業率急劇上升。
截至1975年，國內的鬥爭演變為庇隆主義內部兩個幫派的互相殘
殺，媒體認為十分有必要發動一場政變，所有的主流報紙呼籲出
動所有的坦克來結束這場內部鬥爭。

1976年3月，武裝力量入駐阿根廷總統府。這場臭名昭著的
戰爭開始於1975年，伊莎貝拉塔授命軍隊可以隨意按照自己的方
式平復圖庫曼省東北部，三四百名托洛斯基分子在那裡發動了一
系列重大行動，展開山地戰爭，摧毀警察局，希望能夠擁有自己
的地盤。2010年貝戈利奧回憶起這些軍事行動時說"人民惶恐茫
然，不知所措。"伊莎貝拉塔命令安全保衛力量利用一切可以利
用的手段來"消除叛亂"，1975年10月庇隆主義左翼城市游擊隊
對台灣街發動一次重大襲擊之後，伊莎貝拉塔發佈第二條法令，
允許在全國範圍內實施逮捕、嚴刑拷打以及立地處決措施。這些
措施在政變之後的一年裡變得稀鬆平常。

這些法令得到了民主黨政府的支持，得到了所有重要黨派

的支持，其中包括激進派、社會主義派、保守主義派。政變發生
時，他們不遺餘力地支持政變。軍事分析認為，對付庇隆主義左
翼城市游擊隊需要利用一些特殊的方法，採取這些措施情有可
原，政治學家們擁護這個觀點。20世紀70年代中期，托洛斯基分
子和庇隆主義左翼城市游擊隊擁有6000名訓練有素的會員，大約
15萬積極分子。相對於總人口來說他們的數量並不大，但是他們
在古巴哈瓦那的支持下組織嚴密、裝備精良、戰術先進、經費充
裕、冷酷無情，他們致力於奪取政權，在當時的西半球是力量最
強大的游擊隊。

　　歐內斯托·格瓦拉是古巴革命分子，被人稱為"切"，曾經在
阿根廷行醫，根據他的戰略手冊，托洛斯基分子進攻圖庫曼省，
庇隆主義左翼城市游擊隊進攻台灣街。根據格瓦拉理論，當局勢
發展到一定程度的時候，庇隆主義左翼城市游擊隊就可以佔領一
定區域，人們會慢慢開始支持他們，隨着時間的推移，他們佔領
的範圍會不斷擴大，力量懸殊就可以發生逆轉。庇隆去世後，庇
隆主義左翼城市游擊隊認為他們的機會終於來了。政變之後，國
內形勢依舊緊張，戰爭一觸即發，游擊隊用1976至1978兩年的時
間擊敗對方，在此期間，他們進行了748次謀殺，僅僅庇隆主義左
翼城市游擊隊就採取了2000次"行動"。

　　很難判斷游擊隊員和武裝力量是否受到蠱惑而認為革命即將
到來，但可以肯定的是，阿根廷公民社會中的政治團體、商會以
及教會明白未來國家的形勢，所以他們支持軍隊介入，支持建立
國家警察。他們並不清楚武裝力量在鬥爭中採取了什麼樣的非正
常手段，大部分人對採取的手段一無所知，因為各派高度封鎖有
關採取手段的消息。事實上，嚴守秘密是軍事策略的一項重要內
容，阿根廷軍事領導人從安第斯山對面的智利1973年的政變中吸

取了教訓，奧古斯托·皮諾切特將軍發動政變，槍殺了成千上萬的被指稱為軍人的人，由於走漏了風聲，他們遭到了國際社會的嚴厲譴責。

由喬治·維德拉領導的阿根廷團體認為，剷除庇隆主義左翼城市游擊隊需要消滅大約5000名隊員，滅絕如此規模的生命必然會引起教會和國際社會的反對，除此之外，要摧毀游擊隊嚴密高效的基礎組織結構，需要採取秘密行動，以達到震懾和敬畏的作用，因此，這個團體在隱蔽的軍事中心進行嚴酷審訊，秘密處理俘虜，對外不走漏風聲，這些人只是"神秘失蹤"。按照這個策略，團體快速採取行動，庇隆主義左翼城市游擊隊會因為慌亂而來不及重新整合，或者回歸到人民群眾當中，同時，團體在全國採取全方位改革，促進經濟發展，最終實現和平穩定，國家繁榮富強，使人民群眾把武裝力量當成他們的救星。

隨後展開的鎮壓行動快速、隱蔽，涉及範圍廣，幾乎每天都有逮捕事件的報道，大部分的阿根廷人知道國家正在發生一些變化，正在進行一個有組織的行動。雖然在3A敢死隊和庇隆主義左翼城市游擊隊暴力行動的陰影下生活了很多年，他們還是不能立刻明白正在發生的事情。"當時只知道正在發生很重大的事情，因為有很多人被逮捕，"2010年貝戈利奧回憶說，"後來，我發現事情遠不是我想像的那樣，在20世紀80年代對軍隊指揮官進行審訊時，整個社會才明白當初發生了什麼……，事實上，他們把人帶到我這裡，需要我進行掩護的時候，我才明白發生了什麼事情，之前，很難看出究竟正在發生什麼事情。"

1983年獨裁政權垮台以後，阿根廷人民才徹底明白獨裁政權的所作所為：他們有340個秘密審訊地點，每天都在用電棍審訊逮捕的人，他們用過下毒、槍斃、在直升機上拋入海中等方式殺害犯人，偷偷掩埋，不留下一點記號。據最權威的估算，在1976至1983年軍事獨裁統治期間，7201人被殺害，其中754人"神秘失蹤"。在獨裁時期之前7年期間，死亡1167人（一半失蹤，一半被處決）。總的來說，在1969至1983年期間，全國共有8368人被殺害，其中包括剛剛過半數的庇隆主義左翼城市游擊隊隊員，其餘的均為手無寸鐵的平民，大部分為年輕人，介於15歲至35歲之間。

在1976年至1977年期間，由於外媒屢次報道，西班牙語詞彙中出現了一個新名詞——"desaparecidos"，意為"失蹤的人"，失蹤人員悲痛而又無助的親人們發現警察推諉敷衍他們的訴求之後，把希望寄託在教會。起初，主教們嘗試和軍隊保持良好的關係，但卻發現他們並不能發揮更大的作用。通過努力，軍隊釋放了一部分犯人，軍隊通過教會政策得到了合法化地位，教會為此落下了"膽怯無能"的名聲：25年後，教會通過教皇約翰·保羅的新年賀詞，對他們當年"縱容極權主義"行為以及未能有效阻止殺戮的行為乞求原諒。

後來真相大白時，教會終於明白當年在其中所充當的角色，由於一些複雜的原因導致教會做出當初的決定。主教們聽說軍隊在審訊時進行了嚴刑拷打，1976年5月，教會發表聲明譴責這樣的行徑，同時在聲明中說明採取極端措施是因為特殊需要，軍隊會對出現問題的領域進行整治。當時拉·拉菲拉教堂年輕的主教喬治·卡薩雷托回憶說，當權者告訴我們"他們保證已經修改了過激的內容"，但是他們沒有告訴我們，他們設計出了嚴刑拷打和讓人失蹤的策略。1977年5月，主教們開始明白發生了什麼事情，勇敢站出來用犀利的語言譴責那些暴行。但是在發表譴責聲明的第二天，庇隆主義左翼城市游擊隊通過炸彈襲擊殺害了一名優秀的海軍上將。"所以，武裝力量告訴我們，'看看，這就是你們發表譴責聲明的後果。'"卡薩雷托回憶説，"多麼沉重的心理衝擊"。

針對怎樣進行強有力的回擊，主教們持不同觀點。參加會議的57名主教分成了三派、革新派、中立派和右派。右派的人數最少，只有六人，但是他們擁有很大的教區，例如拉普拉塔教區和羅薩里奧教區，更重要的是，這些教區擁有教會獨立司法權以及由200名牧師組成的武裝力量。擔任教區神職的主教阿道夫·托爾托洛和維多利奧·博納明，把獨裁政權看作是把阿根廷從恐怖的民主主義中拯救出來的有力武器，獨裁期間發動的戰爭是聖戰，避免阿根廷走上社會主義道路，他們知道當時發生的事情並且支持那些行動。

持相反觀點的是革新派，由十多名革新主義主教組成，他們最初鼓勵大部分主教加入保護人權公共團體，因為他們是邊遠教區的領導人，擁有很多第三世界牧師運動的會員，和所有的神職人員相比，他們能夠最早獲取暴力行動的相關信息，隨即就站出來進行抨擊，隨之付出慘重的代價：截至1983年，在這些主教中，有三名主教在神秘的車禍當中喪生，武裝力量對他們懷恨在心，其中兩個事件中，他們隨身攜帶的文件在事故現場不明去向。

大部分主教——佔總人數的三分之二——擁護軍隊維護秩序與和平的目標。"我們認為只能通過'有機的'暴力去平復'無機的'的暴力，"主教卡薩雷托回憶説，和大部分阿根廷人一樣，他們擁護軍隊，以至於他們最後才知道軍隊所犯下的暴行。在最初的時候，他們譴責嚴酷刑訊，但是在1976至1977年他們沒有公開反對或者譴責對方的罪行。從這個層面來説，這些主教不是與他們同流合污，而是做了旁觀者。到20世紀80年代，支持獨裁主義的主教們逐步失勢，主教大會非常熱切地期盼民主的回歸。

　　然而，在20世紀70年代中期教會成為主教們上演爭權奪勢的舞台，貧窮的西北部教區鬥爭最為激烈，貝戈利奧和阿魯佩一起到過那裡。政變發生不久，拉里奧哈空軍的首領控告主教恩里克·安祖利傳播政治觀點，拒絕他指派的牧師進入查米卡爾空軍基地。當安祖利通過停止提供宗教服務的方式進行抗議時，軍隊主教維多利奧·博納明不顧安祖利的抗議，在空軍基地安排了自己的牧師。博納明和空軍首領的關係很親密，空軍首領安排人員綁架了安祖利的兩名牧師，四天之後人們找到了這兩名牧師傷痕累累的屍體，可見曾遭受酷刑，屍體上還有許多彈孔，並附有一張紙條，警告一系列"危險分子"會成為今後的目標。

　　由於曾經在貧民窟為窮人工作過的神職人員被視為"黨員"，政變之後，牧師和修女們更容易成為目標。在這場臭名昭著的戰爭中，有20多位牧師和神職人員被殺害，84人神秘失蹤，77人被流放，幾百名教外積極分子也遭受了同樣的經歷。2010年，貝戈利奧在司法問詢時說道：

　　當時有一部分神職人員用馬克思主義的觀點解釋神學，羅馬教廷不允許這樣，另外一部分神職人員通過福音的召喚為窮人服務，獨裁政府的領導人妖魔化神學，認為這些牧師都受到馬克思主義的影響，包括為窮人服務的牧師。與其他國家相比，這部分牧師的數量不多。

　　在這些被殺害的牧師中，有兩位和貝戈利奧有關。1976年6月4日，科萊希奧·馬克西莫學校的兩名學生在紐曼莉塔的傑西·奧夫雷羅教區，被便衣保衛人員帶走，這兩名學生是聖母升天會會員，當時便衣保衛人員在尋找神父喬治·阿杜爾，阿杜爾是第三世界牧師運動會員，曾經有一段時間在庇隆主義左翼城市游擊隊擔任牧師一職。一個月之後,帕羅廷的愛爾蘭分支有五名會員在布宜諾斯艾利斯的聖派特里西奧教堂被殘忍殺害,這五人當中的一人是神校學生埃米利奧·巴萊蒂,馬克西莫學校的學生,另外一名是神父阿爾弗雷多·凱里,貝戈利奧是凱里的精神導師。

由於拉里奧哈耶穌會的態度比較強硬,貝戈利奧在7月份接到消息說,安祖利的兩名牧師的屍體在鐵路路軌旁被人發現,從屍體情況可以看出曾遭受嚴刑拷打,一名在天主教會工作的教外人士在自己孩子面前被槍殺,安祖利曾經告訴很多人他會是對方的下一個目標。1976年8月4日那天,貝戈利奧正在國外,安祖利為兩位被謀殺的牧師做完彌撒之後在回家的路上被人用棍棒打死,車輛所停的位置和主路有一段距離,放在車後座上的可疑人員名單也被人取走,這起謀殺案被報道為交通事故,貝戈利奧明白事實並非這樣,他立刻回到了阿根廷。

後來,他以教皇的身份提交文件協助檢舉軍方的兩名高級軍官,他們謀殺了安祖利。

作為省會長,貝戈利奧在那場罪惡的戰爭中有兩個為之努力的目標,這兩個目標由羅馬總會長制定,第一個目標是要保護耶穌會會員,第二是為遭到迫害的人民提供幫助。有時候這兩個目標相互牽制:如果省會長為國家追捕的破壞分子提供幫助的消息傳播出去,那麼所有的耶穌會士都會遭到懷疑。這是非常危險的一步棋,但是貝戈利奧進行了周全的安排。在那場戰爭中沒有耶穌會士喪生,而且他成功幫助幾十人保住了生命。他從沒有在公共場合發表演說譴責當時的制度,他不會這麼做,因為他不可能做一些沒有結果的事而導致不能達成目標。

他順利實現目標主要有兩方面的原因：

第一是因為他擁有廣泛而牢固的關係網，他主要的關係是失勢的庇隆政權；但是他和庇隆主義左翼城市游擊隊以及軍隊也有聯繫；和海軍上將埃米利奧·馬塞拉有來往；更重要的是，在科萊希奧·馬克西莫地區活動的三支耶穌會武裝力量信任他；另外他還獲得了耶穌會高級神職人員神父恩里克·拉赫的信任，拉赫在阿根廷軍隊的圈子裡很有影響力。貝戈利奧和中立派以及革新派陣營中主教們關係也很密切。除此之外，他和梵蒂岡派駐阿根廷的教廷大使皮奧·拉吉的關係也很好；另外，作為省會長，他和阿魯佩有深厚的友誼，這使他和耶穌會元老院以及羅馬教廷之間的溝通更為順暢。

第二是因為他能夠很好的保守秘密。沒有人知道貝戈利奧如何在馬克西莫為幾十人提供避難場所，幫助他們逃脫獨裁政權的追捕，也不會有人知道他怎麼避開外面的士兵，在武裝力量的眼皮子底下協助他們逃出國外，這些難民經常以“學生”或者“參加靜修的人”作為身份掩飾，沒有人知道他們的真實身份，甚至包括貝戈利奧的秘書，他經常送這些人去機場或火車站，卻不知道這些人的來歷。正是因為如此，只有貝戈利奧一人能夠說清他曾經幫助多少人、幫助誰成功逃離，除了在提供司法目擊證詞時以及2010年接受《耶穌會士》採訪時，他模糊提起在馬克西莫為那些人提供避難場所外，他沒有提起更多的細節。

在貝戈利奧當選教皇之前，這些被救助的人尊重他保持沉默的決定，但在2013年3月，面對韋爾比茨基的指控，一部分被救助的人出於憤怒站了出來，另外一部分人因為媒體的極力呼籲也站了出來澄清事實。聽到他們講述的故事，人們很吃驚，覺得最為不可思議的是阿根廷的耶穌會士——尤其是那段時期居住在馬克西莫的耶穌會士。貝戈利奧對於這些事情隻字未提，他在耶穌會中的綽號是"喬康達夫人"，從這方面可以看出綽號的來歷，"喬康達夫人"是達芬奇作品《蒙娜麗莎》主角的名號，她以縝密的言談著稱。

儘管只有一部分人講述了他們的經歷，但通過他們的描述，足以還原貝戈利奧在1976至1978年期間如何幫助幾十人逃生：他在馬克西莫為他們提供避難場所，之後通過耶穌會打通的國際逃跑路線逃往國外，大部分人首先來到鄰國巴西或者烏拉圭，之後前往歐洲。貝戈利奧親自把這些逃難者接過來，之後讓他們在馬克西莫躲藏一段時間，有的是幾天，有的需要幾週或者幾個月的時間。貝戈利奧為他們準備假身份文件，之後把他們送到機場，目送他們登上飛機安全離開。其中有一個年輕人與貝戈利奧長相非常相似，貝戈利奧把自己的身份證件交給那位年輕人，讓他穿上神職人員的衣服，通過與巴西接壤的邊境小鎮福斯多伊瓜蘇把他悄悄送往國外。

貝戈利奧通過河運把一部分人送到了烏拉圭，但更多的人是通過阿根廷與巴西之間的邊境線逃往國外，那裡居住着瓜拉尼人，是耶穌會的傳教地。這些難民首先來到阿根廷北部米西澳內斯省，那裡的傳教士用渡船從伊瓜蘇港把他們送到巴拉那河對岸，對岸的巴西耶穌會士們在里約熱內盧為他們安排避難之地，之後安排機票和盤纏幫助他們前往歐洲。在安全的前提下，把他們送上飛機。每個人只參與其中的一個環節，為防止被捕，每個人僅僅知道其參與的內容並為之負責，例如乘車、食宿或者文件準備環節僅僅由一個人負責。

這個營救網絡安排細緻嚴謹，能夠看出組織者的大無畏精神。因為獨裁政權在南美洲南部圓錐形區域的國家簽有引渡條約，例如阿根廷、烏拉圭、巴西、巴拉圭和智利，這個條約就是所謂的《康多爾條約》，根據條約，上述所有國家對會員國所謂的流亡分子相互負有追捕和引渡義務。這個營救網絡反映出南美洲耶穌會士在反暴行過程中的有效合作，他們在邊境悄悄的把難民送出國外，這是當時不為人知的秘密。

1976年3月24日，軍隊推翻了伊莎貝爾·庇隆的政權。貝戈利奧從波哥大大街327號搬到了教會省總部，教會省總部距離阿根廷總統府相隔僅僅幾個街區，離聖米格爾的科萊希奧·馬克西莫大學也不遠。當時耶穌會的會員不斷增加，對教會進行整改仍然是貝戈利奧的重點工作，在1990年貝戈利奧寫給阿根廷慈幼會首領唐·卡耶塔諾的信中稱，"教會省進行整改看起來似乎有成效"。

儘管政變蓄謀已久，耶穌會士們怎麼也沒有想到搬家的那天政變爆發，當他們把傢具和書籍等搬到小貨車時，頭頂上盤旋着隆隆作響的直升機，大街上行駛着坦克車隊，戰士們沿街前進。

新的軍隊政權宣佈全國進入改組階段，他們採取了人們早已習慣的改組方式：關閉國會和法院，暫停政治活動，禁止罷工。但也採取一些新的方式，當時國家由三個軍事團體的首領來領導，一個首領代表軍隊的一個重要分支，他們三人組成內閣，儘管軍隊總指揮喬治·維德拉將軍任總統，但是如果沒有海軍上將埃米利奧·馬塞拉或者空軍首領布里格迪爾·奧蘭多·阿戈斯蒂的同意，總統就無法推行行政決策。在社會管理方面也有革新：報紙編輯只能按照命令刊發指定的內容；國家控制全部五家電台。

新政府的目標是"保留必要文化，為引導國家發展提供基礎"。當天的公報這樣報道——"清除破壞分子，促進經濟發展"。經濟方面執行貨幣刺激政策，縮小政府規模，凍結工資，開放市場參與國際競爭。但事實證明，這些措施無效，政策剛執行時出現了投資熱潮，經濟飛速發展，可阿根廷很快就陷入一場新的經濟危機，這次經濟危機導致了大量的工人失業。

當時整個國家籠罩在可怕的政治沉寂之中，直到1978年阿根廷這種沉寂才開始被打破。一年之前，失蹤人員的家屬開始在總統府門前聚集，他們在五月廣場戴着白色的頭巾，舉着失蹤孩子們的遺照，和冷漠的戰士們對峙，他們一直佔領着廣場，這引起了全球的關注。當時軍隊政權已經更換領導，新上任的領導為了轉移注意力，在1982年發動了對阿根廷南部沿海英國佔領島嶼的進攻，這就是馬島戰爭（福克蘭群島戰爭），阿根廷在此次戰爭中慘敗，導致了獨裁政權的垮台，1983年阿根廷重新進入民主社會。

1976年，貝戈利奧在馬克西莫安頓下來之後，立即展開對耶穌會學生項目的改革，這是經歷了長期的分裂和混亂之後，貝戈利奧所採取的革新措施中很重要的一個環節。

從那年開始，新入會的會員不斷增多，貝戈利奧說這是互愛、互信、熱忱和虔誠帶來的結果，在此找到精神的慰藉對於新入教的人來說非常重要。他說，耶穌會的敵人是"某種先鋒思想"，他們策略的狡猾之處是引導人們認為教會需要通過耶穌會士進行自我救贖，在這個言論的背後可以看出是對主信仰的缺乏。他列出需要提防的幾個誤區：認為分裂比團結更重要的思想；認為部分比整體更重要的看法以及認為個人想法比現實更為重要的認識。

為了戰勝這些錯誤思想，貝戈利奧採取三項措施。第一個措施是重新制定學習規劃，他重新設置兩年制預修班（用一到兩年的時間學習藝術和人文學科），堅持用神學和心理學分開的方式設置課程，取消了他在1990年寫給唐·布魯諾信中提到的教學大綱。那種大綱把心理學和神學雜糅在一起，按照大綱安排，學生最開始學習的是黑格爾。貝戈利奧新開設的預修班引導學生深深紮根於耶穌會，熟悉阿根廷傳統而不是國外的一些模式。學生學習的內容不僅包括歐洲經典，還包括阿根廷文學課程——從加烏喬人馬丁·菲耶羅到博爾赫斯。對歷史課的內容進行了調整，保存了有關天主教和西班牙的內容，刪除了耶穌會在阿根廷早期的一些內容。貝戈利奧希望耶穌會士們能夠重視宗教傳統，擁有較高的文化修養，不僅要知道火車和電報，更要了解加烏喬人和考迪羅主義。

他所採取的第二項措施是在當地人中延伸傳教服務。在接下來的10年裡耶穌會快速壯大，馬克西奧學校裡學生滿員，同時在耶穌會內部也引起了反對聲音，這種反對聲音在20世紀80年代表現的最為突出。在給唐·布魯諾的書信中貝戈利奧寫道：

我在聖米格爾的時候，發現鄰居們缺少福音服務，這使我非常困惑，我們試着在週六下午向孩子們傳授教義，在他們玩耍嬉戲的時候，我們嘗試通過問答的方式對他們進行教義的引導，我意識到我們曾經發誓對孩子和沒有接受過教育的人進行教義的傳授，事實上我們並沒有做到這些。之後我就和學生們一起開始為孩子們提供福音服務，並產生了很好的效果：我們新開設了五個教區，制定了系統的上課模式，每週六下午和週日上午對那些地區的孩子們傳道。但是很快也招來了反對，有人認為這不是耶穌會的傳道方式，這次改革被我"慈幼會化"了。

　　週末的傳道任務安排在附近區域，為窮人提供傳道服務，讓學生與主的信徒們建立聯繫，使他們能夠踏踏實實的傳經授道。"為虔誠的信徒傳道，他們能使我們意識到現實的問題，"貝戈利奧在他的一次談話中提到，"在我們的意識裡，我們是國王和神，全身心地為實現我們的理想而努力，從而忽略了現實中亟待解決的問題，但是在我們教區裡工作卻剛好相反。"

　　第三個措施是像神父菲奧里托以前指導的那樣，繼續宣揚伊格內修斯精神。神父菲奧里托和見習修士們居住在巴拉里貧民區，是大學裡面很多耶穌會神學學生以及非耶穌會神學學生的精神導師。《精神公報》刊登了貝戈利奧當時發表的很多言論和文章，這些言論和文章來自貝戈利奧的伊格內修斯精神課堂，主要分析了導致教會分裂的因素以及挑戰教會權威的原因。

　　他廣泛引用保羅六世的《在新世界中傳福音》，為某些"基層社區"挑戰教會權威、被意識形態控制而惋惜（"在主的面前，讓我們一時感到刺痛或許對我們有幫助，"貝戈利奧說，"但是作為牧師，在這個方面我們犯了罪，為這次曾經的過往乞求原諒）。"他大部分引用的是伊格內修斯本人的作品，其中包括《修煉》的全部內容，通過這項措施，有力地消除了耶穌會內部的分裂因素。

　　作為省會長和耶穌會會員談話期間，貝戈利奧曾經提綱挈領的分析教會省面臨的挑戰，以及國家層面和教會內部出現的問題。他說阿根廷的基督教成為殘暴意識形態的俘虜，他們這代人被庇隆主義左翼游擊隊的彌賽亞主義以及反社會主義的所蒙蔽，造成了慘痛的後果：基督的肉體被現實撕裂，教徒不斷減少，教會四分五裂。在對阿根廷耶穌會改革期間，貝戈利奧呼籲所有的耶穌會士放棄他們自己人生規劃，接受"邊緣人士"的召喚——

窮人對福音的渴求。

在這方面，貝戈利奧採用伊夫·孔加爾在《教會改革的真偽》中闡述的觀點，真正的改革圍繞處於邊緣的人進行，並給神職人員帶來啟迪。"教會內部成功的改革在於這些改革關注心靈的需求，從傳道的角度進行，以聖潔為最終目的，"一名法國多米尼加人這樣寫道。什麼是失敗的改革？失敗的改革導致分裂，是意識形態通過對改革的歪曲理解，對一部分價值進行讚美和吹捧，而妖魔化其他部分。大公會議之後的耶穌會改革呈現出所有失敗改革的特徵，更導致了世俗意識形態的入侵（不管是左派還是右派都存在世俗意識形態）。

從貝戈利奧的談話中可以看出，他自身培養出兩種對抗意識形態的免疫力，第一種是主的聖徒思想：根據孔加爾思想，主的神力不是為了滿足上層精英的喜好，而是為了滿足普普通通虔誠的窮人；第二種是一系列"基督原則"，包含在一系列教義中的原則。1974年，在教會省會議上，貝戈利奧總結説這三種智慧包括：選擇團結，摒棄分裂；關注整體而不是局部；重視時間而不是空間。到1984年，他增加了第四條，即對抗意識形態的原則：事實大於理論。這些原則是他對他心目中的聖賢思想的總結，這些聖賢包括伊格內修斯和他的同伴、巴拉圭傳教士，甚至包括19世紀的考迪羅·索薩，最重要的來源是"我們信任的人以及聖徒們的智慧"。

貝戈利奧説這四項原則"為實現和解提供參考的標準"。這些原則不斷出現在他的講話和文章當中，《福音的喜樂》一書曾援引這四項原則。教皇方濟各的該部作品於2013年11月出版。

貝戈利奧在1980年談到精英工程"否決了他們自己的兄弟姐妹做決定、謀發展的能力，而是建立他們自己的機構，關注於自身"，他們"不渴望成為主體，而是追求享有優先的權利。"這種力量是分散的，和主的力量不同，主的力量是凝聚的，這些力量無關上流精英，而是存在於主忠實的信徒當中。

復辟主義、理想主義、保守主義以及革命主義都是為了爭權奪利，為奪取控制權而展開鬥爭，這種爭奪最終只面臨兩種選擇：我們的機構要麼恢復原狀，要麼處於成功者的絕對控制之下；同時，我們為這些爭奪展開辯論的時候浪費了大量的時間，看不到主的聖徒正在採取行動。這些聖徒們擁有無盡的權利，真正的智慧，碰到棘手的問題，承受沉重的痛苦，但他們一直在前行，這就是救贖運動。然而，復辟主義者和理想主義者看不到真正的進步，他們會落伍，會被精英主義拋棄。所以，他們沒能加入到歷史的進步之中。主正是通過歷史進步方式在拯救眾生。主讓我們成為一個整體，一個機構，主的力量穿越歷史使全人類成為一個整體。

聖伊格內修斯的洛約拉格言的內容是行動勝於雄辯，在那場罪惡的戰爭中，貝戈利奧一直用實際行動踐行這個理念，他之所以沉默並不是明哲保身，沉默也不是他的性格，而是為了實現目標。耶穌會士被監視——電話被監聽，信件被查看，整個教會省乃至全國四分五裂，一部分耶穌會士支持庇隆主義左翼游擊隊，一部分支持軍隊，其餘的可能支持激進主義、自由主義或者庇隆主義。

耶穌會三支武裝力量一部分位於大學裡，一部分分散在附近，他們信任作為省會長的貝戈利奧，並聽從他的吩咐。利用這些武裝力量提供的情報以及在軍事領域的影響力，貝戈利奧可以很好的進行斡旋。他可以提醒某人有危險，打聽被帶走人的相關信息，例如，他曾經告訴胡里奧·梅雷迪斯，在青年中心，住在帶有褶皺的鐵皮屋裡面的年輕人是誰，哪個年輕人在空軍的嫌疑名單裡面。"他命令我搬走，住進科萊希奧·馬克西莫學校裡面，"神父梅雷迪斯回憶說，"我來到學校，在那裡躲了起來，保住了自己的性命。"

貝戈利奧曾經做出過冒險的舉動，例如1977年，他駕駛一輛卡車來到他的前圖書館老闆埃斯特·巴萊斯特里諾·德·卡雷亞加的家裡，卡雷亞加的女兒安娜被人監視，貝戈利奧把他們圖書館中有關馬克思主義的書搬運到了馬克西莫學院。他還經常接他的一位朋友從其藏身地到布宜諾斯艾利斯的科萊希奧·薩爾瓦多會見她年幼的孩子，這位朋友名叫艾麗西亞·奧利維拉。

奧利維拉是一名庇隆主義左翼分子，反對神職人員，她為貝戈利奧的思想和所採取的活動帶來很多啟發。奧利維拉是一位單身母親，有三個孩子，是阿根廷歷史上第一位女法官。1972年貝戈利奧向奧利維拉諮詢一些法律問題，從此兩人相識，後來兩個人相同的經歷和追求使其成為親密的朋友。奧利維拉是社會和法律研究中心的四位創始人之一，這個研究中心關注人權，1975年成為安全保衛力量的心腹之患。隨着政變謠言的愈演愈烈，考慮到她的人身安全，貝戈利奧邀請奧利維拉搬到馬克西奧居住，她笑着拒絕了貝戈利奧的邀請，說她寧願住在監獄裡面也不願意和牧師們住在一起。

政變發生之後，當局認為奧利維拉的意識形態不適合繼續做法官，她失去了工作崗位（貝戈利奧曾經匿名為她送花，並稱讚她是一名優秀的法官，奧利維拉認出了貝戈利奧的筆跡）。緊接着社會和法律研究中心被查封，她躲避到一個朋友家裡，孩子讓其他人代為照顧，貝戈利奧每週帶她見兩次孩子，期間他們談論軍隊可怕的邏輯推理，軍隊不能明確區分政治、經濟、宗教之間的關係，不明白神學各個團體之間的區別。

奧利維拉也直接觀察到貝戈利奧非常擔心耶穌會牧師們的安全，尤其擔心居住在游擊隊活動地區牧師們的安危。1976年5月，約里奧和哈利克斯被捕前後，出於信任，貝戈利奧告訴奧利維拉為了尋找關押地點他所做出的種種努力。奧利維拉說貝戈利奧經常邀請她和他正在幫助逃跑的人一起共進離別午餐，有時在聖米格爾的靜修室，有時在距離五月廣場不遠的聖伊格納西奧·德·洛約拉，"當有人要離開這個國家的時候，他總是安排離別午餐，"她回憶說，"他從沒有忘記為每一個人準備離別午餐。"

每次從武裝力量的控制之下營救一個人的難度都非常大，幾乎是不可能的事情，但是貝戈利奧卻成功的營救出那麼多人。在獲得營救的人當中，有一位是神父胡安·卡洛斯·斯坎諾內的學生。當貝戈利奧查明那名學生的關押地點時，他努力說服指揮官那名學生是清白的。這位姓亞爾巴內西的年輕人遭受了非人的折磨，更為糟糕的是他看到了行兇者的長相，那名指揮官告訴貝戈利奧不可能釋放亞爾巴內西。"貝戈利奧告訴對方，殺害一位無辜的年輕人是非常嚴重的罪行，"斯坎諾內回憶說，"'如果你相信地獄，你應該知道犯了嚴重罪行的人都會下地獄的。'最後，他救了那個男孩子的命。"

另外一個成功的例子是塞爾吉奧·格羅布林，在20世紀60年代末期，塞爾吉奧是馬克西莫的一名非教內神學生。1975年，貝戈利奧參加了他的婚禮，後來貝戈利奧還到他們傳教的地方去看望塞爾吉奧和安娜。1976年10月，塞爾吉奧遭到逮捕，貝戈利奧為安娜找到了一處安全的避難所，並且信心十足地安慰她說塞爾吉奧一定會被釋放。18天之後，貝戈利奧成功營救出塞爾吉奧，儘管他遭到了嚴刑拷打，身體羸弱，需要在醫院進行一個月的治療。

貝戈利奧前來看望塞爾吉奧和安娜並告訴他們需要離開這個國家，在意大利副領事的幫助下他們逃往國外。"他告訴我們通過種種方法來證明我們的清白，希望我們獲得自由，期間他見了很多名武裝力量的高級領導，"塞爾吉奧回憶說，"這就是為什麼他一直告訴我們離開的原因，因為軍隊中還有其他的人在追捕我們。"他們來到意大利的弗流利居住下來，貝戈利奧在1977年訪問羅馬的時候去看望了他們。

米格爾·拉·奇維塔當時是馬克西莫的一名神學生，省會長為營救格羅布林與人會面，奇維塔親眼目睹了會面之後省會長的反應：

一天，貝戈利奧與一名莫龍空軍基地高級軍官見面，當時他讓我送一些食品到他辦公室。我進入辦公室的時候貝戈利奧正在說那個孩子必須釋放。會議結束後，他給我打電話讓我端走盤子，當我到達辦公室的時候，他讓我把那名軍官送出去，當時我想這個安排與平時不同，他經常自己親自把客人送到外面。當我回到辦公室的時候發現他正在嘔吐，他說："有時候和這些人談話結束後，會噁心嘔吐的。"他說這是一場博弈，一招失誤，全盤皆輸。三天之後，塞爾吉奧被釋放，因嚴刑拷打而遍體鱗傷。

"奎克"馬丁內斯·奧索拉、卡洛斯·岡薩雷斯以及拉·奇維塔是主教安傑萊利在馬克西莫的神學生，當他們知道他們成為軍方的嫌疑時，貝戈利奧和安傑萊利達成一致意見，他們需要在1975年完成學習課程。

當聽到安傑萊利神秘死亡的消息時，貝戈利奧縮短在中美洲參加省會長會議的時間，於幾天之後的深夜回到馬克西莫校內，直接前來尋找安傑萊利的三名神學生。事實上，這三位神學生當時亦如驚弓之鳥，擔驚害怕，心煩意亂。"聽到越來越近的腳步聲，我們當時害怕的要死，"拉·奇維塔回憶說，"我們已經想好怎麼逃跑，他敲門說道'不要害怕，我是喬治'。"安慰我們之後，他給我們一些建議：結伴行走，不要走樓梯，要乘坐電梯，遇到不認識的人要立即去一個指定的房間給他打電話。

為了安全起見，貝戈利奧沒有安排他們像其他學生一樣參加聖米格爾的傳教活動，而是安排他們一項其他工作，後來他們才意識到那份工作是為避難者提供避難場所。"我們幫助貝戈利奧為一些看起來像是學生或者靜修的人提供服務，但是我們猜想他們是受到迫害的難民，"奎克回憶說，一次掩護的大約有30人，他們不知道那些人的信息，因為貝戈利奧告訴他們不要問問題，但是後來他們明白了這一切。"我們為這些人送飯，他們所在的區域不允許其他人接近，因為那裡是靜修的地方，"拉·奇維塔說，"一個樓層，一邊是真正靜修的人，一邊是躲避迫害的人。"

其中的一部分難民來自烏拉圭和巴拉圭，比如岡薩洛·莫斯卡是一名激進分子，受到烏拉圭獨裁統治的迫害逃到阿根廷，來到布宜諾斯艾利斯之後發現當地的警察也在追捕他，莫斯卡就給自己在阿根廷教會省的哥哥打電話，他的哥哥是一名耶穌會士，通過哥哥的介紹與省會長取得了聯繫。貝戈利奧從布宜諾斯艾利斯市中心接到莫斯卡，開車帶他到馬克西莫，路上提醒他"如果他們攔下來盤問，就告訴他們你要去參加靜修。"莫斯卡說，他在馬克西奧躲藏了四天，每天下午貝戈利奧就會拿着收音機以及博爾赫斯的著作來到他的房間，為他定了飛往普埃爾托·伊瓜蘇的航班。"神父喬治不僅送我到機場，還目送我登上飛機，"莫斯卡回憶說，他飛過了巴拉那河，到達巴西之後得到了巴西耶穌會的幫助，他們為他提供了相關文件以及去往歐洲的機票。現在回想起來，莫斯卡還深為貝戈利奧的勇氣所感動，"如果他們發現他和我在一起，我們兩個都會被帶走。"

拉·奇維塔回憶說，省會長曾經搭救過一位牧師，那位牧師受到了一個自稱為"傳統"的右派團體的威脅。在一次有關家庭和財產方面的訓誡結束之後，他發表了一些關於帕洛蒂牧師被殺害的抗議之辭。"有一天貝戈利奧找到我們說韋森特需要離開這個國家，因為他們已經下令逮捕他，負責執行的人已經接到命令，但是他48小時之內不會採取任何措施，之後就必須實施追捕，他說他要把韋森特送往烏拉圭。"

他的這些營救行動都是在政府武裝和教會武裝的眼皮子下面進行，馬克西莫距離一個軍事基地非常近，1977年，武裝力量奪取了馬克西莫校內的一處瞭望台，該瞭望台在鐵門外面，有士兵不停地在巡邏。有時候他們在附近宿營，或者開展行動。安吉爾·羅西爾在當時是一名見習修士，他回憶說1977年武裝力量要對見習院進行搜查，見習院距離馬克西莫有一段距離，武裝分子聲稱他們聽到了槍聲，就把槍口對準見習修士們，讓他們頂牆站立，其他武裝分子把所有的房間翻了個底朝天。

馬克西莫沒有遭到搜查，儘管有一天晚上差點遭到搜查。1977年底，大約有20名士兵穿過鐵門，用卡車把學員圍了起來，神父斯坎諾內被認為是解放神學分子而引起武裝分子的懷疑。聽到外面走廊裡傳來了軍靴的聲音，斯坎諾內的心提到了嗓子眼，但是士兵們並沒有走進來，貝戈利奧用禮貌但充滿自信的語氣告訴士兵，他們沒有權利來搜查馬克西莫，讓他們回到自己軍營去，士兵們最後離開了。

在學校內部，包括一部分專職武裝牧師在內大約有30名牧師，有可能被指認為支持獨裁政權的保守分子，約里奧教授曾經和第三世界牧師運動有聯繫；參加神父格拉和斯坎諾內1976年"人民神學"學校的全體教員，他們堅決反對馬克思主義。當時的政治氣氛緊張，參加學校活動時，每個人都變得小心翼翼，拉·奇維塔在一次神學課結束之後提到了約翰福音，並且諷刺了馬克思主義，導師把他叫到一邊告訴他："當你想討論這些問題的時候就到我的房間來，我和你有同樣的觀點，但是你要注意自己的言行，因為有告密者。"

拉·奇維塔形容貝戈利奧為"鰻魚"，因為他擁有"從容應對時事的能力"。

在2010年提供的司法證據當中，貝戈利奧曾經説道："這些人中，有的和人權組織有關係，有的沒有，有的與政治力量以及武裝力量有聯繫。"媒體想要貝戈利奧説出他們的名字，在他們的一再追問下，貝戈利奧説："朋友、熟人，"他避免提到那些人的姓名，"還有耶穌會士，一些非教內人員，另外還有耶穌會的一些朋友。"

經薩爾瓦多大學前鐵衛團領袖介紹，貝戈利奧認識了海軍上將埃米利奧·馬塞拉。庇隆去世之前曾授予馬塞拉海軍司令的頭銜，庇隆去世後，馬塞拉希望能夠接替庇隆成為運動的領袖。1976年至1977年期間，他希望通過收編庇隆政權集團的領導人來建立新的政治團體，薩爾瓦多大學校長弗朗西斯科·"卡喬"·皮農便是其中的一位，皮農利用與其接觸的機會和馬塞拉達成協議。由馬塞拉保證學校以及全體人員的安全，作為交換條件，1977年

11月25日，薩爾瓦多大學邀請馬塞拉來校發表演說，並授予其榮譽學位，當時由馬克西莫學院院長維克多·佐爾津代表耶穌會參加儀式。

　　儘管一些前瓜爾迪亞主義者受到了馬塞拉的蠱惑，但是皮農卻沒有加入他們，因為皮農和貝戈利奧一樣，並不支持馬塞拉的政治理論，授予馬塞拉榮譽學位完全是為了保障薩爾瓦多大學和師生們的安全，貝戈利奧認為要保證學校不要參與獨裁運動，因為這不是小孩兒玩過家家游戲。胡里奧·巴爾巴羅回憶說，貝戈利奧保護耶穌會，使其遠離獨裁政權。20世紀70年代，米格爾·蒙·德布西是馬克西莫的一名神學生，偶爾為貝戈利奧開車，後來離開了耶穌會。德布西說貝戈利奧曾經告訴他，馬塞拉正與其商議購買學校附近的一個耶穌會瞭望台，因為瞭望台是學校的一項財政負擔，實際上並沒有做成這筆買賣，瞭望台最終被武裝力量收購，與馬塞拉的會面卻達成了一項重要的約定，馬塞拉承諾保證學生和見習修士們的安全。

　　馬塞拉在那場邪惡戰爭中擔任海軍上將，獨裁政權失敗後，他付出了應有的代價，在獄中度過了自己的餘生。貝戈利奧和馬塞拉的會面被一名左翼分子舉為證據控告前省會長是“通敵分子”，但是那段時間和貝戈利奧有親密接觸的人，例如艾麗西亞·奧利維拉證明當時貝戈利奧迫於獨裁政權和庇隆主義左翼城市游擊隊的威脅，才與他們保持聯繫，從另一方面説，貝戈利奧與任何一個可以挽救生命的人建立了聯繫。

　　如果沒有這些關係，貝戈利奧的目標一個也不可能實現，出於同樣的原因，羅馬教廷大使選擇和維德拉將軍共進午餐，主教會議負責人在1977年開會時，安排馬塞拉和教皇保羅六世一起參加會議。主教們後來告訴外界媒體，因為擁有這些關係，他們成功挽救了更多人的生命，但這一點是有爭論的。1976至1977年，獨裁主義依然佔統治地位，社會普遍認為只有和游擊隊有關才會遭到逮捕，當時沒有人懇請主教們簽發有關反對當時政權的聲明，而是有成百上千的人懇求他們通過私人渠道與當權者協調救人，公開批判當時的政權只能使這些提議落空。

　　每一次成功的營救都來之不易，總體來說獲得成功營救的人並不多。1977年，羅馬教廷大使皮奧·拉吉惋惜地告訴美國外交官，每一個接受詢問的武裝團體都會把問題推向其他的團體，幾乎無從確定誰是那些失蹤案件的罪魁禍首，主教們也僅僅能夠對極少量的案件提供詳細信息。搜尋失蹤的人是一項巨大的工程。在被捕後的前兩週，被捕者關押在警察局或者軍事基地，根據他們被指控的罪行進行"分類"，如果這時能夠足夠快的查出他們所在的位置，還有機會把他們營救出來，被捕者一旦被送到秘密審訊中心，被營救出來的希望就變得非常渺茫。規模最大的審訊中心設在海軍技術學校，大約有5000名被捕者被送到這裡接受審訊，之後少量的人活了下來（其中包括約里奧和哈利克斯）。當倖存者講述他們在裡面的經歷時，很多人就會明白軍隊不願讓他們活着離開的原因。

　　貝戈利奧在這次屠殺中營救出來的人並不是很多，除了格羅布林、亞爾巴內西、約里奧和哈利克斯之外，可能還有其他一兩個人。一次他的好友埃斯特·巴萊斯特里諾·德·卡雷亞加為他引薦了一位婦女，那位婦女的兩個兒子都遭到了綁架，他們都是社會主義者，和埃斯特的孩子一樣，他們還是自由革命軍隊的會員。"她是一名寡婦，兩個兒子是她的全部，"2010年貝戈利奧回憶說，"當時她哭得很悲痛，那個場面我永遠不會忘記，我四處打聽，但是沒有打聽到他們的下落，後來每想到此事，我都懊悔當初未能做出更多的努力。"

貝戈利奧也沒能挽救埃斯特的生命,她是五月廣場媽媽聯盟的三名發起人之一,1977年4月她組織了首次圍攻總統府活動。埃斯特的女兒安娜·瑪利亞失蹤,但是在10月份竟然奇跡般的被釋放。她帶着三個孩子搬到瑞典生活,到達瑞典之後,她認為自己拋棄了五月廣場媽媽聯盟的會員,因此感到愧疚和自責,所以她返回布宜諾斯艾利斯繼續開展運動,目標是堅持到每一個人都安全返回。五月廣場媽媽聯盟迅速發展壯大,會員包括兩位法國修女,失蹤人員的親屬等,其中還有一名叫古斯塔沃·尼諾的年輕人。他們每週在聖克魯茲教堂見面,12月份,他們打算把列出的800名失蹤人員的名單公佈於眾。

尼諾的真名是科爾·阿爾弗雷多·埃斯蒂斯,他是馬塞拉安插在五月廣場媽媽聯盟中的臥底,打着弟弟失蹤的幌子加入到聯盟當中。通過參加五月廣場活動和一系列教會會議之後,他安排了一支敢死隊逮捕了聯盟會員,1977年12月8日至10日,他們共進行了四次抓捕,其中包括逮捕聯盟會員阿祖切那·維拉弗洛以及瑪利亞·龐塞。

貝戈利奧非常悲傷,他始終聯繫不到埃斯特的家人,幾乎絕望的向人權組織以及大主教區求助,但是對方都愛莫能助,他和修女會的會員們一起請求法國大使,法國大使與軍事集團進行了數次交涉。

儘管他們一直在探尋相關的信息,數年之後真相才浮出水面,而此時,參加聖克魯茲會議的幾十名聯盟會員早已經沉屍南大西洋海底。

　　與"潘喬"哈利克斯不同的是，奧斯瓦爾多·約里奧在去世之前都沒能得到內心的平靜和寬恕。在2000年的冬天，他在烏拉圭首府蒙特維多因心臟病離世。在他去世的前一週，奧爾加·沃那特採訪了這位老人，他身體羸弱，臉上的褶皺和傷疤交錯。"我根本不相信他為營救我們而做出努力，"1999年約里奧這樣告訴霍雷肖·韋爾比茨基，"實際上剛好相反。"約里奧曾經告訴沃那特更為恐怖的信息："我堅信是他向海軍洩漏了我們的名單。"

　　25年前，約里奧在監獄裡度過了五個月的時光。在此期間，他雙手被拷，眼睛被蒙了起來，一直生活在馬上會被處死的恐懼當中，同時，他對自己的前省會長滿懷怨恨，一年之前他還目睹其成為布宜諾斯艾利斯的大主教。約里奧一直告訴他的朋友福爾圖納托·米利馬奇說貝戈利奧是壞人，沉迷於權力，陰險狡詐。米利馬奇是天主教左翼分子、人權組織會員，約里奧對貝戈利奧的這項控訴前後持續了20多年，米尼奧內和韋爾比茨基在此期間起到了推波助瀾的作用，控訴圍繞以下內容展開：約里奧是無辜的受害人，而貝戈利奧是一名陰險的反動分子，是兩面派。

　　約里奧去世後，韋爾比茨基極力宣揚了約里奧的冤情——政變之後的幾個月裡，貝戈利奧蓄意讓約里奧和哈利克斯處於危險之中，至少他明白他們所處的危險。約里奧告訴沃那特是貝戈利奧陷害了他們，但是至今沒有人支持貝戈利奧出賣了兩位牧師的說法。據哈利克斯回憶，他們在1976年5月23日被逮捕，因為他們認識的一名游擊隊隊員被捕，那名游擊隊隊員曾經是一名傳教士，經過嚴刑拷打之後供出約里奧和哈利克斯是和她一起工作的人。約里奧的家人以及韋爾比茨基認為，在二人逮捕之前，貝戈利奧還犯下了一系列罪行：在禱告之後，貝戈利奧前去海軍技術學校告密，當天海軍技術學校的敢死隊就來到他們在布宜諾斯艾利斯博亞·弗洛里斯家裡逮捕了他們。他們還宣稱，貝戈利奧沒有對他們是游擊隊員的指控進行澄清，而且在他們最危險的時候安排他們離開耶穌會，約里奧的哥哥魯道夫·約里奧認為"他把他們置於危險境地而不是規避危險。"

　　在外國人看來，這聽起來至多是疏忽所致，但是在阿根廷內部卻產生了可怕的反響。埃米利奧·米尼奧內在其1986年作品《教會與獨裁》中把約里奧的指控公佈於眾，米尼奧內的作品很有說服力，不僅僅因為他在社會與歷史研究中心從事令人尊敬的職業，而且還包括他女兒失蹤的事實。米尼奧內的女兒是一名傳教士，與約里奧和哈利克斯一起工作，在約里奧和哈利克斯被捕的前一週失蹤，米尼奧內心急如焚，但是他熟悉的天主教主教們並不能幫助他女兒獲得釋放，米尼奧內在書中代表受害者對教會的教權以及營救的失敗進行了猛烈的抨擊，他指出教會和軍隊多年來保持聯繫的原因，貝戈利奧對待兩位牧師的行為只是他着力抨擊的一個方面，米尼奧內書中重點抨擊的是武裝力量通過教會內部的熟人，對教會內部進行清理的行為，這位熟人是高級神職人員。

　　這項控訴認為主教們利用戰爭來清除教會內部的解放神學主義者，他們默許軍隊處死他們的對手，阿根廷左翼分子認為這是主教們沒有形成統一力量對抗軍隊團體的原因。許多左翼分子認為主教們把教會放在了與人們對立的位置（除了一部分"好"主教，例如安傑萊利）。

　　而證據並不支持上述觀點，一部分神職人員認為屠殺麥德林神學者是鎮壓反對分子行動的一部分，他們包括專職武裝牧師的領導人托爾托洛主教和博納明主教，以及一部分專職武裝牧師，如克里斯琴·馮。但大部分主教和教會領導人並不這麼認為，這並不是教會最初沒有反抗武裝力量的原因。事實表明，教會在慢慢覺醒，到20世紀70十年代末主教們逐漸形成共識，一致反對軍事團體的意識形態和行為：

　　米尼奧內和韋爾比茨基認為，正是因為貝戈利奧向海軍"透漏消息"，約里奧和哈利克斯被逮捕，雖然沒有直接提出，但他們私下認為，由於約里奧和哈利克斯不同意貝戈利奧的神學觀點，所以貝戈利奧想讓他們死掉。這個觀點引起了很多人的反對，其中包括米尼奧內在社會與法律研究中心的同事奧利維拉和許多人權領域人士，例如阿道夫·佩雷斯·埃斯基韋爾。2010年司法審訊開始介入，方濟各當選教皇之後，各路媒體記者以及阿根廷傳記作者們開始關注這項指控，調查的結果與米尼奧內和韋爾比茨基的指控恰恰相反：約里奧和哈利克斯被捕與貝戈利奧沒有關係，貝戈利奧曾經請求他們採取措施脫離危險，並為他們提供保護，約里奧和哈利克斯在已知存在危險的情況下暴露了自己。他們（包括其他人）被捕之後，貝戈利奧展開長期的營救。從所有與案件相關的文件記錄和證據得出的結論是一致的，這些證據和案件記錄來自多名著名的法官、法學家、以及多個人權組織。

　　但為什麼約里奧認為貝戈利奧出賣了他，而且至死堅持這個觀點呢？

　　在20世紀60年代早期，貝戈利奧與約里奧和哈利克斯相識，哈利克斯是阿根廷人，出生在匈牙利布達佩斯，他是一名耶穌會士，隸屬智利教會省，60年代後期，哈利克斯教貝戈利奧基礎神學，是貝戈利奧的精神導師，貝戈利奧後來曾經說到哈利克斯是他的貴人。約里奧來自布宜諾斯艾利斯，1955年加入耶穌會，比貝戈利奧早三年晉鐸，1966年，約里奧34歲，教授貝戈利奧《三位一體論》。2010年司法問詢時，貝戈利奧描述約里奧“細緻敏感，聰慧異常”，認為他的神學課程生動活潑，他說約里奧和哈利克斯信仰堅定，用羅馬教廷設定的標準來看，他們在解放神學中擁有牢固的地位。

這並不是事實的全部，約里奧是一名喜歡政治的神學家，是第三世界牧師運動的活躍分子，是神父卡洛斯·穆希卡的朋友，是一名支持庇隆主義左翼城市游擊隊的庇隆主義革命分子。貝戈利奧沒有提起約里奧曾經是前省會長李嘉圖·奧法雷所組建團體的會員，他們進行平均主義實驗，在課程中加入“中產階級”人文課程，導致耶穌會後來需要進行重新整頓。總的來說，約里奧代表了大公會議之後耶穌會的內部混亂，後來大家選舉貝戈利奧來取而代之。

1970年，約里奧和哈里克斯帶領若干神學生和教授來到布宜諾斯艾利斯貧困地區的一個基層社區，他們在意杜薩高社區進行了一個前衛實驗，推行無階層、生活政治化，這個實驗在阿根廷教會省內部存在很大爭議：一部分人發誓忠於耶穌會，但是，據說一部分人是庇隆主義左翼城市游擊隊隊員。1977年，約里奧給耶穌會羅馬元老院寫了一封長達27頁的書信，他在信中提到了遭到逮捕之前的歲月，並承認“意杜薩高實驗中，一部分神職人員重新思考了自己的職業選擇，然後離開了耶穌會。”他說這些神職人員進行了認真的思考，得到省會長同意之後離開了耶穌會。

省會長奧法雷命令關閉社區，安排約里奧進行神學和政治研究。約里奧來到布宜諾斯艾利斯的貝爾格拉諾耶穌會社區，那裡有耶穌會機構——社會研究與行為中心，約里奧經常應邀講述有關解放神學的課程。由於不喜歡那裡的生活，1972年末約里奧請求奧法雷批准他與哈里克斯、杜龍、拉斯泰利尼、卡薩洛托建立新的基層社區，他們把社區建立在隆多街道。

社會上出現了有關他們的傳言，説他們與游擊隊有聯繫，他們違背了自己的誓言。1973年貝戈利奧當選省會長後，告訴他們隨着時間的推移總會真相大白，不必在意那些傳言。1974年11月，耶穌會學生胡安·路易斯·莫亞諾在阿根廷西部門多薩地區被捕，莫亞諾曾是意杜薩高社區實驗區的一名會員，被懷疑與游擊隊有聯繫，貝戈利奧成功將其營救出來，送他去國外學習。

1974年末，貝戈利奧和餘下的四名會員（卡薩洛托離開那裡，加入了主教教區）召開了一系列會議，進行了兩天的靜修，約里奧認為取得了"豐碩的成果"。作為教會省改革的一部分，貝戈利奧決定關閉社區並徵求他們的同意。迫於要遵守上級命令，他們回應説"available"，該詞在耶穌會具有特殊含義，表示迫於上級命令而同意。他們反對教會省的決定，不願關閉社區，並聲稱社區取得了良好的傳教效果。最後他們同意派遣拉斯泰利尼前往胡伊省傳教，約里奧向羅馬遞交申請反對解散該社區（等待神父阿魯佩的回復需要大約一年的時間），同時，三人都要搬到另外一個社區。約里奧最終決定接受貝戈利奧的建議，但是他推遲搬離的時間，直到1976年年中才搬入新的社區。

1975年初，約里奧、哈里克斯以及杜龍搬到了位於巴黎奧·里瓦達維亞的一座房子裡面，那裡距離約里奧新的工作地點11.14號貧民區很近。在那裡，哈里克斯進行靜修，另外兩位召集傳教士們組成了一個團體，其中包括不久之後就加入游擊隊的一名婦女。當時游擊隊和敢死隊之間的衝突日益升級，而游擊隊的基地米塞里亞變成了情勢最為緊張的地區。

1975年，阿根廷主教們要求自由主義教授們停止在德沃托教區以及其他傳教點的授課，科萊希奧·馬克西莫回應主教們的要求：3月份，約里奧收到院長的一封信，告知他的教學崗位被取消。1977年，約里奧說這是個草率無禮，不尊敬人的決定。

　　馬克西莫大學的一個高級神職人員團體是右翼政治的擁護者，他們一直反對約里奧和他的同事們。"在科萊希奧·馬克西莫，有人說我是庇隆主義左翼城市游擊隊的首領，說我有情婦，"約里奧告訴沃納特，"弗朗西斯科·哈里克斯在信中向耶穌會士很多次提到他們在披露我們的信息。"貝戈利奧不相信這些傳言，但是高級神職人員們得到了主教們和羅馬耶穌會元老院的注意，如同約里奧在書信中寫的那樣，貝戈利奧受到了各方面的壓力解散社區，讓耶穌會士們搬出貧民區。

　　然而，貝戈利奧繼續支持里瓦達維亞區的耶穌會會員。約里奧最後宣誓時問題發展到了非常嚴重的地步，如果羅馬收到了省會長和顧問團對某位耶穌會會員的舉薦，這位耶穌會會員會受到邀請進行宣誓，同時由熟悉該會員的合適人選對其進行書面鑒定，說明其是否符合條件。1975年7月，貝戈利奧告訴約里奧鑒定人對其做出的鑒定結果為否定。貝戈利奧說可能是許多人對意杜薩高社區具體情況不了解而導致做出否定結果的鑒定，他委託其他的耶穌會會員為約里奧重新做鑒定，然而最終的結果仍為否定，顧問團拒絕推薦約里奧。

　　這是主要的導火索，如果約里奧最終進行了宣誓，那麼約里奧本人以及社區就不會遭到那麼多的批評。約里奧在1977年的書信中說這次省會長的壓力非常大，不知道下一步該怎麼走。

　　神父貝戈利奧告訴我們他面對的壓力非常大，幾乎不能堅持下去。他要求我們去思考、去祈禱，他自己也在思考和祈禱，我們應該開會，我們召開了兩三次會議。他告訴我們要解散社區，不知道接下來怎麼辦，而且擔心這個決定會造成不公正的結果。他交代我們不要和教會省的其他耶穌會會員談論這件事情，當時的形勢非常敏感，以免造成教會省的分裂。他讓我們耐心等待，為了教會省我們要保守秘密，同時我們一起努力解決問題。

約里奧、哈里克斯及杜龍認為，作為耶穌會會員很難繼續在他們的基層社區裡待下去，他們給主教愛德華多·畢諾尼（很短時間裡升為紅衣主教）寫信。畢諾尼是拉普拉塔教會省前任紅衣主教，現在是梵蒂岡羅馬教廷會議領導人。他們在信中介紹了他們社區的情況，約里奧把社區描述為"宗教生活框架的縮略圖，我們不能繼續在裡面生活"，他們稱他們的基層社區是一種前衛的伊格內修斯機構，直接反抗了上級下達的命令。根據2010年貝戈利奧的證詞，他們把組織樣本寄給了三位有可能支持他們的主教。

據約里奧回憶，1975年12月，三A敢死隊槍殺了一名牧師，對其他牧師進行逮捕、嚴刑拷打，離開時又殺害了一名牧師，這兩名死亡的牧師都住在米塞里亞，他們收到了威脅，約里奧建議哈里克斯去見貝戈利奧，"讓他告訴武裝分子我們是清白的。"

約里奧曾向以前的同事尋求幫助，以保住他在耶穌會內部的職位，這些同事在貝爾格拉諾，他們中的大部分人都支持他的觀點。而這恰恰是貝戈利奧極力避免的情況——在國家形勢緊張的局勢下，耶穌會內部的左派和右派產生爭執。1976年2月，貝戈利奧在一次會議上嚴肅地告訴耶穌會會長、神父阿魯佩希望徹底解決這個問題，他們需要在退出耶穌會和聽從教會安排中做出選擇，這意味着需要解散社區，搬到其他地方居住。貝戈利奧支持他們為窮人服務，就像當年支持神父梅塞吉爾一樣支持他們，梅塞吉爾取代了神父穆希卡，在雷蒂羅車站附近31號貧民區工作。貝戈利奧安排約里奧和哈里克斯（像穆希卡那樣）在耶穌會的居民社區服務，不要放棄貧民窟的工作。

約里奧認為他們需要時間來整理思路，貝戈利奧建議他們向羅馬遞交請假申請，他們同意了他的建議。在貝戈利奧起身前往羅馬時，他們讓他把文件轉交給神父阿魯佩。

10天之後，貝戈利奧從羅馬帶回了阿魯佩的回信，阿魯佩在信上說社區必須在15天之內解散，三位牧師需要離開阿根廷教會省，哈克里斯前往美國，約里奧和杜龍去往另外一個教會省。對於他們來說這是一個災難性命令，他們認為神父阿魯佩聽信了有關他們和游擊隊有聯繫的傳言，貝戈利奧告訴約里奧"他已經告訴會長這項命令等同於把我們驅逐出耶穌會，但是會長並沒有改變自己的決定。"

他們非常痛心，用了三天的時間來思考是選擇離開耶穌會還是選擇進入新的教區，3月19日，他們被免職。由於政變即將來臨，貝戈利奧催促他們為了自己的安全離開米塞里亞。"武裝力量已經盯上他們，"多年以後，貝戈利奧這樣說到。他告訴他們，在找到新的主教以前，他們可以住在波哥大大街教會省元老院的房子裡，但是他們謝絕了他的建議。"他告訴他們非常危險，必須離開，"艾麗西亞·奧利韋拉回憶說，"但是他們並不理睬他的建議，想繼續留在那裡。"除了貝戈利奧，神父魯道夫·里恰爾代利也曾經提醒他們離開。里恰爾代利在11.14號貧民區工作，一起工作的還有其他牧師，當他聽到傳言，就告訴每一位從事社會和傳教工作的人離開那裡，離開是為了自身的安全以及附近人民的安全，但是約里奧、哈里克斯、杜龍以及其他一部分傳教士選擇繼續留在那裡。

　　三位牧師此時發現他們像是燙手的山芋，沒有主教願意接納他們。約里奧此前曾經把自己的想法告訴他的一位耶穌會老朋友、大主教韋森特·札茲佩，但是札茲佩對他的想法並不感興趣。他們發現另外一個慈幼會主教和他們持同樣的觀點，那名主教是莫龍的米格爾·拉斯潘蒂，他僅同意接收杜龍一人。

　　此時他們終於明白其他人也許早就看出在軍隊發動政變的前夜，三名前耶穌會牧師被錯誤懷疑與游擊隊有聯繫，他們不聽從教會長的建議，希望在貧民區建立一個全新的沒有階級的社區，後來沒有主教願意接收他們進入自己的教區.用約里奧自己的話說："如果不能澄清對我們的懷疑，沒有主教願意接收我們，同時，我們的牧師職業以及生命都陷入危險當中。"

　　四名女性傳教士被捕之後，他們仍然繼續待在米塞里亞。被捕的四名傳教士當中有一名叫做莫妮卡·米尼奧內，她是埃米利奧的女兒，被捕之後杳無音訊。教區大主教阿蘭布魯前往羅馬任職紅衣主教時，他們依舊住在那裡，他們已經不再是耶穌會會員，傳教的資格已經被吊銷（貝戈利奧接到通知之後告訴他們，他們可以私下裡和會員們一起做彌撒）。一週之後，即5月23日，幾十名海軍來到米塞里亞逮捕了約里奧、哈里克斯以及八名傳教士，杜龍騎自行車外出，躲過了這次追捕。

　　接受問訊之後，八名傳教士被釋放，但是約里奧和哈里克斯卻被送往位於海軍技術學校的秘密審訊中心，很長一段時間他們被關押在單人牢房裡面，戴着頭套、腳鐐，雙手被拷在背後。接受審訊的時候沒有食物和水，大小便只能排在衣褲裡面，他們遭到了侮辱，審訊人員通過電警棍擊打以及注射藥物的方式對他們進行審訊。

貝戈利奧展開了快速的營救，他向主教托爾托洛、紅衣主教阿蘭布魯、羅馬教廷大使以及遠在羅馬的耶穌會會長報告了此事，並通過專職武裝牧師打聽約里奧和哈里克斯的下落。貝戈利奧堅信軍隊會認識到自己抓錯了人並釋放他們。"我們立刻採取行動，沒想到那麼長時間之後才放人，"貝戈利奧在2010年回憶說。

經過審訊，海軍技術學校的確認識到他們抓錯了人，據約里奧回憶，軍隊負責人告訴他們"之前存在對我們嚴厲的指控，抓捕我們給軍隊造成了很大的麻煩，因為在教會內部以及全國很多地方都引起了強烈的反響，他說我是一名好牧師，但是我卻犯了錯誤，因為我和窮人一起對福音進行唯物主義化，基督所指的窮人是精神層面貧困的人。"

哈里克斯回憶說，儘管他們接到通知說很快就能得到釋放，"儘管接到了釋放的通知，但是因為某些無法解釋的原因，我們又被關押了5個月，期間我們的眼睛被蒙上，雙手被拷。"大眾對這次綁架事件的關注致使軍隊不能讓他們"永遠消失"，同時也不會立刻釋放了他們。約里奧和哈里克斯被轉移到位於唐·托爾夸托教區的一處房屋裡面，在這5個月裡，軍隊不再對他們進行嚴酷審訊，他們可以洗澡，有人餵他們吃飯，但是他們的雙手依舊被拷，眼睛被蒙起來，焦急而無助的等待命運的安排。

接到他們不會被立刻釋放的消息，貝戈利奧立刻從各方尋求支持，對軍隊施壓確保約里奧和哈里克斯不會"永遠消失"，那段時間裡很多人目睹了貝戈利奧的心急如焚和他做出的一系列努力。9月15日貝戈利奧在寫給哈利克斯家人的信中告訴他們不要放棄希望，並順便提到他們之間的分歧，省會長安慰他們"我們之間的分歧只存在於教會生活方面，與目前的情形毫無關係，"他還用德語寫道，"弗朗茨是我的一位兄弟"。

　　約里奧和哈里克斯最終為什麼得到釋放的原因還不是很清楚，米尼奧內認為是教皇保羅六世直接給海軍首領喬治·維德拉打電話的結果；或許是因為哈里克斯的在美國的弟弟私下與正在參加競選的總統吉米·卡特取得了聯繫，吉米·卡特給喬治·維德拉打電話請求釋放約里奧和哈里克斯；或許是因為耶穌會會長阿魯佩通過羅馬教廷大使解決了此事；也許是因為紅衣主教阿蘭布魯與維德拉談判三次的結果；最大的可能是以上所有的努力救出了約里奧和哈里克斯。2010年的司法審訊中總結為"受害人所屬教會的不懈努力以及天主教會領導者們對此事件的堅持不懈"營救了他們。

　　貝戈利奧為營救他們奔走協調，他曾經分別同兩位海軍領導見面，一位是海軍上將埃米利奧·馬塞拉，另一位是維德拉將軍，他努力說服對方所掌握的每一個證據碎片是站不住腳的。貝戈利奧在2010年接受問詢時說："我告訴馬塞拉，這兩位牧師與軍隊所懷疑的事情無關"，但是對方並沒有答應釋放他們，而是承諾會繼續調查下去。兩個月之後，軍隊沒有傳出任何消息，貝戈利奧又同海軍領導們見面。據他回憶這次見面持續不到十分鐘，非常"不愉快"，當時能夠肯定馬塞拉逮捕了他們，但是仍在撒謊。貝戈利奧怒不可遏，他告訴馬塞拉："馬塞拉，你聽着，我要你將他們釋放出來。"說完這些話，他站起來離開。據維德拉回憶：

　　我想不起來具體的日子，大約在綁架之後的兩個月我們第一次見面，他表現得很嚴肅，記錄了我們談話內容，並告訴我說他會徹查到底。我告訴他，據說是海軍綁架了他們。第二次會面前，我查出哪一位專職武裝牧師要參加在貝戈利奧住處舉行的彌撒，我讓那位專職武裝牧師告訴貝戈利奧自己病了，由我代替他參加彌撒。那天是週六，彌撒結束後我去見他，他給我留下的印象是他更加關心這件事兒，而且會更加嚴肅的追查下去。

1976年10月，約里奧和哈里克斯最終被釋放，他們被迫服用藥物，對方駕駛直升機把昏睡不醒的他們扔在距離布宜諾斯艾利斯比較偏遠的一處空地上。"他們不得不將我們釋放，因為我們被海軍綁架成了件人盡皆知的事情，"哈里克斯回憶說，"但現在我們被放出來後反倒身處險境，他們為了讓我們永遠閉嘴，可能派人在大街上就把我們幹掉。"

貝戈利奧接到約里奧的求救電話，為防萬一電話被竊聽，採取了預防措施：他告訴他們，不要說出他們現在在哪裡，他會派知道他們位置的人前去搭救。

哈里克斯隨後被送到美國他母親那裡。與此同時，貝戈利奧和基爾梅斯教區的主教豪爾赫·諾瓦克在他母親的公寓見了約里奧。豪爾赫主教答應安排約里奧在他的教區當一位牧師。

後來貝戈利奧資助約里奧前往羅馬參加耶穌會格利高里大學的一項課程。對於貝戈利奧所做的一切，約里奧回憶說省會長"非常關心、勤於安排"以及"我的主教非常感激"，但是"他不能明確解釋在我被捕之前發生的事情，他很迷茫，不知道要說什麼，我什麼也沒說，我能說什麼呢？"

　　那段慘痛的經歷雖已結束，約里奧內心卻久久不能放下那段回憶，他陷入了悲傷和壓抑的漩渦當中，隨着時間的推移愈演愈烈，長時間的囚禁只是他喪失自我認識的最後一個階段。在此之前，他失去了耶穌會會員的身份，不再是一名神學家，此外，他還失去了藉以實現自己神學理想的社區。他知道遠在羅馬的會長正是聽信了傳言而命令他離開耶穌會，之後他被主教們拋棄，被取消了牧師資格，遭到耶穌會驅逐。在接下來的數月裡，他在監牢裡面失去了自由，失去了尊嚴。2010年，被人問起怎麼看待約里奧控訴他背叛了自己時，貝戈利奧說“我認為這是他慘痛的經歷造成的”。

　　在羅馬，約里奧重新回憶起所有的事情，試圖理順其中的關係，他開始把心中的怒火轉移到省會長身上。1977年，在他寫給耶穌會元老院的神父莫拉的信中所提到對貝戈利奧的指控，與後來米尼奧內書中的記載大相徑庭。約里奧在信中說自己最憤怒的是，暗處的敵人通過發佈虛假傳聞而導致自己遭遇不公平，耶穌會聽信傳言驅逐了他，最後，會長發出驅逐令時他根本沒有機會辯護。關於這些，約里奧說：“省會長沒有為我們辯護，我們開始懷疑他的忠誠，我們受夠了教會省，並感到非常不安全。”他們對貝戈利奧感到非常失望，“他告訴我們他面臨的壓力很大，但是卻不告訴我們具體是什麼壓力，他沒有批評我們，也沒有為我們指明解決問題的辦法。”這是約里奧在書信中對貝戈利奧最嚴厲的指責。在書信結束的時候，他請求知道到底發生了什麼。當時的約里奧迷茫無助，認為自己是一名無能為力的受害者。

　　後來，人權領域發表的言論使約里奧怒火中燒。20世紀80年代中期總統勞爾·阿方辛命令展開失蹤事件的調查，調查結果顯示一部分主教和專職武力牧師是失蹤事件的同謀，左翼分子中出現了兩面派。這些言論把教會以及阿根廷社會劃分為兩派，即綿羊與狼群，天使與魔鬼。好的一派指那些勇敢的殉道者，如安吉萊利和那些站出來抨擊武裝力量的主教們；而另一派則是在一定程度上出賣了自己的同胞、熟人以及同事們，主要包括那些敵人以及罪惡的觀望者。

這些言論使支持游擊隊的人更加堅信他們革命的失敗是因為反動力量的破壞，也淡化了他們在大屠殺中的角色，同時沒有為那些反對獨裁、默默工作、甚至冒險救人的人留餘地，這部分人包括大部分主教，包括貝戈利奧。在阿根廷獨裁統治結束以後，居住在蒙特維多的約里奧發現米尼奧內有關背叛的言論能夠用來解釋自己的困惑，米尼奧內在書中寫道，"一些牧羊人選擇把他們的小羊獻給敵人，而不是保護他們，拯救他們，歷史該怎麼評說這樣的牧羊人？"約里奧現在把貝戈利奧視為背叛者，包括後來支持約里奧的韋爾比茨基也這麼認為。對於約里奧這個控訴，米尼奧內從沒有考證過相關證據，貝戈利奧當時也沒有試着為自己辯解。

米尼奧內的言論得到了耶穌會內部自由主義分子的支持，他們認為貝戈利奧是一名反動分子。1972年，胡安·路易斯·莫亞諾曾經是約里奧意杜薩高基礎社區的一名學生，1974年在門多薩經歷了嚴刑拷打以及監獄生活，後來貝戈利奧安排他去德國學習。莫亞諾之後前往秘魯生活了很多年，期間他一直和約里奧保持聯繫，同時開始憎恨省會長。1991年回到阿根廷之後，莫亞諾成為貝戈利奧的詆毀者之一，他為韋爾比茨基提供了許多貝戈利奧的信息，例如他稱貝戈利奧為那位"匿名的耶穌會士"，散播有關他的傳言；把貝戈利奧與海軍上將馬塞拉的見面，作為貝戈利奧支持獨裁統治的證據。到20世紀90年代後期，他們對貝戈利奧的妖魔化達到了最高峰，約里奧相信他們異常荒謬的推斷——省會長把寫有他名字的名單交給了施暴者。

當初約里奧並不這麼認為，從1977年約里奧的一封信中可以看出這一點。約里奧在信中說，他固執的認為建立基礎社區以同窮人一起生活是正確的，這個觀點蒙蔽了他，使他成為省會長的頭痛之事。在信中他沒有提到貝戈利奧為了讓他們做出正確選擇而做出的種種努力，而是提到了貝戈利奧在耶穌會、主教面前以及羅馬教廷，一直對他們持反對態度。信中抱怨主教沒能為他們指明解決問題的辦法，一直讓他們遵從教會省的安排，他自稱他們是服從安排的耶穌會牧師，與意見不一致的人生活在一起——儘管自己的選擇遭到制止，但是他們可以在那裡繼續生活。沒有主教願意接納他們，他們只能選擇離開耶穌會，貝戈利奧為他們提供了安全的避難場所。

如果把貝戈利奧看作天使，或許能夠扭轉劇情。他並不是像描述的那樣果斷堅定，在約里奧被捕之前以及釋放之後，都因內心深處的自我懷疑以及外在的壓力而倍感迷茫。但是，當時在教會省內部混亂狀態下，他能夠清醒地保持自己的忠誠，知道怎樣利用不同的力量保護耶穌會會員及人民的安危，從這個層面來說，他沒做錯什麼。他沒有背叛兩位耶穌會牧師，更沒有參與對他們的逮捕行動，即便約里奧本人也認為貝戈利奧是一位勤勉、富有同情心的人，他極力引導他們做出正確的選擇，同時也尊重他們的自由。在他們被捕之後，貝戈利奧竭盡所能確保他們被釋放出來。

哈里克斯經歷了與約里奧不同的心理歷程，有一段時間他也認為是貝戈利奧出賣了他，並且抱怨貝戈利奧沒能為他們辯解，除了這種憤怒，他常常祈禱去原諒那些他認為背叛他的耶穌會會員。1978年他住進德國維爾黑爾姆斯塔爾的一個靜修院，在那裡他開始接觸《精神修煉》。1980年，經過靜修之後，他意識到自己的恢復效果受到了報復衝動的影響，就燒掉了自己搜集起來的所有文件，這是他邁出的重要一步。8年後的一天，在羅馬的一次會議上，他在自己上級的面前止住哭泣，終於從過去的陰影中走了出來，所有的痛苦都離他遠去。

在20世紀90年代末，哈里克斯前往布宜諾斯艾利斯進行靜修授課，期間與貝戈利奧見過幾次面。後來真相大白，沒有人出賣他們，約里奧和哈里克斯之所以被捕，是因為一名加入游擊隊的傳教士在嚴刑拷打之後供出他們的名字。

2000年，神父哈里克斯和大主教貝戈利奧在公共場合一起主持彌撒，據報道，他們通過擁抱彼此來慶祝和解。13年之後，哈里克斯已經86歲高齡、頭髮花白，世界媒體來到維爾黑爾姆斯塔爾對他進行採訪，傾聽這位老者講述在大約40年前、發生在遙遠國度的往事。幾個月之後的10月份，哈里克斯和方濟各相聚在聖瑪塔。

第五章

慘遭驅逐的領導者

(1980—1992)

　　方濟各當選的第二天上午10點15分，距離聖彼得·巴西利卡不遠的博爾戈·聖·斯皮里托的耶穌會總部前台，一位叫安德里亞的年輕人正在準備接聽電話，他以為這又是一個惡作劇電話。他剛接到一個電話說：「早上好，我是教皇方濟各，我想與會長通話。」他回答說：「當然，我是拿破崙。」隨後安德里亞直接問道：「請問您是哪位？」

　　神父克勞迪奧·巴雷根說，教皇方濟各當選之後，他把這件小軼事通過郵件發給了他的耶穌會同胞們。電話不停的響起來，一些電話是由精神病人打進來的。「沒問題，」安德里亞認為這又是一個惡作劇。「真的，我是教皇方濟各，您是誰？」電話那邊問。年輕人說出自己的名字，教皇問候他上午好。「您好！您好！」他因為激動而變得呼吸急促「請您原諒，」安德里亞意識到電話裡的人就是教皇方濟各，當方濟各禮貌的讓他接通會長的電話時（教皇告訴安德里亞「他寄給我一封很棒的信，我想向他道聲謝謝"），安德里亞溫和地說："請原諒，教皇閣下，我現在就為您接通。"

教友阿方索是神父阿爾道夫·尼古拉斯的秘書，巴西人。他也接到電話。"聖父，恭喜您贏得選舉！"他說，"我們一直在為您祈禱！"方濟各在電話那端笑道："為什麼而祈禱，我繼續參加選舉還是回去？""當然是繼續參加選舉，"阿方索回答說。他走進尼古拉斯的辦公室，把電話遞給尼古拉斯時壓低聲音說："是教皇電話。"會長非常驚愕，差點把安德里亞趕下樓去。他慌亂地在"教皇"、"聖父"、"閣下"等幾個詞語中轉換，方濟各說謝謝他的來信，希望能夠與他見面，並承諾還會打來電話確認見面的時間。

週日下午5點半，他在聖瑪塔教堂門口見到了教皇方濟各，這是耶穌會歷史上耶穌會會長第一次見到來自耶穌會的教皇。方濟各給他一個兄弟般的擁抱，估計他用非正式的意大利語進行交流，並且非常熱情的希望尼古拉斯對待他能夠像對待"其他耶穌會會員"一樣。與教皇進行深入的談話之後，尼古拉斯說道，教皇非常平和、幽默，他們對過去、現在和將來的理解都能達到高度一致。他補充說："離開聖瑪塔的路上，我強烈地感覺到，在主的葡萄園裡與他並肩勞動將會收貨累累碩果。"

整個耶穌會開始蘇醒。

一週之後，尼古拉斯在致全世界耶穌會17200名會員的信中說，教皇方濟各是一名"真正的耶穌會信徒"，這點從他給尼古拉斯的信中可以看出來。尼古拉斯說耶穌會要不遺餘力支持聖父，齊心協力與教皇同行，於是有了下面的一段話：

我們知道，我們的力量是有限的，我們將與全人類共同面對歷史遺留的罪惡，就像伊格內修斯在曼雷薩所做的那樣，我們聽從主的召喚，站在全域的角度考慮與我們相關的事物，用全新的視野看待未來。現在是弘揚憐憫和善良的時代，教皇方濟各曾多次提醒我們不要被過往所蒙蔽。否則，我們的心智就不再明朗，引導我們看待現實生活的就不再是福音的啟迪。

　　被過往所蒙蔽？尼古拉斯明白如果那樣做帶來的後果將會無法想像。在過去的這些年裡，貝戈利奧以主教、大主教、紅衣主教的身份到訪羅馬很多次，但是他從沒有像其他主教們那樣訪問過博爾戈·聖托·斯皮利托，也沒有同尼古拉斯的前輩說過話，這位前輩即前會長彼得·漢斯·科爾芬巴赫。尼古拉斯知道在耶穌會內部存在意見不統一的情況，不管是在阿根廷還是其他地方，有人不相信貝戈利奧，認為他是另類，是分裂分子。尼古拉斯認為這些惡意的指控，會損害耶穌會同新任教皇之間的關係，另外，也給媒體雜誌提供一些可以報道的負面信息。他需要與貝戈利奧建立聯繫，來彌補這些過錯，所以，方濟各在當選的第一天就收到了他熱情洋溢的信件。令尼古拉斯欣喜的是，方濟各通過電話、書信的方式快速給予回復，安排3月17日的會見，這一切均表明教皇也是這樣的想法。

　　2013年7月31日，方濟各與耶穌會之間達成了和解，在洛約拉舉行了聖伊格內修斯聖餐；在羅馬巴洛克風格的耶穌會教堂裡，方濟各同兩百多名耶穌會信徒一起舉行了彌撒。方濟各為聖伊格內修斯點燃了奉獻之燭，在聖方濟各·賽維爾的聖壇前駐足，他還拜訪了耶穌會女資助人捐贈的女士教堂，這個教堂對於聖伊格內修斯以及他的隨從們來說非常重要。真正打動人心的是彌撒之後他對神父阿魯佩墓的拜祭。這位耶穌會會長在1991年逝世，去世

之前經受了10年的中風癱瘓以及喪失語言能力帶來的折磨，約翰·
保羅二世趁機干涉耶穌會內部事務。方濟各了解阿魯佩那些年的
所有境遇，"他非常虔誠地進行祈禱，並表達了感激之情，"尼
古拉斯在致耶穌會信徒的信中說，"很明顯，教皇想在那裡停留
更長的時間。"

　　尼古拉斯和大多數媒體都沒有報道方濟各在訓誡中的懺悔環
節。他祈禱說，他和所有的耶穌會信徒接受因自己錯誤而導致的
"恥辱的恩典"，他說主要求所有的耶穌會信徒看護好十字架，
這個使命"體現人文，非常榮光"，但是他們並沒有圓滿完成使
命。這場訓誡不僅僅是自身的一種反思，更是對全體耶穌會信徒
的激勵，這場訓誡他想讓很多老人們聽到，這些人有些在阿根
廷，有些在羅馬，有些在世界其他地方，有些已經離世。

　　8月份，為了迎接即將到來的游客狂潮，梵蒂岡騰空了地方。
期間，方濟各在聖瑪塔會見了著名耶穌會期刊《天主教文明》的
編輯、47歲的神父安東尼奧·斯帕達羅，他們舉行了三次會談，共
計6個小時。斯帕達羅乘坐電梯來到201房間，走進一個擺放有桌
子和椅子的起居室，起居室旁邊就是教皇的小臥室。

　　斯帕達羅放置好筆記本，打開錄音器，他們用意大利語和
西班牙語進行談話，在兩種語言間不停切換，談話的內容涵蓋許
多話題。方濟各擁有廣博的知識，就各種思想、概念以及事件展
開自己的論述，他語調平靜自然，觀點鮮明，斯帕達羅發現對方
身上有很多難得的品質："他說起話來平易近人，開放豁達，反
應迅速，思想深邃，禮貌周全。"在其中的一次會談中，他們在
瀏覽他所回答的問題時，把要閱讀的材料兩個人輪流各讀一段。
期間，貝戈利奧為他送來杏汁，並為他倒入杯子，斯帕達羅從來
不喜歡喝杏汁，"但是從那以後杏汁對於我來說具有特殊的意

義。”

　　2013年9月，大約1萬2000字的《忠實於主的赤子之心》採訪故事，幾乎同時被刊發在全球範圍內的15家耶穌會期刊上，這是迄今為止對教皇最為重要的採訪，只有對本篤十六世的長篇採訪《世界之光》可以與之相媲美。《世界之光》於2012年11月發行，一出版便受到了廣泛關注，在參訪中，本篤十六世針對非洲愛滋病問題，指出“使用避孕套是承擔責任、實現教化的第一步”，這是媒體關注的焦點，其他內容則沒有引起媒體關注，甚至包括他明確提出如果身體條件不行的話會辭職這一消息。然而媒體對於有關方濟各的採訪卻是另外一種態度，他們認為採訪中方濟各提到的或者做過的事情將會引起一系列變化。《紐約時報》率先刊登了這篇報道，着重引用了方濟各有關教會關注點的評論，他說教會的焦點“局限”在“很狹隘的幾個方面”，例如“避孕方法、同性戀，以及墮胎”等話題。這篇報道引起了廣泛關注。“很多人發現教會一直在關注這些事情，但是聽到教皇如此直率坦誠地指出來，人們覺得不可思議，”耶穌會神父詹姆斯·馬丁說。他來自《美國》雜誌社，《美國》雜誌也刊登了這篇報道。

　　教皇致力於重新塑造教會形象，他認為教會應該是一位溫柔體貼的母親，而不是一名鐵面無私的法官。方濟各說：“我認為教會現在最需要做的是助人療傷，溫暖信徒們的心靈，教會需要以親切體貼的形象示人。”這句話後來被廣泛引用。接下來他用了一個令人震驚的比喻：

　　我認為教會是戰爭結束後的戰地醫院，它不能治癒高血糖、高膽固醇患者，但是可以包紮傷口，之後我們才可以討論其他可行性，撫平創傷，……這是我們需要進行的基礎性工作。

有時候教會把自己局限在一些瑣事當中，被狹隘的規則束縛。最重要的事情就是首先宣佈：耶穌救了你。教會的牧師應該是憐憫眾生的牧師……在傳教生涯中，我們應該與人民同行，我們應該撫平他們的創傷。

我們應該怎樣對待主的子民？我理想中的教會應該是一位母親，一位牧羊人，教會的牧師們應該心懷憐憫，敢於擔當。在陪伴主的子民的同時，應為周圍的人提供乾淨的場所，滌蕩他們的心靈，給他們以扶持，這是真福音。系統而有組織的改革不是亟待進行的事情，接下來自然會進行改革，我們首先應該扭轉自己的態度，傳福音的牧師應該是可以溫暖子民心靈的人，可以引領他們走過漫漫長夜的人，知道怎樣與子民們進行對話，在漆黑的夜裡不會迷失方向，來到子民身邊並引領他們奮勇向前的人。

方濟各把教會比做戰地醫院的比喻，或許來源於曼佐尼《婚約夫婦》中對傳染病院的比喻。《婚約夫婦》是一部意大利史詩，奶奶羅莎經常為童年的方濟各閱讀這部史詩。當斯帕達羅對教皇進行採訪時，發現他的桌子上擺放着這本書。

傳染病院位於米蘭的高牆之外，那裡令人毛骨悚然，戰爭導致了饑荒，之後有成千上萬感染瘟疫的病人被送到此處進行康復治療，但是大部分人都死在那裡。那家傳染病院由一群英勇無畏、克己奉獻的化緣修士們經營。曼佐尼以精神病院背景，營造出凄慘悲涼的氛圍，失散多年的情侶在這樣的環境下團聚。神父克里斯多夫羅是聖方濟各的子民，他簡樸謙卑、細心體貼、無所畏懼，在小說的最後因為染上瘟疫而身體虛弱，但是他還利用自己有限的力量去服務別人。把教會比喻成傳送憐憫的渠道而非規則制定者或者調整者，這個比喻蘊含着巨大的力量。

這是一部分採訪內容所涵蓋的信息，方濟各用最簡單的語言形式與廣大人民進行交流，他還可以通過教內術語與教內的信徒們交流，這次採訪的其中一部分內容，專門面向耶穌會內部期刊的讀者們。

採訪中，方濟各呼籲耶穌會信徒"刻不容緩"地與全教會並肩工作，他告訴斯帕達羅，這需要"更多的謙卑、更多的犧牲和勇氣，尤其當你被誤解或者成為誤解和流言中傷的目標時。"他接着舉例子說："讓我們回憶一下歷史上衝突緊張的時刻，在過去的幾個世紀裡，中國發生了解放戰爭，馬拉巴爾發生了內戰，巴拉圭出現了倒退。"耶穌會會員明白他這段話的含義：在這些例子中，傳教士們在羅馬教廷要求的基礎上"因地制宜"地傳教，後來證明他們的做法是正確的。方濟各說作為一名耶穌會會員，他明白遵從教會安排有時候需要付出一定的代價，但他強調生活在特殊歷史時期要堅持"最有效的態度"。

這次採訪還包括方濟請求和解的內容，他向對他持懷疑態度的阿根廷耶穌會會員伸出橄欖枝，他坦白在擔任阿根廷省會長期間存在權力主義的現象，應該進行更多諮詢，但是他堅決反對捏造他為右翼分子的指控。方濟各告訴斯帕達羅："我的權利主義以及快速做出選擇的方式導致一些問題的發生，但是被指責為右翼主義我堅決不認同，我從來都不是右翼分子。"

當被問及耶穌會的經歷對他的管理工作所產生的影響時，他不假思索地回答說："培養了洞察力。"他指出耶穌會關於怎麼甄別真偽優劣的方法是"了解主、靠近主的有效途徑"，並為"平時的管理提供借鑒。"他說："決策時不僅要進行討論和諮詢，更需要了解事情的來龍去脈、分析事物的發展變化、考慮到人民的需求，尤其是窮人的需求"。這意味着有時候需要等待，需要評估，在做出決定之前需要充分的思考時間。着手處理新問題時，要考慮以後需要進行的工作。作為教皇，他選擇住在聖瑪塔、乘坐低檔轎車都是他處事風格的體現。總的來說，聖伊格內修斯在《精神修煉》中曾經指出，做出決策時需要進行“二次思考”，只有“了解所有相關信息、通過經驗判斷以及不同方法進行分析”才可以做出決策。

斯帕達羅了解到方濟各在耶穌會的學習榜樣是彼得·法伯爾（1506-1546），他是伊格內修斯的第一位同伴，與伊格內修斯和賽維爾不同的是，法伯爾來自一個農民家庭。貝戈利奧與他的經歷很相似，貝戈利奧來自弗洛雷斯地區的一個下層社會家庭，他的大部分同伴來自於頗有聲譽的耶穌會私立學校。但二人也有不同之處，法伯爾溫文爾雅，思想開放，擅長言談，他的主要任務是在支持加爾文主義的人群中傳教，同時他還是一位成績斐然的領導人和改革者。2013年12月17日是方濟各生日，那天，他在聖瑪塔和四位無家可歸的人一起吃過早餐，快到中午時方濟各宣佈追封法伯爾為聖者，把法伯爾的名字加入到聖者名冊當中，但沒有舉行相應儀式。方濟各打電話給尼古拉斯說：“我剛剛簽了這個法規。”

新年時，方濟各在傑蘇耶穌會教堂與350名耶穌會會員共同慶賀對法伯爾的追封，在訓誡時他說法伯爾是“一位謙虛敏感、精神豐富的人，擁有與不同人群成為朋友的能力”，同時也指出法伯爾“不易滿足和優柔寡斷”。2013年7月31日，借聖伊格內修斯聖餐的機會，方濟各與耶穌會士們一起享用午餐，緊接着耶穌會元老院網站上掛出了他們的照片，照片記錄了方濟各燦爛的笑容，他又回到了耶穌會弟兄當中。

方濟各與耶穌會之間的關係得到了修復，同時，他渴望被人認為是耶穌會教皇，這樣以來，耶穌會因為方濟各而倍受關注。
自1974年保羅六世以來，耶穌會在羅馬教廷長期受到冷遇。不到
一年的時間，耶穌會重新恢復之前的地位，並與教皇建立了全新
的關係，這種關係與約翰·保羅六世時期的關係呈鮮明對比。同
時，方濟各着重修復與阿根廷耶穌會反對者之間的關係，給他們
郵寄熱情洋溢的書信，很多人在閱讀信件時潸然落淚。

　　1979年12月，貝戈利奧從省會長的位置上下來不久，兩度與
死亡擦肩而過。外科醫生胡安·卡洛斯·帕洛蒂當時37歲，他被吩咐
前往聖卡米洛診所救助一名耶穌會牧師，後來他認出那名牧師就
是貝戈利奧。當時他患上了嚴重的膽囊炎壞疽，炎症阻斷了向膽
囊的供血，如果不能成功救治便會失去生命。帕洛蒂醫生回憶説
當時他的病人病情“非常嚴重”，他切除了病人的膽囊，清理乾
淨受到影響的區域。貝戈利奧很快恢復了健康，當醫生拒絕收取
治療費用時，貝戈利奧贈送他一本有關聖伊格內修斯的書。

　　貝戈利奧那時是科萊希奧·馬克西莫的院長，羅馬的總會長任
命的三個領導崗位之一，另外兩個崗位分別由省會長、見習修士
領導人擔任。接任省會長的是神父安德列斯·思文，思文後來被時
任見習修士領導人歐內斯托·洛佩茲·羅薩斯所取代。貝戈利奧、思
文以及羅薩斯都是20世紀60年代末神父米格爾·安吉爾·菲奧內托
精神團體的會員，他們持有相似的觀點和看法，所以過渡非常順
利。思文保留了貝戈利奧的改革成果，例如流動傳教點、關於靜
修的推廣等；同時，由於新加入會員不斷增加，思文籌措資金用
於支付這部分人的開支。

　　作為院長，貝戈利奧還擔任哲學和神學系主任，管理大約100
名耶穌會學生，到1986年離開這個崗位的時候學生數量達到了200
人。自1976年作為省會長住進學校，貝戈利奧一直進行改革。此

時的貝戈利奧已經43歲，全心全意關注於20年前在智利教會省發現的問題。學校裡有很多名新的耶穌會士，他們需要引導，他強迫所有學生進行傳教模式以及精神修煉的學習。思文繼續推行貝戈利奧的政策：在20世紀60年代末70年代初，馬克西莫不再派送優秀的畢業生前往國外學習，而是留下來擔任教師的職位。

貝戈利奧認為哲學和神學應該是馬克西莫的核心教程，這個課程大綱在全國非常受歡迎。大三學生學習阿根廷歷史和文化，哲學和神學，吸收人民神學的思想，強調虔誠信仰的重要性，這些課程受到了馬克西莫以及全國範圍內神學生的歡迎。1985年馬克西莫舉辦了連續4天的國際會議，這次會議的議題是"文化以及文化融入的福音傳播"。貝戈利奧邀請法國馬克思主義專家吉恩·伊夫·卡爾維茲每年到馬克西莫擔任一個科目的授課任務。卡爾維茲是阿魯佩的四名主要顧問之一。依然提倡精神修煉和聖伊格內修斯精神，這些依然是學生們的主要課程，貝戈利奧許多發表在期刊《精神公報》上的文章，依然對教會省改革起到引導作用。

當時耶穌會培訓教材並沒有包含教旨規劃的相關內容，受早期經歷的啟發，貝戈利奧後來推行教旨規劃，即選擇為窮人服務，為他們傳福音，同時推崇主流文化及價值，尤其是對神的信仰以及忠誠。這是對主的忠實子民的生活進行激進的文化融入。

隨着時間的推移，貝戈利奧的規劃遭到了一部分老耶穌會士們的反對，這些反對的聲音來自阿根廷耶穌會、拉丁美洲甚至羅馬元老院。在阿根廷內部這些敵對的聲音，主要來自社會研究與行為中心的高級知識份子。1983年他們在羅馬利用耶穌會更換會長的機會進行游說，反對院長及他的追隨者，他們聲稱貝戈利奧的規劃是一種退步，跟不上拉丁美洲耶穌會發展的步伐。1986年，神父科爾芬巴赫出任耶穌會會長，他任命社會研究與行為中心的候選人為省會長，這個安排激起了年輕一代的耶穌會士們的怒火，遭到了他們的強烈反對。他們認為這個安排等於廢除了貝戈利奧的職責。阿根廷教會省進入到嚴重的分裂衝突時期，同時導致貝戈利奧在國內遭到排擠。

這些分裂衝突本質上反映了20世紀70年代三位教皇關於耶穌會教旨和任務的不同立場。1978年8月，約翰·保羅一世當選為教皇，緊接着他就準備有關耶穌會的演說，5週之後他意外身亡，準備好的演說沒有發表。他的繼任者、來自克拉科夫的紅衣主教卡羅爾·沃伊塔拉，在當年10月份被選為教皇，名號為約翰·保羅二世。他把約翰·保羅一世準備好的演說稿交給阿魯佩，演說稿裡滿是對耶穌會的批判，約翰·保羅二世說他同意約翰·保羅一世的觀點，但是阿魯佩僅同意其中的一部分內容。阿魯佩告訴耶穌會在羅馬的領導人，經過15年的調查和實驗，應該在耶穌會內部推廣傳統價值觀念，這些傳統價值觀念在教會長期發展中遭到遺棄，但由於他年老體衰、疾病纏身，需要有其他人來行使這項職權，1980年他向約翰·保羅二世申請辭職，同時建議召開新一屆教眾大會。

約翰·保羅二世讓他再等待一段時間，在他的繼任者到來之前，約翰·保羅二世想進行耶穌會改革。1981年8月，聖彼得廣場傳出消息，阿魯佩因為腦血栓導致半身不遂，並逐漸失去語言能力。根據耶穌會憲章，會長的職權由臨時代理人接管，並召開教眾大會選舉出新的會長。但約翰·保羅二世趁機繞過憲章，任命自己的代表意大利耶穌會八旬老人保羅·德托為臨時代理人，保羅·德托曾任約翰·保羅一世的告解神父。

約翰·保羅二世對耶穌會進行了長達18個月的干預，給耶穌會帶來了巨大衝擊，同時，約翰·保羅二世成為許多耶穌會士一生的敵人。有一部分人認為經過阿魯佩多年來頑固的實驗和革新，可以評估一下取得的成效。1982年2月，神父思文和其他85位省會長在羅馬開會，約翰·保羅二世告訴他們，第二屆梵蒂岡大會同意耶穌會進行富有特色的改革，其中包括建立追求公平正義的機制，進行強有力的教旨改革，教旨改革需要圍繞"精神、教誨、紀律、傳教"進行，實現四項任務，即普世教會主義、同不同宗教進行對話、與無神論者進行對話，促進公平正義。在會議結束時，教皇承諾說耶穌會可以選舉出新的會長接任阿魯佩。

第二年9月，貝戈利奧和洛佩茲·羅薩斯被推選出來，與思文一起前往羅馬參加第33屆耶穌會全球大會。耶穌會會長的選舉與教皇選舉會議的形式相似，選舉之前，會議對耶穌會現狀進行介紹，並提出未來會長應該滿足的條件，期間留有祈禱討論時間，參會的200名代表可以私下討論，了解候選人。與教皇選舉會議相同的是，他們會綜合考慮候選人的虔誠度、領導能力、組織能力以及應對時艱的能力。候選人只要被發現有一絲的野心就會自動喪失資格。選舉人在對聖靈進行祈禱以及宣誓保守秘密之後，通過秘密投票的方式開始選舉。

1983年9月13日，神父彼得·漢斯·科爾芬巴赫在第一次選舉中當選為耶穌會會長。科爾芬巴赫是荷蘭人，他靦腆羞怯，說話溫和，留着山羊鬍，擁有與羅馬教廷維持良好關係的外交技能。雖然第33屆耶穌會全球大會的宗旨是選舉出新的會長，同時還發表了關於第四條法令過於保守的聲明，認為第四條法令的"缺陷是……對公平正義的內涵進行了過於人道主義的延伸"，大會重申了第四條法令，宣導把公平正義融入到對信仰的服務當中。

接着談談阿根廷，當時的社會局勢發生了變化。1982年4月，軍隊在南大西洋幾個貧瘠小島上發動戰爭，這些小島屬阿根廷所有，十九世紀以來一直由英國佔領。長達6週的馬島之戰雙方損失慘重，其中阿根廷參加戰鬥的800人當中犧牲了649人，英國犧牲255人。對於阿根廷來說，他們的損失遠不止此，因為這場戰爭牽涉太多的情感，一方面，阿根廷人期望收回小島，認為這是公平正義的體現；另一方面，他們發現軍隊試圖通過這次戰爭，轉移民眾對以前那場罪惡戰爭的注意力。

許多耶穌會會員來自軍隊家庭，馬克西莫舉行的多次祈禱和彌撒都圍繞軍隊展開。戰爭期間的5月份，約翰·保羅二世對英國進行準備已久的訪問。為了保持平衡，6月11日他對阿根廷進行了為期兩天的訪問。萬名將士在斯坦利港浴血奮戰時（幾天之後他們投降），貝戈利奧和師生們一起前往布宜諾斯艾利斯的西班牙紀念碑前舉行了盛大的戶外彌撒，約翰·保羅二世在墓碑前祈禱戰爭儘早結束，之後他們來到布宜諾斯艾利斯大教堂聽教皇講話。

貝戈利奧體會到阿根廷同胞們複雜的情感。和他們一樣，貝戈利奧認為這些島嶼是阿根廷領土不可分割的一部分，英國的佔領是不公正的殖民行為。當時他說的話沒有存檔，但是擔任大主教期間他經常在老兵彌撒時說起那場戰爭，猛烈抨擊英國殖民主義，提倡由島嶼居住者決定自己的歸屬。2009年10月，為了紀念在戰爭中犧牲的親人，家屬們前往達爾文在墓地裡樹立起紀念碑，他告訴這些家屬"去親吻那些遙遠的、屬於我們的土地"，並說他們的兒子、丈夫以及父親們"以最虔誠的姿勢倒在祖國的土地上，去親吻自己流下的鮮血"。2012年，在戰爭30周年紀念日，貝戈利奧聲稱那些在戰場上犧牲的戰士"是祖國母親的兒子走上戰場捍衛他的母親，因為屬於祖國母親的國土遭到了侵略者的侵佔。"

貝戈利奧反對那場戰爭，反對軍隊唐突發動進攻。2008年，他說那場戰爭是"一個悲慘的故事，阿根廷歷史上黑色的一頁"，但是他認為參加戰爭的士兵以及他們的家人不應該背負那場戰爭帶來的恥辱，他一直強調他們應該被人記起，得到尊敬，人民應該記住他們做出的犧牲，"社會欠他們一個說法"。在那年的訓誡中，貝戈利奧指出，他們遭受戰爭帶來的身體和情感上的創傷，戰爭之後那些士兵在找工作和社會交往時遇到了巨大阻力。一部分老兵參加了這些彌撒，他們不被政府認可，但是貝戈利奧支持他們。他認為參加戰爭的每一位士兵，不管是犧牲的還是已經回來的，都不應被歧視，應該得到社會的認可。

馬島戰爭的慘敗，體現了軍隊政權的無能和腐敗，同時徹底摧毀了軍隊政府試圖樹立的人民救星的形象。在軍隊返回之前，獨裁統治就出現了危機，隨着媒體發現大量失蹤人士的墓穴，軍隊團體就開始與各個政黨協商使他們贏得選舉。1983年10月，激進派候選人勞爾·阿方辛被選為總統，他果斷採取與過去劃清界限的措施。阿方辛成立委員會，由作家歐內斯托·薩巴托領導，調查軍事獨裁期間侵犯人權事件，他們的報告《悲劇不再重演》引發了大規模的審判，多名前軍隊政權領導人被投入監獄，取得了巨大成果。但是，隨着調查的一步步深入，為了鞏固民主，阿方辛停止了對軍隊階層中不安分子的調查。在接下來的20年裡，一方面要求調查，另一方面需要妥協和解，阿根廷因此陷入兩難的困局當中。

與民主相比，發展經濟是阿方辛面臨的更棘手的難題，阿方辛政府從獨裁政權手裡接過持續縮水的經濟爛攤子，沒能控制急劇上升的財政預算赤字，欠下大量外債，儘管發行了新的流通貨幣，20世紀90年代末阿根還是廷陷入了惡性通貨膨脹危機，當時物價飛漲，成千上萬的家庭陷入了貧困，居住在聖米格爾地區科萊希奧·馬克西莫教區附近的工人階級面臨嚴峻的生活困境。

✿

據早年畢業於馬克西莫的安吉爾·羅西回憶："在那四五年的時間裡，學生人數大概保持在200名左右，學生們都來自阿根廷，都是耶穌會信徒。"而另一位校友萊昂納多·安吉爾回憶說馬克西莫"匯聚了滿滿的能量。"通過校園建設情況可以看出當時馬克西莫蓬勃發展的勢頭，學校新建了一棟用於見習修士上課的大樓，1981年10月學院增設圖書館，其收藏的神學著作數量居拉丁美洲之首。

1980年開設了新的教堂，20世紀70年代初學院的耶穌會會員，擔負起永恆之美教區、五家教堂、三所學校以及一家成人教育中心的傳教服務工作。貝戈利奧擔任學校院長之後，經聖米格爾主教允許，建立了一座新的教區教堂聖約瑟派特麗亞卡教堂，教堂所佔用土地由學校捐贈。這個教區涵蓋三個地方行政區域，當地的路沒有經過鋪設，遇到下雨天全是泥濘。教區成立一個月後，即1980年2月24日，在聖約瑟聖餐儀式上，貝戈利奧為第一個在該教堂接受洗禮的孩子施洗，這個孩子叫格麗澤爾達。3月19日，他在聖約瑟聖餐儀式上宣告新教區的成立。33年後的今天，方濟各成為一名教皇。1980年，教堂只是一間小屋，經過學生和教區人員的努力，幾年之後，這所教堂成為一個宏偉的宗教活動中心，附屬設施包括一個兒童廚房，並在馬克西莫旁邊建立了兩所學校，提供工作技能培訓和成人教育，派特麗亞卡教區發展迅速，最後在三個地方行政區域內建立了四個新的教堂。

有一天，貝戈利奧帶回了四頭母牛、四頭豬、六隻綿羊。由於物價飛漲，捐贈人員急劇減少，教會需要為更多的人提供食物。學校旁邊有25英畝肥沃的土地，這些土地一直處於閒置狀態。他們拔掉了學校後面的樹，騰出地方搭建畜棚和穀倉。他們用籬笆把土地圍起來，進行翻耕，種植蔬菜。他們還專門建立了牲畜屋。根據當時負責登記的一名學生回憶，他們飼養了120頭豬，50隻綿羊，180隻兔子，20頭牛以及許多蜂箱的蜜蜂。每天下午由一名耶穌會兄弟駕駛破舊汽車到市場上回收過了保質期的產品，回來之後，學生們分揀出哪些給人吃、哪些去餵豬。

由於當時教會的需要建立了農場，到後來農場發揮了巨大作用。來自中產階級家庭的學生有機會接觸到工人的生活，他們曾經發誓要堅守清貧。貝戈利奧告訴他們，窮人的工作是"最底層的工作，通過勞動讓我們和其他人變得平等"。除了體驗窮人們的生活，他們還可以通過在農場工作發現"世界上真正實現公平正義的機會"。平時的學習日，學生們除了每天有6個小時的課程和學習，還要進行體力勞動。在學校裡，除了做飯和洗衣，還要打掃教室和走廊。在校外，學生們在耶穌會弟兄的監督下承擔自己的勞動任務。學生們收集蜂蜜、給奶牛擠奶、清理豬圈，清理豬圈的時候他們經常見到穿着塑膠靴子的院長。"那份工作很髒，很多人不願做，"吉列爾莫·奧爾蒂斯回憶說，"但是他們不敢向貝戈利奧抱怨，因為院長本人和其他人一樣參與清理豬糞。"奧爾蒂斯是梵蒂岡電台西班牙語部負責人。

據古斯塔沃·安蒂科回憶，貝戈利奧認為學生在學習傳道的過程中參加勞動非常重要。"他參與交給我們的每一份工作，還主動幫助我們"。體力勞動有助於學生理解伊格內修斯的精神內涵"不要只盯着大事，聖潔存在於細微的事情當中"。多年之後，教皇方濟各向神父斯帕達羅解釋這句話的意思："每天用虔誠的心面對主和其他人，認真完成每一件小事，用開闊的視野來看待每一件小事，這是主的教誨。"這句話既避免了在小事上優柔寡斷，也避免了不切實際、誇誇其談。

　　農場不僅為學校提供食物，為學校周圍的窮人帶來了好處。20世紀80年代經濟急劇下滑，居民的工作和收入受到了嚴重的影響，院長派學生到需要救助的家庭，據報道有的家庭一天只能吃一頓大麥飯。貝戈利奧說：「人民饑餓難耐，而我們足衣豐食，我們不能坐視不管。」亞歷杭德羅·戈芬回憶說，他們在卡薩·德爾·尼諾用柏油帆布搭起簡易棚屋，支起一口大鍋，組織一群志願者生火做飯，每天為400個孩子提供食物。在臨近的薩恩·阿郎索，他們也在進行相同的活動。這些食品來自學校農場，他們為附近群眾提供的食物與學校食堂食物一樣。米格爾·亞涅斯回憶說「學校供應足夠的食物，我們從沒挨餓，但是我們和周圍的人吃的食物一樣，很多時候是燉湯」，這體現了他們為窮人服務的宗旨。但是有一些老師抱怨說他們「已經習慣了另外一種標準」。

　　農場為學生思考問題提供了場地，索萊達·阿爾維蘇後來成了一名修女，她在馬克西莫時貝戈利奧是她的精神導師。阿爾維蘇回憶說：「他帶我來到有豬有羊的地方，告訴我這裡最適合祈禱，因為只有在做最普通的事情時可以發現主」。在農場上飼養家畜可以培養耐心、韌性以及謙卑的品質，看到豬群和羊群能夠聯想起許多經文。許多畢業於耶穌會著名私立學校的見習修士和神學生，通過又苦又髒的體力勞動踐行了《精神修煉》的精神，聖伊格內修斯在「原則與基礎」章節中寫道：「我們應該平等對待健康與疾病、財富與貧困、名利與恥辱、長命與短壽……這是我們應該做的。」

　　學生們每天上課以及體力勞動時都安排有祈禱，參加完早上的彌撒活動以及社區祈禱之後，開始在用警戒線隔成的空格裡進行沉思，每天上午和晚上各進行一次，通過鈴聲提醒每一個人前往教堂進行15分鐘的自我反省，或者回憶當天所作的好事或所犯的罪過、什麼地方主顯靈、表示感謝、為自己的錯誤道歉。和聖伊格內修斯一樣，貝戈利奧非常重視自我反省，他認為通過反省"在主面前發現真實的自己"。耶穌會信徒通過其他方式實現精神修煉：由貝戈利奧、菲奧內托或者其他人組織談話或者靜修，與精神導師經常交流。"通過他們的引導，我們堅信祈禱可以帶給我們巨大的力量，作為耶穌會士，通過精神修煉我們可以幫助更多的人，"奧爾蒂斯回憶說。當時的神學生費爾南多·賽爾維拉說："做出任何一個選擇或者決定都需進行祈禱和辨別。他教導我們每一個決定都會產生後果，因此我們要慎重做出決定。"

這是對傳教靈性的修煉，人們出現的各種需求經常會打亂他們的祈禱安排。有一年，羅西為期8天的靜修進行到第4天時，被貝戈利奧叫去幫助需要幫助的人，這種8天的靜修每年只有一次。貝戈利奧告訴他："你在這裡每天進行祈禱，飲食起居都很舒服，但是在外面有一位無家可歸的婦女，她有四個孩子，所以你要暫停你的靜修，為那名婦女安排住的地方，當她們穩定下來之後你才可以回來繼續進行靜修。"羅西很茫然，不知道如何幫助可憐的母子。但幾天之後，在貝戈利奧的幫助下問題得到順利解決。"他知道向誰求助，"羅西回憶說，他會永遠記着這件事，"當我完成了這件事情，我立刻返回進行靜修。"

每個週六下午和週日上午，幾十名神學生在聖米格爾附近的幾個行政區挨家挨戶把孩子們召集在一起做彌撒，該地區有15家耶穌會教堂，他們在教堂裡向孩子們傳道，度過快樂而又充實的時光。亞涅斯這樣描述了當時的一個普通週末：

> 週六上午，我們每個人完成各自的工作任務，我整理蜂箱，有人打理菜園，還有人餵豬、餵羊。吃過午飯後，我們進入到各個行政區域召集孩子們傳教。我們組織了很多種類的活動，比如夏令營和慶祝兒童節。我們召集了3000多個孩子慶祝了兒童節，每一位參加慶祝的孩子都得到一個玩具，這些玩具大部分是嶄新的。我們每一個人都遵守組織安排，富有激情地參與到活動中來。其中的兩個人找到玩具生產商，向他們講述我們要組織的活動，並說服他們捐贈玩具，他們聽了之後非常感興趣並伸出援助之手。夏令營的時候，我們組織500名孩子去海邊玩，先組織男孩子，後組織女孩子前往馬德普拉塔。在那裡，我們的食物全部由當地的魚販們免費提供。星期天上午，我們在不同的社區裡面舉行彌撒、傳教活動，之後我們進行家訪，中午回到學校午休，之後體育鍛煉、學習，我們的時間安排很自由。晚上的時候貝戈利奧和其他人一樣和我們一起彈吉他、玩紙牌，週末的活動安排很周密，內容豐富，我非常喜歡。

派特里亞卡爾·薩恩·約瑟採用貝戈利奧激進的傳教策略，開始在邊緣人群中傳教，做彌撒的時候，不再是在教堂外面張貼告示，等待教徒前來。他把一個區域劃分為幾個小板塊，每個板塊配備若干名神學生，這些學生需要沿街挨家挨戶（羅西說："不能遺漏任何一戶人家。"）上門動員。"這簡直是哥白尼式的革命，"另外一名叫做倫佐·德·盧卡的學生說道，"我們必須前去叫開每家人的房門，告訴他們我們在傳教，讓他們家的孩子跟我們走。當時需要很大的勇氣邀請他們一起來到教會，當時他們的食物很匱乏，因而非常支持我們的活動。"

貝戈利奧告訴學生們"到人民中間去，留心他們的需求"，首先從孩子們開始，之後再延伸到其他人群。學生們可以自行安排時間陪伴年老體弱者，深入了解窮人們的需求——食物、藥品或者被褥。耶穌會信徒們至今還記得貝戈利奧的訓詞："我們的職業決定了我們是大部分人的牧師，而不是僅僅讓小部分人受到優待。"以及"當主降臨，要讓他看到我們從前線負傷榮歸，而不是看到我們躲在後面畏畏縮縮。"每個週日，貝戈利奧站在教堂門口向人們問好，在舉行彌撒之前傾聽他們的懺悔。他的訓誡內容簡單直接、風趣幽默、引人入勝。他不是通過長篇大論來指出問題，而是基於三點直擊要害，時常還與參加訓誡的人說笑逗樂。

貝戈利奧在曼紐莉塔、君士坦丁以及唐·阿方索地區建立了機構以改善當地人的生活狀況。依靠他人捐贈，卡薩·德·尼諾擁有了兩棟新大樓，一棟大樓的餐廳可以容納200個孩子同時進餐，孤兒院可以生活50名學生，還可以為400名孩子提供學習場所。除此之外，他們為孩子們提供食物和醫療。另外一棟大樓舉辦夜校，為高中沒有畢業的成人提供培訓，他們還安排商業技能培訓班，設立獎學金，幫助孩子們進入大學學習。"我們真的帶來了改變，"亞涅斯回憶說，"現在這些孩子們成了教師或者醫生，他們有了學歷，已經在社會上立足。"耶穌會會員利用得到的贊助組織孩子們在馬德普拉塔舉行夏令營活動，這些孩子當中有的沒有見過海，沒有外出度過假，通過這些活動讓他們更能感受到被尊重的感覺。費爾南多·阿爾維斯圖爾回憶說："現在這些孩子們已經長大結婚，有了自己的孩子。有的帶着他們自己的孩子來到教區，告訴我們'謝謝你們帶我見到了大海，看到了沙灘，給了我人生中唯一的一次旅行'。"

貝戈利奧告訴學生們怎樣去滿足窮人們的需求，耶穌基督會告訴他們什麼是重要的。他說從一名叫做瑪塔的婦女身上，他明白了應該怎麼去幫助窮人。瑪塔有一個大家庭，身無分文，靠乞討生活，由於多次乞討，人們很容易產生厭煩情緒。一個星期天晚上，她找到貝戈利奧，告訴他說她的家人又冷又餓，貝戈利奧讓她第二天再來看看他能夠提供什麼幫助。"但是神父，"瑪塔說道，"我們現在又冷又餓，現在！"貝戈利奧回到自己的房間，從床上拿起毯子遞給瑪塔，並為她準備了食物。通過這件事情，貝戈利奧認識到耶穌基督所指的幫助窮人，是要及時地滿足他們的需求，不能為了個人方便而推遲為他們提供幫助。

當學生們返回學校的時候，貝戈利奧迎接他們歸來，並通過自己的塑膠手錶為他們計時，確認他們是否遲到。通過觀察學生們鞋上是否帶有泥土來判斷他們是否深入地區家庭。學生們向他匯報人們的需求，之後他着手安排。羅西回憶說："我們是一座橋樑，通過我們他了解到人們的需求，當人們接受我們帶給他們幫助時，他們並不知道貝戈利奧在背後做出了努力。"

平時的課堂上，學生們學習傳道、神學課程和沉思，貝戈利奧讓學生反思自己的經歷，他說學生不是教出來的，而是要通過向人們學習。學生們能否順利融入他們要傳教的文化環境，被用來作為判斷他們能力高低的標準，同時，這也是對他們信仰的"嚴峻考驗"。貝戈利奧告訴他們："這個過程很艱難，會感覺到無盡的孤獨。我認識到這個過程不是為了豐富我的神學經歷，而是向他們學習，學習他們的價值觀、他們的語言、他們的想法，通過學習給自己帶來提升。"據羅西回憶，貝戈利奧告訴學生們"在這裡我們和窮人在一起，他們很窮，所以他們依靠信仰而生活，正式因為他們有信仰，所以他們是我們的中心，他們的信仰、文化、表達信仰的方式都是我們應該重視的。"

　　1985年11月和12月，派特麗亞卡教區成立了兩座新的教堂，一座教堂在聖·阿方索地區，另外一座教堂距離學校很遠。一位新聞記者被派往那所教堂進行採訪，該教堂氣勢宏偉，為了紀念耶穌會一位巴拉圭殉道者而帶有殖民時期風格，飾以木質人物形象和旗幟。那些人物面露欣喜，手持鮮花。那位記者擎着傘站在外面聽牧師講道。她為該地區發生的巨大變化感到吃驚，該地區以前因為經濟落後、治安混亂而臭名昭著，經常遭到忽視。現在這裡治安良好，孩子們在學校裡上學，得到了良好的教育。老弱病殘得到了耐心細緻的照顧，教區教堂裡人氣很旺，處處乾淨整潔。在教堂周圍，不再是堆滿垃圾的溝壑，取而代之的是修剪整齊的草坪、含露吐蕊的鮮花、粉刷一新的房門、擺放整齊的垃圾桶，斑駁的老牆已不復存在，展現在面前的是一個其樂融融的社區，人們在這裡安居樂業。這一切變化離不開"聰明而又認真"的耶穌會神學生，是他們的所作所為催生了這一系列變化。這些神學生與她十幾年前她見過的那些神學生形成鮮明對比，那些神學生以切·格瓦拉為榜樣，嘲笑教會是中產階級。她有感而發，寫出名為"神父貝戈利奧創造的奇跡"的文章。

　　貝戈利奧在1980年的一篇文章中，第一次提到第三十二屆耶穌會全球大會的第四條法令，貝戈利奧指出耶穌會"傳教的標準"是促進正義，所有的措施都應該立足於人們的需求、文化以及價值觀。要避免像進步階層（無論是自由主義，還是左派和右派思想）那樣"為了人民，但從來不融入人民"，他們的行為要符合歷史趨勢和耶穌會教義。一切行動的開始都要與人民密不可分，對人富有同情心即是促進正義的行為，之後對自己的所作所為進行反思。

　　貝戈利奧認為新的認知必定會引起結構性變化，僅僅通過抽象理論來追求公平正義缺乏可靠的現實基礎，從而“想當然”地盲目採取行動。他說耶穌會的人士就是通過《精神修煉》來對教外人士進行引導和訓練，建立機構讓他們產生歸屬感，一個項目的生命力體現在它可以把教外人士聚集在一起，並引導他們把自己交托於它。貝戈利奧總結說，耶穌會要通過文化融入進行改革。這意味着不能像理想主義的精英們那樣，通過改變窮人的內心和結構來實現變革。引導人民背叛自己的文化、價值觀和夢想，這本身就是一種不公平。

例如主拯救世人，他化身於人類之中。人們擁有種類繁多的愛好、價值觀以及文化背景，不容易對它們進行歸類劃分……傾聽他們渴求改變的心聲需要我們保持謙卑和熱情，還需要養成文化融入的習慣。總之，要避免任何狂妄荒誕的“為人民發聲”想法，也許他們並不需要這些。每一位想要進行改革的傳教士在進行改革之前，首先要問自己的問題是“人們對我有什麼要求？人們需要我做什麼？”他必須敢於傾聽人們的心聲。

貝戈利奧提出的文化融入的觀點在拉丁美洲引起了強烈反響。1979年，第三屆拉丁美洲主教會議在布埃布拉舉行，他參與了會議的準備工作。在這次大會上，為窮人服務的思想得到了確立，會議還明確反對解放神學。當時媒體對布埃布拉會議進行了報道，認為羅馬領導下的保守分子通過此次會議壓制解放神學，但遭到了拉丁美洲主教們的反對，這些主教們支持麥德林會議精神。但是媒體忽略了很重要的一點，會議確定了為窮人服務的思想，這意味着選擇尊重窮人所特有的文化和信仰。

　　貝戈利奧認為布埃布拉會議取得了重要突破，這為保存拉丁美洲傳統文化創造了可能性，無需通過舶來國外文化或者依靠前沿意識形態，來進行文化建設，而是通過普通信徒的精神和宗教資源來保護傳統文化。他認為這些資源的能量如果得以釋放，拉丁美洲將從舶來文化和前沿意識形態中解放出來；同時，拉美的經濟也將會擺脫帝國主義資本的束縛，以上原因造成了拉丁美洲的倒退。

　　從某種程度上來說，布埃布拉會議反映了麥德林會議之後阿根廷神學的崛起，布埃布拉神學先驅、神父傑盧西奧·格拉整理出會議有關文化傳道和信仰傳道的相關內容，並得到了智利神學家傑奎因·阿連德的支持。在布埃布拉會議上，他們把保羅六世的《在新世界中傳福音》（該書創作過程中吸收了格拉的觀點）介紹到拉丁美洲，在本次會議的總結文件中共引用該書相關內容97次。

　　阿爾貝托·梅索爾·費雷為布埃布拉會議相關文件的編撰也做出了巨大貢獻。費雷是一名思想家，也是拉丁美洲主教聯盟會員，貝戈利奧在確定拉丁美洲教會歷史任務的過程中，受到了費雷思想的影響。1978年，貝戈利奧和阿爾貝托·費雷在薩爾瓦多大學午餐時第一次相遇，當時薩爾瓦多大學校長弗朗西斯科·皮農和他們在一起。在布埃布拉會議準備期間，貝戈利奧、阿爾貝托·費雷、弗朗西斯科·皮農以及古茲曼·卡里吉瑞成立了一個名為胡安·迪亞哥·瓜達盧普的臨時小組，古茲曼·卡里吉瑞是烏拉圭人，現任梵蒂岡拉丁美洲委員會負責人。這些神學家和知識份子經常在阿根廷會面，據卡里吉瑞回憶說，貝戈利奧經常與他們會面時"來去匆匆"，但是和他們保持緊密的聯繫。

　　中美洲國家以及安第斯山國家的解放神學深受馬克思主義影

響，當時許多人把阿根廷解放神學等同於以上國家的解放神學。麥德林會議後，解放神學發展成為兩個主要的分支，這兩個分支都致力於神學的解放，選擇為窮人服務，但是兩個分支的思想基礎不同：第一個分支受到後啟蒙解放主義以及馬克思主義的影響，這些思想主要由前往歐洲學習的神學家們介紹到拉丁美洲。第二個分支的思想基礎是民族文化、主流文化以及天主教傳統。古斯塔沃·古鐵雷斯是一名秘魯牧師，1971年他的創作奠定了解放神學的基礎，由於受到第二個分支思想的影響，古鐵雷斯在後來修訂了自己的思想，到20世紀90年代，他認同窮人的“歷史力量”不僅僅來源於政治鬥爭，還來源於他們的文化和信仰。

　　1980年，約翰·保羅二世任命的梵蒂岡信仰主義聯盟負責人是一名德國神學家，他對這兩個分支的發展狀況以及二者之間的不同點產生了濃厚興趣。1982年之後，紅衣主教約瑟夫·拉青格在梵蒂岡召開一系列拉丁美洲主教會議，主要探討解放神學中的真偽因素，找出哪些因素與基督教核心觀念相衝突。1984年，信仰主義聯盟出版《指示》一書，書中反對推行用馬克思主義進行詮釋的解放神學，禁止把豐富的聖經概念劃入政治思想範疇。但是信仰主義聯盟並沒有承認還存在不同的解放神學，僅僅指出其中存在的一些錯誤。兩年之後，信仰主義聯盟出版了第二期《指示》，書中讚揚了解放神學，尤其肯定了解放神學對信仰的肯定以及為窮人服務的選擇，這是拉美神學的核心，得到了約翰·保羅二世的重視。當時媒體報道說第一期《指示》對解放神學持隱晦的批評態度，他們沒有對第二期《指示》進行報道，因為第二期《指示》的內容與他們之前的報道相矛盾，所以他們偽造出以下兩個觀點：所有的解放神學都是馬克思主義，梵蒂岡反對所有的解放神學。這些言論遭到了阿根廷神學家的強烈抨擊。

　　1985年9月，為紀念耶穌會傳播到阿根廷四百周年，貝戈利奧在科萊希奧·馬克西莫召開了以"文化傳教與福音文化融入"為主題的大會，來自23個國家的120名神學家參加了這次大會。貝戈利奧在開幕上的致辭與布埃布拉會議精神保持一致，他指出信仰和文化"最能彰顯智慧"。福音和"人們不同的文化和智慧成果"是"主創造力和智慧"的表現，通過福音得知主借助耶穌基督的肉體來拯救世人的偉大計劃。致辭結束時，貝戈利奧向神父阿魯佩表達了"深深的敬意"，阿魯佩在1974年傳教會議上首次提出"文化融入"的概念。

　　會議由阿根廷主教安東尼奧·瓜拉西諾主持。瓜拉西諾結束主教任期後任拉丁美洲主教聯盟主席。20世紀70年代中期，瓜拉西諾第一次見到貝戈利奧，他了解貝戈利奧，並且很敬佩他，緊接着，瓜拉西諾任拉普拉塔大主教。1990年，瓜拉西諾任布宜諾斯艾利斯大主教，期間他任命貝戈利奧為他的助理主教。

　　在馬克西莫期間，貝戈利奧與學生們的交往非常密切，每當耶穌會學生們回憶起40多歲時的貝戈利奧，他們都讚不絕口，甚至包括那些後來批判貝戈利奧時代的學生.學生們一致認為他雖然要求嚴苛，但他仍然是一位卓越的老師、一位優秀的心靈導師、一位有號召力的領導、一位慈父一樣的人。他每天除了要進行兩三個小時的祈禱，還要管理200名住校生、幾百名走讀生，以及一個面積很大的教區。他教授牧師神學、安排靜修、組織會議、為學校募集資金，同時還擔任幾十名耶穌會會員的精神導師。據他的學生反映，儘管他非常忙碌，但是還能做到認真接待每一位學生的來訪。賽爾維拉回憶説："結束精神指導之後，他給一位主教打電話，接着來到洗衣房洗衣服，之後去廚房、豬圈，之後再回到教室裡，他會過問我們每一個人的具體工作。"

　　貝戈利奧對所有的事情都親自過問，甚至包括做飯。當週末員工放假的時候，貝戈利奧就擔任起廚師的職責，他的廚藝很不錯，這得益於當年母親的教導，他的妹妹瑪利亞·埃琳娜説他的拿手好菜是製作烏賊肉。一位朋友回憶説，馬克西莫曾經召開大約30名神學生參加的會議，當學生們即將到達學校的時候，食堂還沒有準備飯菜。貝戈利奧並不慌亂，他讓這位朋友前去聖米格爾中心購買四隻叉烤雞、四塊豬油麵包以及四罐奶油。當這位朋友回到學校的時候，發現貝戈利奧組織了幾個學生在削土豆皮、煮土豆，貝戈利奧告訴他："這是我母親的秘方，你把麵包一切兩半，在麵包的一面放上烤雞、用另外一面進行填充，四隻雞都這麼做，之後把它們放進微波爐。10分鐘之後拿出來，塗上奶油，關閉微波爐，之後和土豆一起搭配着吃，就這樣，每個人吃的很開心。"

　　貝戈利奧對人對己要求都很嚴格，遇到事情他總是最先站出來。他曾經引用聖伊格內修斯的話教導學生們："認真完成工作，不要因為其他事情的干擾而分散自己的注意力，即使是一些好的事情，因為魔鬼知道怎樣讓你沉淪。"他非常關注每一位學生的需求，有一位名叫托馬斯·布蘭得利的見習修士學習農學，喜歡在戶外活動。夏天，貝戈利奧安排他到學校接待處工作，並告訴他從單調枯燥的接待工作中去尋找主的恩典。為了保持自己簡樸的習慣，貝戈利奧從不單獨一人外出旅行，在夏天，他安排學生們前往科爾多瓦的山區度兩週假。

　　他意志堅定、要求嚴格，但並非不近人情。諾丁和孩子們結束夏令營之後開始為期8天的靜修，諾丁回憶說：“當他看到我疲倦不堪的樣子時，告訴我先去休息到5點，不用進行四次祈禱，進行三次祈禱就行了。”“私下裡，他對人很關照，”賽爾維拉回憶說，我們在完成工作後感到非常疲憊，“貝戈利奧多次拿着酒和食物來找我們，大家像家人那樣一起吃飯。”

他希望他們成為優秀的耶穌會士，能夠抵抗自我意識的誘惑。奧爾蒂斯回憶說，為了贏得貝戈利奧的好感，他用了幾週的時間盡力召集儘量多的小朋友參加貝戈利奧在聖喬斯舉行的彌撒。每個週末貝戈利奧都會說“不夠多、根本不多”。第三週，奧爾蒂斯終於召集到50個喧鬧頑皮的孩子，他滿懷驕傲地把孩子們帶給貝戈利奧，然而貝戈利奧仍然告訴他“不夠多”，這位年輕的耶穌會信徒終於怒了，他大聲向貝戈利奧嚷到：“你去下地獄吧！”但是貝戈利奧把他拉到教堂的一旁並擁抱了他，說道“不是你帶來多少個孩子的問題，是那些孩子的原因，你的虛榮心蒙蔽了你的眼睛，使你看不到這一點，現在，你明白了吧。”

從這件事情上，奧爾蒂斯學會了與貝戈利奧坦誠相待，敢於向他表述自己的感情以及遇到的挫折。其他許多學生也受到了校長考驗和觀察，儘管有些人很厭惡他這麼做。奧爾蒂斯說：“他像慈父一樣對你，但是又像那種你受不了的父親一樣。”羅西回憶說：

遭到他訓斥的人，是因為渴望人們認為他們很優秀、很完美，或者是一些教條主義者。相反地，他非常關心脆弱的人，我沒有見過任何人比他表現的還要仁慈。可以用正比規律來描述他：人越脆弱，他越仁慈。我經常這麼說：如果你處於低谷，即使你是他的頭號敵人，沒關係，直接去找他，他很歡迎你的到來。你不僅可以佔用他的時間，還可以告訴他你的需求：一所房子、食物、工作，有什麼需要都可以告訴他。人們的脆弱能夠激發他最好的一面，這就是為什麼窮人最擁護他的教皇權力，因為他曾經幫助過這些窮人，他們知道他是什麼樣的人，他們曾經親身體驗他的仁慈和寬恕。他的這種仁慈，福音解釋為性情的自然流露。

貝戈利奧的學生們擁護他的倡議。他提出一個20世紀耶穌會發展的基本模式，這是他調研早期耶穌會得出的結論。學生們非常欽佩他對伊格內修斯精神的深刻理解，認為他是一名善於溝通的老師，閱讀廣泛、博學多識，思維敏捷。羅西對他這樣描述："他是沙漠苦行僧和優秀管理者的合體。"諾丁說他是"一位思維敏捷的聖人，很有能力，熟悉民間疾苦，不是一般人可以做到的"。戈麥斯說："他天生就是一位領導者，他的整個思維是領導思維。"他舉了一個例子，貝戈利奧能迅速判斷每個人的能力和性格，然後挑選出最適合完成某項工作的人選。"作為領導人，他知道怎麼開展工作，"戈麥斯回憶說，"他過去是阿根廷省會長。"

貝戈利奧善良仁慈，但也有不易被人理解的一面，他能夠憑藉自己的直覺和經驗來看透別人的內心。"他能看明白，"羅西說，"你不用說話，他知道你的心思。他可以憑藉直覺判斷出來你兩分鐘之後想什麼，雖然不是每次判斷都正確，但是他的判斷大部分是正確的。"戈麥斯說，他能夠打破常規，例如他可以在兩個極端之間找到平衡點，還能在兩分法之外確立自己的觀點。他說貝戈利奧在結束馬克西莫的一次會議之後非常高興，因為他同時有力地駁斥了"左派"和"右派"的觀點。有人說他性格裡面有淘氣頑劣的習性，但是由於教會傳統的管束，他從沒有越雷池半步。

貝戈利奧非常重視對耶穌會士的培養，而他的成就對學生們產生了深刻的影響。在學生們眼裡，他是一位非常有魅力的領導者，拉美人（尤其是阿根廷人）發自內心地遵從他的指導，但在盎格魯·薩克遜人看來，這些指導或許讓人無法接受、令人窒息。諾丁講述了一則關於貝戈利奧引導學生戒煙的故事：一次，貝戈利奧勸告一位抽煙的學生戒煙（貝戈利奧肺不好，他從不抽煙），因為要團結在聖米格爾工作的工人們，那些工人買不起香煙。他說："如果有人覺得自己戒不掉，過來見我。""他不是在建議，也不是在商量，"諾丁回憶說，"他在告訴人們，我們必須這樣做，必須做到。"

貝戈利奧行事果斷。"他領悟能力強，在一些問題上諮詢他人，尋求一致意見，"塞爾韋拉回憶說，"當需要做出決定的時候，他獨自做出決定。"在20世紀70和80年代，他經常根據自己的判斷做出決定，很少讓其他人有時間了解相關情況。在擔任省會長和學院院長期間，"我不經常進行必要的諮詢，"方濟各回憶說，他告訴神父史帕達羅，"我的權力主義以及果斷做出決定的習慣導致出現很多嚴重問題。"

貝戈利奧在擔任省會長和學院院長期間取得非凡成就的同時，也暴露出他的缺點，在他快速推進耶穌會以及聖米格爾改革時出現了一個問題：範圍廣、速度快的改革激起了他人的嫉恨。他在短短的幾年時間裡，建立起朝氣蓬勃的機構，通過推行快速而徹底的傳道，耶穌會已經深深融入到阿根廷文化以及窮人的生活之中，這顯示了他卓越的領導才能。耶穌會會員不斷增加，教區周邊環境得到了極大改善，年輕的耶穌會士取得了顯而易見的

進步。問題的根源在於無論是省會長還是學院院長，應該致力於
某一方面的工作，而貝戈利奧任學院院長期間，行使的職權超過
了他的許可權，成為一位"沒有公文任命的省會長"。事實上，
在他不再擔任省會長期間，他的規劃並沒有因此而結束，他的繼
任者神父思文以及洛佩斯·羅薩斯繼續執行他的規劃，相對於擔任
省會長期間，貝戈利奧在結束院長任期時所產生的影響更大、更
為廣泛。

　　如今，阿根廷的耶穌會士們戲謔地開玩笑說，他們當初怎麼
也沒有想到，有效解決這個問題的方法是讓貝戈利奧成為教皇。

　　1978年，神父伊格納西奧·佩雷斯·德爾·比索結束在歐洲的學
習回到阿根廷，他發現無論是貝戈利奧任省會長還是後來的學院
院長期間，阿根廷教會省的每一個教區都非常擁護貝戈利奧，除
了佩雷斯·德爾·比索所在的貝爾格爾諾教區。貝爾格爾諾教區位
於布宜諾斯艾利斯北部富庶地區，那裡成立了教會省社會科學機
構，即社會研究與行為中心。20世紀80年代，那裡成為反對貝戈
利奧運動的中心。

　　羅馬元老院要求每一個教會省建立一個研究中心，利用新興
社會科學來引導對不公正結構的改革。為了響應這一號召，1960
年，阿根廷社會研究與行為中心成立。1968年，拉丁美洲省會長
會議決定社會研究與行為中心的任務是"通過調查研究、出版刊
物、教育引導、給出建議等方式幫助提升認識、激勵並引導精神
和行為"。

　　在20世紀70年代末80年代初動盪時期，許多名阿根廷社會研

究與行為中心的會員曾經是第三世界牧師運動的發起人，他們當初與神父穆希卡保持親密的聯繫。在這些會員當中，至少有一名是游擊隊隊員，後來他們遭到武裝力量的殺害。大部分會員支持李嘉圖·奧法雷，奧法雷在貝戈利奧之前任阿根廷教會省會長，後來，這部分會員在巴喬·弗洛雷斯社區支持約里奧和哈里克斯反對貝戈利奧，他們當中表現最為活躍的是神父費爾南多·斯托里尼及神父愛德華多·法布里。斯托里尼是阿根廷社會研究與行為中心的創始人之一，曾任總統阿方索的宗教顧問，他對貝戈利奧移交薩爾瓦多大學一直耿耿於懷，並堅持認為那是一種背叛行為。法布里在性別以及婚姻方面持先鋒前衛主義，遭到了貝戈利奧的反對。

在接受過教育、樂於表達自己觀點的耶穌會會員當中出現這樣的爭論很正常，但是站在阿根廷社會研究與行為中心的角度，帶着政治色彩來抨擊貝戈利奧是不合情理的。1986年，埃米利奧·米尼奧內在《教會與獨裁》一書中稱阿根廷社會研究與行為中心因為“神父喬治·貝戈利奧及其派系在耶穌會專橫獨裁”而削減了重要性。當時的左派認為，貝戈利奧在某種程度上限制了阿根廷社會研究與行為中心的言論。神父坎貝爾·約翰斯頓是一名英國耶穌會解放神學者，他代表會長與拉丁美洲所有社會研究與行為中心保持聯絡，他為“阿根廷社會研究與行為中心之所以正常運行是因為它從不批判和對抗政府”而感到吃驚。1977年，他斥責貝戈利奧，認為阿根廷社會研究與行為中心“落後於拉丁美洲其他社會研究與行為中心”是因為貝戈利奧。貝戈利奧回應説阿根廷不是秘魯或者薩爾瓦多大學，但約翰斯頓認為這個理由沒有説服力。

佩雷斯·德爾·比索説，阿根廷社會研究與行為中心的耶穌會會員並不這麼認為。首先，省會長擁有審查耶穌會出版物的權利；其次，在當時獨裁政權統治下，所有的媒體都被剝奪了言論自由。他們自己明白，阿根廷社會研究與行為中心不可能有批判侵犯人權事件的資格，例如，1976年他們發表了一篇譴責嚴酷刑訊的文章，武裝團體立刻命令禁止印發該期刊，並對文章作者韋森特·佩列格里尼做出較輕懲罰，安排他離開阿根廷。當布宜諾斯艾利斯報紙《觀點》刊發這篇文章時，政府關閉了這家報社。英語版《布宜諾斯艾利斯先驅報》擁有自由言論的權利，儘管他們的總編和新聞部主編被流放，只有他們印發了一篇關於人員失蹤的報道。

反對貝戈利奧——思文管理體制的解放主義分子認為，他們過於關注為窮人提供飲食，而不關心造成他們貧窮的原因。後來胡安·路易斯·莫亞諾告訴奧拉里奧·韋爾比茨基，他們只專注於緩解貧困，幫助窮人，而不是追根溯源尋找使人民貧困的原因。對於以上問題，貝戈利奧堅持"聖禮、無涉批判以及援助主義"。但是大部分阿根廷社會研究與行為中心會員並不是解放主義分子，他們所持的批判觀點並不僅僅來源於左派。

貝戈利奧和阿根廷社會研究與行為中心之間的緊張狀態日益加劇，阿根廷社會研究與行為中心認為貝戈利奧所有的努力，都是為了推行聖伊格內修斯精神以及建立耶穌會身份意識。貝戈利奧試圖用自己的改革方式來取代中心會員們所推崇的"漸進式"改革模式，而中心會員固執地認為貝戈利奧所推行的改革是一種退步。《標準》主編約瑟·瑪利亞·普瓦里耶說："他們批判貝戈利奧所推行的僅僅是他個人所理解的伊格內修斯精神，很多人批判他曲解了該精神。"貝戈利奧出身於下層家庭，年紀輕輕，甚至沒有取得神學博士學位，他所有的判斷都來自於自己的分析。反對他的會員當中，那些來自於上層社會、年長而又擁有良好教育背景的人尤其反對貝戈利奧。他們反對貝戈利奧不是因為他通過努力使耶穌會很快發展壯大，而是把貝戈利奧看作一種威脅，擔心他會徹底改變未來的教會省。

耶穌會會員稱馬克西莫與阿根廷社會研究與行為中心之間的對抗為團體間的對抗，這場對抗的本質是雙方對於聖伊格內修斯精神的不同理解，馬克西莫的年輕耶穌會士們認為阿根廷社會研究與行為中心的會員是愛喝威士忌酒的左翼分子，他們不切實際，不了解窮人，卻試圖解決貧困問題，貝戈利奧曾經指出"他們為了人民，但並不了解人民"。在擔任省會長期間，貝戈利奧曾經寫信給阿根廷社會研究與行為中心，信上他強調了立足現實和了解窮人的重要性，並引用阿魯佩在1977年曾經說過的話："如果我們不做好這方面的工作，我們就會面臨理論意識形態和原教旨主義的危險，這是很可怕的"。

相反，阿根廷社會研究與行為中心則認為貝戈利奧的馬克西莫學校像是一個過時的訓練營地，他們反對理智主義，就像庇隆主義中關於平民的一句標語所說："要麵包，不要書籍"，他們經常用"倒退"一詞來形容貝戈利奧。阿根廷社會研究與行為中心在布宜諾斯艾利斯的負責人這樣描述貝戈利奧領導下的馬克西莫：

那是一種封閉式管理體制，你不會相信，他把所有的耶穌會士派到各個地方，儘管附近已經有一個教區，他把馬克西莫也變成了一個教區。馬克西莫的院長是一名教師，但同時也是一名教區牧師，他還建造了一大批小教堂，在學生們中間提倡一種新的信仰模式，他們晚上還要去教堂舉行活動，這些是窮人們才會幹的事情，全世界的耶穌會都不會這麼做。晚上舉行什麼活動？年齡大一些的人在花園裡面進行祈禱。我不是在反對他們，但是我並不支持他們，典型的耶穌會會員們不會這麼做，但是在那裡這卻變得很正常。

　　一位在秘魯的美國耶穌會會員認為，貝戈利奧受到了阿根廷社會研究與行為中心左翼分子思想的影響，例如胡安·路易斯·莫亞諾（他也在秘魯居住很多年）以及奧斯約爾多·約里奧。他說在拉丁美洲耶穌會的發展歷史上，貝戈利奧引導阿根廷教會省"重回梵蒂岡第二屆委員會之前的生活方式和價值觀念。"所以，神父傑佛瑞·克萊貝爾在阿根廷社會研究與行為中心刊物上寫道："阿根廷教會省沒有與拉丁美洲其他耶穌會保持統一步伐。然而，並不是所有的耶穌會會員都支持他的保守觀點。"在貝戈利奧成為主教之後的很長一段時間內，很多耶穌會團體一直認為，阿根廷教會省以及省會長都是不可救藥的保守主義，阿根廷社會研究與行為中心代表着啟蒙和進步的力量。

　　不管從全球範圍還是拉丁美洲的耶穌會來看，阿根廷教會省的確沒有與它們保持同步發展。"我們意識到其他地方的耶穌會和我們不一樣，他們更具有政治色彩，"亞涅斯回憶說。貝戈利奧派遣耶穌會學生出國學習，其中包括倫佐·德·盧卡，貝戈利奧把他派往日本長崎，其他人則被留在聖米格爾，把最優秀的人留下來任教，費爾南多·蒙特斯組織了拉丁美洲南部國家耶穌會會議，阿根廷的年輕會員們沒有參加這次會議。19世紀70年代，蒙特斯曾經和貝戈利奧一起在馬克西莫學習，蒙特斯的觀點代表了拉丁美洲主教們對於阿根廷教會省的看法。他說："貝戈利奧宣導虔誠信仰，提倡年輕人在教區中工作，他忽略了研究中心，尤其是阿根廷社會研究與行為中心……他所宣導的信仰鼓勵與人民保持親密聯繫，為窮人服務，非常具有拉丁美洲特徵，但這些不是現代思想，而是庇隆主義思想。"

　　無論是否出於本意，貝戈利奧和思文的一系列地方化的管理體制，使阿根廷免受第四條法令的影響。第三十二屆耶穌會全球大會上形成的第四條法令，在拉丁美洲授權耶穌會支持社會主義運動，為保護窮人利益而反抗獨裁統治。例如，在智利，薩爾瓦多·阿連德的社會主義運動被保守的軍隊獨裁統治所取代，耶穌會會員支持智利教會省主教，他們反對代表人權的奧古斯都·皮諾切特政權。他們之所以能夠採取這樣的立場，是因為教會法與國家的憲法是分離的。在中美洲，軍隊武裝力量保護地主利益，依照第四條法令，耶穌會會員要支持革命鬥爭以推翻軍隊武裝力量。在此過程中，一些耶穌會會員犧牲。20世紀70年代的阿根廷與薩爾瓦多·阿連德和智利不同，只有一名教條主義的觀察者聲稱游擊隊代表了"人民"，軍隊獨裁政權製造了恐怖事件，他們沒有得到廣泛的支持。

20世紀80年代中期，軍事政權倒台後，薩巴托委員會揭露出許多事實真相。面對突如其來的真相，許多人忽視了這些事件發生的背景，阿根廷的人權組織和國際媒體認為，在軍隊武裝力量殺害成千上萬名無辜群眾的時候，教會選擇了觀望態度，縱容軍隊殺戮，或者鼓勵軍隊進行屠殺，拉丁美洲以及其他地方的耶穌會士認為自己是社會正義和保護人權的先鋒，阿根廷教會在軍事獨裁統治時期的行為使所有的天主教徒蒙羞，有關耶穌會會員"串通"軍隊實施種族滅絕的傳聞更使人感到痛心。在這樣的歷史背景下，米尼奧內在《教會與獨裁》一書中對貝戈利奧的造成帶來了惡劣影響，佩雷斯·德爾·比索認為："米尼奧內對貝戈利奧的控訴產生了巨大影響。"

這本書之所以帶來毀滅性效果，是因為米尼奧內是一個正直可靠的人，這是不容懷疑的：他是一名資深天主教人權活動家，擁有廣泛的國際聯繫，尤其在美國。他的女兒在貧民窟傳教時失蹤。米尼奧內在《控訴》一書中指責教會以及某些人沒有站出來反抗暴行，嚴刑拷打和綁架失蹤案件本可以得到制止。該書行文簡單、富有感召性，但是書中充斥殘暴的語言，米尼奧內不是站在客觀歷史的角度去陳述事實，而是像法庭上的律師一樣進行控訴。書中記載的事情真假參半，單純的把世界劃分為英雄主義和串通背叛兩個極端。該書在書店非常暢銷，但是卻沒有像米尼奧內期待的那樣，引起大範圍的關於教會的辯論。

儘管如此，這本書的出版激起了社會上對於阿根廷教會以及貝戈利奧的指責，對貝戈利奧的批判尤其嚴重。阿根廷社會研究與行為中心對貝戈利奧的評論，之所以被羅馬以及拉丁美洲其他地方不加批判的全盤接受，也正是出於以上原因。對於耶穌會來說，阿根廷的"與眾不同"是一個問題，而對於神父約瑟·路易斯·費爾南德斯·卡斯塔涅達來說更是一個棘手的問題。卡斯塔涅達是耶穌會總會長拉美地區助理，出生在西班牙，曾在秘魯教會省任職。20世紀80年代，科爾芬巴赫的顧問們在參觀馬克西莫後，對貝戈利奧持有明顯的偏見。"對於外界來說，很難理解阿根廷模式，"韋拉斯科回憶說，"他們說我們是右翼分子，希望我們全部穿上黑色長袍，用拉丁語進行祈禱，我們沒有那麼做。"

由於神父法布里一直向羅馬抱怨貝戈利奧和思文的管理模式，久而久之，羅馬開始接受法布里的意見。法布里經常向羅馬寫信說馬克西莫的體制已經"非耶穌會"，思文是貝戈利奧的傀儡。1983年3月，思文試圖把阿根廷社會研究與行為中心搬到耶穌會總部中心，那裡臨近國會，方便他們游說政治家們。但是阿根廷社會研究與行為中心說他們沒有向羅馬進行諮詢或者投訴，新選舉出的會長採納費爾南德斯·卡斯塔涅達的建議，支持中心成員們反抗省會長，而這僅僅是一個開端。

在思文省會長任期快要結束時，科爾芬巴赫決定對阿根廷教會省進行干預，實施新的政策。他派出一名顧問進行考察，最後拿出三名省會長候選人名單。當顧問把三個人的名字告訴科爾芬巴赫時，他直接否決了這三個人選，立刻召集思文和神父維克多·佐爾津前往羅馬。佐爾津是阿根廷宗教聯盟的負責人，他的名字並沒有在省會長候選人名單上面，阿根廷社會研究與行為中心的耶穌會會員推薦他為省會長候選人。當思文和佐爾津到達博爾戈·聖托·斯皮利托時，科爾芬巴赫分別同他們進行了會面。他告訴思文，佐爾津即將成為新的省會長，思文回憶說：“整個過程沒有再討論其他問題。”

佐爾津曾經是前省會長神父奧法雷的助理，他成為省會長之後，任命阿根廷社會研究與行為中心主任神父伊格納西奧·加西里·瑪塔為助理。伊格納西奧是貝戈利奧的反對者之一，羅馬則努力維持現狀。

神父拉菲爾·韋拉斯科現任耶穌會設立在科爾多瓦天的主教大學校長，他說：“這聽起來很瘋狂，甚至可以比作庇隆主義和反對庇隆主義之間的對抗：阿根廷社會研究與行為中心好比是游擊隊（狂熱的反庇隆主義分子），貝戈利奧與人民大眾是統一戰線。1955年，庇隆遭到驅逐，解放主義、保守主義以及左翼勢力組成的先鋒派，他們打着現代與進步的旗號，把有能力的領導者指認為煽動者。佐爾津出任省會長以後所採取的措施，與20世紀50年代後期軍隊政權採取的措施如出一轍：進行大清洗，一切與以前政權相關的內容都要被顛倒過來。諾丁回憶說：“為了維護自己並不成熟的體制，他們破壞了之前所有的體制。”另外一名同時代的耶穌會會員說：“新上任者所有的舉措都與之前的背道而馳”。以下文字描述了馬克西莫周圍地區的傳教活動怎樣被一步步的解散：

　　我們接到上面下達的命令，命令的內容與我們之前在馬克西莫的生活以及活動內容相抵觸，他們取消了每天必修的內容，取消了體力勞動……整個教區很快就陷入混亂狀態，他們不再外出召集孩子們傳教，正在接受教育的學生開始與傳教士們一起外出，使徒的地位在一點點的消亡。幾年之後，教會的數量跌到了最低谷，其他方面也不盡人意，這一切都是因為執行“清除貝戈利奧派耶穌會會員”的政策。當清理完畢後，他們開除了那些依然支持貝戈利奧的教外人士，這些是最痛苦、最可恥的事情。

　　兩個世紀之前，阿根廷曾發生過更為悲慘的事件。當時，在窮人中間進行文化融入的傳教取得了豐碩成果，人民的尊嚴得到了提高，耶穌會蓬勃發展。由於他們的獨立行為遭到嫉恨，遠在羅馬的耶穌會會長下令禁止了他們的傳教活動。

　　1986年5月，為了給新任省會長創造充足的管理空間，貝戈利奧答應佐爾津前往德國休假，期間學習羅馬諾·瓜爾蒂尼思想並取得博士學位。他首先在波帕德萊茵市歌德學院學習了兩個月的德語，期間他住在一對老夫婦家裡。之後他前往法蘭克福以及聖格奧爾根附近的耶穌會神學院，那裡收藏了大量的瓜爾蒂尼文獻，周圍有許多導師，貝戈利奧計劃寫一篇論文。

　　瓜爾蒂尼（1885-1968）是20世紀天主教最優秀的思想家之一，德國人，他的傳教哲學對梵蒂岡第二屆委員會產生了重要影響，貝戈利奧在做見習修士時閱讀了瓜爾蒂尼的著作《主》，他被書中關於現代性的深刻思考吸引。瓜爾蒂尼是20世紀50年代的一位聖人，許多傑出人物深受瓜爾蒂尼的啟發，其中包括美洲天主教著名詩僧托馬斯·莫頓、小說家弗蘭納里·奧康納。除此之外，還包括20世紀精通德語的神學家如漢斯·厄斯·馮·巴爾薩澤、卡爾·拉納和沃爾特·卡斯伯。教皇保羅六世非常欣賞瓜爾蒂尼，曾經試圖讓他任紅衣主教，保羅六世曾多次引用瓜爾蒂尼的言論。教皇約翰·保羅二世也很喜歡瓜爾蒂尼的作品。另外，紅衣主教拉青格與瓜爾蒂尼私交甚好，他們來自同一個國家。在瓜爾蒂尼看來，現代社會的人們在他律（除本體外，行為個體或者群體對本體直接的管束和控制）和自律（自己要求自己）之間不停搖擺，真正的自由和幸福則僅僅來源於神學。他認為上帝安排了每個人的生活，讓每一個人在"你-我"關係中能夠自由地保持完整的自我。

瓜爾蒂尼出身一個意大利移民家庭，學習化學專業，在巨大的壓力下他堅持自己"內心的信仰"。貝戈利奧對瓜爾蒂尼1925年的作品《對比》非常感興趣，書中批判了馬克思主義和黑格爾的辯證法。貝戈利奧認為可以用它來指導當下接連不斷的各種分歧。瓜爾蒂尼吸收了19世紀圖賓根神學家約翰·亞當·莫勒的思想，莫勒認為教會通過不同思想的對比取得了豐碩的創新型成果，但是這種對比不能脫離整體而對個體進行比較，否則將會產生矛盾。伊夫·孔加爾在教會真假改革的論述中引用了這種對比思想。有關教會真假改革的論述對貝戈利奧產生了很重要的影響，由於非常關心政治及機構改革，貝戈利奧很認真地研讀了《對比》一書。

貝戈利奧在聖格奧爾根大學的耶穌會社區住了三個月，期間他廣泛閱讀、深度鑽研，自學生時期以來他沒能這麼專注的進行閱讀。在接下來的四個月裡，他孜孜不倦學習，取得了豐厚的收穫。但在此期間，他非常消沉，對於一個50歲的人來說，攻讀博士學位已不是尋常之事。貝戈利奧是一位有思想、喜歡與人溝通的人，所以，他感到很孤獨，開始思念家鄉，在夜深人靜的時候，他來到墓地裡散步，因為從那裡可以看到法蘭克福機場，向飛往阿根廷的飛機揮手，在他內心深處有着深深的渴望——他渴望回到布宜諾斯艾利斯的家，更渴望回到過去15年中，這15年當中他是耶穌會領導者和改革者，這種失落感伴隨着他，直到12月份，他終於回到家裡。

在一次祈禱中，他深受鼓舞，決定回到阿根廷。貝戈利奧前往巴伐利亞奧格斯堡朝聖，在聖彼得艾姆佩爾拉什教堂，他站在一幅巴洛克時代的油畫前陷入了沉思。這幅畫來自17世紀早期，名為《瑪麗，解結者》，是當地人捐獻的一幅作品。油畫記載的故事起源於一對長期不和的夫妻，他們已經到了離婚的地步，丈夫沃夫爾岡向當地耶穌會神父雅各·雷姆求助，神父雷姆向聖母瑪利亞祈禱"解開沃夫爾岡家庭所有的結"，最終讓沃夫爾岡夫婦和睦如初，挽救了他們的婚姻。為了表達對神父的感謝，他們的孫子購買了這幅畫捐贈給教堂。

初看一眼，這幅畫並沒有非常之處:聖母被一群天使環繞，聖靈之光保護着她們，聖母瑪利亞懷抱聖子耶穌基督，站立在一條毒蛇身上。但是油畫中央呈現的內容觸動了貝戈利奧，站在聖母左邊的一位天使手裡拿着絲綢長線，上面打滿了紐結，她拿着已經解開紐結的一端，把沒有解開的一端遞給站在她右側的天使。

聖艾雷斯尼斯是古代的一位聖賢，他解釋說聖母瑪利亞的順從解開了夏娃因不聽從上帝安排而形成的結，神父雷姆受到啟發向聖母瑪利亞祈禱。而貝戈利奧的結恰恰是因為順從。在耶穌會，他要求每一位會員都要順從教會的安排，正因為如此，才可以保障團結統一、實現教會目標。貝戈利奧不是被分派了任務，佐爾津安排他離開阿根廷是因為貝戈利奧是他的障礙，貝戈利奧在順從什麼？

　　"順從"一詞來源於拉丁語"obaudire"，意為"聽見"、"聽從"。提倡順從的目的，是為了把人們從自我意識中解放出來聽從主的安排，完全遵循主的意志：聖母瑪利亞是順從的典範。而現在，主為貝戈利奧做出了什麼樣的安排？他堅信主不會安排他在圖書館裡度過三年的時間，不停地做註腳。他是一名領導者、改革者、傳道者、牧師，這是主對他的安排，但是他怎樣同時做好主和自己上司的安排？可以用瓜爾蒂尼的理論進行解釋，這是他律和神學之間的矛盾：他律：聽從耶穌會當局者的安排；神學：聽從主的安排。他選擇了主，聽從主讓自己到了真正的自由。

　　當時巴伐利亞正值冬季，石砌的教堂裡寒冷刺骨，貝戈利奧進行了幾個小時的沉思，在祈禱中，他把自己的結傳遞給天使，天使把它傳遞給聖母，聖母輕輕地打開了他的結，之後傳遞給另外一位天使，貝戈利奧跟隨這名天使回到了布宜諾斯艾利斯。

　　雖然這麼可能引起緊張局勢，但是他依然選擇回到阿根廷，他選擇聽從主的安排，永遠跟隨主。

　　他帶回了一疊《瑪麗，解結者》的圖片，20世紀90年代，當地對這幅畫進行了複製，將它懸掛在布宜諾斯艾利斯的一處教堂裡，用西班牙語"Maria Desatanudos"做了標注。貝戈利奧後來曾說，在那段時間裡，他從未如此深刻地感受到主的關愛。

　　"不管他多麼推崇瓜爾蒂尼思想，但是他深知自己需要用其他方式開展工作，"神父戈麥斯說。那年12月，貝戈利奧突然回到馬克西莫·德爾·薩爾瓦多，當時他也在薩爾瓦多，只見貝戈利奧抱着很多照片。省會長助理伊格納西奧·加西亞·瑪塔之前接到電話，得知貝戈利奧即將返回，省會長維克多·佐爾津感到非常吃驚，他安排馬克西莫·德爾·薩爾瓦多的一個房間給貝戈利奧，這所久負盛名的大學位於布宜諾斯艾利斯喧鬧的市中心，佔據了整個卡亞俄街區。貝戈利奧在拉伊馬庫拉達任教兩年，之後在這所大學任教一年。貝戈利奧在攻讀博士學位的同時，擔任一些課程的教學任務。吉列爾莫·奧爾蒂斯是當年試圖通過召集孩子給貝戈利奧留下深刻印象的見習修士，他現在薩爾瓦多大學擔任管理職位，和貝戈利奧住在同一個樓層，共用一個洗澡間。“他很開心，或者説至少看上去很開心，”奧爾蒂斯回憶説，“但是我能感覺到他們因為某些事情在懲罰他。”

佐爾津把耶穌會元老院從馬克西莫搬回市中心，洛佩斯·羅薩斯是菲奧里托團體成員，他曾經在思文的領導下任見習修士負責人，現任馬克西莫院長，他邀請貝戈利奧每週一為學生們講解傳道神學。貝戈利奧需要在週日晚上到達馬克西莫，和學生們一起吃晚餐，他受到了學生們的熱烈歡迎。當時的學生拉菲爾·韋拉斯科回憶説：“大家非常仰慕貝戈利奧。”他們每週都盼望貝戈利奧的神學課程，他有兩本教材，要求每一位學生都要閱讀裡面的文章。

這是貝戈利奧知識產出最高的一段時期，擔任學院院長期間，他每年在期刊上發表一篇文章。1986年不再擔任院長之後的三年內。他平均每年發表三篇文章。1992年，他不時在耶穌會神學刊物《基質》上面發表文章。1982年，貝戈利奧出版《宗教冥想》，裡面收錄了他的文章和一些言論。1987年出版《精神沉思》，1992年出版《希望的沉思》。

在阿根廷教會中，沒有任何一位省會長像貝戈利奧那樣擁有如此廣闊而又密切的人際關係網，也沒有人擁有他那樣的權威。1992年，他的講話和文章匯編《希望的沉思》第三版出版。即使在20世紀80年代末，貝戈利奧仍應邀參加耶穌會重大活動並發言，例如在1988年5月，他參加巴拉圭殉道者追封聖典，發表了長篇演說，演說內容鼓舞人心，令人感動。即使後來被免除了在教會省所有的職位，他依然是大部分耶穌會成員的燈塔。

1987年4月11日，在阿根廷元老院紅衣主教愛德華多·佩尼多的推動下，世界青年節第一次走出羅馬，在布宜諾斯艾利斯舉行，教皇約翰·保羅二世身披斗篷出現在公眾面前，現場喧囂躁動，群情激昂，他們在控訴那場罪惡的戰爭，約翰·保羅二世通過講道來安撫激動的民眾。在羅馬教廷大使組織的會議上，貝戈利奧第一次見到了教皇，基督教的不同教派也參加了這次會議。"我和教皇陛下進行了簡單的交流，"貝戈利奧在2005年回憶說，"從他的目光中可以看出他是一位好人。"貝戈利奧和數百名牧師在五月大道傾聽了人們的懺悔，他們相互之間進行了交流。自國際聖體代表大會以來，阿根廷沒有組織過如此具有代表性的盛會。在貝戈利奧孩童時期，奶奶羅莎給他講述了很多關於國際聖體代表大會的事情。

20世紀80年代的阿根廷與1934年相比更加混亂動盪，四分五裂的狀況尤為嚴重。為了保護在法庭接受審訊的武裝力量分子，年輕的軍隊將領們在復活節發動了一系列叛亂。8個月之後，自由革命軍隊攻擊了一個軍營，造成幾十人死亡。1989年5月進行總統選舉時，社會緊張局勢空前加劇，惡性通貨膨脹導致工人們失去收入來源，超市里經常發生搶劫事件，總統阿方索很快失去民心。庇隆主義候選人卡洛斯·梅內姆來自貧困的拉里奧哈省，出身於一個敘利亞移民家庭，他留着絡腮鬍，騎在馬背上進行演説，含糊地向選民們承諾對一切進行改善。1989年5月，梅內姆贏得總統選舉，阿方索卻提前幾個月違反約定，策劃製造出更嚴重的混亂。

總統選舉前夕，貝戈利奧在薩爾瓦多大學的開學典禮上講話時，指出1989學年需要成立"正直人類學科"，這次講話的內容形成了他的博士論文大綱：對瓜爾蒂尼和聖伊格內修斯精神的剖析，這對於教外人士來説可能比較費解。這次講話內容為他後來的講話奠定了基礎。5月25日是阿根廷國慶日，在那天的讚美頌上，紅衣主教貝戈利奧提出要幫助建立新的人民文化。

貝戈利奧在講話中指出，阿根廷高度政治化，但是缺少明確的政治目的——提高人民生活水平，調和不同觀點的利益團體之間的關係，為大眾創造利益，避免悲慘歷史重演，抵制烏托邦思想的入侵。這是他熟讀瓜爾蒂尼著作（尤其是《對比》和《現代世界的結束》）所取得的思想成果。在講話中，他呼籲抵制黑格爾的邏輯辯證法，在講話結束時他引用費奧多·杜斯妥耶夫斯基在《卡拉馬佐夫兄弟》的一段話："不相信主的人必定不相信主的子民……只有通過人民以及他們未來的精神力量才能夠轉變無神論者，這些無神論者在自己的世界裡為自己而活。"

在他發表這次講話之前，科爾芬巴赫試圖把貝戈利奧從教會省中分離出去，但他面臨兩方面的壓力：一方面耶穌會年輕一代的會員們擁護貝戈利奧；另一方面，他們在教會省推行新的管理體制時遇到了來自年輕耶穌會會員們的阻力，而且這讓他們更加支持貝戈利奧。拉菲爾·韋拉斯科説："教會所有的問題都集中體現在身份認同或者沒有特定的管理模式上面，而這些都能從一個人身上得到體現，這個人就是貝戈利奧。"阿根廷政治上的矛盾主要體現在兩個方面，即庇隆主義和反對庇隆主義之間的矛盾。阿根廷教會省的矛盾體現在兩種不同的認識上，其中一種認識來自貝戈利奧。

貝戈利奧從德國回來之後，省會長佐爾津推行科爾芬巴赫的政策面臨着巨大挑戰，這些政策並不受歡迎。

1987年9月，羅馬召開耶穌會代辦員會議，每個教會省選舉出一名代辦員來執行以下任務：報告該教會省情況，和其他代辦員一起報告耶穌會整體情況，然後投票決定是否召開會長大會。代辦人選舉不涉及候選人在耶穌會的身份，候選人不能自薦，候選人只能由教會省會議選出，參加教會省會議的人員則由該教會省三分之二以上會員投票決定。

3月份，貝戈利奧被選為代辦員，教會省領導人非常憤怒，阿根廷社會研究與行為中心的耶穌會會員們懷疑貝戈利奧提前從德國返回是為了拉選票。不管這是否屬實，這次選舉說明整個教會省依然歡迎和尊敬貝戈利奧，同時也說明科爾芬巴赫以及新省會長的政策並不受歡迎。貝戈利奧當選為代辦員"是對羅馬的直接抗議"，韋拉斯科說，"是想告訴他們，你們安排你們想要安排的人，我們繼續做我們要做的事情"，這是一個非常明顯的信號。"作為代辦員，貝戈利奧需要向代辦員大會提交關於阿根廷教會省情況的報告，這為他提供了一個可以反擊敵人的平台，而且他有一次機會在羅馬和總會長一起討論這個報告，這是阿根廷耶穌會改變現狀的最佳機會，但是羅馬並沒有因此而改變原計劃。

　　羅馬教會省突然引入了外國的教育模式，學生的課本語言是西班牙語，上課方式採取西班牙模式，這激起了廣泛的不滿。"我們突然接觸到西班牙語教材，而我們中間幾乎沒有西班牙人，"諾丁回憶說。貝戈利奧在1988年耶穌會殉道日講話時批判了這種現象。

　　馬克西莫現在推行西班牙教育模式，這些來自國外的課程是純理論課程，這與布埃布拉會議精神相抵觸，他們推崇這些教材和教學方法，阿根廷教師僅為學生們講解這些教材。

　　雖然教會省政府推行這項改革，但其中存在不合理因素，它沒有明確的原因和希望達成的目標。不管貝戈利奧存在什麼樣的問題，但他有明確的觀點供阿根廷耶穌會進行批判。改革後來出現了更多不合理的地方，無法繼續推行。"我們教會省制定了政策，接着不了了之，"韋拉斯科回憶說，"我們制定了計劃，突然又不了了之……我們需要有自己的身份認同，有自己的目標，也要知道教會省的規劃。"

　　1988年9月，耶穌會總會長科爾芬巴赫對阿根廷進行訪問，他和拉丁美洲的省會長們在聖米格爾召開了為期一週的會議。會議結束後，他和阿根廷社會研究和行為中心的耶穌會成員共進午餐，來慶祝自己加入耶穌會40周年紀念日，那天晚上他在與薩爾瓦多大學相鄰的教堂裡做彌撒。出人意料的是，在第二天早晨返回之前，科爾芬巴赫都沒有見到貝戈利奧。一年之前，在代辦員會議上，科爾芬巴赫和貝戈利奧之間不管發生了什麼，都沒有拉近他們之間的距離。

　　在1988年至1990年期間，教會省兩極分化加劇，出現閉關自守、孤立自己的局面。他們解散了傳教團體，推行新的管理體制，遇到了越來越大的阻力，沮喪的省會領導人激起了越來越多的不滿和異議，他們開始把這一切歸咎於貝戈利奧，儘管貝戈利奧幾乎什麼都沒有做，他們依然指責他在暗中煽動。貝戈利奧的支持者們稱省會長把貝戈利奧當成了替罪羊，把整個教會省對他的不滿轉移到貝戈利奧身上。這個説法得到了阿根廷社會研究和行為中心的耶穌會會員們的認可，當時他們參加了顧問團會議，他們回憶説：“會議上每一個人都在議論他，大家一直都很憂慮，商議怎樣對付這個人。”神父胡安·奧查加維亞是科爾芬巴赫的首席顧問，來自智利教會省。奧查加維亞回憶説：“那是一段痛苦的歲月，就像家庭成員之間發生衝突一樣讓人難過，當時阿根廷教會省很多人在情感上受到了傷害。”

最終，貝戈利奧遭到驅逐。在貝戈利奧的支持者們來看，是當局者為緩解衝突而驅逐了貝戈利奧。1994年4月，貝戈利奧的老搭檔歐內斯托·洛佩茲·羅薩斯任馬克西莫學院院長，也許是迫於上級命令，羅薩斯突然取消了貝戈利奧的教學資格，他告訴傳道神學的學生們，貝戈利奧不再繼續教他們。貝戈利奧被迫交出他在馬克西莫學院房間的鑰匙，從此之後，他再也不能回到這個他已經生活了25年的地方。

貝戈利奧的支持者開始被送到國外，“當時和貝戈利奧保持密切聯繫的耶穌會成員都是非常有能力的人，他們被送往歐洲，如有可能，就讓他們去攻讀學位，”佐爾津的助理加西亞·瑪塔回憶説，這批被“流放”的耶穌會會員中，有一位叫做米格爾·亞涅斯的人，他現在羅馬格利高里大學教授道德神學，同時還是教皇方濟各組建的委員會成員，這個委員會致力於解決性侵事件。

貝戈利奧被安排到科爾多瓦中部的耶穌會教區，當局者要求其支持者不能和他聯繫。在貝戈利奧遭到驅逐期間，教會省的領導們希望把整個教會省團結起來，然而事與願違。20世紀90年代，耶穌會會員的數量減少了一半，幾年之後，離開耶穌會的人數增加了兩倍，與70年代早期耶穌會遇到的危機非常相似。1991年至1997年期間，加西亞·瑪塔任省會長，教會省的分裂持續升溫。1992年，貝戈利奧擔任助教，他們不能把這些失敗推到貝戈利奧身上。加西亞·瑪塔到任後，這位來自哥倫比亞的省會長試圖挽救當時的局勢。很多年之後，神父阿爾瓦洛·雷斯特雷波被問起當時的原因，在回答這個問題時，他巧用外交藝術，但同時準確地指出“是因為領導的問題，阿根廷人非常熱情，他們樂於貢獻出自己的力量，他們需要一位領導，但某個時期出現了多名持不同意見的領導人。”

1990年至1992年，貝戈利奧居住在科爾多瓦一個山區城鎮中心，那是一個叫做雷西登西亞·馬約爾的耶穌會居住區，他住在5號房間。他在那裡做彌撒、做告解神父、組織靜修、讀書，他還寫了很多封書信，其中的一部分是比較長的回憶錄。期間他曾經寄給慈幼會唐·卡耶塔諾·布魯諾一封可做回憶錄的書信；還有一部分書信是沉思錄，被收錄在《希望的沉思》當中。大部分時間裡，他主要的工作是聽教徒做懺悔。他每天花大部分時間，傾聽大學生以及教授們內心的痛苦與懊悔，找他懺悔的人當中有一部分來自地方行政區，他們自己的牧師週日忙於做彌撒，沒有時間傾聽他們的懺悔，所以他們專程來到市中心向貝戈利奧做懺悔。以前，貝戈利奧沒有充足的時間來引導和安撫這些渴望得到寬恕和憐憫的心靈，聽了他們的故事，貝戈利奧感同身受，他覺得自己和人民更加親近，同時也能正確的看待自己的問題。

然而，對於貝戈利奧來說，這是一段充滿內心掙扎的時光，他借機在緩釋自己。後來他告訴神父斯帕達羅那段日子"內心充滿失落"，他經歷了中年危機，孤獨和失落籠罩着自己。就像榮格所說，這段日子，貝戈利奧經歷了內心的煎熬，他需要等待這段心理歷程的結束。聖伊格內修斯在《精神修煉》中稱這樣的狀態為孤寂狀態：當一個人很少能覺察到主的關愛，發現自己缺乏激情、無精打采、內心傷感時，就會產生被拋棄後的傷感。有一段時間貝戈利奧睡眠品質很差，食不甘味，變得焦躁不安、敏感脆弱。望着窗外，他一站就是好幾個小時。神父卡洛斯·卡蘭薩回憶說："我們覺得他病了。"一位醫生從墨西哥基督教堂為他帶回一枚瓜達盧普聖母勳章，"當我遞給貝戈利奧的時候，"塞爾瓦·迪賽拉回憶說，"他非常激動，熱淚盈眶，動情地把勳章掛到自己脖子上。"

聖伊格內修斯在《精神修煉》中曾經指出，只有堅強的人可以通過孤寂狀態獲得"頓悟與真知"，這是常人無法得到的，這是"主賜的恩惠"。當孤寂狀態降臨到我們身上時，聖伊格內修斯說："我們不能被這些不屬於我們的困擾所束縛。"貝戈利奧內心明白這個道理。雖然知道目前遭遇的精神意義，但這並不能把他從痛苦中解救出來，他只能眼睜睜的看着自己深愛的一切被摧毀，在黨派主義的淫威下土崩瓦解，他為培養下一代領導人所付出的辛苦和努力都化為烏有。貝戈利奧感到無能為力，跌入了人生中的最低谷。

他只能耐心等待，衷心地相信主。日子一天一天過去，貝戈利奧堅信最後一定會有收穫。2003年，一位政治家被迫下台，他感到非常恐懼，貝戈利奧告訴他："曼紐爾，你要堅強度過遭到驅逐的這段日子，這點我做到了。最後，你還能夠回來，當你回來的時候，你會變得更加善良、更加慈悲，你願意為你的人民奉獻更多。"

到科爾多瓦6個月之後，貝戈利奧寫了一系列文章，被收集在後來出版的《緘默與話語》一書中。在書中，他給予"一個處於困境中的宗教社區"以支持，這個宗教社區很明顯是指阿根廷耶穌會教會省。更有意思的是，在這次危機中他所感受到的精神力量，與多年之後教皇方濟各在解決教會問題時的精神力量完全一樣。

貝戈利奧在書的開篇部分指出人類有時不能解決遇到的問題，"內心的無力感"只能通過"優雅地保持緘默"表達出來。他引用聖伊格內修斯關於野心和清貧的觀點，指出對野心的放縱以及不能固守清貧造成了耶穌會內部的分裂。某人因為渴望權力，會因這些野心的誘惑而忘記主的旨意，從而按照內心的欲望制定和實施計劃。對野心的放縱和不能固守清貧最終會導致相互懷疑，相互不信任，繼而陷入爭強好勝和精神世俗化的泥潭。爭強好勝經常披着"進步"的外衣，實際上是對信仰世俗化進行了巧妙的"包裝"。亨利·德·呂巴克認為，精神世俗化對於教徒們來說是最為隱蔽的誘惑，與駭人聽聞的"麻風病"相比，精神世俗化更具有"摧毀性"，由於受到精神世俗的誘惑，某人會產生嚴重自我中心意識，熱衷於自我吹捧或頌贊。這些行為在耶穌基督看來是典型的偽善行為。

在文章的第二部分，貝戈利奧論述了怎樣對抗這些誘惑，他說這些誘惑常以偽裝的形式出現，表面看是聖潔的天使，實際卻包藏禍心，只有耶穌基督才能讓這些邪惡現出原形，做好準備迎接主的榮光。耶穌基督通過自己的行為達到了這一目標："保持緘默、祈禱、讓自己變得卑微謙遜"。耶穌基督把自己的聖潔隱藏在內心深處，在有能力摧毀敵人時卻沒有那樣做，而是通過自己的血肉之軀代人接受最嚴酷的刑罰。

在對方變得虛弱無力的時候，怎樣控制內心的"原始憤怒"去攻擊對方，貝戈利奧在書中探討了這個問題。當對方的把自己的錯誤轉移到替罪羊身上的時候，怎樣才能夠像耶穌基督那樣通過十字架來拯救對方、赦免我們的罪？借助十字架的力量，魔鬼最終會現出原形，因為魔鬼錯把溫和當成軟弱。"在經歷苦難與黑暗的時刻，"貝戈利奧寫道，"當一切處於混亂狀態，'結'還沒有被解開的時候，我們應該保持緘默，保持緘默會讓我們看起來更加不堪一擊，這樣，魔鬼敢於現出原形，暴露出自己的企圖，他們不再偽裝成天使，開始露出自己膽大妄為、厚顏無恥的面目。"

該書最後一部分的題目為《主的戰爭》，他說主有時也會參加到與人類敵人的鬥爭中，加入這些戰爭是錯誤的。這些時候，"緘默的十字架告訴我們去守衛麥田，而不是去拔除麥田中的稗草。科爾多瓦教堂天花板上有一幅畫，名為《來到聖母身邊》，那幅畫的內容是聖母正在保護新教徒，它告訴我們，當主加入戰爭的時候，我們不應該介入這場戰爭，更不應該成立不同的黨派，不應該簡單的把世界劃分為好壞，應該"躲藏到聖母的斗篷下面"。

1991年8月，前阿根廷社會研究與行為中心主任加西亞·瑪塔任阿根廷省會長，他任命胡安·路易斯·莫亞諾為省會長助理。莫亞諾剛從秘魯返回阿根廷，任阿根廷社會研究與行為中心主任。莫亞諾為奧拉西奧·韋爾比茨基提供了大量關於貝戈利奧的信息，韋爾比茨基把這些信息作為指控貝戈利奧的主要材料，媒體記者在報導中引用了莫亞諾很多"過激的言辭"。美國耶穌會會員傑佛瑞·克萊貝爾說："驅逐為窮人服務的人而任用莫亞諾，總會長的這個決定必定會引起巨變，"同時這個決定也剝奪了貝戈利奧在耶穌會的未來。

　　和門徒們共用完最後一次晚餐，耶穌基督被釘在十字架上。之後，門徒們埋葬了他的遺體，1991年12月，貝戈利奧對此進行了思考。尤其對於耶穌基督的遺體的描述使他陷入沉思，他寫道，在往事或者本可以實現的事情中很容易找到心靈的慰藉，現在自我復活並不是很難的事情，可以通過多種不同的方法挽救貌似無法挽救的事情。

　　"主現在已經是一具遺體，神性隱藏在這具遺體裡面，他將會復活。歷史上，教會的改革也是如此，導致教會四分五裂的因素已經消亡，教會通過自身內部的力量獲得新生，這種新生不能依靠外部力量獲得，主的復活也是如此，當沒有其他解決辦法時，要從自身尋找希望。"

第六章

滿身膻味的主教

(1993－2000)

2012年，貝戈利奧對一位隱修者說，真理就像是一塊寶石：把它呈獻在你的手上，它就能把他人吸引到你身邊來；用力投向他人，它就會給他人帶來傷害。2013年11月，教皇方濟各發佈了《福音的喜樂》。這部文告就像是一塊呈獻在你的手上的寶石一樣：它既不諂媚，也不恫嚇，而是通過自身的魅力吸引着你，令你讚歎，令你心往神迷。不過，它語言犀利，毫不隱瞞地鞭撻形形色色的世俗醜態和腐敗墮落行為；與此同時，呼籲教會要學會從充滿活力、充滿愛的傳教活動當中尋求生存之本。福音傳道既不是宗教戰爭，也不是市場行銷活動，更不是宗教勸誘活動。方濟各指出，教會是因為信奉主充滿愛的寬恕而發展壯大的。

這是首部因為其自身的長度而向公眾致歉的教皇文告。方濟各說，他知道人們不再閱讀長篇大論的文告，有人甚至會認為它過於詳細。這部教皇文告長達200多頁，甚至比教皇保羅六世1975年發表的訓詞《論基督信徒的快樂》和《現代社會的福音傳道》

中的任何一個都要長。方濟各甚至還用《福音的喜樂》的標題，向《現代社會的福音傳道》致意。不過，接下來，方濟各談到了一系列令人吃驚的話題，就好像這是他的首部訓導文告——至少可以說這部文告大部分都是他親自撰寫的，也是他的最後一部訓導文告似的。

關於新福音傳道，方濟各在本篤十六世的宗教會議上只是虛於應付。在接下的一年，方濟各發佈了這部文告，通過裡面的每一句話闡述了福音傳道的含義。如果說本篤十六世的宗教會議是由歐洲教會陳腐、怯懦、內省的風格為主導的話，那麼，《福音的喜樂》就是拉丁美洲式的活力和敏銳洞察力的大爆發，到處都能看到2007年發佈的《阿帕雷西達》文告提到的字眼：一個民有、民享的教會，這個教會植根於梵蒂岡第二屆大公會議，以使命為導向，以弱勢群體為重點，以主神聖而又虔誠的子民為中心，對與中世紀宗教文化開展對話充滿信心，並大膽抨擊那些傷害普通民眾的思想和行為。它向世人展示了一個仁慈、充滿母愛的教會：她就像一座博大的醫院，給人們以愛，並治癒人們心靈的創傷。

方濟各讓全世界都震驚了，因為在搭乘教皇專機離開里約的途中，他就同性戀這個話題，提出了一個至今被認為具有方濟各風格的問題：“我有什麼資格評判這些人？”接下來，他接二連三地令世人震驚，在耶穌會上，在野戰醫院裡，他訴苦說因為某些教義而感到困惑。許多人認為，他的這些言論只是在談話的時候隨便談談，而不會在教皇文告裡面出現。然而，《福音的喜樂》證實他在飛機上發表的談話，反映了他對新聞媒體關注問題的方式的深入思考，特別是所謂的骨盆問題。方濟各的這些思想，對教會長期以來過於強調道德和審判的教義產生了影響。他在《福音的喜樂》中指出，"最大的問題是，我們宣揚的教義似乎與那些次要方面保持一致。然而，這些次要的方面儘管很重要，但卻不是、也不能代表基督教義的内涵。"此後，他呼籲教會不要拋棄那些關於上帝憐憫之心的新聞報道，而是要加以宣揚。

《福音的喜樂》表達了對教會現代教皇的頌揚之情。這部文告不時地與這些教皇產生共鳴，包括快樂、充滿活力的改革派約翰二十三世；充滿智慧和洞察力的保羅六世；未卜先知、熱情洋溢的約翰·保羅二世；寧靜、抒情而又明淨的本篤十六世。然而，對於任何熟悉貝戈利奧聲明的人，這部文告無疑具有他的風格，探討他喜歡的主題，諸如神聖而又虔誠的信徒的解釋和世俗宗教的危險等。他甚至把他的四大原則包括在文告當中，即：時間大於空間；團結壓倒鬥爭；現實重於理想；整體高於部分。對於一部教皇文告來説，也許這些充滿智慧的至理名言被認為是不合適宜的，因此，《福音的喜樂》首次明確地把這些名言警句與福音書聯繫在一起。

此外，完全的貝戈利奧風格還體現在：他把直接的、普通人的語言與極其複雜的短語結合起來的方式。抒情也是他的風格。不斷反復閱讀古典文學的方濟各具有小説家的天賦，他能夠把思想觀念結合起來，並賦予它們新的含義。"正是由於我們有肉體存在，"他在《福音的喜樂》當中寫道，"上帝才把我們與周圍世界密切地結合一起，使得我們能夠感受到土地沙漠化幾乎就像一種身體疾病，感受到一個物種的滅絕就像是一種痛苦的身體缺陷。"（2014年1月，這句話被刻在羅馬生物公園聖彼得廣場方濟各塑像旁的一個金屬板上，塑像伸展開的手指托着一隻鸚鵡。）此外，在談到耶穌復活時，他寫道："在我們這個世界，每一天都有美麗得到新生，穿越歷史的風暴而復活。"

在談到他所謂的撒馬利亞式教堂時，這部文告的力量發揮到了最大限度。撒馬利亞式教堂就是通過直接的人與人之間的接觸進行心理治療。"耶穌希望我們感觸到人類的不幸，感觸到他人的痛苦，"他寫道，"在這樣做的時候，我們的生命就變得令人奇妙的複雜起來，而我們也能強烈地感受到作為人的感受，感受到自己成為人的一部分。"要想使精神生活得到升華，他說，就要成為傳教士，就要與他人交往；這樣做了，"我們就會了解一些新的關於上帝的東西。無論何時，只要向他人敞開心扉，接受他人，我們對上帝的認知就會隨之增加，對上帝的信仰就會更加虔誠。"如同往常一樣，在進行選擇的時候，既有誘惑，也有危險。"如果逃避、躲藏、拒絕與他人分享，停止給予、把自己關閉在個人的安樂窩裡，我們就不會生活得更好。這樣的生活無異於慢性自殺。"他告誡說，傳教不是兼職工作，而是要服從於一種新的存在：用靈魂充滿他人的內心：

我存在於人們心中的使命不只是我生命的一部分，也不只是賴以騰飛的基礎；它不是"額外"的部分，也不只是生活的另一個瞬間。相反，只要我還沒有消滅我的自我，我便無法將它從我的生命當中消除掉。我是這個星球上的一個使命，這也是我為什麼來到這個世界的原因。正是由於這個使命，我們必須給自己打上使命的印記、甚至打上使命的烙印，這個使命就是：給這個世界帶來光明、福祉、活力，使人們的靈魂得到升華，撫慰人們心靈的創傷，把人們從束縛中解脫出來。在我們的周圍，我們將開始看到有靈魂的護士、教師、政治家、以及在內心深處願意與他人相處、為了他人的人。

《福音的喜樂》這部文告最引起媒體關注的卻是他最傳統的

思想。在這部文告中，方濟各批評了自由市場關於市場決定工資和工作條件的"點滴"投資理論，大膽地說出了教皇長期以來的一個傳統教義。教皇的這個教義可以從現代社會追溯到19世紀末期的里奧十三世。在1891年的《新事通諭》中，教皇里奧譴責市場論者，因為這些人認為少數人損害多數人的利益積聚財富是合理的，同時呼籲政府對此進行干預，以保護和幫助其受害者。在現代，教皇本篤十六世在2007年發佈的意義深遠的社會教諭《真實的博愛》秉承的就是這個傳統教義。

方濟各在《福音的喜樂》這部文告中指出，"點滴"投資理論是行不通的，並譴責了"物競天擇，適者生存，弱肉強食"的生存法則。然而，他的這種思想令許多人感到震驚，就好像當每個人都認為資本主義創造了世界上最美好的一切時，教皇卻提出社會主義復興的主張。美國前共和黨提名人薩拉·佩林不無擔憂地指出，教皇的某些言論"聽起來太過隨意了"；美國脫口秀電台主持人拉什·林博甚至稱，這是"純粹的馬克思主義"；福克斯新聞頻道的斯圖爾特·瓦尼抱怨說，方濟各將宗教與政治混為一談，教會沒有資格談論經濟問題，而且無論如何，自由市場給全世界帶來了巨大繁榮。相反，對於左派人士來說，他們為此而感到高興，宣稱方濟各是新的反資本主義先鋒。

不過，方濟各批評的市場經濟，並不是指商品和服務的自由交換，也不是普通的人類經濟活動，事實上這些活動的確創造了財富；他更不是要提倡集體主義或者任何其他形式的"制度"。他撕下了一種盲目崇拜思想傾向的假面具，這種思想傾向使人類的主權屈從於一個無形的神，這個神獨斷專行，行為不受任何約束。方濟各批評的，是"為絕對自由市場辯護的意識形態"；是那種容忍或者認為不平等和貧窮合理的態度，並辯稱這是自由市場的產物，是必要的，也是可以接受的。就這樣，產生了“一個新的暴君…毫無顧忌地、冷酷無情地發着號，施着令。”

方濟各並不是從替代經濟理論的角度來談論自由市場的，而是從窮人和他們的需要的角度來談的。一面是數量巨大的財富，一面卻是痛苦磨難（長期失業，薪資微薄不能維持家庭，營養不良），如果社會認為這是正常的市場經濟不可避免的產物，那麼人類的思想和靈魂一定是腐爛了。

戒律當中“不要殺人”戒條就是為保證人類生命的價值而做出的明確的限定。今天，我們仍然要對唯我獨尊和不平等的經濟制度說“不要殺人”，因為這樣的經濟制度殺人。一個無家可歸的老人露死街頭不是新聞，而股票市場下挫兩個點反而是新聞，怎麼可以這樣呢？這是一個唯我獨尊方面的例子。一方面是食物被倒掉，另一方面人們卻在挨餓，看到這種情況，難道我們能夠坐視不管嗎？這是一個不平等方面的例子。今天，一切都奉行物競天擇、適者生存、弱肉強食的原則。其後果是，大多數人會發現，他們受到了排擠，被邊緣化了：沒有工作，沒有機會，沒有任何逃避的辦法。

對於教皇方濟各發表的評論，一位天主教專欄作家說他以“呸！”表示憤怒。在《福布斯》雜誌的網站上，他極其完美地闡述了教皇方濟各指出的那種思想傾向。在列舉了過去一個世紀數百萬農民轉變成資產階級的統計資料之後，這位名叫蒂姆·沃斯塔爾的專欄作家寫道，“一切都在朝着正確的方向發展，儘管發展得沒有我們希望的那樣快……目前正在解決他（方濟各）指出的那些問題的經濟體制，正是他（方濟各）指責的建立在市場基礎上的經濟體制。這種態度認為，目前的無所作為的做法是合理的，正當的，因為持這種態度的人想像着，總有一天，貧窮問題就會像變魔術一樣被市場經濟解決。任何了解窮苦人、而不是通過計量經濟學理論讀到他們的人，馬上就會明白方濟各是什麼意思了：對於窮人和富人來說，等待市場普及繁榮的經歷是不同的。

在這種心態背後，方濟各看到了"拒絕道德和拒絕上帝"態度。同所有的思想傾向一樣，這種人的心靈和思想越來越被物質和財富的貪慾牢牢地控制着，與此同時這種貪慾不斷地要求提供更多的活人（窮人和失業的人）成為其祭壇上的祭品，同時宣稱目前這種自由發展、不受干預的狀態是受到國家和法律的保護的。對於國家應當盡可能少地干預市場運作這種觀念，方濟各向其發出了挑戰。他呼籲"政治領導人開展一場轟轟烈烈的變革"，旨在使"經濟和財經朝着有利於人類倫理道德的方面發展。"

這部文告當中最令人吃驚、最獨特的部分卻是媒體最少談論的：教皇對自己的教會發起了攻擊，而這是前所未有的。在現代，沒有哪個教皇如此嚴厲地斥責自己的信徒。在標題為"對世俗宗教說不"的章節中，他點名指出"攙假形式的基督教"，並為此感到恥辱。在這些形式的基督教中，虛偽的天主教徒認為自己比耶穌基督還要榮光，自封為精英，凌駕於教會普通信徒之上，方濟各批評他們落後（指自由派天主教徒），或者教義不夠純潔（指保守派教徒）。方濟各指責"冷酷的審判員致力於剷除各種威脅和背離行為"、以及飽受"失敗主義者邪惡精神"折磨的"憤憤不平、幻滅的悲觀主義者"——這是"焦慮、以自我為中心、缺乏信任的結果"。方濟各引用教皇約翰二十三世在梵蒂岡第二屆大公會議開始時批評"總是預言災難的末日預言者"的名言，嚴厲斥責了"以自我為中心、反叛的新貝拉吉烏斯主義"

和自封為正統教派守護者的"自戀、專橫的精英優勢論",他們把時間都花在"審核和查證"上,而不是福音傳道上。他還斥責了那些"炫耀、專注於禮拜儀式、宗教教義和教會聲望,卻對'福音傳道對上帝的忠實信徒產生實實在在的影響'一點也不在乎"的信徒,以及邊緣地區信徒在做禮拜儀式時把教堂變成"博物館"的那種做法。

方濟各的這些攻擊,很容易被看作是對他出任教皇後第一個復活節期間,耶穌升天節當天為羅馬卡薩爾德爾馬默少年管教所12名少年施洗腳禮提出批評的一種回應。在這12個少年當中,其中一個是女孩,她來自塞爾維亞,是第一個接受教皇洗腳禮的穆斯林,也是第一個接受教皇洗腳禮的女人。方濟各把女人納入洗腳禮範圍,在技術上違反了梵蒂岡1988年聖會關於神聖崇拜和聖禮詔令中的一條法令。該條法令認為,在扮演耶穌基督為12個門徒洗腳時,只能有男人參加。不過,長期以來,世界上大多數主教教區(包括布宜諾斯艾利斯)並不理會這條法令。在過去任大主教期間,方濟各經常這麼做,而在升天節的這種做法則是在恢復早期教會主教為窮人洗腳的慣例。

方濟各對世俗宗教的攻擊不只是某些思想傾向,而且還包括主教和教會中有名望的人,儘管他沒有指名道姓。在指責那些"沉溺於追求社會和政治地位"和"醉心於實施自助與自我目標實現"(指在某些靜修中心開設的自我中心治療工作室)的人的同時,他還批評了那些"只想着出名"、"在公共場合、會議、餐會、招待會大出風頭"以及"只想着交易,滿腦子都是管理、統計數字、規劃、估價,首先考慮的是教會作為一個機構而不是上帝子民的利益"的人。

方濟各採用這種方式對《聖經》進行註解。這時,他不再利用它攻擊阿根廷紙上談兵的改革，而是把矛頭指向以自我為中心的教會負責人。這些人的表現都是一樣的：“高高在上的教會負責人和牧區專員發號施令”，他們“沉浸在無盡的幻想中”，“失去了與現實生活和生活困難的子民的聯繫”。這位曾經嚴厲訓斥阿根廷左翼天主教徒空想理論的耶穌會阿根廷省會長，現在用幾乎同樣的字眼批評主教和教會有名望的人：

> 那些身陷世俗的人高高在上：他們拒絕接受他們的兄弟姐妹們的預言；他們懷疑那些提出問題的人；他們為表象所迷惑。他們不能敞開心扉，而是把自己局限在他們的自我和利益的範圍之內，其結果是，他們既不能認識到自己的罪過，也沒有真正的寬恕之心。這是一種在美麗外衣掩蓋下極其墮落的行為。我們要讓教會不斷地走出去，把使命放在耶穌基督身上，放在對窮人的承諾上，從而避開這種墮落行為。

說到貝戈利奧如何成為主教，這還要從教皇約翰·保羅二世想要拉普拉塔的大主教安東尼奧·奎拉西諾替代布宜諾斯艾利斯紅衣主教胡安·卡洛斯·阿蘭布魯説起，因為阿蘭布魯在1987年已經到了退休年齡。奎拉西諾是一個很有天賦的傳教士。在參加梵蒂岡第二屆大公會議之後，他繼續在阿根廷和拉丁美洲教會發揮着重要的作用。作為拉丁美洲主教團會議主席，他與這位波蘭教皇保持着聯繫。

奎拉西諾是約翰·保羅二世那種類型的主教：密切聯繫工人，恪守教義，反對墮胎，主張社會公平和正義。他是一個口齒伶

俐、具有強烈諷刺意味的辯論家；他思路清晰，條理清楚，具有
庇隆主義者與普通民眾溝通的能力。不過，他直言不諱，做事魯
莽，這可能使得他看起來像是一個反動分子而不是他真實的自
己。阿根廷總統阿方辛試圖使宗教與政治分離，禁止在學校開展
宗教教育活動。對此，奎拉西諾對阿方辛提出了強烈地批評，並
於1987年宣稱約翰·保羅二世向羅馬教廷大使發表的演說，將是對
這個激進政府政策的控告。阿方辛向梵蒂岡徵詢奎拉西諾說的情
況是否屬實，梵蒂岡回答說不是。此後，這位激進的總統便以此
為藉口，根據資助人權立法，利用其總統職權否決了奎拉西諾出
任布宜諾斯艾利斯主教的任命。紅衣主教阿蘭布魯繼續留任，直到
1989年末卡洛斯·薩烏爾·梅內姆出任阿根廷總統，奎拉西諾才最終
被任命為阿根廷教會本部主教。他於1990年7月就職——也就是在
貝戈利奧前往科爾多瓦之後不久，並於1991年被任命為紅衣主教。

　　奎拉西諾與梅內姆總統關係密切。事實上，時任拉里奧哈省
省長的梅內姆被獨裁的軍政府囚禁在布宜諾斯艾利斯時，他就已
經認識梅內姆了。在奎拉西諾的敦促下，而且可能是在他的授意
下，梅內姆在就任總統之後不久，於1990年12月29日赦免了軍政
府時期包括主要領導人魏地拉在內的220名軍官，另外還有包括前
游擊隊領導人在內的70名民眾。由於這些人是在阿方辛擔任總統
期間被判處罪行的罪犯，因而阿方辛稱這一天是阿根廷歷史上最
黑暗的一天。阿方辛曾經通過法令，確定承擔不正當戰爭罪責罪
犯的範圍，把入獄服刑的人的範圍限定在那些下達發動戰爭命令
或者超出這些命令的人。可是，梅內姆聲卻辯稱，該是回應約翰·
保羅二世1987年訪問阿根廷時呼籲達成國家和解的時候了。此舉
得到了工業界、農業出口公司和主教們的支持，但是受到了普拉
薩德梅奧修道院院長們的譴責。阿方辛則稱，這是他生命中最糟

糕的一天。

　　梅內姆政府是15年前庇隆將軍和庇隆夫人擔任阿根廷總統以來的第一個庇隆主義政府。在從1989年至1999年的兩屆政府任期內，梅內姆奉行的是經典的庇隆主義小商業和工會普通利益團體，與激進的新自由主義聯盟的經濟和外交政策。出乎人們意料的是，他同總是與庇隆主義意見相左的阿根廷金融界與農業出口公司結成了聯盟。他們那些才華橫溢的領導者在梅內姆政府供職，為他制定經濟政策，協助他進行改革，並使他相信，庇隆主義政府是唯一對阿根廷通貨膨脹和國家依賴經濟實施休克療法的合法政權。

　　梅內姆政府的休克療法是在阿根廷實施市場經濟改革。除國有企業私有化外，其最關鍵的舉措便是比索對美元1:1掛鉤。這在當時無疑是大膽必要的舉措。貨幣"美元化"的直接結果就是迫使政府停止濫印鈔票，而且取得了積極的、立竿見影的效果。短短幾年就把高達5000%的通貨膨脹率降為0。穩定的貨幣政策刺激了國內外的投資欲望，1991至2000年外國直接對阿根廷的投資接近800億美元。再加上國有企業私有化，擯棄價格管制，開放私人銀行業等一系列經濟自由化措施，使得90年代早期阿根廷經濟實現連續數年高速增長，從而帶動了中產階級的消費水平。

　　不過，梅內姆政府卻沒有能夠圍繞自由市場建立一套社會保障體系來保護窮人。數字表明，儘管阿根廷經濟穩定增長，但是貧困和失業仍然以驚人的速度增長。以經濟部長多明戈·卡瓦羅為首的經濟改革設計師們相信市場經濟會起作用，相信投資和經濟增長最終會把貧窮消滅掉。然而，直到梅內姆政府下台，他們仍在等待這個結果。這就如同杯子滿了不是讓水向外流出去，而是讓杯子變得越來越大一樣：富人更富，窮人更窮。到1998年危機開始爆發的時候，令阿根廷人特別憤怒的是，梅內姆政府曝光的腐敗規模空前：政府、經濟、司法等部門充斥着一個富有的百萬富翁階級。

　　阿根廷的主教們由於新政要求他們與國家保持距離，因而不斷抨擊政府的新自由主義政策和這些政策帶來的社會影響，特別是腐敗和赦免令。不過，梅內姆的政策卻是強烈反對墮胎，並在世界舞台上極力維護教會的權益（例如，在1994年召開的開羅人口會議上，當羅馬教廷被孤立時，阿根廷就公開宣佈站在羅馬教廷這邊。）通過與奎拉西諾和羅馬教廷之間友好的關係，並直接或間接地向其提供經濟援助，梅內姆就能把這些批評消化掉。

　　奎拉西諾於1991年2月被任命為布宜諾斯艾利斯紅衣主教。此後，奎拉西諾利用他與教皇的關係，使得貝戈利奧被任命為布宜諾斯艾利斯總教區輔助主教，擔任奎拉西諾的助手。奎拉西諾早就想這麼做了。早在1988年的時候，他就告訴耶穌會克洛文巴赫會長說，"阿根廷教會對貝戈利奧會士的期望很高。"奎拉西諾的這一預言於1990年得到了證實，時任羅馬教廷駐阿根廷大使的大主教烏巴爾多·卡拉布雷西就提醒省會長維克多·佐辛說，教會將為這位前省會長安排一項任務，因為當時佐辛已經決定安排貝戈利奧到布宜諾斯艾利斯西北400英里的科爾多瓦去。對此，佐辛不耐煩地對卡拉布雷西說："在授予他任務時，他可以到他需要去的地方。"

　　奎拉西諾大主教於1990年1月和4月邀請貝戈利奧前往拉普拉塔靜修，為他的數十名牧師講道。在第一次靜修時，貝戈利奧講到的"祈禱中我們的肉身"就表明，他對耶穌關於"善良的撒馬利亞人"的寓言的領悟是多麼深刻。"善良的撒馬利亞人"講的是一個外國人幫助一個遭到強盜鞭打的旅行者的故事。貝戈利奧指出，從道路另一邊經過的人採用的是一系列的躲避方法，而這些方法都是誘惑物：他們要麼是理智地對待看到的痛苦，要麼就是逃避責任，安慰自己說這就是生活。相反，這位撒馬利亞人不顧一切接近這位受害者，向他敞開心扉，給他包紮傷口，扛着他，為他花錢。"這就是我們將來接受評判的東西，"貝戈利奧告訴牧師們，並且補充說這種"接近"是肉體化身的本質。遠不會"從道路的另一邊通過"的耶穌基督犧牲了他自己的肉體，為那些遭受痛苦的人付出了最終的代價；主接近人類是為什麼"祈禱觸及我們肉體本質、觸及我們內心"的原因。

貝戈利奧告訴牧師們，祈禱意味着願意承受可能發生的變化，意味着願意承受痛苦。當一個人停止祈禱並開始抱怨時，"他就不再為福音服務，並成為犧牲品。他自封為聖人。"使自己成為犧牲品而不向主看齊是一種褻瀆行為，"用於褻瀆的肉身不知道如何尋求幫助，來治療自身的傷口和贖罪；這樣的肉身是不能幫助治療他人的傷口的。"即使他把自己的生命都獻給了主，他也只是能夠接受他自己而已。"這就像是猶太法利賽教派的'防腐處理'一樣，"貝戈利奧告誡說，"他的肉身既不是病毒，也不是維生素。"

貝戈利奧給拉普拉塔的牧師們留下的印象是，他是教會的典範，對於他的勸諭和作為主教和紅衣主教這樣的引路人來說，最重要的是：平易近人，與普通民眾保持密切聯繫，關心窮人疾苦，誠心待人。他指出，天主教成了一種世俗活動，而主是通過與民眾接觸、接受現實來拯救人類的。然而，教會常常逃避現實，尋求官僚主義、意識形態或者唯理性的庇護。他指出，通過直接的私人接觸，每次只能幫助一個人。除非具體化，否則愛就不是真正的愛；同時，對待窮人，要像個體那樣對待他們，愛他們，這樣他們就能夠擺脫貧窮。

　　貝戈利奧的這些靜修講道使奎拉西諾更加堅定了為他在布宜諾斯艾利斯主教區謀取一個職位的決心。他親眼看到，貝戈利奧的教會管理方式改變了聖米格爾神學院，並對耶穌會如何排斥他感到震驚。從性格上來説，這位耶穌會士和這位大主教是完全不同的兩個人。貝戈利奧安靜、謹慎、一絲不苟，而奎拉西諾性格外向，愛説話，喜歡出頭露面，他的辦公室也裝飾得很豪華。不過，兩人的出生背景相同，而且在政治和文化上的觀點也是相同的。他們都是20世紀20年代意大利移民的後裔，對"民族和民眾"有着相同的神學觀——贊同麥德林宣言，反對馬克思主義，具有傳統的庇隆主義思想。兩人都致力於拉丁美洲主教團事業，致力於實現拉丁美洲天主教徒不分國界團結起來的理想。此外，兩人都是烏拉圭哲學家阿爾貝托·米索爾·費雷的敬仰者。不過，奎拉西諾從更深的層次察覺到，他和教會都需要貝戈利奧。儘管貝戈利奧很坦率，不過奎拉西諾還是能夠謙卑地意識到自己的不足。此外，奎拉西諾還很敬佩貝戈利奧獨到而深刻的見解和領導才能，對他的審慎和洞察力也是很賞識的，因此他經常親切地稱貝戈利奧為"小聖人"，而這正是他所不具備的。

　　在第二次靜修之後不久，貝戈利奧便被派往科爾多瓦，而奎拉西諾也開始為提名他當主教做準備。在此期間，漫長的一年半時間過去了。任命天主教主教需要羅馬教廷駐阿根廷大使向當地教會組織諮詢，此後由他向羅馬主教聖會提交一份三人一組的名單，然後由聖會決定是任命、拒絕任命、還是延期任命，以便了解更多的情況。在貝戈利奧出任主教的問題上，他遇到了阻礙：聖會拒絕了貝戈利奧、伊格納西奧·加西亞·馬塔和他的同事胡安·路易斯·莫亞諾的任命。不過，奎拉西諾還是設法繞過梵蒂岡主教

聖會，直接向約翰·保羅二世推薦。保羅二世於1992年5月20日簽署
了貝戈利奧的主教任命書。

　　貝戈利奧也只是在此前一週才得知此事的。當時，羅馬教廷
駐阿根廷大使在從門多薩返回布宜諾斯艾利斯的途中，要求與貝
戈利奧在科爾多瓦機場見面。同奎拉西諾一樣，大主教卡拉布雷
西對貝戈利奧的期望很高，經常打電話向貝戈利奧諮詢主教的人
選。不過，這位大使這一次卻要求與他進行一次面對面的會談。
在機場，他們就一些“嚴肅的事情”進行了交談，貝戈利奧後來
回憶說，他們一直談到該是大使登機的時候。“哦，還有一件
事，”卡拉布雷西在到了說再見的時候說，“你已經被任命為布
宜諾斯艾利斯的輔理主教了，任命將於20日向公佈於眾。”

❧

　　“我的腦子一片空白，”貝戈利奧在2010年接受專訪時回憶
說，“只要有意想不到的事情發生，無論是好事，還是壞事，我
的大腦總是一片空白。”

　　任何一個受邀出任主教的牧師都有權利拒絕接受任命（授予
聖職是一種聖禮，而聖禮是不能強迫的）。宣誓加入耶穌會的會
士更有特殊的理由不接受這樣的任命：他們曾經發下一個特別的
誓言，那就是不尋求教會職務。不過，當教皇自己向某個耶穌會
士提出要求時，他往往會同意的，因為接受教皇任命是在履行其
第四個誓言，那就是：執行教皇需要他完成的任何任務。接受教
皇的任命，同當時其他的耶穌會士一樣——其中最突出的就是米
蘭大主教、紅衣主教卡羅·馬利亞·馬提尼，貝戈利奧仍然是耶穌
會的一名成員；同馬提尼一樣，他往往還要在他的名字後面加上

"SJ"這兩個字母（譯註：SJ是耶穌會的簡稱）。不過，這也只是名義上的。被任命為主教，他就擺脫了耶穌會關於順從和貧窮的誓言：前者是因為他不再接受耶穌會的領導，而後者是因為根據教會法律，主教必須擁有財產。也就是說，他不再是耶穌會士了。

　　教皇對貝戈利奧的任命使教會觀察家們感到驚奇。在阿根廷，此前唯一被任命為主教的耶穌會士是西班牙傳教士約阿奎因·皮那。1986年，他被任命為米西奧內斯省伊瓜蘇港的教區主教。此外，令人感到驚訝的還因為，加上貝戈利奧，奎拉西諾現在一共有六個助理了，而在他過去只需要四個。不過，最令人感到驚訝的原因是，除了少數的幾個小圈子外，大多數阿根廷人不知道貝戈利奧是誰。在大家的一片驚訝之中，貝戈利奧看起來似乎無從接任這個高級職務，而這既不是第一次，也不會是最後一次。

　　1992年6月27日，在布宜諾斯艾利斯的都市大教堂，時年55歲的貝戈利奧同其他20人接受了紅衣主教奎拉西諾授予的主教法冠，正式被任命為主教。參加典禮的還有羅馬教廷駐阿根廷大使和盧建的大主教埃米利奧·奧格尼諾維奇。在受邀發表感言時，貝戈利奧主教談到了他的拉普拉塔之行。"有這樣的兄弟和姐妹，他們冒着生命危險，請求我們不要越界到另一邊去，然而卻在他們自己的傷口中發現耶穌的傷口。"

　　貝戈利奧在兩個方面顯得比其他主教更加引人注目。神父卡洛斯·阿卡普托此前曾經聽說過一些關於這位新任輔理主教一些負面的傳言（不過，後來兩人成了密切的合作伙伴）。不過，他發現，令他"印象最為深刻的是，在授職典禮結束後，許多非常貧苦的窮人走上前去，向他表示祝賀，這些人都是弱勢群體。看到這裡，我心裡想，啊哈，看來這裡發生的一些事情需要我好好搞清楚。"第二件令人感到好奇的事情是，貝戈利奧主教發給祝福者的禱告卡。其他主教發放的禱告卡上是他們各自最喜歡的聖徒的畫像，而貝戈利奧的禱告卡上則是德國人繪的聖母瑪利亞正在解開一根柔軟光滑的絲線。"我們不知道這幅畫像表達的是什麼意思，"另外一位在場的神父吉列爾莫·馬可回憶説。

在授職典禮上，每一位新任職主教選擇一個盾形徽章。貝戈利奧選擇的是一個藍色盾牌。這個盾牌分為三部分，上方中央是個光芒四射的太陽，其上有個突出的紅色字體IHS，就是希臘文耶穌的三個首字母，是他所屬的修會——耶穌會典型的會標。字母H上有個十字，其下是三根黑色的釘子。盾牌左下方有一顆五角星，右下方則是甘松花。根據古老的徽章學，五角星象徵童貞瑪利亞、基督和教會的母親；而甘松花指的是聖約瑟。在西班牙傳統聖像學中，聖約瑟手中拿着一枝甘松花。貝戈利奧在他的徽章中安置這些圖像，是要表達他特別敬愛聖母和聖約瑟。盾徽下面鐫刻着貝戈利奧的座右銘"因仁愛而被揀選"（拉丁語：Miserando Atque Eligendo）。這句話取自聖彼得的講道，他在評論聖馬太被耶穌召喚的福音故事時寫道：耶穌看見一個稅吏，以仁愛之情看他、揀選他，並對他説：跟隨我。這篇講道在貝戈利奧的生活中和修行道路上有着特殊的意義。的確，在1953年春天，即10月21日聖馬太的齋日，年僅17歲的貝戈利奧以一種非常特殊的方式體驗到主的仁愛降臨到他的生活中。他在弗洛雷斯教區教堂懺悔室的這次懺悔之後深受感動，深深地感受到主的仁慈降在他身上，以慈愛溫柔的目光注視他，召喚他。

弗洛雷斯教區正是奎拉西諾委託貝戈利奧管理的教區，這是一個擁有300多萬常住人口（白天的人口數量要增加一倍）的教區，也是布宜諾斯艾利斯的四大教區之一。這四大教區分別是：北部的貝爾格拉諾區，東部的中心區，西部的德沃托區和南部的

弗洛雷斯區。與其他教區相比，弗洛雷斯區是最窮的教區：教區
45個牧師團分佈在居住着中產階級下層或者工人階級的五個行政
區中，其中大部分都是布宜諾斯艾利斯的貧民區，其中就包括被
軍政府逮捕的奧蘭多·約里奧神父和弗朗西斯科·哈里克斯神父所在
的區。最重要的是，奎拉西諾想要貝戈利奧像管理聖米格爾神學
院那樣，來管理弗洛雷斯教區10個強大的貧民區牧師團。

　　教會給貝戈利奧分配了辦公室，並在卡萊康達科牧師退休
大院給他安排了住處，這些地方距離弗洛雷斯的教區教堂僅有幾
個街區之隔。對他幼年成長影響很大的聖仁慈修道院的修女們仍
然居住在附近，其中就有修女德洛麗絲。不過，在梅姆布里拉大
街，他從小長到大都居住的那座房屋早在1981年母親去世之後就
已經出售了，而他的兄弟姐妹們也在很久以前就結婚成家。

　　儘管在康達科的住處已經為貝戈利奧準備好了，但他還是在
位於城中心的耶穌會居所雷吉納殉教者那裡居住了近三個月，而
且每天都到辦公室去。克洛文巴赫神父曾經告訴新任耶穌會省會
長加西亞·馬塔神父説，由他負責協助主教貝戈利奧搬遷事宜，而
加西亞·馬塔神父在5月份他的任命宣佈之後就已經邀請他在康達科
居住了。不過，貝戈利奧與加西亞·馬塔之間的關係並不融洽。貝
戈利奧指責加西亞·馬塔在向羅馬提交的省會長報告中誹謗他，儘
管這個報告是保密的，不過顧問團的一個成員還是把報告的內容
透露給了貝戈利奧。對加西亞·馬塔來説，他感到貝戈利奧極受較
為年輕的耶穌會士的歡迎，這對他來説是個威脅。幾個星期後，
加西亞·馬塔開始惱火起來，因為他認為貝戈利奧的存在"妨礙"
了他。到了1992年7月底，在聖伊格內修斯的齋日，當加西亞·馬塔
要求他離開的時候，兩人的矛盾達到了不可調和的程度。

　　"可是，我在這裡很好呀，"貝戈利奧回答説。

"喬治,"這位省會長說,"布宜諾斯艾利斯的輔理主教居住在耶穌會的社區,這是不合適的。這在其他省都是沒有的。"

貝戈利奧說,如果加西亞·馬塔想要他離開,應該正式通知他。於是,加西亞·馬塔就給克洛文巴赫神父寫了一封信,後者支持省會長,省會長就把阿根廷耶穌會這位會長的信件留在貝戈利奧的房間裡。加西亞·馬塔收到了一封回信,貝戈利奧在信中確定了他離開的日子。

就這樣,貝戈利奧痛苦地告別了他的那段耶穌會生活。

大多數成為主教的耶穌會士仍然與耶穌會保持着緊密的聯繫。在旅行的時候,他們居住在耶穌會寓所;在前往羅馬的時候,他們會拜訪博爾赫斯聖斯皮里托。不過,在接下來的20年裡,在前往羅馬的多次旅行中,貝戈利奧從來沒有邁進耶穌會居所一步,也不同克洛文巴赫神父說話;而且儘管他與阿爾瓦羅·雷斯特雷波神父的關係不錯(這位哥倫比亞人於1997年接替加西亞·馬塔,出任阿根廷耶穌會省會長一職),他還是切斷了與阿根廷耶穌會的聯繫,直到2013年當選為教皇之後。

貝戈利奧不是過去那種擔任神職的主教。他不是教權主義者,他率真、謙虛、簡樸、高效。對於他的信徒和牧師,他永遠都有時間,而且無時不在。他沒有秘書,在早禱告之後打電話很容易就能聯繫上(他每天凌晨4點起床,在早上6點之後就能聯繫到他)。如果沒能接電話,他會在兩個小時之後打回來。問題很快就會得到解決,通常都是他親自解決。"這是作為主教的一種風格,比過去更容易接近了,"馬塔德羅斯"我們仁慈的女士"

牧區牧師費爾南多·詹內蒂神父回憶說，"他過來看望你，聽你傾訴，這使得他與本區牧師和信徒的關係極為密切。"布宜諾斯艾利斯的屠宰場位於"我們仁慈的女士"牧區，這裡過去曾經因為屠宰場而到處彌散着惡臭的氣味。

牧師們歡迎他的到來。在想要交談時，他會不辭辛苦，拜訪他的信徒和牧師。他仍然是那樣的堅定，仍然是一個優秀的決策者。儘管如此，在科爾多瓦遭受的痛苦使得他變得溫和了許多：他與人的對話更多了，也更加注意聽取他人的意見了。他從一個教區到另一個教區，到牧師們那裡去，和信徒們在一起，問他們禱告的時間，了解他們的需求。倘若牧師們生病了，他就會出現在他們的病床前，或者把鋪蓋搬進來，做彌撒，替他們聽取信徒的懺悔，有時還為他們做飯、打掃衛生。度假期間，牧師們如果找不到可以替代他們的牧師，貝戈利奧就會作他們的替補，有時長達幾個星期，而他自己是從來都不度假的。關於貝戈利奧，有許多他幫助牧師們的故事，不管是誓言或者成癮方面的問題，還是教區的麻煩事。

許多主教是說教的教師或者管理人員，他們很自然地把辦公桌作為他們的總部。貝戈利奧則不同，他是一個訓練有素的牧師，即使後來成為大主教和紅衣主教也是如此。他沒有專職司機或者助理，堅持寫日記，到各個牧區走訪，坐公車、地鐵或者步行，往來於城市的各個角落。他的許多時間都是在貧民住宅區度過的，在那裡組建貧民區牧師團，為他們的工程項目籌募資源和資金。

詹內蒂神父說，他和藹、耐心地指導那些接受堅信禮的少年，根據這一點，牧師們就知道他熟悉牧師生活。"他以言傳身教的方式向我們展示牧師工作的一種風格，使人們能夠與主溝通，而不是對人們說三道四，這個地方不對，那個地方錯了，"
他回憶說。這正是貝戈利奧對教會的理解，他認為教會應當是信
徒與主之間溝通的助推器，而不是校準儀。

　　早些時候，當吉列爾莫·馬可神父還是弗洛雷斯一個牧區年
輕的助理牧師時，貝戈利奧曾經要他陪自己做徒步宣傳。馬可的
母親是個新教教徒，而他的父親則是一個無神論者，因此他對跨
宗教之間的溝通和交流很感興趣，他甚至還在商業頻道開設了一
個無線電廣播節目。馬可激發起了貝戈利奧在這方面的興趣。數
年之後，貝戈利奧召募他，負責他與新聞媒體關係方面的事務。
對馬可來說，這位新主教的"風格和直率"給他留下了深刻的印
象，"他簡直太有魅力了。"

　　另外一位年輕的牧師後來也成了貝戈利奧的得力助手，他
就是阿卡普托神父。在弗洛雷斯的一個牧區，阿卡普托就天主教
的社會教義講了一堂課。貝戈利奧因此對他印象深刻，於是就請
他到弗洛雷斯的慈善機構博愛社工作。可是，這位年輕的牧師首
先想要這位主教知道他的觀點。阿卡普托解釋說，他信奉的是東
正教，既不是保守派，也不是改革派，保守派想要把信仰裝進一
個盒子裡，而改革派則空話連篇，使得信仰成為空談。接下來，
他還同貝戈利奧就宇宙和當地教會談了自己的觀點，其中一些領
域與紅衣主教奎拉西諾的看法是不相同的。"最後，貝戈利奧
說，很好，沒關係，然後我們就開始一起工作了，"阿卡普托回
憶說，"我覺得，跟教會中的大官在一起進行面對面、平等地交
談，這在我是第一次。"

　　一年半之後，就在1993年聖誕節前夕，紅衣主教奎拉西諾委
託貝戈利奧負責大主教管區的管理工作。任命他為代理主教，出
任弗洛雷斯教區的首席牧師。這意味着他的擔子重了許多，也使

得他經常與主教教區所有的牧師接觸。

　　他成了紅衣主教的左膀右臂，成了他的替身，成了他許多演講和佈道的幕後撰稿人。作為主教會議團的主席，到1996年，奎拉西諾一直是阿根廷天主教會出現在公眾視野裡的頭面人物。在此期間，他越來越依賴於代理主教的建議和刻苦勤勉。儘管如此，貝戈利奧並不總是能夠幫奎拉西諾解圍。這位紅衣主教是與猶太教徒對話的先鋒，敢於在許多方面進行改革，儘管如此，他在內心深處卻對同性戀極其厭惡，並於1994年在他定期的直播電視節目時段提議，同性戀者應當被派送到一個擁有自己的媒體和法律的"大區"，以免給"這個社會帶來污點。"這樣的言論是他多年來發表的一系列言論當中最糟糕的，導致引起訴訟、並需要設立一個律師特別工作組為他辯護的危險。貝戈利奧對此感到震驚，並在後來成為大主教之後試圖加以彌補。

　　貝戈利奧還不喜歡奎拉西諾與梅內姆之間的密切關係，以及他允許教會被納入到政府保護體系的方式。1996年，奎拉西諾不再擔任主教會議團主席，貝戈利奧支持他的繼任者，恩特里里烏斯省省會巴拉那大主教埃斯塔尼斯勞·卡爾里克在教會與政府之間劃清界限的努力與嘗試。在當時，貝戈利奧就知道教會與政府之間的關係是如何的腐敗。政府拿出數以百萬的比索（當時比索與美元的匯率是1：1）用於資助教會的項目，以此換取教會對政府的忠心，而其中的大部分款項則在政府移交給教會的過程中就已經被貪污了。

　　就在這個時候，兩名"自稱是純正天主教徒"的政府官員來到貝戈利奧的弗洛雷斯教區辦公室，說要向他提供一筆公款，用於資助教會在貧民區的項目。對於他們的誠意，貝戈利奧十分懷疑。不過，他沒有直截了當地拒絕他們，而是要他們答應，對於這筆他們想要讓他簽收的40萬比索,他們可以只支付一半,而另一半他們自己留下。此外,貝戈利奧還告訴他們,任何存款都必須存入教區設在教廷中央銀行的帳戶,而且每筆款項都必須要有收款人的簽字。貝戈利奧剛說到這裡,那兩個人就不見了。貝戈利奧後來說,不過,他們心懷鬼胎地來找他這個事實表明,"在此之前,教會已經有人這麼做了。"

對於主教來說,接受一點小小的饋贈,選擇合作,接受一點點的利益和財物,實在是太容易了,然後他就會慢慢地陷入精神的世俗世界。對於世俗的利誘和威脅,貝戈利奧採用聖伊格內修斯抵禦方法。在面對誘惑時,這位耶穌會的創始人說,你應當向着相反的方向加倍努力:例如,如果想要與貪吃做鬥爭,你就應當禁食;如果想要抵禦對禱告失去興趣,你就要把用於禱告的時間翻倍。對貝戈利奧來說,他就要花更多的時間與年輕的牧師和窮人在一起,拒絕所有的吃請宴會以及一切免費贈品,在聖伊格納西奧教堂為妓女們做彌撒,在星期六走訪貧民區。後來,教皇方濟各在《福音的喜樂》中說,服務窮人是《聖經》提出的一條不變的、明確的誡律,也是早期教會創造的"一條抵禦異教以自我為中心的享樂主義的預見性很強的對抗措施。"

1996年1月,當他的貧民區牧師團舉行絕食罷工時,他在政治上站在了窮人的這一邊。這次罷工的背景是:梅內姆政府想要修建一條新的、重要的高速公路,而這條公路要經過31號貧民住宅區,特別需要指出的是,這條公路的一個出口需要毀掉這個貧民區的多個街區。在當時,選舉已經結束,而該市市長喬治·多明戈斯在尋求連任時提出了"百日之內百個公共建設工程"的承諾,而這條所謂的阿圖羅·伊利亞高速公路就是其中之一。由於沒有如期與當地居民就搬遷事宜達成協議,作為梅內姆政府忠實的支持者，多明戈斯下令警察和推土機開進這個貧民區，想要強行拆除貧民區的住宅。不過，他們發現，這個貧民區牧師團的所有牧師擋住了他們的去路，跟他們在一起的還有一大群拿着攝像機和麥克風的記者。

在為期14天的絕食罷工期間，在布宜諾斯艾利斯這個令人窒息的濕熱夏天，牧師團的10名牧師躺在一個帳篷裡，每天只進一點點的流食。新聞媒體很熱情：記者們每天都來，隨時準備抓住牧師被用救護車帶走的第一個瞬間。梅內姆暴跳如雷，說這些牧師是"第三世界主義者"，即20世紀70年代早期的親社會主義牧師團體。

梅內姆的侮辱性言語表明，這個總統已經與現實世界脫節。時代已經不同了，而貧民區的牧師們也已經發生了很大的變化：他們不再高喊"窮人的教會"的口號來反對統治階級，年輕的牧師們把他們自己看作是在政治上不結盟運動者，堅定國家代表窮人的利益的信念。在這場變革中，貝戈利奧幫助了他們。從這場鬥爭一開始，他就與他們保持着密切的聯繫，定期前往31號貧民住宅區，關心他們的健康，噓寒問暖，問他們需要什麼。至關重要的是，他還成功地說服了當時健康狀況不佳的奎拉西諾，同他一起在公開場合露面，表明支持這些牧師的立場，從而迫使政府讓步，而政府此前的打算是陷害這些牧師，給他們扣上持不同政見的帽子。在貝戈利奧幕後奔走的努力下，一個協議終於達成了。牧師們表示，一旦政府在電視上表示把高速公路的出口留在其他地方，他們立即停止罷工。

把高速公路的出口留在其他地方還有另外一個更重大的象徵意義：位於雷蒂羅車站附近的31號貧民住宅區曾經是穆希卡神父的基地。穆希卡於1974年被"三A"黨暗殺，他是教會的切·

格瓦拉（譯註：革命領袖）；在這個貧民區，到處都張貼着他的
照片；他的殉難和他對窮人的愛，使得他成為一個強有力的象
徵。現在，軍政府已經消亡，貝戈利奧紀念他是安全的，也是正
確的。1999年10月，在成為大主教後，貝戈利奧答應了一個曾經
在貧民區擔任牧師的團體的請求，把穆希卡的遺體從拉雷科萊塔
的貴族墓地遷走，埋葬在他所在的工人老教區禮拜堂。貝戈利奧
負責文書方面的事務，請求得到梵蒂岡的許可，並舉行了彌撒儀
式。在彌撒儀式上，他為"卡洛斯神父的肉身刺客、那些在意識
形態領域被認為是正義的兇手、以及社會上和教會大部分沉默的
幫兇"祈禱。接下來，他為穆希卡神父的墓碑揭幕，並"因為他
的説教和他作為基督教徒為窮人所做的一切而向他致以敬意。"

可以預見的是，一些左翼團體，包括前面提到的那些曾經
在貧民區擔任過牧師而後脫離神職隊伍的人，他們把教會安葬穆
希卡的做法看作是一種憤世嫉俗的嘗試。不過，這些曾經的貧民
區牧師自己對此也印象深刻。貝戈利奧為窮人服務的選擇是認真
的，不只是通過言語而是通過實際行動來衡量的，更為重要的
是，他走訪貧民區，和那裡的人們在一起，支持他們的牧師。

他的名聲開始在布宜諾斯艾利斯的神職人員之間傳播。卡洛
斯·加利神父於1991年被徵召，接替貝戈利奧，出任馬克西莫神
學院院長。作為約里奧和他的小圈子的朋友，他聽到許多關於貝
戈利奧的壞話，特別是那些來自耶穌會的壞話。不過，他也注意
到，在年輕的耶穌會士心中，他是一個完全不同的人，他們心目
中的貝戈利奧同他現在聽到的貝戈利奧是同一個人。貝戈利奧從
來都沒有改變：他在弗洛雷斯做的，幾乎就是他在馬克西莫所做
的——他是一個充滿激情、號召年輕牧師關注窮人的神職人員。
不過，選擇服務窮人現在已經不再等同於馬克思主義了。對於貝

戈利奧服務窮人的選擇，他有了更加廣闊的天地，包括關注貧民區和傳統的避難所。後來，加利在神學領域成了貝戈利奧志同道合的合作者。加利回憶道：

　　從那些與他沒有糾紛的人們口中，我聽到他是一個優秀的牧師——一個心裡裝着人民的牧師和神父。於是，我就開始想，這個貝戈利奧與某些耶穌會士談到的貝戈利奧是同一個人嗎？我想，在布宜諾斯艾利斯，每個人在那個時候都發現了他作為牧師的優秀品德和無比的仁慈。我開始聽到各地講的關於他的故事了。一個修女的媽媽去世了，緊接着他就出現了，不是來主持儀式，而只是坐下來，為她誦讀《玫瑰經》。貧民區的一個牧師找不到代替他的人，他就在那個夏天代他履行職責。接着，我的一個堂兄辭去了教士的職位，他幫助他分析形勢，說他應當離開，幫助他加快辦理在羅馬的手續，並在一所學校為他找了份工作，還給了他一筆足以支付3年房租的錢。我聽到許多關於他的慷慨和仁慈的故事，可是從來都沒有聽他自己講過。

　　貝戈利奧此時正在發放《瑪利亞解結者》禱告卡，暗示由聖母瑪利亞代他解決每一個尋求他幫助的人的問題。90年代在薩爾瓦多大學行政管理部門工作的安娜·瑪麗亞·貝塔·德貝蒂就是這樣的人之一。她非常喜歡這幅畫，就又畫了一幅，掛在大學的小教堂裡。《瑪利亞解結者》現在成了一名阿根廷移民，作為移民，當然有一個克里奧爾語的名字：María Desatanudos。人們開始來到薩爾瓦多大學，瞻仰聖母瑪利亞，帶走印有這幅圖畫的禱告卡。一些關於她治療疾病和調解糾紛的神奇故事接着便流傳開來。

　　魯道夫·阿羅約神父在成為牧區牧師之後不久，三個非常喜歡這幅畫的信徒問他，是否可以把這幅畫掛在他們的牧區教堂。阿羅約神父位於阿格羅諾米亞牧區的聖約瑟德爾塔拉爾教堂有一面很大的空白牆壁，因此他想不出有什麼理由拒絕這三個忠實的信徒。不過，關於聖像，他一無所知，於是就告訴他們說他會跟大主教談談。奎拉西諾告訴阿羅約說，他是阿根廷聖殿全國朝聖堂聖母的追隨者，而"《瑪利亞解結者》是貝戈利奧的最愛："你不妨問問他。"可是，當阿羅約打電話問貝戈利奧時，他被告知："嗯，你就不要把我也扯進去了。我也只是把畫像印製在禱告卡上而已。不過，如果奎拉西諾説可以，那就可以，那幅畫的確很漂亮。"

阿羅約神父從紅衣主教奎拉西諾那裡得到了許可，並對聖像懸掛儀式進行了研究。神父把正式懸掛聖像的日子定在1996年12月8日。等到了這一天，阿羅約神父震驚了：在往常門可羅雀的阿格羅諾米亞牧區大街上，大約有5000名到訪者排成長長的隊伍，參加聖母無染原罪瞻禮，表達他們對聖母瑪利亞的敬仰之情，而這只是個開始。阿羅約神父發現，每月的8日，數以萬計的到訪者會蜂擁進他的小教堂，瞻仰聖母瑪利亞的畫像；而每年的12月8日，前來瞻仰聖母瑪利亞畫像的到訪者多達數萬，1998年達7萬人，而2011年則多達13萬人。這些信徒的總數很容易統計，因為每一位到訪者都會收到一張禱告卡。

2012年，紅衣主教貝戈利奧在聖約瑟·德爾塔拉爾教堂舉行了"12月8日彌撒"。他告訴參加彌撒的難以數計的民眾說，聖母瑪利亞的魅力就在於她將解開由原罪結成的結。"我們個人或者家人生命中的結，我們所在社區和工作的地方的結等等，所有這些由原罪造成的結會削弱我們對主的信念，從而使得主的仁慈和恩典不能順利地通過這些絲線進入到我們的生命當中。"他補充説："聖母瑪利亞慈母般的手一個一個地解開這些結，而她身旁的天使則向我們表明結已經解開，就好像在告訴我們說，我們可以充滿信心的祈禱，因為主會聽到我們的祈禱。"

☙

通常情況下，輔理主教在任職數年之後會接管一個主教教區。不過，貝戈利奧告訴紅衣主奎拉西諾說，如果可能話，他寧願留在首都，繼續做他的輔理主教。"我土生土長在這個城市，到布宜諾斯艾利斯之外的地方去，我就沒有什麼用處了，"他對奎拉西諾說。

1996年初牧師絕食大罷工時，奎拉西諾的心血管病發作。同年7月，他是坐在輪椅上出席當年的聖體節的。由於健康方面的原因，他知道，到1997年年屆75歲的時候，他的辭職申請會得到許可的。奎拉西諾私下打算任命貝戈利奧出任具有繼承權的助理主教，這就是說，在這位紅衣主教去世或者退休的時候，貝戈利奧就可以順其自然地接任布宜諾斯艾利斯的大主教之職，而無需羅馬的正式任命。不過，他的這個計劃可能會遭到阿根廷政府的阻撓。

奎拉西諾的計劃必定遭到梅內姆總統有權有勢的助手埃斯特班"卡丘"卡塞里，即眾所周知的"主教"的強烈反對，因為他與梵蒂岡高層有着密切的聯繫。卡塞里是梵蒂岡與梅內姆之間的聯繫紐帶，幫助羅馬獲得阿根廷的財政和政治支持，而梅內姆則換取羅馬政治影響。令他們煩惱的是，卡塞里曾經在90年代中期游說梵蒂岡，在約翰·保羅二世對到訪羅馬的主教們致辭時，對阿根廷的社會狀況的批評要溫和一些。

最重要的是，卡塞里與兩個人有着密切的聯繫：一個是萬能的國務卿安傑洛·索達諾，時常被人們稱之為"副教皇"；另一個則是阿根廷的外交官，大主教萊昂納多·山德里，他是卡塞里的二把手。山德里與卡塞里因為許多方面的共同點而走到了一起，包括兩人都是馬爾他騎士團的成員；此外，兩人還與布宜諾斯艾利斯的輔理主教之一，赫克托·阿格爾，有着千絲萬縷的聯繫。阿格爾是他們選定的奎拉西諾的接班人。

奎拉西諾要想使貝戈利奧接任他的職務，就要遭遇到這個強大的關係網。當這位紅衣主教飛往羅馬游說梵蒂岡主教聖會提名貝戈利奧出任助理主教時，他發現自己遇到了阻礙。這是一個解不開的結。不過，奎拉西諾再次越過這些主教，直接到教皇那裡尋求幫助。教皇非常喜歡他，也不希望教會與政府糾纏在一起。總之，奎拉西諾寫了一份需要教皇簽字的委任狀，交給阿根廷駐羅馬大使弗朗西斯科·哈威爾·特盧梭，由他在預先安排的召見時遞交給約翰·保羅二世。當特盧梭把委任狀遞交給教皇時，他當時就簽了字，並將委任狀遞還給了大使，而大使則把委任狀寄給了奎拉西諾。

約翰·保羅二世為什麼同意貝戈利奧出任助理主教，外界不得而知。不過，其中一種分析似乎是合情合理的。到這個時候，奎拉西諾知道，教皇通過他認識到，阿根廷教會與梅內姆政府的關係太過密切了，而政府的腐敗早晚會把教會置於公眾輿論的風口浪尖之上。他可能對約翰·保羅二世說，作風嚴謹的貝戈利奧是教會擺脫一切可能潑向教會髒水的最好機會。

羅馬教廷駐阿根廷大使烏巴爾多·卡拉布雷西在向貝戈利奧透露這個消息時以其一貫的淘氣方式同貝戈利奧開了個玩笑。這一次，他在1997年5月17日早上打電話給貝戈利奧，說要請他一起吃午餐。可到了喝咖啡的時候，侍者們突然捧着蛋糕，端着香檳酒，走了過來。貝戈利奧問當日是否是大使的生日。卡拉布雷西裂開嘴大笑說，不是。"事情是這樣的，你現在是布宜諾斯艾利斯的新任助理主教。"

貝戈利奧的任命在6月份正式對外公佈時，同樣令人們感到驚異，這是因為時年60歲的貝戈利奧幾乎不為外界所知：主教的新聞秘書大主教卡爾利克是眾所周知的教會名人，他和媒體熟悉的其他主教一直是人們吹捧的奎拉西諾的接班人。《民族報》報道說，貝戈利奧的升職"是紅衣主教奎拉西諾因為健康問題直接向教皇提出辭職請求的回應。"

新聞記者的報道以大量的篇幅，來填補貝戈利奧的低知名度和他獲取要職之間的空白。"大主教貝戈利奧更喜歡不說話，盡可能維護他的低職階形象。"《民族報》媒體老牌宗教事務評論員巴托洛梅·德維迪亞補充說："在到達大主教教區之後，他將繼續盡可能地避免媒體記者的注意"，維護"養成的低調生活。"其他關於他的報道則說，他作為優秀的看護人受到了牧師們的尊敬，說他平易近人，善於傾聽，有才能，虔誠，謙虛，說話不多，但是講出來的話通俗易懂。"在年輕牧師心目中，他是最受人尊敬的輔理主教，"德維迪亞寫道。其他主流媒體《號角報》宗教記者把貝戈利奧的任命看作是對約翰·保羅二世宣導的神學正統、社會關係、遠離政權三個教會優先項目的證實。塞爾吉奧·魯賓寫道，貝戈利奧"是一個謙虛、和藹可親的耶穌會士，遠不是權力欲極其強的人。"

貝戈利奧升任助理主教的消息是在由大主教卡爾里克主持的主教會議上公佈的。對梅內姆/卡塞里來說，這個消息無異於當頭一棒，是政府對教會拉攏戰略的一個重大挫折。20世紀90年代初期，阿根廷是全球金融市場的寵兒。然而，到了這個時候，由於長期的腐敗，無節制的支出，以及10年內由67億飆升到127億美元的債務，使得政府受到外界不斷地批評和指責。在新聞發佈會上，貝戈利奧主教不但批評政府沒有解決日益增長的貧困、失業和整個社會不公平等問題，而且還指出國家與司法互不獨立，從而使得梅內姆時期的百萬富翁有罪卻免受法律的制裁。在失去了主教團的支持後，阿根廷政府的戰略是加倍努力，使梵蒂岡繼續站在政府的一邊。在公佈貝戈利奧的任命之後不久，梅內姆的梵蒂岡固定器卡塞里取代特盧梭，出任阿根廷駐羅馬教廷大使。

儘管奎拉西諾從技術角度講仍然負責教區事務，不過在傳統上，助理主教已經逐漸掌管紅衣主教事務。1997年8月，貝戈利奧舉行第一次大規模遊行活動，率領60萬民眾來到布宜諾斯艾利斯西部社區利涅斯麵包和工作的守護神聖卡耶塔諾（"聖卡耶坦"）的神殿。參加遊行的民眾數量史無前例，表明了失業率的大幅度攀升和生活艱難的工人們的痛苦。面對如此多的民眾進行第一次佈道時，貝戈利奧說，工作就像食物一樣，需要共用。"每個人都應當有一定的工作，"他說，"工作是神聖的，因為在工作時，我們受到了改造。工作教導和教育了我們；工作培養了我們。如果上帝賜予我們麵包的禮物，生命的禮物，那麼，沒有人可以從我們手中奪走通過工作獲得這些禮物的權利。"

這個月晚些時候，貝戈利奧在總教堂舉行了一個盛大的彌撒慶祝活動，恭迎巴拉圭人崇拜的聖母卡庫佩的雕像。聖母卡庫佩的雕像是由佩佩·迪鮑拉神父帶到布宜諾斯艾利斯的。迪鮑拉神父是一位具有超凡才能的年輕牧師，貝戈利奧曾經在工作上幫助他度過一次危機。那年，貝戈利奧派佩佩神父負責布宜諾斯艾利斯最貧窮和最暴力的貧民區之一：21號貧民區。這個貧民區共有居民4.5萬人，其中一多半是巴拉圭移民，長期以來一直由販賣毒品的黑手黨掌控。

把聖母卡庫佩的雕像從巴拉圭運到布宜諾斯艾利斯是佩佩神父的主意。在彌撒儀式結束後，數千人出現在總教堂，他們要恭迎聖母，把聖母接到他們的貧民區去。"我們跟在她的後面；我們知道，貝戈利奧跟在我們的後面，他在祈禱，"佩佩神父回憶說。在接下來的15年裡，這尊雕像成了21號貧民區居民最為熟悉的一道風景。胡安·以撒斯門迪神父說貝戈利奧經常到那裡去，那裡至少有一半的居民（約2.5萬人）遇見過他，並在這個貧民區跟他合過影。胡安是貝戈利奧2008年派到21號貧民區協助佩佩神父工作的。貝戈利奧總是乘坐公共汽車到那裡去（從五月廣場出發需要2個小時），從來都沒有缺席過大的節日活動，親自主持堅信禮，而這通常需要一整天的時間。以撒門迪神父說，這個貧民區是貝戈利奧"指導教會活動補充所需氧氣的地方"。

從90年代中期到末期，貝戈利奧與一位賢明的導師阿爾貝托·梅索爾·費雷的關係越來越親密。貝戈利奧是在70年代末第一次遇見這位烏拉圭的神學泰斗的。當時，費雷在拉丁美洲主教團會議神學委員會工作，對布埃布拉文獻的研究有極大的影響。

毋庸置疑，費雷是20世紀末最具影響力和最本土的拉丁美洲天主教知識份子。作為一個作家、歷史學家、記者、神學家和自學成才者——他形容自己是一個"沒有進過神學院和高等學府、未經開化的托馬斯主義者"，他是在烏拉圭首都蒙特維多港口管理局工作時，因為閱讀吉伯特·基斯·賈斯特頓的著作而皈依天主教的。作為艾蒂安·吉爾森和庇隆的追隨者，他把激情獻給了教會和拉丁美洲的團結，並為此於1972年到1992年為拉丁美洲主教團會議工作了20年。他和貝戈利奧天生就是志同道合的夥伴：同是民族和大眾傳統的庇隆主義的追隨者，贊同麥德林宣言但是反對革命的馬克思主義，致力於拉丁美洲的團結。2009年，在梅索爾·費雷去世後，貝戈利奧說他是一個"親愛的朋友"和一個"為教會和拉丁美洲的事業獻身的偉人"。

貝戈利奧儘管非常熟悉梅索爾·費雷的作品，但他也只是在擔任耶穌會阿根廷省會長期間，於1978年在薩爾瓦多大學校長弗朗西斯科·皮農在馬克西莫神學院舉辦的餐會上，第一次遇到梅索爾·費雷。皮農回憶說，這次午餐會談是拉丁美洲教會史上的一個重要時刻，而文化也將在布埃布拉的文獻研究中發揮極重要的作用。梅索爾·費雷和天主教知識份子格拉預見，在未來的全球，拉丁美洲教會將是拉丁美洲大陸-國家共同命運體的催化劑。在北大西洋經濟增長模式和古巴社會主義模式失敗後，他們相信，現在的舞台屬於主的子民。在20世紀80年代，梅索爾·費雷創辦的期刊《聯繫》成了這一思想的源泉，而作為該期刊孜孜以求的讀者，貝戈利奧則如饑似渴地從其深奧的精髓中汲取思想的營養。

回顧基督教走過的歷史，梅索爾·費雷發現，在每個時代，世界上某個地方的教會是其他地方教會的"源頭"，其他地方的教會在很大程度上能夠反映"源頭"的特點。所以，亞歷山大是第一個基督教時代的源頭，西班牙和意大利因為十六世紀的塔蘭托會議而成為那個時代的源頭，而法國和德國因為梵蒂岡第二屆大公會議而成為所在時代的源頭。在整個殖民統治和早期民族獨立時期，拉丁美洲教會"反映"其他源頭，然而，當庇護十二世鼓勵創建"拉丁美洲主教團會議"，號召拉丁美洲統一和團結起來這個地區教會團體時，它就開始朝着成為20世紀50年代源頭的方向發展。拉丁美洲主教團會議是現代教會當中第一個大陸分權組織，賦予拉丁美洲天主教表達其獨特性和決定自己教區政策的權力。梅索爾·費雷發現，拉丁美洲主教團會議在1968年麥德林會議上提出的獨特神學具備教會源頭的特點。馬克思主義偏離了它，不過拉丁美洲主教團會議在1979年布埃布拉會議上挽救了它。

　　不過，這種自信自此以後便煙消雲散了。這種自信的消失部分是因為解放神學在20世紀80年代的消亡，但其主要原因是約翰·保羅二世的教皇集權政策。約翰·保羅二世的首要考慮是，結束教會在20世紀70年代分權局面，使整個教會團結起來。這就是說，教會不僅要通過無數次的出訪、大型團體佈道和大幅度提升梵蒂岡對教會治權的政府獨裁風格，主張教皇在世界舞台的權力，而且還要阻止主教團會議和其他分權團體增長、蔓延的勢頭。在拉丁美洲，這意味着一群保守派主教晉升到重要職位——他們堅持教皇集權和削弱拉丁美洲主教團會議權力的主張。為達到這個目的，他特別把希望寄託在三個主教身上。在這三個主教當中，兩個是哥倫比亞人：阿方索·洛佩斯·特魯希略，約翰·保羅二世於1983年晉升的非常年輕的紅衣主教；達里奧·卡斯崔隆·霍約斯，繼奎拉西諾之後出任拉丁美洲主教團會議主席；另外一個是智利人，瓦爾帕萊索的大主教喬治·梅迪納·埃斯特韋斯。這三個保守派主教是約翰·保羅二世在拉丁美洲執行其中央集權政策的三駕馬車。

　　拉丁美洲主教團會議成為分權的象徵，不僅僅因為它是最大、成立時間最長的主教團會議組織，而且還因為它自覺地參與神學觀思考的活動當中，甚至談到了“拉丁美洲教權”或者教義權，而對中央集權主義者來說這簡直就是異端邪說。1992年，梵蒂岡試圖主持拉丁美洲主教團會議在多米尼加共和國首都聖多明哥召開的第四屆大會，使得雙方的衝突達到了頂峰。羅馬否決了拉丁美洲主教團會議達成的決議文件，用梵蒂岡自己大量引述約翰·保羅二世話語的文件來取代；此外，在拉丁美洲主教團會議提名的20名神學顧問當中，八名被否決，梵蒂岡另外指派了八名顧問來取代。在教皇一份厚顏無恥的聲明中，約翰·保羅二世不只是主持召開了這次會議，而且還停留了三天，此後派他的秘書、曾經在皮諾切特將軍時期出任羅馬教廷大使的安傑洛·索達諾，在大主教梅迪納·埃斯特韋斯的協助下繼續主持會議。墨西哥保守派騎士團救世主軍團在會議中心設立了一個連線直通羅馬的辦公室，允許索達諾與約翰·保羅二世保持聯繫。拉丁美洲教會這次大陸會議這種由羅馬微觀化的管理，使得拉丁美洲主教團會議的每一個觀點和主張都逃不過梵蒂岡的監控。

在會議將要結束的時候，拉丁美洲主教團會議反抗了。當梵蒂岡指派由五名成員擬定最後宣言時，拉丁美洲主教團會議主教投票選舉了第六名成員，巴西主教團會議主席盧西亞諾·門德斯·德阿爾梅達。隨着會議臨近結束，拉丁美洲主教團會議的主教們通過大主教門德斯，試圖反對羅馬版的最後宣言，卻不斷地受到索達諾的阻擾。最後，門德斯同拉丁美洲主教團會議的其他主教一起，徹夜未眠，擬定他們自己的宣言，捍衛拉丁美洲主教們在布埃布拉和麥德林的做法。第二天，門德斯直接走向麥克風，並當眾宣讀了這份宣言。"索達諾無能為力。"拉丁美洲主教團會議當時一位極有名望、現在是方濟各教皇重要紅衣主教的主教回憶說，"他只是坐在那裡，無力回天，而整個觀眾席上則爆發出熱烈的掌聲，就好像聖靈在最後一刻獲勝一樣。"

拉丁美洲主教團會議這個被當地教會挽救的最後宣言，包括一個被奎拉西諾、梅索爾·費雷和貝戈利奧視若珍寶的呼籲，那就是"鼓勵和幫助支持拉丁美洲作為'大本土國家'統一事業的一切努力"。不過，從整體上看，聖多明哥會議就像是一個潮濕了的爆竹。會議前的角力和羅馬的干預措施打擊了與會者的積極性，而其效力也只是微乎其微。多年之後，梅索爾·費雷在反思這次會議時指出，這次在柏林牆倒塌僅僅三年之後召開的會議缺乏必要的觀點，來反映一個兩極不復再存在的世界，而在這個世界當中，"新自由主義"——梅索爾指不受約束的自由市場的信念——看起來獲得了勝利。

梅索爾·費雷在此次會議之後離開了拉丁美洲主教團會議，返回蒙特維多，並常常跨過布宜諾斯艾利斯的普拉特河拜訪貝戈利奧。他們在一起往往一談就是數個小時，談世界局勢和拉丁美洲的世界地位，擔心解放神學的衰退，破壞教會與窮人接觸的新自由主義的興起。梅索爾·費雷相信，這種接觸的敵人此時是相對主義和拜金思想，拉丁美洲教會需要恢復窮人的選擇權，並斷言真正的團結需要犧牲。

鑒於奎拉西諾身體不佳，在約翰·保羅二世於1998年1月對古巴進行歷史性的訪問期間，貝戈利奧作為拉丁美洲教會代表受邀前往。長期以來，羅馬教廷與哈瓦那就是否交往猶豫不決，訪問行程是準備了取消，取消了又準備。教皇想要談民主和自由，想要鼓勵長期遭受苦難的古巴教會；堅持信奉馬克思主義的菲德爾·卡斯特羅把這看作是獲得公眾認可的一次機會，並對美國施加壓力，以便美國解除梵蒂岡長期以來反對的長達40年的貿易禁運。新聞媒體自然對教皇的古巴之行極為關注：棋逢對手的雙方，各方都是各自全球信念的象徵，而又都是在數日之內同台亮相於世界舞台。

約翰·保羅二世的古巴之行是一次勝利，當然同時也沒有損害古巴這個社會主義國家的尊嚴。教皇向古巴描繪出一個嶄新的革命前景——使古巴返回到其基督教和民主的根源，同時能使古巴人體驗到前所未有的自由。在長期聽慣了官方的辯證唯物主義和矛盾論之後，他們聽到了一種新的語言——和平、自由、團結、和諧，以及使他們長期遺失、喚醒真正自我的旋律。

貝戈利奧就這次訪問寫了一本少有人知的書，並於1998年晚些時候發表，書的後半部分包括教皇和卡斯特羅發表的演講。作為該書的作者，貝戈利奧卻是再謙虛不過了：在這本書中，他隻字未提他自己就在此次古巴訪問的現場，只是說自己是這本書"協作者"。根據梵蒂岡的要求，演講稿要忠實原文。不過，關於《約翰·保羅二世與菲德爾·卡斯特羅的對話》，其重要性在於，它選擇了一條堅決的獨立路線，拒不接受馬克思主義和新自由主義，對古巴人，並由此推及整個拉丁美洲人，二者都是外來的主義。

這本書對古巴進行了嚴厲地批評，其言辭與古巴主教的言辭極其相似：其政權是個極權國家，限制人們的自由，既包括宗教自由，也包括政治自由；其社會體制和除了富有的旅遊之外的赤貧經濟是"人類歷史的錯誤"。貝戈利奧尤其不能容忍的是，傳統美德和價值一代一代地傳承的方式受到破壞，以及通過極高的墮胎率、離婚率、酗酒和濫交等方式將家庭分解得支離破碎，更不用說移民出境和關押政治犯了。

當然，這本書也堅決拒絕接受新自由主義。貝戈利奧指出，對於教會來說，積累財富，提高生產力，並不是一件難事——這就是他所說的"資本主義是一種純粹的經濟體制"，不過是"其靈魂驅動着資本主義，利用資本壓迫和奴役人民，不顧工人作為人的尊嚴和這個經濟體制的社會目標，扭曲社會公平和共同利益的價值。"儘管新自由主義尊重宗教價值，但是新自由主義把這些價值歸類到私人領域。他接着補充說："沒有人能夠接受新自由主義的規則，同時又把自己看作是基督徒。"基督徒的核心觀念是團結，知道如何分享主的慷慨給予。新自由主義則相反，它會"帶來失業，冷酷地排斥那些極其富有的人"，使人類經濟增長的意願成空，"只關心數目的增加"，"通過疏遠平等和社會公平的價值腐蝕民主的價值"。

此次古巴之行之後不久，貝戈利奧於1月25日收到了紅衣主教愛德華·皮羅尼奧與骨癌抗爭了數月之後在羅馬去世的消息。皮羅尼奧的遺體從羅馬運回到了布宜諾斯艾利斯，無數的民眾前來瞻仰他的遺容，紅衣主教奎拉西諾帶病主持了他莊嚴而隆重的葬禮，40位主教和近150位牧師參加了葬禮。皮羅尼奧是阿根廷最著名的傳教士，也是保羅六世和約翰·保羅二世親密的合作者，還曾於1978年被推舉為羅馬紅衣主教團主席候選人之一。不過，他的最偉大的成就是1968年在麥德林主持召開的拉丁美洲主教團會議，在這次會議上拉丁美洲教會表達了自己的主張。然而，自布埃布拉會議之後，拉丁美洲教會失去了表達自己主張的權力。其中，一個最令人痛苦的標誌就是，就在皮羅尼奧葬禮之後不久，教皇約翰·保羅二世新任命了20名紅衣主教，拉丁美洲只有四個，而其中的兩個還是曾經代表羅馬干擾聖多明哥會議的梅迪納·埃斯特韋斯和達里奧·卡斯崔隆·霍約斯。

在近一個月之後，阿根廷失去了另外一位紅衣主教。在與腸道堵塞疾病搏鬥一段時間之後，奎拉西諾於2月28日去世。他的朋友梅內姆總統請求貝戈利奧，把奎拉西諾的遺容瞻仰儀式放在總統府玫瑰宮而不是教會的大教堂舉行，以此表達國家對他的敬意。貝戈利奧拒絕了：遺容瞻仰儀式在大教堂舉行。更令卡塞里惱怒的是，貝戈利奧還拒絕梅內姆總統在大教堂致悼詞；貝戈利奧是唯一的致悼詞人。

在守靈的三日內，貝戈利奧靜修了三日，考慮應對將要面對的事務。三日之後，他主持舉行了由阿根廷宗教界、政治界精英和3000人參加的盛大葬禮。在悼詞中，他說很少有人能夠看到，在奎拉西諾主教看似嚴厲的外表下面那顆仁慈、寬容的心，不過主虔誠的子民知道這一點。貝戈利奧表達了對他崇高的敬意，稱奎拉西諾是一個真正的牧羊人。

貝戈利奧時任布宜諾斯艾利斯的大主教，然而實際上很難看到這一點。他拒絕舉行就職儀式和招待會，也不接受採訪，甚至不想製作新的衣服。他讓在庫里亞做飯的修女們把奎拉西諾的紫色滾邊黑色束腰長袍按照他的尺寸修改一下（奎拉西諾身材比較胖）。貝戈利奧第一次以大主教的身份出現在公共場合，是在3月18日由梅內姆在總統府白廳舉行的羅馬教廷駐阿根廷大使烏巴爾多·卡拉布雷西祝聖50周年慶祝儀式上。在親切、友好的氣氛中，身着樸素牧師服的貝戈利奧就像一個幽靈。參加慶祝活動的許多達官顯要甚至不知道他是誰。

上任後，貝戈利奧儘量不改變自己的生活方式。他拒絕搬進大主教的宅第：這是一座大莊園，在總統府附近，位於距離奧利沃斯市中心15英里的郊區。此外，他還拒絕接受為他配備的豪華轎車和專職司機。相反，他搬進了五月廣場北邊、緊挨着大教堂的大主教區的現代辦公大樓，也就是上文提到的庫里亞。奧利沃斯的住宅成了牧師們的賓館，而司機則找到了另外一份工作。

在庫里亞，貝戈利奧沒有搬進富麗堂皇、寬敞明亮的大主教辦公室，而是把辦公室設在同一層樓的一個小房間裡。在他的辦公室，擺放着一張辦公桌和三把椅子。在辦公桌上，擺放着聖約瑟夫、聖女小德蘭和德薩塔努多聖母的畫像。他的小臥室設在三樓，擺放着一張簡單的木床，在床的上方掛着祖父喬瓦尼和祖母羅莎的十字架；在臥室旁邊的房間裡，擺放着一個衣櫃和一些架子，用來掛衣服，擺放書籍和私人信件。他的臥室裡有一台電暖氣，在冬天員工們回家和週末大樓供熱系統關閉的時候用。

貝戈利奧有一個小廚房，裡面有一個爐子用來為助手燒水，做意大利麵食。在廚房的旁邊有一個小禮拜堂，裡面擺放着一尊聖母盧漢的雕像，他每天早上4點半來到這裡，沉思默想當天的《聖經》經文，並通過洞悉靈魂做出決定。早上7點，他在庫里亞的小教堂（有時在他自己位於二樓的小禮拜堂）做彌撒。用過早飯、讀過報紙後，在當天的第一次會議之前，他在8點半坐在他的辦公桌旁。在用過修女們在庫里亞為他準備的便餐和45分鐘的午休之後，他下午回到辦公室繼續工作，有時在傍晚稍早的時候到一些教區去或者走訪。他通常晚上10點睡覺，而這個時候大多數的布宜諾斯艾利斯人正在用晚餐。

儘管貝戈利奧最後還是配備了兩個秘書幫助處理信件和電話，但他還是保留着自己的日記，而且通常是直接打電話。與大多數大主教不同，貝戈利奧沒有配備到處都跟隨着他的"私人"秘書——通常是牧師，他繼續乘坐公共交通和步行，身穿樸素的牧師服，獨自一人在這座城市裡穿行。

擁有權力意味着有採取行動的資格，使想辦的事情得以辦理。不過，伴隨權力而來的是眾多的誘惑——特別是效率之神的誘惑，這些誘惑對作為牧羊人的牧師來說是致命的，因為它們使他遠離他的羊群，使他與窮人形同陌路。耶穌基督在死之前《最後的晚餐》的那個晚上，向他的門徒說明如何抵禦誘惑，正如《約翰福音書》敘述的那樣：他蹲下來，用雙手為他的門徒洗腳。

　　出任大主教的第一年，在復活節前不久，貝戈利奧打電話給布宜諾斯艾利斯穆尼斯醫院阿根廷國家傳染病治療中心的牧師，問他是否可以在那裡做耶穌升天節彌撒。"我希望在那裡，可以嗎？"他問道。當貝戈利奧到達那裡時，安德列斯·特略神父解釋說，醫院裡80%的病人是愛滋病患者，他們的平均年齡是28歲，許多人吸毒或者是妓女，有些人是變性人。"我告訴他說，福音書裡講的是12個男門徒，而這裡有男人，有女人，還有異裝癖，可是他說，'你去選他們，我會給他們洗腳的，'"特略神父回憶說。

　　那次的彌撒非常令人感動，在場的每個人都落淚了。他給每個人聖餐。結束後，他說，"現在，我想要給那些因臥床而不能參加彌撒的人聖餐。"病人們因為主教吻他們、擁抱他們而徹底地被打動了。他時常對我們強調說，作為牧師，你是每個人的牧師，在發放聖餐的時候，我們要慷慨大方。

　　此後，每逢濯足節，貝戈利奧都要到監獄去，到老年人家裡去，或者到醫院，去給窮人洗腳。

　　神學家亨利·德呂巴克的《教會沉思》這本書最後幾頁所講的道理時常縈繞在貝戈利奧的心頭，因為在他看來，對教會來說，最糟糕的事情莫過於精神世俗。"耶穌基督在法利賽教徒當中看到的就是這一點：'你們誰榮耀你們自己，誰給你們自己榮耀，一部分人給另外一部分人'"。1999年，他在引述德呂巴克描述精神世俗"是無限的，比任何純道德秩序的世俗更加不幸"之前對他的牧師們說，精神世俗是一種形式的宗教人類中心說，利用教會達到世俗目的——政治或者個人利益，從而把教會變成人類動機的一種工具，並在此過程中削弱耶穌基督的威信，而這正是教會所要揭示的。

奎拉西諾去世後，貝戈利奧揭開了一個精心設計的、由布宜諾斯艾利斯教會、梵蒂岡和玫瑰宮構成的精神世俗網絡。

奎拉西諾接受過政府許多好處，包括為奎拉西諾基金會提供資金，而政府認為貝戈利奧也會這麼做。6月份，當貝戈利奧飛往羅馬接受約翰·保羅二世授予的白羊毛披肩（帶有黑色十字、象徵教皇與大區主教聯繫紐帶的窄羊毛帶子）時，玫瑰宮寄給了他一張頭等艙的機票。貝戈利奧走過五月廣場，要把這張機票換成經濟艙。（"我真搞不懂貝戈利奧，"據說卡塞里發表評論說，"你想要幫助他，他卻不給你面子。"梅內姆也有過類似的經歷：他曾經派他的兩個人到貝戈利奧那裡打探貝戈利奧的口風，因為這位總統想要修改憲法，這樣他就可以尋求第三次競選總統。他們沒有打探到，因為這位大主教不願意談論這件事。不過，他們認為，他會充分聽取他們的說明的。

卡塞里·山德里·索達諾之間的關係使得梅內姆政府用梵蒂岡的熱情友好抵消了阿根廷主教們對本國的批評寒意。這三個人因為盤根錯節的利益關係而結成了一張緊密的關係網。作為梅內姆身邊一個有權勢、有影響的人物，卡塞里從事大量的交易活動。他在阿根廷的情報機構為山德里的侄子找到了工作，挽救了索達諾弟弟的建築事業。在1997年10月立法機關選舉之前兩個星期，卡塞里通過索達諾為梅內姆和約翰·保羅二世安排了一次會見。1998年5月25日阿根廷國慶日這天，卡塞里安排由這位國務卿做彌撒，期間索達諾談到了"阿根廷與教皇之間持久而又友好的關係"，而梅內姆政府得到教皇支持保證的這些評論也得到了廣泛地報道。（作為回應，阿根廷的主教們發表了一份簡短的聲明，譴責他們企圖利用宗教達到政治目的，特別是他們企圖暗示教皇支持梅內姆政府。）

貝戈利奧面臨的另外一個挑戰是，大主教區與龐大而又有名望的特盧梭天主教家族之間密切的聯繫。早在拉普拉塔主教教區的時候，奎拉西諾就知道這個家族了。這個家族的成員包括：阿爾弗雷多·特盧梭神父，梵蒂岡第二屆大公會議之後禮拜儀式改革的宣導者，曾經翻譯《聖經》供阿根廷民眾閱讀；阿爾弗雷多的弟弟，弗朗西斯科·特盧梭，奎拉西諾勸說梅內姆，任命他在1992－1997年期間出任阿根廷駐羅馬教廷大使；弗朗西斯科的兒子，弗朗西斯科·賈維爾和弗朗西斯科·帕布魯，他們是布宜諾斯艾利斯省設在省會拉普拉塔的省信貸銀行（BCP）的董事和股東；阿爾弗雷多的三弟，胡安·米格爾·帕布魯，省信貸銀行的法律顧問和主教教區慈善機構博愛社的副主管。

特盧梭家族是教會慷慨的捐贈者，也是教會基金的籌集者，還是教會捐款和捐贈品的溝通渠道，並向主教教區的許多項目提供資金支持。大主教教區在特盧梭家族銀行開設多個帳戶——如同它在其他七個銀行所做的那樣。

奎拉西諾與省信貸銀行的董事弗朗西斯科·賈維爾的關係特別密切，他們之間的關係幾乎可以說是父子關係。這位紅衣主教不僅依賴他的技術建議和幫助，還依賴省信貸銀行的最高限額信貸。如果得到許可，天主教的小型機構就可以通過主教教區借款。正如後來法院文件顯示的那樣，現金通過特盧梭不斷流出，用來支付奎拉西諾的機票和下榻賓館的費用，以及他的兩個助理羅伯特·托萊多和諾伯特·席爾瓦國外旅行的費用。法院的文件還顯示，奎拉西諾經常利用職權和關係幫助特盧梭家族的生意。

　　例如，1996年，奎拉西諾幫助省信貸銀行爭取到了一個大客戶，一筆很大的軍人退休金基金帳戶，即：軍人社會保險信用卡。在庫里亞的一次會談中，弗朗西斯科·賈維爾和奎拉西諾的私人秘書托萊多也在場。期間，奎拉西諾向軍人社會保險信用卡的負責人愛德華多·特雷霍·萊馬上校保證說，特盧梭家族聲名顯赫，忠實虔誠，連教會都對其非常信賴。特雷霍·萊馬在省信貸銀行開了一個帳戶後，阿根廷駐羅馬教廷大使弗朗西斯科·特盧梭在羅馬盛宴款待了他，安排他參加由約翰·保羅二世主持的彌撒，並在彌撒結束後得到了教皇的召見。在紅衣主教奎拉西諾的請求下，特雷霍·萊馬加入了赫赫有名的馬爾他騎士團。

　　此後，省信貸銀行的副總裁弗朗西斯科·賈維爾·特盧梭為大主教教區向特雷霍·萊馬申請一筆1000萬美元為期6個月的貸款。賈維爾·特盧梭解釋說，省信貸銀行當時不能提供這筆資金，不過願意為這筆貸款做擔保。特雷霍·萊馬上校同意了，這筆貸款於1997年6月轉帳到了主教教區設在省信貸銀行的帳戶。這個帳戶在後來被發現時，負債近900萬，這是因為托萊多代表大主教教區簽了兩個支票，而他是沒有權力這麼做的。

　　幾個星期後，一個電視紀錄片報道說，省信貸銀行債務累累，在資金的流動性上有一個很大的缺口。在中央銀行拒絕為其提供擔保後，這家銀行宣佈破產，留下至少兩萬個憤怒的客戶。軍人社會保險信用卡指望收回這筆1000萬美元的貸款，因為這筆貸款是借貸給主教教區的，可是當軍人社會保險信用卡的人來到紅衣主教的辦公室時，托萊多告訴他們說，簽字是無效的，而且教會也沒有錢償還這筆貸款。奎拉西諾堅持說，他從來沒有簽署過任何關於貸款的文件，並因此受到了驚嚇。巨大的壓力和媒體的報道誘發了他的疾病，據說這也是他在不久之後去世的原因。

　　警方從拉普拉塔就此案展開調查。弗朗西斯科·賈維爾·特盧梭逃往巴西，並在那裡被捕入獄，但是後來卻逃脫了。帕布魯·特盧梭在獄中關押了6個月，之後就被釋放了。胡安·米索爾·特盧梭在獄中關押了3個星期，之後被宣佈無罪釋放，沒有受到任何指控。托萊多僅在獄中關押了3天。

　　1998年2月，貝戈利奧升任大主教。此後，他聘請了一家國際會計公司，對主教教區的財務做一次全面的清查。結果表明，大主教教區往往置教會法規和阿根廷主教自己制定的資金支付監督與批准準則於不顧。為此，貝戈利奧開展了一次激進的全面清算行動。他賣掉了大主教教區在其他銀行的股票，以切斷一切不恰當的聯繫與往來，並實行嚴格的問責制度和透明程序。

　　與此同時，軍人社會保險信用卡提起對主教教區的訴訟，要追回其1000萬美元的貸款。1998年12月，警方根據一家法院提供的證詞，帶人闖進庫里亞，帶走了數個文件箱。此外，檢察官還向媒體透露內部消息，以此讓主教教區難堪。馬克神父——這個年輕的、在貝戈利奧了解之後不久被任命為輔理主教的牧師——接到了大主教的一個電話。"他非常平靜。不過，他說，如果有時間的話，我願意到下面去一趟，因為在門口聚集了一大群的記者。"就是在這種情況下，馬克代表這位新任大主教主持召開了第一次記者招待會。

　　根據此後開展的聽證調查結果，軍人社會保險信用卡放棄了對主教教區的指控，並與主教教區一起發佈了一條聯合聲明稱，他們被詐騙了。受貝戈利奧委託的核算師提交的報告非常詳盡，沒有留下任何懸而未決的問題，貝戈利奧大主教也因為這件事恰當的處置措施而名聲大振。

　　這個醜聞，以及在貝戈利奧從奎拉西諾手中接管主教教區事務之後發現的其他可疑活動，對他上任後第一年的許多演講影響很大，而這也反映了他決心淨化神職隊伍的決心，從而消除任何利用教會獲取個人利益的企圖。例如，在1999年對神職人員的一次講話中，他要他的牧師們捫心自問，他們是主與普通民眾之間的中保呢，還是經紀人。他說，中保是一座橋樑，一座以犧牲自己為代價促成他人團聚的橋樑；而經紀人則不同，他以犧牲他人為代價以獲取個人利益。在這兩種情況下，牧師站在二者之間，站在中間的位置；然而，這是一個存在分歧的世界。中保是牧師，他傳播福音的熱情是生來就有的，他生來就要遇見耶穌基督，生來就屬於主虔誠的子民；而經紀人則是"規定的牧師"，他是一種職業，其熱情早已經消失，他活着主要是為了自己。

1991年，貝戈利奧寫了一篇當時沒有發表而在較晚的時候才發表的文章。在這篇文章中，貝戈利奧利用呂巴克的論述，對罪和墮落進行了區別。罪往往是可以寬恕的，而墮落則不然，因為墮落的靈魂，沒有得到寬恕的渴望。墮落的加劇，傳染他人，然後證明自己是合理的。當一個墮落的人擁有權力時，他往往會把其他人牽涉進去，把他們拉下水，使他們成為自己的同夥，然而，如同法利賽教徒一樣，他卻說他是標準和規則堅定的擁有者和執行者。貝戈利奧說，墮落具有與生俱來的勸誘改宗的本性；它創造一種文化，一種蔑視其他文化、對自稱良好行為的道德說教和自我辯白的文化。

今天，對省信貸銀行破產案的調查仍在進行。然而，在經過了17年之後，調查還是不能證實在當時流傳的駭人聽聞的斷言：幾乎所有的涉案人員都沒有受到處罰，他們要麼被宣佈無罪，要麼從來就沒有受到指控。當逃亡中的弗朗西斯科·賈維爾·特盧梭在兩年後被捕時，他躲藏在阿根廷駐羅馬教廷外交官、大主教萊昂納多·山德里的妹妹位於皮納馬爾的一座住宅內。賈維爾·特盧梭被判處8年監禁，然而卻在布宜諾斯艾利斯輔理主教、並於1998年升任拉普拉塔大主教的赫克托·阿格爾的保釋下被釋放了。

2000年，山德里成為梵蒂岡國務卿的副手，或者二號人物。此後不久，卡塞里這個奢靡的享樂主義者在意大利謀到了一個參議員的職位。他經常與阿格爾一道哀歎，貝戈利奧為什麼總是把重點放在社會問題而不是道德問題上呢？

1998年10月，就在警方對庫里亞採取突襲行動之前，貝戈利奧採用在一天之內舉辦兩場大型室外彌撒活動的方式，使主教教區團結起來。這兩場彌撒慶祝活動在馬勒莫動物園附近舉行，大約有10萬民眾參加。驚人數量的民眾接受了堅信禮：上午，500名牧師為8000名兒童施堅信禮；下午，1萬2000名年輕人和成年人接受了堅信禮。貝戈利奧自己也為幾十名殘疾人施堅信禮。"福音傳道的成功有賴於教會展現的團結，"他在發表訓誡時說，"你們已經接受堅信禮的人能夠也必須向耶穌基督作證。"

假設貝戈利奧一直掌權直到75歲，他就可能任職大主教12或13年。隨着從1999年到2000年他的優先戰略的實施，貝戈利奧在馬克神父的幫助下開始嶄露頭角，從朦朧中走出來，走進大眾的生活。不過，在公眾看來，他還是那麼謙虛，那麼孤單。這是一個經濟和政治危機進一步加深的時期。1999年10月，阿根廷新政府上台。新政府由激進派和與庇隆主義政見不同的派別組成，是一個激進公民聯盟政府。新任總統費爾南多·德拉魯阿是一個保守的激進派，採取同梅內姆政府一樣的新自由主義經濟政策。不過，他承諾整治政府的貪污和腐敗，並維持財政的收支平衡。他的承諾結果只是白日做夢：經濟繼續萎縮，而德拉魯阿既沒有遠見卓識，也沒有政治資本改變這一現狀。當2001年12月危機爆發時，他被迫放棄玫瑰宮，搭乘直升機躲避憤怒的民眾。

如果說貝戈利奧的整體戰略是無論何時何地都要與精神世俗作鬥爭的話，那麼他有四個需要發展的重要領域：貧窮、政治、教育以及與其他宗教信仰對話。

為窮人服務這個選項貫穿他所有的牧師、教育或政治決策，是他自己的選擇和證明的關鍵。不過，這個選項本身就是一個優先項目，它意味着要把資源和努力的重點放在貧困地區。他將增加貧民區牧師的數目，由原來的八個增加到26個，他本人每週至少要在貧困村鎮度過一個下午。不過，隨着危機的加深，危機已經影響到了中產階級的下層，特別是在2001年以後。因此，他動員天主教徒為他們提供物質上的幫助和援助。隨着國家經濟的萎縮，布宜諾斯艾利斯教會擴展了它的活動，包括修建學校、診所和戒毒中心等。為窮人服務還意味着利用手中的權力，幫助那些沒有自我防護能力的人或者弱勢群體，如垃圾收集工、妓女、非法勞工和沒有證明文件的移民等；組織並使媒體介入，從而影響政府的公共政策。例如，在2000年，他就呼籲政府，為沒有證明文件的移民尋找一條具備公民身份的途徑。每年在聖卡耶塔諾神殿舉行的彌撒，成了他向工人和失業者提供信息的平台；憲法廣場的彌撒是他與非法勞工和妓女們交談的地方；每年"主的晚餐"彌撒也成了他關注其他弱勢群體的地方：囚犯、老年人、殘疾人、吸毒者和病人等。

第二項優先發展項目，是對權力進行監督和推進政治改革。為了與主教團會議的新政策保持一致，貝戈利奧劃清了教會與政府之間界限，並在阿根廷的國慶日5月25日這天，把天主教會傳統的感恩讚變成一次機會，代表人民挑戰和教導政治領導人。他還率領教會推進政治改革。在2000年，他開始組織召開政府領導人會議，重建信任，加強制度建設，並使從政者把重點放在共同利益上，放在一系列文化衝突保護傘下的目標上。他利用天主教的社會教義，總結出四條原則，幫助指導自己的領導實踐活動和對瓜爾蒂尼對比概念的冥想，幫助他的國家創建嶄新的政治文化，基於多元化、對話和關注公共利益的文化。在2001年政府垮台後，教會實際上成了國民經濟恢復的指導中心。

第三項優先發展項目是通過教會學校提高教育品質，並增加接受教育的機會，包括天主教信仰的教育，也就是眾所周知的口頭教育。1998年，貝戈利奧結合這種擴展創辦了牧師職權教育課程。在不到10年的時間裡，教區教會學校由原來的44個增加到66個，學生數量也增長了80%，增加到近4萬人，是同期私立或國立學校的四倍。貝戈利奧把教師和口頭教育教授者的靈感和教育作為重點來抓，而他精心準備的年度演講也是發展主的子民文化的一次機會。

如果上述三個優先發展項目是貝戈利奧此前作為耶穌會省長和教區長所關注的項目的話，那麼第四項優先發展項目則是全新的，也將成為他擔任大主教時期極其顯著的成就之一。在2000年，天主教與其他宗教與信仰的教徒們在五月廣場種植了一棵橄欖樹。從這次小小的聚會開始，一個由猶太教、伊斯蘭教和基督教的教徒們構成的重大的關係網形成了，他們之間的關係超出了過去各宗教之間或全球宗教與信仰之間的那種普通的對話。

正如省信貸銀行醜聞展現的那樣，貝戈利奧需要一條與媒體保持溝通的途徑：避開奎拉西諾的媒體《辯論》是不夠的。他同意馬克神父和年輕的通信專家羅伯特·達布斯蒂的提議,設立專業的新聞處。這是一個戰略行動,旨在建立與媒體之間的信任關係,滿足其對新聞報道的需要,同時幫助塑造他們。貝戈利奧支持這個戰略,不過他仍不想站到前台。"他想要溝通,可是他不想自己去溝通,"達布斯蒂說,"我們稱他為'貓',因為他總是悄悄地溜走。"貝戈利奧當然要發表講話,不過記者們提出的問題則由馬克來回答。天主教的週刊《標準》雜誌的編輯約瑟·馬利亞·普瓦里耶開玩笑說,馬可的工作就是解釋老闆長期的沉默。

大主教貝戈利奧同意馬可的這個戰略,意味着,除了佈道和發表公開聲明外,他主要是通過行動和手勢發表看法,而這將提升他的曝光率。儘管貝戈利奧在開始的時候反對,但他還是允許馬可帶進攝影師,拍攝每年的洗腳禮,而這些圖片成了頭版圖片。新聞媒體還開始對聖卡耶塔諾彌撒和貝戈利奧走訪監獄和醫院的活動進行報道。"我們做了一些前所未聞的事情,"馬可回憶說,"事實上,我們使媒體對宗教報道產生了興趣。"

在庫里亞,馬可為新聞記者舉辦年度聖誕節茶會,在這裡他們可以與貝戈利奧進行非正式的會談。第一次這樣的會談是在1999年12月23日,會談中一個額外的令人感興趣的話題是,前幾天關於這位大主教去世的報道。這則歸錯檔案的訃告在被叫停之前已經發送到了許多家電台。"有些人真的想要這樣,顯然是已經迫不及待了,"貝戈利奧對記者們開玩笑說。

馬可還把一些重要的媒體記者逐一地介紹給他的老闆,發展與他們之間關係,而這種關係在以後可能是需要的。霍拉西奧·韋爾比特斯基就是這些記者當中的一個,這個改行從事新聞報道的前游擊隊員當年曾經採訪過約里奧。1999年4月,韋爾比特斯基把貝戈利奧描述成"幾十年來教會中最具影響力、最有爭議的人,受到一些人的愛戴，卻被另外一些人仇恨"，並引用耶穌會左翼團體提供的材料證明他遭到一部分人的仇恨。不過，他沒有做出新的指責。馬可帶着韋爾比特斯基會見貝戈利奧，貝戈利奧讓韋爾比特斯基進入庫里亞的檔案室，並接受了他的採訪。在採訪中，貝戈利奧說明了他為解放耶穌會士所做的努力。韋爾比特斯基一度承認這位大主教的做法是積極的，不過沒有收回他此前的指責。"我曾經告訴他們說不要管它，不要再糾纏下去。"克萊利亞·波德斯塔問貝戈利奧他的牧師和發言人為什麼沒有向他澄清事實，他回答說，"這些事情自己會銷聲匿跡的。"是的，這些事情一度銷聲匿跡了，直到2005年韋爾比特斯基再次拿這些事情對貝戈利奧進行攻擊。

1967年，克萊利亞·呂羅是一個帶着六個孩子的單身女人。她與一個進步主義主教發生關係的事情曝光後，她成了教會一個重大醜聞的焦點。傑羅尼莫·波德斯塔，這位阿韋亞內達的主教，辭職了，後來又離開了神職隊伍，並與她結了婚。克萊利亞和傑羅尼莫成了眾所周知的活動家，他們為神職人員可以結婚和其他自由事業而奔走。儘管沒有教義阻止這件事情，而此前的英國聖公會和東正教有已婚的天主教徒，約翰·保羅二世還是強烈反對，每當有人提及這件事情，他就會重重地拍打桌子。20多年來，波德斯塔從來都沒有走進過布宜諾斯艾利斯大教堂。2000年，他來拜訪貝戈利奧，他們在一起長談了兩個小時。數月之後，在他臨終之前，貝戈利奧前去為他抹油、唸經、祈禱。此後，貝戈利奧與克萊利亞一直保持着聯繫，直到她於2013年去世。她幾乎每週都給他寫信，而他總是打電話回復。"波德斯塔臨終時，貝戈利奧是唯一前往醫院探視的天主教神職人員；在他去世後，貝戈利奧也是唯一公開承認他對阿根廷教會做出巨大貢獻的人，"認識呂羅的瑪格麗特·赫伯特韋特回憶說。

　　媒體發現，儘管貝戈利奧對成為公眾關注的焦點很敏感，但是這位大主教卻在任期內為教會開拓新的版圖，一種既不順從又遠非脫離政府的姿態。那麼，這位大主教是如何"參政"的呢？這個問題在1999年5月25日的感恩讚便有了一個明確的答案。通常情況下，這個傳統的節日是一個發表一致意見的慶祝活動，教會與國家機構負責人聚集在一起，隆重地為阿根廷祈禱：大主教的職責不是發表意見，而是為代表國家的政府祝福。然而，貝戈利奧完全打破了這個慣例：在感恩讚，教會代表人民向政府提出了要求。教會帶來了主的祝福，也帶來了問責。

　　站在距離現任總統梅內姆、未來的總統德拉魯阿和阿根廷政治界的精英數英尺之外，貝戈利奧發表了一次持久而又發人深省的演講，既有《舊約全書》對未來的預見，又有美國總統就職演說的慷慨激昂和雄辯有力。他發出警告：阿根廷將面臨社會分化與瓦解的危險，與此同時"各方利益的較量又與所有人的需要背道而馳"。他提醒說，阿根廷是一個充滿智慧和創造力的國家，不過同樣存在兄弟姐妹互相殘殺的可能性。"許多死去的人從天國發出無聲的呼喚，請求我們不要重蹈覆轍，重複過去的錯誤。"他在談及那場不義的戰爭時說，而且"只有我們聽到他們的聲音，他們的悲劇命運才會有意義。"借用約翰·保羅二世對自由市場盲目崇拜（新興自由主義者認為，市場力量可以為所有的人創造繁榮）的批評，他請求政治家們看一看身邊日益增加的社會危機，並要求建立一個文明的國家。他說，作為一個公民，他要做好事，要有一個目標，要參與國家建設。不過，除非"所有的人都有一席之地，而不是少數的幾個人"，否則社會分歧就會越來越大，而不是共同建設國家，人們也會互相背離。該是關注社區熱情爆發和友好倡議的時候了，他說，這是"在我們國家少見的一股參與的風潮"，團結起來、決心重新崛起的風潮。

貝戈利奧用幾乎同1974年向耶穌會士致辭同樣的話語，繼續談到他為人民服務的主張。"我們的人民是有靈魂的，"他說，"因為我們能夠談及靈魂，所以我們可以談及聖經註解學，談及預見未來的方式，談及意識。"正如他曾經呼籲耶穌會士摒棄意識形態觀念，接受為人民服務的價值觀那樣，他在此時敦促政治家們摒棄"那些宣稱從現實中提煉思想的人，那些無德無才的知識份子，那些冷酷無情的倫理學家"，從普通民眾智慧的文化寶庫中汲取營養。這才是"真正的革命"，他說，那就是重新發現使阿根廷偉大的價值：他們熱愛生命，但是接受死亡這個現實；面對痛苦和貧窮，他們團結了起來；他們慶祝、祈禱的方式。貝戈利奧特意轉向那些政治家們，呼籲他們放棄個人和政黨的利益，傾聽人民更廣泛參與國家建設的呼聲。"我們所有的人都有權參與，"他總結說，"發起並參與到這場運動當中，重新喚起我們對團結一致、社會融合和為自由而鬥爭的燦爛的歷史記憶。他的演講以重申他的四個原則做結束語。

這是一次慷慨激昂的演講，它的高度和說服力是阿根廷的政治家們所不及的，更不用說阿根廷的主教了。此後不久，各種批評便接踵而來，說貝戈利奧是在干預世俗事務，僭越屬於凱撒的權力。然而，同貝戈利奧一樣，任何熟悉十七世紀耶穌會神學家弗朗西斯科·蘇亞雷斯（他的思想是阿根廷國家和民主賴以存在的基礎）的人都不會這麼看。在這裡，教會發揮了其作為弘揚社會道德良知的應有作用，而社會道德良知可以同意政府代表社會實行統治，也可以收回政府統治的權力。貝戈利奧要求政府服從的不是教會這個機構，而是在彌散着福音的文化中生活的普通民眾，而教會是福音價值的守護者和保衛者。

在2000年的感恩讚，在這個千禧之年，他的演講是簡短的，為阿根廷發出了在新千年"踏上新征程"和"為實現先輩們締造的國家偉大復興而奮鬥"的戰鬥口號。他指出這就意味着要修復社會關係，要團結起來，要向年輕人、失業者、移民和老年人伸出援助之手。他再一次指出，社區組織的成長是希望的標誌，並呼籲政治家們"使社區成為國家建設的積極參與者"。接着，他展現出了一個嚴酷的場景——就像預言的那樣：對自我指認的政治家極度失望、幻滅的人們，因為這些政治家對建立團結所需要的行之有效的民主制度無能為力。

我們必須以謙卑的態度承認，這個制度已經墜入到一個巨大的錐形體的陰影之中，墜入到不信任的暗影之地，在這裡的許多承諾和誓言聽起來就像是送葬隊伍的話語。每個人都會安慰死者親屬，但是卻沒有人能夠讓死者起死回生。鼓起勇氣吧！這是耶穌基督在千禧年的呼喊。站起來，阿根廷！就像教皇上次訪問時對我們所說的那樣，就像我們的先輩和締造者們夢想的那樣。可是，直到我們勇敢地面對我們口是心非的動機時，我們既沒有信任，也沒有和平。在我們改變之前，我們是不會知道幸福和快樂的。由於不受限制的野心，無論是對權力、金錢還是名望，表現出來的是內心巨大的空虛，那些內心空虛的人不會帶來和平、快樂和希望，只會帶來猜疑。他們不會建立友好聯繫。

貝戈利奧把幫助建立這些友好聯繫的任務，交給了阿卡普托神父的社會與教區辦事處。這個辦事處幫助建立了公共關係，而這些關係在接下來的那些年裡為這位大主教提供了幫助。建立公共關係更大的目標是重建公共生活，這個靈感是是法國主教團

1999年的一份文件激發出來的——他非常敬佩這個主教團。這個
目標就是在具有共同利益的人們之間建立聯繫，增進他們之間的
友誼和信任，而不是讓彼此成為獲取公共資源的競爭對手。在阿
根廷爆發危機至少一年之前，貝戈利奧的文化運動就向政治家們
表明如何重建一個國家。

　　第一次這樣的聯繫聚會於2000年12月舉行：布宜諾斯艾利斯
市包括立法委員和政府要員在內的150名官員齊聚一堂，反省政府
的政治職責和面臨的挑戰。此次聚會成了媒體爭相報道的新聞，
因為布宜諾斯艾利斯市長艾尼巴爾·伊巴拉自稱是不可知論者，儘
管如此，他卻通過阿卡普托與貝戈利奧保持着密切的聯繫。貝戈
利奧參加了這次聚會，並發表了演講，給與會者留下了深刻的印
象。“貝戈利奧與眾不同，”其中的一個立法委員告訴記者說，
“他了解政治，他懂得權力的邏輯。他值得你和他交談。”

　　這是貝戈利奧式的自相矛盾的觀點。這是一個具有神秘色彩
的人物，這個與精神世俗鬥爭，嚴厲、清廉、身上散發着膻味的
牧區主教是阿根廷自庇隆以來最精明的政治家。

第七章

加烏喬紅衣主教

(2001－2007)

　　喬治·貝戈利奧當選教皇之後約兩個多月，那些過去每月都與他一起祈禱的布宜諾斯艾利斯福音傳教士，到梵蒂岡來看望他們的這個老朋友。這些傳教士，包括中央浸信會的卡洛斯·姆賴達牧師、五旬節福音教派的諾伯特·薩拉克牧師、基督徒教會的安吉爾·內格羅牧師和未來明恩堂的奧馬爾·卡布雷拉牧師。巧合的是，他們大約在同一時間要到歐洲去，而且主顯然也想要福音教派喬治·希米提安牧師同他們在一起，因為他設法及時籌措到了機票錢。

　　這些牧師們在聖瑪塔外用阿根廷式的擁抱和接吻問候教皇方濟各。方濟各覺得希米提安牧師的問候很有意思。他笑着說："這麼說，你最終還是想辦法把大家都帶到了梵蒂岡！"在聖瑪塔內，他們告訴他，自從他當選教皇後，在阿根廷發生的事情是多麼的令人不可思議：他們得支付耶穌基督上廣播電視的費用，可是方濟各在梵蒂岡所有的廣播電視宣傳都是免費的。他們告訴他，阿根廷媒體現在如何有了一個新的公開渠道，那些自稱無神論和不可知論者的記者如何大談而特談成為天主教徒和基督教徒意味着什麼，如何突然地可以探討基督教的價值了。

方濟各還是那個老喬治，希米提安說，可是他又不是。"大家所談論的，他的性格變得如此的感情奔放，如此的快樂——在靜修之處，在他佈道時，我們也看到過這一面的喬治。但是，在這些時候之外，他是一個非常嚴肅的人。不過，現在作為教皇，他一直是興高采烈的，正如他同我們在一起的時候那樣。"

5月末，在聖馬爾塔內，他們一起祈禱，正如過去他們在布宜諾斯艾利斯的時候那樣。據希米提安說，薩拉克牧師對方濟各說，"喬治，我有件事情要告訴你。昨天晚上，我就這次會面祈禱。我說，'主啊，如果你有話對喬治說，那就交給我吧。'"根據福音教會和基督徒教會的傳統，在禱告中請求主示話的意思是，請求聖靈激發一個人靈感，翻到《聖經》中此時對他們有着特殊意義的某一章節。

薩拉克拿出他的iPad，從先知耶利米書的第一章開始讀：我未將你造在腹中，我已曉得你；你未出母胎，我已分辨出你為聖；我已派你作列國的先知……看哪，我今日立你在列邦列國之上，為要施行拔出、拆毀、毀壞、傾覆，又要建立、栽植。

薩拉克是從布宜諾斯艾利斯轉機美國來到羅馬的。當他開始讀耶利米書的時候，姆賴達和希米提安用胳膊肘捅了捅對方。令人吃驚的是，希米提安告訴姆賴達說，在從布宜諾斯艾利斯出發之前，他也收到了同樣的話，甚至一字不差地把這些經文打印在了一張紙上。薩拉克讀完後，希米提安把那張紙遞給了教皇。"喬治，我不認識他，他也不認識我們，可是我給你帶來了同樣的話！"

教皇大笑了起來："那就讓我告訴你們，發生在我身上的事情吧。"

　　在貝戈利奧離開布宜諾斯艾利斯前往羅馬參加紅衣主教團舉行的教皇選舉會議的前兩天，一個在大主教教區的庫里亞工作的男子去看望他。這個名叫馬里奧·梅迪納的福音派教徒經常和他一起祈禱。"神父，對不起，"他說，"不過，昨天我為你祈禱，主給我示話：《耶利米書》第一章。"

　　"我們都很驚奇，主這樣給我們施堅信禮，"希米提安說，"如果那些年在布宜諾斯艾利斯有先知的聲音的話，那就是他的。"

　　喬治·馬里奧·貝戈利奧在2005年如何成為紅衣主教團的一名成員以及在2013年又如何當選為教皇，這個故事要從距離阿根廷萬里之外、位於瑞士東北部一個積雪覆蓋的美麗城鎮說起。這個城鎮就是聖加侖，它正好位於歐洲的中心，它的7萬5000千人說着多國的語言，這裡也是歐洲主教團會議總部的所在地。歐洲主教團會議由45個國家的33名主教組成，於梵蒂岡第二屆大公會議之後創建。當時，在拉丁美洲主教團會議的啟示下，保羅六世鼓勵類似的大陸範圍的區域合作，從而恢復地方教會的力量和身份。於是，歐洲主教團會議具有威嚇性的使命宣言便產生了：以與教皇相同及以下的分級團體行使共同權力。

　　與教皇相同及以下，這是一個可以追溯到教會早期時代的一個短語。在當時，地方教會會議和公會議非常普遍，地方的教會權力很大，它們都有自己的法律和規範。與此同時，羅馬教會是普世教會的中心，在"主持慈善"上處於主導地位，其他教會處於從屬地位，如同二世紀的模式那樣。對天主教會在其第一個世紀的理解是：它有許多，但是卻是一個；它不只一個，但卻是一個整體；它是局部的，又是普遍的。教會作為一個整體，不是所有部分簡單地相加而得到的總和；它是一個整體，支撐點在羅馬，不過地方主教教區不只是這個世界教會的一個部門或者省，而是普世教會處在該地區，由一個主教領導。

這不是一個好的神學（或者更加確切地說，教會學），但是卻涉及到教會的管理方式。在整個中世紀時代，教皇努力想要獲得對地方主教教區的控制權，想要從干預教會權力的君主那裡獲得自由，或者想要推行改革措施；然而，如果在普通的時代行使這些權力的話，他們就會遇到阻礙。在強調教皇權力的教皇制和由主教共同行使權力的主教制之間，往往存在着一種良性的緊張關係。不過，在18和19世紀，作為對專制主義體制（是君主制還是共和制）尋求教會國家化的回應，這個平衡被決定性地打破了。在這個時候，教皇有時候主張將事實上已經擁有的權力以書面的形式確定下來。梵蒂岡第一屆大公會議（1869-1870年）的觀點與早期教會的觀點完全不同，它大膽地宣稱，教會所有的權力源自於教皇制。這一觀點1917年在《教會法典》裡面明確地確定了下來。該法典指出，教皇擁有在教會中全部的、至高無上的、普遍的權力。

這個觀點不是沒有引發爭議。在20世紀上半葉，極權政權在歐洲相互開戰；與此同時，神學家們再次發現教會聖體概念是一種分級教會體制。教皇制看起來就像君主專制政體，成了所有權力的象徵。不過，20世紀60年代的梵蒂岡第二屆大公會議重新把它設想成了早期教會的術語。這個會議發佈的多個重要文件之一《教會憲章》指出，教會由與教皇相同及以下的主教共同管理，教皇與主教組建一個使徒團組織，共同管理普世教會。教義中表達"共同掌權"這個意思的詞就源自於"團"這個詞。"共同掌權"這個觀點在20世紀50年代被伊沃·康加爾挽救了下來，並加以發展。康加爾認為，耶穌基督創建了兩套"繼承體制"：教皇繼承的是使徒彼得，而主教們繼承的是使徒團。

1964年11月，第二屆大公會議的主教們在完成《教會憲章》的制訂之後把這份文件提交給教皇，徵求他的意見。在這份文件中，主教們重申教皇對教會全部的、至高無上的、普遍的權力這項聲明，不過增加了主教團行使同樣權力的共同掌權聲明。精明的保羅六世立即就感覺到了危險：這兩條聲明在未來可能導致誤解產生，甚至成為相互對立的兩條聲明。於是，在神學家們的幫助下，他起草了一條"前期說明註解"。該"註解"指出，作為耶穌基督的代牧人，教皇擁有君主一樣的統治權；不過，他還是主教團的主席，因此也可以實行主教團管理體制。總之，無論是否採用主教團制度，它都是教皇的一個附贈品。

保羅六世在梵蒂岡一些保守派的強烈反對下，推行了兩項重要的改革措施。一個是自1967年以來每兩年或者三年在羅馬舉行的世界主教會議，來自世界各地教會的250多名代表，在為期三週的時間裡商討某個地區面臨的問題或者影響整個教會的事情。另外一個創新措施就是，創建主教團，包括國家主教團和大陸主教團，前者包括美國天主教主教團會議。拉丁美洲主教團會議是第一個大陸主教團，受這個主教團的啟發，20世紀70年代以來創建的大陸主教團包括：歐洲主教團會議、非洲和馬達加斯加主教團會議和亞洲主教團會議聯盟。而在這些大陸主教團當中，拉丁美洲主教團會議擁有很大的權力，因為它於1968年在麥德林和1979年在布埃布拉舉行的兩次重大會議是在約翰·保羅二世80年代和90

年代推行中央集權制之前召開的。

　　約翰·保羅二世選擇實行君主制管理體制。在他任職教皇的27年間，梵蒂岡對共同掌權重新進行了解釋，説它指的是主教與彼得之間信任和伙伴關係的聯繫，而不是地方教會共用普世教會的管理權。"情感（affective）"共同掌權取代了"有效（effective）"共同掌權。世界主教會議變成了為期三週的空談，而不是管理的手段，而會議的日程和結論也都是羅馬教廷精心安排好的。與此同時，諸如拉丁美洲主教團會議等新創建的大陸主教團會議也被警告説，不得提出自己的神學觀點：在教會，只有一個"教權"，或者"教導教義的權威"。1992年是梵蒂岡採取高壓政策的一年。就在同一年，拉丁美洲主教團會議在聖多明哥召開，教皇教義的守護者批評家們採取極端的監視措施，就像梵蒂岡第二屆大公會議召開之前所做的那樣。主持制訂《信仰的教義》的紅衣主教會議主席約瑟夫·拉青格宣稱，普世教會在"實質上先於"地方教會，而這不僅僅是神學的主張。在20世紀90年代，訪問羅馬的主教們越來越感覺到梵蒂岡居高臨下的口氣，就好像他們僅僅是羅馬教廷的代表。

　　正是這些越來越多的擔憂促成了在聖加侖召開的那些會議。聖加侖主教伊沃·富勒從20世紀90年代末期開始，每年都在他的私邸召開有關歐洲紅衣主教和大主教參加的私人會議，在他們內部之間採取共同掌權的管理方式。在這些主教當中，居於主導地位的是任期至2002年的米蘭大主教、耶穌會士紅衣主教卡洛·馬利亞·馬提尼。另外，資深紅衣主教、布魯塞爾大主教戈德弗雷德·丹尼爾斯也是這些會議當中的重要發言人。在為期兩個夜晚的會議期間，通常情況下，圍着桌子坐着的還有另外六七個來自中歐和北歐的主教。2001年，三個大主教加入了這個組織，而他們都是

2001年2月同貝戈利奧一同被任命為大主教的。在這三個大主教當中，一個是德國羅滕堡·斯圖加特主教沃爾特·卡斯帕，他在1999年負責梵蒂岡基督教與猶太教的協調工作。另外兩個是德國和英格蘭與威爾士主教團會議主席：德國美因茲主教卡爾·萊曼和英格蘭威斯敏斯特主教科馬克·墨菲·奧康納爾。其他來自法國和中歐的主教們來來去去，只有他們這些人構成了聖加侖組織的核心。

馬提尼和丹尼爾斯經常被新聞記者稱為自由派或者進步論者。不過，更確切地說，相對於在約翰·保羅二世的羅馬教廷佔支配地位的保守派，他們屬於改革派。在約翰·保羅二世的羅馬教廷，有兩個不同的著重點：保守派希望教會的教義是明確和無疑的，而改革派則希望在一個多元化的社會教會的教義是可信的。在這兩種傾向背後，有兩種不同的教會學做支撐。保守派想要梵蒂岡嚴格控制對教條和戒律的懷疑，而改革派則想要在教會規範內使地方教會有更多的行動自由。保守派希望停止辯論，並指出教會規範是明確和不變的；而改革派則更希望民主開放，認為在教會戒律方面，信仰和道德的教條不應當保持一成不變，地方教會應當幫助普世教會認識到改變教區實踐活動的必要性。

隨着高級神職人員和神學家在歐洲前沿越來越世俗化和多元化的社會擔任大城市教區主教，改革派意識到教會規範與人們現實生活之間的差距越來越大。對聖加侖組織來說，共同掌權的缺失不只是一個神學問題，它使得教會更加難以使人們信仰基督教。對這個組織來說（其成員還包括許多與其他宗教信仰進行前沿對話的高級神職人員），共同掌權的缺失使得尋求教會團結更加困難。對於革新或者保守傳統的教會領袖來說，在宗教改革之後的世紀裡，主張教皇權力被看作是通往基督教團結路上的一塊很大的絆腳石。1995年，約翰·保羅二世向其他宗教和信仰發出請求，幫助他找到行使教皇權力的新方法。不過，在越來越集權的教皇中央集權時代，要做到認真地看待這個請求是很難的，而且幾乎是不可能的。

20世紀90年代末，約翰·保羅二世的健康狀況急轉直下，聖加侖組織開始舉行聚會。這個組織名義上的領袖紅衣主教馬提尼在1999年討論歐洲議題的世界主教團會議上說，為實施梵蒂岡第二屆大公會議呼籲、但是被約翰·保羅二世的羅馬教廷阻止的共同掌權體制，需要召開另外一次世界主教會議。其結果自然是不言而喻的，主持會議的羅馬教廷禁止這次演講對外發表，而新聞記者也只是通過不公開的渠道掌握到這個情況的。

除馬提尼外，在當時，還有另外兩個主要的聲音主張恢復或者實施共同掌權體制。其中的一個是三藩市大主教約翰·R·奎因，他於1999年發表了暢銷書《教皇體制改革》；另外一個是聖加侖組織的成員、德國神學家沃爾特·卡斯帕主教，他因為與紅衣主教拉青格就普世教會與地方教會問題展開勢均力敵而又友好的神學辯論而聞名。卡斯帕於2000年12月發表了一篇廣為流傳的文章，與紅衣主教拉青格就其1992年發表的論點展開辯論。在文章中，卡斯帕說："把普世教會看作是羅馬教會，也就是事實上的教皇和羅馬教廷"，並把它描述成"試圖恢復羅馬中央集權體制"，拉青格紅衣主教的論點就變得"真的值得懷疑了"。他繼續辯論說，共同掌權體制對於解決教區問題至關重要，例如允許離婚和再婚的人領受聖餐、天主教徒向基督教徒真誠地發出團結合作的邀請等。他說，要想使教會團結取得進展，就必須承認地方教會的價值。"教會的最終目標不是一個統一聯合的教會，而是一個多元融合的教會。""多元融合"是貝戈利奧在布宜諾斯艾利斯談到與其他基督教徒和信仰的關係時所用的術語。

　　在教皇約翰·保羅二世身體健康狀況逐步惡化期間（1999-2005年）舉行的會議中，聖加侖組織擔憂同梵蒂岡之間的關係日益惡化，而衰弱的教皇卻無力阻止。在國務卿紅衣主教索達諾的領導下，教皇的羅馬教廷變得傲慢、不負責任、毫不妥協。有時，梵蒂岡的不作為與事實上的腐敗聯繫在一起，其中最臭名昭著的案例，就是墨西哥保守派領袖馬西亞·馬西埃爾神父的神職等級案。大量的證據證明馬西埃爾是一個戀童癖和毒品吸食者。馬西埃爾通過索達諾定期向教會捐款的時間順序，與九名前成員長達數年公開指控馬西埃爾的時間順序一致。這九名成員致函教皇，抱怨梵蒂岡不作為。自從任職羅馬教廷駐拉丁美洲大使以來，索達諾一直都是馬西埃爾的支持者，而索達諾的侄子安德里亞也與他有生意上的往來。

　　梵蒂岡更多的是不稱職，或者效率低下。有的時候，約翰·保羅二世創建的中央集權管理模式不能應對新的挑戰。例如，為避免感染愛滋病而使用避孕套的倫理道德問題，紅衣主教們就此公開發表意見，互不贊成對方觀點，教皇也不能給出一個定論。在這個問題上，就連保守派也批評世界主教會議效率低下。從對出現的神職人員性虐待危機的反應，就可以清楚地看出梵蒂岡的閉目塞聽、思想僵化和被動地位。在聖加侖組織看來，這是梵蒂岡過於中央集權的惡果，是其閉關自守、切斷與現實和地方教會聯繫表現出來的病徵。

　　在約翰·保羅二世任職教皇的最後幾年，這個問題變得更加尖銳。他曾經是一個非常有說服力的福音傳播者，但卻是一個不稱職的管理者。即使在健康的時候，他也只是梵蒂岡羅馬教廷的一個局外人，因為他從來都沒有對其內部的工作機制有過多少興趣。現在，雖然他不再是一個精力充沛的人——診斷他患帕金森疾病的消息於2000年正式對外宣佈，但他仍然是教會的首腦，通過在公開場合展示他的脆弱和衰弱，並給出有力的證明。但是，梵蒂岡的羅馬教廷越來越多地忙着自己的事情，削弱了這有力的證明。當此教皇日益衰弱之時，對羅馬教廷進行改革的機會變得越來越渺茫。

聖加侖組織認為，教會需要的是對管理機制進行一次全面、徹底的改革，恢復地方教會與普世教會之間的平衡，從而實現真正的共同掌權。在眾多的高級教會領袖當中，不只是他們贊同這個診斷和治療方法。他們的觀點在拉丁美洲的大主教當中產生了強烈的共鳴，這是因為拉丁美洲主教團會議有着長期實施共同掌權體制的經驗，也有梵蒂岡中央集權體制在聖多明哥的經歷。拉丁美洲一大批新一代神職負責人將要任職紅衣主教。這些神職人員包括布宜諾斯艾利斯大主教，他不僅受到馬提尼的影響，而且也給出許多認同聖加侖組織擔憂的理由。

堅定地出現在驕陽四射的聖彼得廣場上，身著閃閃發亮的金色法衣，約翰·保羅二世似乎並沒有把自己的身殘無力放在心上：他80歲了，艱難地想走動，想要說話；他的一個耳朵聾了，滿是皺紋的臉也因為帕金森疾病而僵硬了，然而他仍然像以前那樣發號施令，就像一個德高望重的長者。在佈道時，他宣稱，這將是"普世教會的一次盛宴"。佈道結束後，他任命了44位新的紅衣主教，使得具備選舉資格的紅衣主教人數增加到了135人（年紀在80歲以下的人），這些人將選舉他的繼任者。他遞給每人一個紅色的四角帽和一個帶有紅衣主教稱號的卷軸，並任命他們每人在名義上負責羅馬主教教區一個教堂的事務。毫無疑問，由於貝戈利奧是耶穌會士，因此他負責的是聖羅伯特貝拉明教堂（根據17世紀著名的耶穌會士紅衣主教羅伯特·貝拉明命名）。

這些人當中，2001年2月來到羅馬天主教議會的還有一個身材矮小、年屆72歲的越南主教弗朗索瓦·賽維爾·文順（他於2002年去世）。自從保羅六世1975年任命他為西貢大主教的助理主教後，越共就把他發配到了叢林中。他在那裡度過了長達9年的單獨禁閉生活。那天，在教會議會廣場上的那些流動的紅色使他痛苦地想到了殉教者的鮮血。"五塊麵包和兩條魚"，文順紅衣主教在冥想中自然而然地把這句話寫在了小紙片上，而這句話正是貝戈利奧最喜歡頌讀的（教皇方濟各接下來封文順紅衣主教為聖徒）。

這些紅衣主教們知道，他們最莊嚴的職責將是在未來的某個時候，選舉約翰·保羅二世的繼任者。這是歷史上最具世界性的紅衣主教團。歐洲紅衣主教共有65位（包括意大利的24位），仍然是最大的大陸主教團，不過非歐洲大陸團體的人數首次超過了歐洲大陸團體的人數。拉丁美洲現在有27位紅衣主教，北美洲、非洲和亞洲各有13位，大洋洲有4位。

在那天新任命的其他紅衣主教當中，喬治·梅希亞是阿根廷人，他是梵蒂岡圖書館館長。貝戈利奧後來與梅希亞的關係很密切，在出訪羅馬時經常拜訪他。此外，另外還有10位在拉丁美洲管理主教教區的大主教，其中的四位後來成了貝戈利奧的密切伙伴：洪都拉斯德古西加巴大主教奧斯卡·羅德里格斯·德馬拉迪亞加，這個曾經在1992年聖多明哥會議領導反抗索達諾運動的拉丁美洲主教團會議主席，近日辭去了主席職務；智利首都聖地牙哥大主教聖弗朗西斯科·艾拉蘇里斯，他接替馬拉迪亞加擔任拉丁美洲主教團會議主席；巴西聖保羅大主教克勞迪奧·烏米斯和巴伊亞州大主教傑拉爾·馬耶拉·艾格內羅。

從聖彼得廣場上喧鬧的人群來看，拉丁美洲的時代似乎已經來臨。然而，在這些人群當中，阿根廷人很少，因為貝戈利奧阻止了為聖地朝拜者前往羅馬籌集資金的活動，並告訴組織者把已經籌集到的資金分發給窮人。在紅衣主教團會議期間，他選擇了節儉和低調。期間，其他人與他們的團隊在一起或者由他們的親戚資助在大酒店下榻；同以往在羅馬時一樣，他住在距離納沃納廣場不遠處一個簡陋的牧師旅店。在旅店裡，他每天早上4點半禱告，然後在小教堂做彌撒。其他人由牧師秘書驅車送往梵蒂岡，他每天早上獨自一人步行穿過台伯河；其他人從羅馬教會的裁縫加馬雷利那裡訂製他們的深紅色法衣，貝戈利奧穿着奎拉西諾穿過的、由修女們改小（因為奎拉西諾的身材肥胖）的法衣；其他人幫助主持新聞發佈會和集會（他們每個人都不比精力充沛健談的飛行員、鋼琴演奏師、大主教羅德里格斯·馬拉迪亞加表現得差），貝戈利奧則習慣地穿上了他那件"隱身"斗篷。

然而，他倒是很難得地接受了《民族報》的一次採訪。他說，兩個紅衣主教是阿根廷的榮耀，他與他的人民分享這份榮耀。"我將虔誠地生活在這份榮耀中，"他對伊莉莎白·皮克說，"我為它祈禱，與我主談到它，我代表教區向我主懇求。"伊莉莎白後來回憶說，在說這些話的時候，他顯得既靦腆，又機敏。他並沒有得到提升的高貴感，他告訴她說，"用福音的話說，每一次提升意味着一次下降；你必須放下身段，這樣才能更好地服務。"在問到他是否贊同在教義上把他歸類為保守派而在社會事務上歸類為進步派的說法，他說，這種說法往往會使人們變得很脆弱。"我儘量做到不保守，但我忠於教會，而又始終歡迎進行對話。"

　　在5月晚些時候，約翰·保羅二世把這些紅衣主教召回羅馬，召開了一次為期13天的閉門會議，也就是眾所周知的特別御前會議。此次會議的主題是如何提升教會內部的團結契合關係。對聖加侖組織的紅衣主教來說，團結契合必須通過更加有效的共同掌權體制，才能形成並表現出來。他們通過媒體舉了一個例子：萊曼說，國家主教團會議應當在教會的決策中發揮作用；丹尼爾斯告訴新聞記者說："毫無疑問，共同掌權體制這個主題將是第三個千禧之年的重大挑戰之一。"羅德里格斯·馬拉迪亞加代表拉丁美洲回應這個呼聲說："我們大家相信，加強共同掌權體制將是必要的。"不過，據媒體透露說，紅衣主教馬提尼、丹尼爾斯、萊曼和墨菲·奧康納爾在紅衣主教團會議上發出了類似的呼聲，但是這個問題只是被輕描淡寫地討論了一下。梵蒂岡羅馬教廷的國務卿把議事日程安排得很緊張，從教皇近日的信件中歸納了21個需要討論的問題。也就是說，這個問題讓羅馬教廷給擱置了。

　　貝戈利奧利用這個時間傾聽其他紅衣主教的聲音，並加強與他們的溝通與聯繫。他重新與馬提尼紅衣主教取得了聯繫，他們早在1974年的耶穌會士聖會代表大會上就認識了，而且他還經常引述馬提尼書中的話語。接下來，馬提尼把他介紹給了聖加侖組織，他開始與聖加侖組織交往。在接下來的幾年裡，在前往羅馬短暫的訪問中，貝戈利奧都要前去拜訪這個組織。

　　2001年10月，貝戈利奧作為紅衣主教團會議副主席在當年第三次來到羅馬。他的職責是協助會議報告人、遭到9.11恐怖襲擊的紐約市紅衣主教愛德華·伊根。具有諷刺意味的是，此次會議報告的議題是：紅衣主教團的作用——這自然要提及紅衣主教團與梵蒂岡的關係問題。然而，在這份長達4萬字的工作文件中，"共同掌權"這個詞只提到過兩次。在6月份，負責紅衣主教團會議的官員、比利時紅衣主教簡·肖蒂堅持說，除了諸如梵蒂岡第二屆大公會議的普世理事會之外，沒有真正的"共同掌權"，"共同掌權"只是前者的一個表達方式而已。這的的確確是羅馬教廷為維持現狀辯護。

　　參加會議的人也都意識到了問題的癥結所在：正在召開的紅衣主教團會議的主題是：紅衣主教團被排除在共同掌權的這個主題之外。其結果是：只有一半的紅衣主教會議呈報了對羅馬教廷發出的自以為是、抽象深奧的工作文件的回復意見，其答覆比率創歷史新低。會議召開時，因為剛剛出訪阿塞拜疆而身體疲憊的約翰·保羅二世癱軟無力地坐在椅子上，要麼是打瞌睡，要麼是閱讀文件。在新聞發佈會的大廳裡，新聞記者們開玩笑說他這是在觀看會議的最終報告。

　　貝戈利奧自己的演講簡短、熱情而又發人深省，對督導和保護其信眾的主教與為他們守護的人進行了區分。

　　督導的關注重點是教義和習慣，而守護的重點在於確保信眾的耐心與希望。保護涉及到對即將到來的危險的警惕，相反守護涉及到的是耐心地承受主拯救他的子民的過程。對於保護，保持清醒、警覺和敏捷就足夠了。對於守護，你還需要溫柔、耐心和被證實的不變的寬厚和仁慈。督導和保護意味着一定程度的必要的控制，相反守護意味着希望，仁慈的主守護他的孩子們的希望。

　　在發表演講開始一週之後，伊根紅衣主教不得不趕回紐約，主持為9.11恐怖襲擊事件的受害者舉行的紀念活動。貝戈利奧被任命為會議的報告人，負責把與會247位主教的演講濃縮成為一份會議報告，而這需要對小組討論和結論進行調整。在經過整合之後，他整理的報告簡明、大方、得體，贏得了全場的喝彩。他既抓住了會議的主旨，同時又表達了他自己作為主教的觀點，那就是選擇為窮人服務，為傳教士服務。他"解放了被錯誤的意識形態污染的價值觀"，被稱為"正義的先知"，那些被邊緣化的弱勢群體和那些對領導失望的人對他充滿了信任。在會議廳內，貝戈利奧獲得了極高的評價，因為他所做的報告既反映了主教們關心的問題，又沒有破壞團結。"儘管他的報告在結構和方法上有局限性，不過人們欣賞的是，他保留了會議討論的精華部分，"貝戈利奧在羅馬的老朋友古茲曼·卡里奎里教授回憶說。

在參加會議的代表當中，五分之一的人直接或間接地談到了梵蒂岡的中央集權體制問題，但肖蒂紅衣主教想要把這部分從報告當中刪除掉。在貝戈利奧主持的新聞發佈會上（這也是他第一次主持梵蒂岡新聞發佈會），他坐在肖蒂的旁邊，顯得很靦腆，用西班牙語輕聲地說着話，他說這樣是為了讓大家能夠聽明白——儘管他的意大利語也很流利。在被問到共同掌權問題時，他說，那是"一個需要深層討論的問題，超出了此次會議限定的主題"，因此需要"在其他地方、並在準備充足"的情況下解決。這是一個非常巧妙的回答，明確指出這個問題需要解決，但是不會在一個由羅馬教廷主持的主教團會議上解決。儘管他沒有流露出任何表現他是一個改革派的痕跡，但他還是給新聞記者們留下了清晰和簡潔的印象。

回顧過去，顯而易見，正是這次主教團會議開創了貝戈利奧在普世教會的局面，為他贏得了許多的崇拜者。蒂莫西·多蘭，這個在伊根2009年退休之後出任紐約大主教的紅衣主教回憶說，他的前任"在談到這個布宜諾斯艾利斯大主教時往往是滔滔不絕，讚不絕口。"

不過，貝戈利奧並沒有很快返回阿根廷，這倒並不是因為他的國家處於緊急狀態。作為紅衣主教，他領銜擔任梵蒂岡多個部門的職務，負責聖餐儀式、神職人員、家庭和拉丁美洲等事務，不過他錯過了許多會議。"他不喜歡到羅馬去，更不喜歡那裡發生的任何事情，包括羅馬教廷的管理方法，"卡里奎里回憶説，"他到羅馬的次數遠比必要的次數少。"如果能夠做到的話，他儘量在每年的2月去一次（他的助理們開玩笑説在羅馬就是他的大齋戒苦修期）。即使到羅馬去，他停留的時間也不會超過絕對需要的時間。後來，他在當上教皇之後説他幾乎不知道羅馬，也並沒有誇張。自2007年開始擔任他的新聞秘書的費德里科·瓦爾斯説，對貝戈利奧來説，羅馬代表的是"每一件他認為教會不該有的事情的中心：奢侈、炫耀、虛偽、官僚——每一件'自我反省的'事情。他討厭去羅馬。"

　　然而，那些尋求約翰·保羅二世繼任者的人沒有忘記他。在2002年，梵蒂岡一位重要的評論員在談到貝戈利奧時寫道：

　　自那次主教團會議以來，關於要他作為彼得的繼任者返回羅馬的説法，傳得越來越瘋狂了。拉丁美洲的紅衣主教們越來越關注他了，如同紅衣主教約瑟夫·拉青格一樣。在羅馬教廷，在聽到他的名字時唯一猶豫的關鍵人物是國務卿安傑洛·索達諾——眾所周知，正是他支持拉丁美洲教皇的想法。

　　2001年年底，貝戈利奧返回到了一個陷入深淵的國家。阿根廷經濟緊縮，銀行陷於崩潰境地，國家因為財力耗盡而無力支付公務員工資。在國際貨幣基金組織拒絕支付一筆項目貸款之後，人們衝向銀行瘋狂兌現。為此，總統費爾南多·德拉魯阿於12月初下令凍結銀行帳戶，規定每週從銀行取款限額為250美元。阿根廷經濟破產，商業蕭條。在每個城市，教區的賬濟處排成了長隊。

2001年12月19日，在五月廣場附近的教會慈善機構博愛社，阿根廷的主教們與聯合國開發計劃署共同組織召開了一次國家領導人會議。在會議上，大主教貝戈利奧和主教會議團主席、大主教埃斯塔尼斯勞·卡爾里克，分析說明了阿根廷當前局勢的嚴重性：除非採取社會救助一籃子應急計劃，否則，這個國家將會自我毀滅掉。勉強參加此次會議的總統德拉魯阿認為局勢的嚴重性被誇大了，事實上並沒有那麼糟糕，但是在他離開的時候，憤怒的人群把石頭和雞蛋都投向了他。廣場上聚集的憤怒的人群引發了大規模遊行示威活動。在這個演變成為眾所周知的鍋盤抗議活動中，成千上萬的民眾在接下來的幾天內走在大街上，敲着鍋和盤子，要求政府下台。為此，德拉魯阿宣佈全國處於戒嚴狀態。

貝戈利奧站在三樓的窗戶旁，看到警察在五月廣場野蠻鎮壓抗議民眾的暴行，非常憤怒。他致電內政部，要求他們允許民眾和平遊行示威活動。在一份公報中，貝戈利奧紅衣主教讚揚說，這是一次真正的人民抗議活動——阿根廷許多的遊行示威活動都是有組織的，而這次抗議活動的目的很簡單，那就是根除腐敗。

12月20日，報道稱，阿根廷全國共有幾十名遊行示威者死亡——包括在五月廣場死去的七人，另外還有數百人受傷。當人群衝向設在玫瑰宮周圍的障礙時，總統德拉魯阿乘坐一架直升機逃走，並於第二天正式宣佈辭職。在接下來的兩個星期裡，人們發現，四任總統給阿根廷留下了世界歷史上最大的一筆國債。阿根廷僅3700萬的人口卻有着高達950億美元的外債，這是對阿根廷幾十年來政府肆意揮霍浪費和腐敗的控訴。

聖誕節前夕，正當經濟和國家陷入崩潰之時，大主教貝戈利奧邀請人們參加午夜彌撒活動，透過籠罩着黑暗的夜空，凝望伯利恒的牛棚發出的光。"在今天夜裡，有許多我們不能解釋的事情，我們也不知道將要發生什麼，"他柔和地說，"讓我們寄希望於未來吧。這就是我今天晚上要對你們說的，就這些。"

2002年新年，各個政黨達成一項協定，信奉庇隆主義的愛德華多·杜阿爾德同意出任阿根廷總統，直到2003年9月德拉魯阿的任期結束，並且不再尋求參加總統選舉。由於存在的基礎被不受約束的開支和缺乏美元儲備毀壞，阿根廷的美元與比索的可兌換制度最終被廢除，比索也因此貶值40%。那些把美元存在國外的富人變得更富有了，而那些依靠薪金生活的中產階級和窮人，在和平時期遭受了自德國魏瑪共和國以來最嚴重的危機。

在接下來的兩年裡，阿根廷經濟繼續緊縮，商業破產，工廠倒閉或者遷往鄰近的巴西和智利，失業率高達近50%。在阿根廷，大約有1800萬人處於貧窮的邊緣，約900萬人陷入極度貧窮狀態，每天的生活費不到一美元。新的絕望以那些穿梭於城市垃圾堆之間尋找報紙和紙板箱的廢品撿拾者為代表，他們這麼做只是為了換回幾個比索。在一個曾經為世界提供食物的國家，孩子們因為缺乏營養而陷於垂死的境地。在一個有着移民夢之稱的國家，成千上萬的年輕人在西班牙和意大利的領事館外排起了長長的護照簽證隊伍，希望沿着他們祖輩們的足跡，返回到他們的出生地尋找生存之路。

在教區的賑濟處外，受過教育的人們也加入到了正在形成的長長的隊伍當中。他們因為商業破產而失去了家，甚至失去了婚姻。對於曾經的拉丁美洲最大的中產階級來說，這次危機在許多方面都更具破壞性。對於較為年老的一代來說，這是一條通往

蕭條和絕望的快速路。沒有可以依賴的社會保障，再加上對長期·
貧窮有效應對機制的缺乏，對於成千上萬極度貧窮的阿根廷人來
説，教會教區的慈善機構成了他們的救命稻草。

在阿根廷，每個教區都設有一個慈善機構辦事處，而這個辦
事處隨時都可以開展重大的救災行動。教堂成了戰地醫院。在布
宜諾斯艾利斯，紅衣主教貝戈利奧動員全城186個教區800多名牧
師、宗教道會1500多名成員和近百萬虔誠的天主教徒，鼓勵他們
走出去，到大街上尋找那些需要幫助的人們。對於參加彌撒的人
來説，額外帶上一點可以發放出去的食物已經成為一種常態。在
夜裡，教堂敞開大門，為越來越多的無家可歸者遮風擋雨。在大
橋下，使用液化氣罐製作麵包的烤爐架起來了，向人們提供藥品
的護理站也出現了。隨着國外捐贈的湧入，慈善機構還擴展了在
全城範圍內的項目，其中最主要的包括為無家可歸的人搭建收容
所，以及為成千上萬找工作的人提供職業培訓。

對貝戈利奧來説，這是保護他的子民的時候，向他們提供食
物，為他們遮擋風雨，直到危機過去。貝戈利奧告訴慈善機構博
愛社的全體人員和志願者，不要過於墨守協議文件和法律條文的
規定，要制訂計劃，快速、直接地幫助那些需要幫助的人們。不
過，講究效率並不意味着不看重人。他告訴他們説，人的尊嚴需
要時間和關心。慈善機構博愛社駐布宜諾斯艾利斯辦事處主任丹
尼爾·加斯曼回憶説，2002年3月，在一個前剃刀刀片工廠的新項
目落成典禮上，貝戈利奧告訴他們説，他們的幫助必須是如何的
"人性化，而不是工業化"。對貝戈利奧來説，他關心的不是數
字，而是人。慈善機構博愛社的人員請求給予捐贈時，他們不要
床，而是要那些能夠在裡面睡覺的物品。他告訴他們説，他們的
給予必須是撒馬利亞人的那種給予，要看着對方的眼睛，要輕輕

地觸摸傷口，要擁抱對方。

　　教會此時的可信任度非常之高，就像政治家的信任度非常之低那樣。早在1983年，教會被看作是權力的代理人，與獨裁統治者是一丘之貉；與普通民眾相比，它更關心自己。現在，根據一項蓋洛普民意調查結果，在阿根廷的公共服務機構中，教會高居信任度榜首，政治家和司法部門則最低。反拉丁美洲潮流的是，阿根廷自認為是天主教徒的人數在21世紀的前10年由此前的83%增長到了89%。卡爾里克－貝戈利奧與政府保持必要距離的政策、以及主教團會議不斷譴責新自由主義和反對政府借錢－花錢惡性循環模式，從而導致此次危機的政策，是教會深受民眾愛戴的部分原因。另外一個原因是教會展現的救助民眾的能力，給人們留下了難以磨滅印象。不過，最重要的原因是，教會所說的和所做的是一致的。教會是為人民而存在的，而不是為其自身。即使那些認為他超然、孤僻的人，也因為他的自尊和樸素而讚美、敬佩他，而這使得他與那些貪婪的政客形成了更加鮮明的對比。

　　愛德華多·杜阿爾德總統是一個例外。作為一個虔誠的天主教徒，他的世界觀與主教們並沒有太大的差別。他出任總統，並沒有個人目的，只是想要利用現有的少得可憐的資源，帶領阿根廷擺脫這次危機，並把緊急救援物資發放給窮人。在他2002年1月上旬就職之後的第四天，紅衣主教貝戈利奧和大主教卡爾里克前往玫瑰宮去拜訪他。他們就12月份已經開始的工作正式達成協議：教會主持召開會議，杜阿爾德總統保證政府全力以赴地實施，聯合國則負責提供技術支持。就這樣，《阿根廷對話》產生了，這是一個為期7個月的緊張接觸活動，不僅阻止了社會陷入崩潰的境地，而且還為新型政治學創造了可能性。杜阿爾德後來寫道，在那個時候，貝戈利奧是"巨人"之一，是在幕後努力工作、並通過支持公民社會而挽救阿根廷於水火的人。

《阿根廷對話》的偉大力量就在於，它在那個年代給予了擴展的公民社會發表意見的機會。在那些年，教會是社會的主要組成部分，但決不是唯一的社會事務參與者。人們聯合起來，組織開展運輸、兒童保育、衛生保健以及其他基礎性服務，並通過實物交換進行商品和服務交換。社會團體和社區組織開始團結起來，要求發表意見，並填補破產的國家空缺的位置。總括起來，大約2000多個組織通過《對話》發表了自己的觀點。《對話》解決了當前和長期的問題，就短期的倡議達成了一致意見，同時為長期的改革出謀劃策。"每個人都走過來談一談，它成了人們消除憂慮的渠道，"曾經代表教會協調《對話》的貝戈利奧回憶說，"人們尋求幫助，提出要求。這一點非常重要，因為它幫助確定了一個國家的戰略。"

貝戈利奧堅決要求由杜阿爾德而不是由教會召集和主持《對話》。"教會為對話提供場所，就好像一個人把自己的房屋讓出來，為他的兄弟們聚在一起並達成和解提供一個場所一樣，"他告訴一位名叫詹尼·瓦倫特的意大利記者說，"不過，教會不是一個部門，也不是一個游說團體，而是站在利益或者壓力集團一旁的一個《對話》參與者。"同樣，他們參與對話並不以教會受政府控制為代價，他們將繼續代表公民社會向政府提出批評，對政府進行監督。"教會討厭製造窮人並讓教會照看這些窮人的制度，"貝戈利奧在總統就職一個月後遞交給他的一份文件中說，"只有40%的國家救援物資發放到了那些需要的人的手中，其餘的物資因為腐敗在發放的過程中消失了。"貝戈利奧把責任歸咎於新自由主義者，因為他們崇尚的是左翼思想意識形態。擺脱這場危機的唯一出路就是從底層開始重建。"我相信奇跡，"他對瓦倫特説，然後引述意大利作家亞曆山德羅·曼佐尼成名作《婚約夫婦》中一個人物的話説，"我從來都沒有看到，耶和華還沒有開始就已經創造的奇跡。"

在2002年5月25日杜阿爾德總統參加的感恩禮拜儀式上，貝戈利奧清楚地説明了這個奇跡。他引用《聖經·新約·路加福音》中撒迦利亞的故事説，阿根廷就像那個腐敗、矮小的税吏，他爬上樹看耶穌，耶穌看到了他，請他下來，並到他的身旁，帶着他來見撒迦利亞，答應把他偷盜的東西還給他。他説，阿根廷能夠再一次發展到應有的程度，不過阿根廷首先要接受現實（從繁榮到蕭條和危機的現實），因為"任何基於宏偉藍圖的計劃，只有在放棄我們自身利益、放下身段、克服一切的自大與傲慢、忍耐每天堅苦的勞動，從底層開始並堅持下去，這樣才能得以實現。"耶穌並沒有要求那個税吏成為失去自我的人，而是要求他成為一個像你我這樣的人——一個普通的、守法的公民。這是要求他成為人民的一部分，並為之服務。

我們還是設想一下故事的結局吧。撒迦利亞遵守法律，真誠地同兄弟姐妹們生活在一起，與耶和華同起同坐，充滿了自信，充分地施展着自己的聰明才智，既能夠認真的傾聽，也能夠與人溝通和交流，最重要的是，他能夠快樂地放棄並懂的與他們分享了。歷史告訴我們，許多人像撒迦利亞那樣，他們從毀滅的境地成長起來，並放棄了他們的卑鄙和吝嗇。我們必須假以時日，去努力和創造；我們不能依靠沒有結果的請求，不能依靠幻想和承諾，而是致力於堅定的、堅持不懈的行動當中去。這樣，希望的花朵才會開放，它也不會讓我們失望，因為它是耶和華留在人們心中的禮物。

貝戈利奧的希望是，從對阿根廷的淨化中，誕生一個新的民主政治和經濟制度：它植根於人民當中，並為人民服務；在這個國家，健全的公民社會公共機構能夠承擔國家責任。在這次和其他的感恩讚禮拜儀式上，他一再敦促阿根廷人抓住當前的這個時機，要忍耐，要建設；這就好像——如同他在紅衣主教團會議上描述主教的職責那樣——他在守護他的人民一樣，要給主以行動的時日。然而，在此期間，有許多的壓力和誘惑，他們想要在走出這個過程中走捷徑。他談到的“沒有結果的請求”很可能就是對這種“糾察隊”的一種批評。這種“糾察隊”是一種新形式的社會抗議者，他們站在傳統阿根廷的立場上，憤怒地宣稱對國家的主張。

貝戈利奧擔心，以國家為重點的民粹主義者可能拿這種憤怒作為資本，利用它分化阿根廷社會。他的擔心結果被證明是有根據的。對阿根廷全國來說，石油資源豐富的巴塔哥尼亞所在的聖克魯斯省省長內斯托爾·卡洛斯·基什內爾是一個不見經傳的人物，他領導的政府在當地以高效、花錢如流水著稱。20世紀70年代初期，他和他那充滿魅力的參議員妻子克莉絲蒂娜·費爾南德斯一直活躍在庇隆主義左翼革命隊伍當中，並與庇隆主義左翼城市游擊隊的關係極為密切——如果不是活躍在這個游擊隊當中的話。在軍人政變政府結束後，他們到南方去，創建了一個成功的律師事務所。此後，兩人雙雙進入政界，內斯托爾先是擔任聖克魯斯省首府里奧戈耶斯省市的市長，後擔任該省省長；克莉絲蒂娜先是擔任聖克魯斯省議會議員，後擔任國會議員。

　　由於沒有能夠說服喜歡的候選人競選總統，但是又迫切希望阻止梅內姆第三次競選，在極不情願的情況下，杜阿爾德支持基什內爾作為正義黨的候選人競選總統。總統選舉最終在基什內爾和梅內姆兩個候選人之間展開，前者不見經傳，後者名譽掃地。在選舉的最後一刻，梅內姆選擇退出，基什內爾最終因沒有競爭對手而當選總統，然而支持他的票數僅為總票數的22%，其中大部分還是來自杜阿爾德的支持。2003年5月25日就職之後，基什內爾的首要任務是創建一個政治基礎，讓經濟開始增長。在當天的感恩讚禮拜儀式上，貝戈利奧發出警告，不要回到"對沒有結果的內部爭論和無休無止的對抗的怨恨上"，強調"唯有具有療傷功能的和解才能讓我們起死回生。"

　　基什內爾對此置之不理。他沒有借助《阿根廷對話》，利用其大量的建議作為他的計劃項目的基礎，在公民－社會組織的基礎上建立他自己的基地，而是選擇20世紀70年代那種基於敵人－朋友邏輯、傳統的軟硬兼施手段動用國家資源的政治風格。當公民社會把為期7個月的《對話》成果——兩摞厚厚的提議檔案交給他時，這位新當選的總統一點也不感興趣。"我們把所有的東西交給了他，"主教卡薩雷托回憶說，"可是他們說，'不，我們打算採用一種不同的方案治理國家。'"

　　這個方案是恢復實施過去的兩黨政治，使"人民"與"公司企業"對立起來，就是那些在獨裁統治時期勾結起來鎮壓"人民"的武裝部隊、農業出口公司和大工業企業。自稱"五月廣場母親的兒子"的基什內爾上台後，馬上就向人權組織提供政治職位；而且，令他們高興的是，他還貶損阿方辛和梅內姆政府時期通過的特赦法，准許複審軍政府時期特赦軍人。政府的官方標準是，在20世紀70年代，只有一次暴力事件是應當受到譴責的，就是那支被其右翼聯盟、教會和寡頭政治投擲雞蛋的軍隊（為"人民"戰鬥的游擊隊）。任何與此不同的主張和説法都是不足為信的"兩面－魔鬼"理論。

由於出現有利的世界貿易形勢，阿根廷經濟保持較高的增長比率。在較高經濟增長率的激勵下，基什內爾把在聖克魯斯省的管理模式照搬過來，開始從出口收入和缺錢的公共管理部門開源，獲得資金，報答效忠於他的人。在很短的時間內，他已經擁有一個較為穩固的政治基礎，到2005年中期選舉時已經獲得了40%多的支持率。然而，他並沒有緩和原來的執政風格，也沒有採取包容的政治理念，而是進一步加深兩極化：他不再依靠杜阿爾德，甚至不再依靠正義黨（庇隆主義）的支持；他精簡內閣機構，使其成員全部都是他的至交，與他有着共同的宗派主義世界觀。在接下來的兩年裡，在諸如奧拉西奧等效忠、親政府記者的幫助下，基什內爾通過對政府明確定義為國內外敵人的反復攻擊動員支持者，這些敵人包括將軍、主教、銀行家、出口商等所有與在美國、英國和世界銀行的外國利益集團結盟的個人和團體。

掌權之後不久，基什內爾的秘書打電話給貝戈利奧，邀請他到玫瑰宮與總統舉行一次會談。由於對教會與國家關係的這種安排極為敏感，貝戈利奧拒絕了，不過他説他倒很高興能夠在五月廣場對面的庫里亞辦公室接待總統。"如果總統想要見我，他可以到我的辦公室來。如果我想要見他，我可以到他的辦公室去，"他對他的人員們説。2003年8月23日，總統與紅衣主教最終在玫瑰宮相見了。當時，貝戈利奧應阿根廷主教團的邀請，與主教團會議主席、大主教愛德華多·米拉斯·羅薩里奧一起前往玫瑰宮參加一個會議。不過，一切很快就變得明朗了：基什內爾的庇隆主義朋友胡里奧·巴巴羅描述説，基什內爾對宗教一點也不感興趣，對於一個不甘受其控制的教會甚至連聽的興趣都沒有。

2004年5月25日，貝戈利奧把自己演講的副本禮節性地發送給玫瑰宮一份。此後，他收到了通過政府中介機構發過來的一份措辭傲慢的回復文件，提醒他感恩的目的是為了紀念1810年5月革命而為國家感恩祈禱的。貝戈利奧並沒有被政府的傲慢無禮所嚇倒，他在阿根廷國慶日這天發表的第五次紅衣主教演講是最強有力的，最富有激情的，更是發人深省，其中有些措詞甚至同他在20世紀70年代與耶穌會士談話或者發表的文章相似。他回到了代表人民與意識形態的精英們戰鬥的戰場上。

《聖經·新約·路加福音》中講到，耶穌返回到了他的家鄉拿撒勒，在會堂讀先知以賽亞的書，然後因為説了一句家鄉人不喜歡聽的話而惹得會堂裡的人們義憤填膺，並把他趕出城去。貝戈利奧演講的題目就是引用《路加福音》當中耶穌對家鄉人説的、並惹惱家鄉人的那句話，"沒有先知在自己家鄉被人悦納的"。貝戈利奧暗示，對耶穌反感的人就是那些脱離人民、妄自尊大、自以為是精英的人。他説，通過驅逐耶穌出城，他們"缺乏説服力的思維方式"和平庸便暴露無遺。接下來，貝戈利奧繼續講社會排擠觀念的形成，指出其根源不僅僅是不公平的社會等級制度，而且還有把社會簡單地劃為非友即敵的宗派主義和偏執狹隘的思想。然而，僅靠欺騙和低劣的詭計或者黨派辯論是贏得不了"人民的靈魂"的；要想獲得人民的支持，就必須把重點放在社會面臨的任何"嚴峻挑戰"上。最後，他描繪出這樣一幅畫面：耶穌基督站在他的人民中間宣讀一個預言，而這個預言是那些向他投擲石頭、並把他驅逐出城的文明精英們不能接受的。然後，貝戈利奧請他的聽眾選擇他們想要和誰保持一致。

　　基什內爾當天發燒了。他告訴記者說，他想，這個演講採用一種明確的方式談到了這個國家面臨的一些現實。他說，阿根廷在重新認識自己的身份，而且"恢復社會包容是一項基礎性的任務。"

　　2004年初，貝戈利奧開始接受一個道士的中醫療法。這個名叫劉明的道士來自中國江蘇，是一個牧師介紹給他認識的。第一次會面是在貝戈利奧設在第三層樓的辦公室裡，劉明坐在他的對面，他坐在那裡一言不發地看着劉明。"在當時，我感覺他在把他的思想傳輸給我。"2003年來到阿根廷的劉明回憶說，"然後，他告訴了我他健康方面的問題。"

　　除了糖尿病和膽囊破損之外，這個將近70歲的紅衣主教還患有心絞痛病，為此醫生還給他開了大劑量的西藥。在阿根廷遭受危機期間，貝戈利奧工作繁重，血壓也因為血管堵塞而持續升高。劉明道士想要採用適當的針灸和按摩療法，解決血流受阻問題，並轉移血管堵塞物；與此同時，他還應當停止服用西藥。貝戈利奧同意了他的治療方案。

　　當貝戈利奧脫下衣服開始進行他的第一個療程的針灸療法時，劉明驚呆了。"他的衣服到處都是洞，這些衣服已經破舊了。我當時想，'這麼重要的一個人物怎麼會如此的簡樸呢？'"

　　接下來的三年裡，劉明每兩個星期去看他一次，直到他感覺到好了一些；他治癒後，劉明每一個月去看他一次。這位紅衣主教稱他為他的中國折磨者，努力勸他支持聖洛倫佐，給他女兒的起名建議（結果他就給她起名叫瑪麗亞·瓜達羅佩），還給他了幾本書：一本西班牙語《易經》、一本《聖經》和一本《信仰的理由》。劉明跟他講，身體內部的機制是如何互相牽制、又是如何進行自我治療的，西醫如何只注重治標而不注重治本，利用中醫他能夠活到140歲（"你認為我會活那麼長嗎？"貝戈利奧笑着問他道）；此外，他還談到了道和主。貝戈利奧總是很認真地聽着。劉明對他的脈搏感到很驚奇，因為他的脈搏比他遇到的任何人都更強勁。劉明還對他的精神、他的忘我品質印象深刻：貝戈利奧"不注重外表，但是注重內在品質，"這個道士醫生後來説。

這正是約翰·保羅二世當時每天都要講授的課程。在過去的三年裡，他的健康狀況在持續惡化。到2004年7月，他前往法國西南部比利牛斯山腳下的盧德聖母聖殿，做他的最後一次教皇訪問，他成了人類遭受苦難的一個象徵。流着口水，像一攤爛泥似的癱瘓着、顫抖着，不能控制自己的身體，約翰·保羅二世坐在輪椅上講着擔任教皇以來最重要的課程。在盧德，有一個時刻，他的這種講課總括了這一切。在那個著名洞穴的聖殿上，在玫瑰經誦讀儀式結束的時候，一個同樣癱瘓、身體扭向一邊的殘疾男子被帶上前來接受祝福。這兩個坐在輪椅上的男人一言不發地凝視着對方，同樣脆弱的他們進行着孕育來生的祈禱。

貝戈利奧是在1979年第一次遇見約翰·保羅二世的，也就是在這位名叫卡羅爾·約澤夫·沃伊蒂瓦紅衣主教當選為教皇之後的第二年，而時任耶穌會省會長的貝戈利奧，正參加一個由羅馬教皇主持的玫瑰經團體誦讀儀式。在2005年約翰·保羅二世去世後，貝戈利奧回憶説，他的那次經歷意義深遠，而這也成了他被追封為聖人的原因之一。

那天下午，我去做由教皇主持的玫瑰經禱告。他在我們的前面，跪着。那是一個很大的團體。在教皇背對着我的情況下，我開始禱告。我不是一個人，但在主的子民中間向我和那些都屬於他的主禱告，在我們的牧羊人的帶領下禱告。

在禱告的過程中，我心煩意亂地看着教皇……然後，時間開始慢慢流逝。我開始想像這個來自波蘭瓦多維采的年輕牧師、神學院學生、詩人、工人和孩子，如同此時的他那樣的姿態禱告，一遍又一遍地歡呼"萬福瑪利亞"。他的見證觸動了我。我感覺到這個人，這個被揀選為教會引路的人，是一條與他的母親一起踏上通往天國之路、一條從兒時就已經開始踏上這條道路的總括。我突然意識到瓜達羅佩聖母對胡安·迪戈聖徒說的那些話的份量了：不要害怕。難道我不是你的媽媽嗎？我領會到了瑪利亞存在於人們的生命之中。

他的見證在我的記憶中沒有消失。從那個時候起，我每天都祈禱玫瑰經中的15個迷。"

貝戈利奧回憶説，在1998年被任職大主教之後，他在同樣的見證下，與約翰·保羅二世有過多次"私人會談"。在這些會談中，教皇非凡的記憶力給他留下了深刻的印象，"他記得在出訪時到過的地方、遇到的人和情形，這證明他一直都是全神貫注的。"貝戈利奧記得教皇是如何讓他放鬆下來的。"因為我有點兒靦腆和拘謹。有一次，當我結束了召見談論話題的談話之後，我就向他告辭，以免浪費他的時間。他抓住我的胳膊，請我再坐下來。他説，'不！不！不！別走。'這樣，我們就繼續談了下去。"貝戈利奧告訴審理委員會，他一點也不懷疑約翰·保羅二世"在一條英雄的道路上具備所有的美德。"

2005年2月，約翰·保羅二世進入到生命的最後一段時期，紅衣主教貝戈利奧正在處理布宜諾斯艾利斯一家夜總會失火事故的善後事宜。2004年12月30日，昂斯區的"克羅馬格農共和國"夜總會突發大火，造成近200人死亡和1500人受傷，他是第一批抵達現場的人之一。火災現場，在傷亡者親人的陪伴下，他給死者施塗油禮，與喪失親人的人們一起祈禱，在震驚與痛苦之中靜靜地站着，給予任何可以提供的支持。他指派他的輔理主教喬治·洛薩諾帶領一個牧師團隊，向傷者和痛失親人的人提供牧師支持，並下令在每月的30日舉行彌撒，把發生悲劇的這一天作為紀念日。

他每天從早到晚都出現在醫院和太平間，堅定的意志與溫和的態度為他贏得了這個城市的心。這次大火還暴露了那些政治家們的本質：他們好像不存在了，沒有自信了。隨着這場悲劇的起因逐步揭開，一切都變得明朗了：這場大火背後，是一個由腐敗、掩蓋、縱容構成的、牽涉城市高官和警察的、卑鄙可恥的關係網絡。正是由於官商勾結，商家為了降低成本，安全措施形同虛設，最終釀成這場悲劇。

"火災起因暴露的腐敗關係網導致人民尋找其他的途徑，"洛薩諾主教說，"夜總會六個應急出口的門被夜總會的老闆用鏈子和掛鎖緊鎖，防止有人不買門票混進裡面去；裡面的人比准許容納的人要多得多。貝戈利奧指出，在布宜諾斯艾利斯，社會為年輕人開設場館，但卻不在乎他們的生命，他們利字當頭；而那些實施監管的人因為收受了賄賂而不去監管。"看到年輕人被放在貪婪的祭壇上任意宰割，貝戈利奧憤怒地表達了人們的感情。"我們既沒有權力，也不富有，更不是什麼重要人物，"他於2005年1月30日在大教堂說，"可是，我們卻遭受着……無法用言語表達的痛苦，突然降臨在各家各戶的痛苦。"他懇請伸張正義："謙卑的人民不是被嘲弄的。"

在那一年晚些時候的一次周年紀念彌撒上，在他最值得記住的佈道演講之一中，在擠滿了數千個死傷者悲痛的親人的大教堂裡，貝戈利奧主持了一場情感大宣洩。他深情款款的語氣和泣不成聲的語調，營造了一個充滿悲情的城市形象：一面是傷心欲絕的母親，另一面是試圖埋葬其痛苦的心緒煩亂和自我困擾之地。

今天，我們來到這裡，走進那位母親的心中：她充滿希望地走教堂，離開時希望將會破滅、打碎。走進這位母親這樣的心中，讓我們記住這個城市的孩子們吧；就是這個城市，她也是一位母親，她會認出他們的，她會認識到（就像亞伯拉罕的孩子們一樣）這些就是繼承她的遺產的孩子們；這遺產是非常明確的：不要讓你的心變得無情！他們在這裡的照片、他們的名字。這些蠟燭象徵著的他們的生命，所有的這些都在對着我們大聲說，讓我們的心不要變得無情。這是他們留給我們的遺產。他們是繼承遺產的孩子，他們對我們說："哭泣吧！"

心緒煩亂的城市，擴展的城市，自我的城市：哭泣吧！你需要用眼淚來淨化。我們這些在這裡祈禱的人們，我們給這些布宜諾斯艾利斯的兄弟姐妹們這樣的信息：讓我們一起哭泣吧——在布宜諾斯艾利斯我們太需要哭泣了……就讓我們在這裡哭泣吧！也讓我們在外邊哭泣吧！讓我們請求主觸及我們每個人的心吧，並觸及這個城市我們的兄弟姐妹們的心吧，他們也可能會哭泣；用我們的眼淚，我們也許能夠淨化這些，淨化我們淺薄、輕浮的城市。"

2005年2月，約翰·保羅二世因為呼吸嚴重困難而緊急送醫院治療。這次的情況非常嚴重，不過許多人認為他會像以往那渡過這次難關。可是，到了3月底，在對他做過一次氣管切開手術之後，一切跡象表明他的生命將走向終結。約翰·保羅二世想要在他所在的教皇宮殿向民眾送上復活節的祝福，但是他卻說不出話來。他看起來好像被疾病打垮了。他的一個助理想要把他從窗戶邊上推走，但是被他推開了；他想要逗留一會兒，與他的信眾交流，就像他在1978年10月當選教皇那天那樣。當時，他對着聖彼得廣場上的人們講話，告訴他們說，紅衣主教團到"一個很遠的國家"去尋找一個羅馬主教；他還請他們糾正他的意大利語。此時，他把手抬到喉嚨處，似乎在解釋他為什麼不再向他們講話了，並在空中畫了一個"十"字；然後，他只是待在那裡，向外看着。直到這個時候，人們這才意識到：他這是在向他們說再見。成千上萬的人們站在廣場上，毫不掩飾地痛哭起來。

　　2005年4月4日，在大教堂的彌撒儀式上，貝戈利奧讚揚他是一個正直誠實的人，他從來都沒有欺騙、說謊或者使過詭計，他"作為一個聖徒與他的信眾交流。"約翰·保羅二世是一個"條理分明的人"，這位紅衣主教用了一個令人意想不到的形容詞，"因為他是按照主的旨意塑造自己的"。

　　這個條理分明的人……使得我們免於骨肉相殘；這個條理分明的人愛把孩子抱在懷裡，因為他相信慈愛；這個條理分明的人讓人把那些無家可歸的人從復興運動廣場帶到他那裡，同他們說話，並給他們一個新的開始；這個條理分明的人在身體痊癒後請求到監獄去，看望那個想要殺死他的人，並與他交談。他是一個見證。我用他說的話作為結束語，'這個世紀需要的不是老師，而是見證。'用化身這個詞來說，耶穌基督是可靠的見證。我們感謝他通過這種方式結束他的生命，與之相一致的是，他可能是這樣簡單地結束他的生命的：可靠的見證。"

🌿

　　貝戈利奧然後動身前往羅馬。在接下來的幾個星期裡，羅馬成了全球關注的焦點。大約400萬人相繼來到這裡，從台伯河到聖彼得廣場匯成了一片人的海洋，他們唱着讚歌，祈禱，等候，日日夜夜地排着長隊，表達他們的敬仰和哀思。來自全球五大洲的紅衣主教和政要通過門德拉莫提，來到梵蒂岡大教堂，穿過一條由大理石鋪就的狹窄走廊，來到一個令人驚異的、感官受到衝擊的地方。

　　教皇皺縮、蒼白的身體躺在天鵝絨般光滑的紅色棺材裡，他的頭高高的枕在三個紅色的枕頭上面，腳上穿着標誌性的深紅色鞋子。紅衣主教跪在祈禱台上，他們感覺，在靈柩台的後面，有一股和緩的悲痛、祈請仁慈的洪流。在這裡，發生着現代社會從來沒有見到過的事情：主虔誠的子民如同火山爆發一般，從中歐的小鎮乘坐公共汽車或者搭乘定期往返班機湧向這裡，被他們的教皇那靜止不動的遺體吸引着，就像世界媒體永遠都無法解釋清楚遠古的磁石魔力一樣。

　　紅衣主教因為這湧出來的人流而肅然起敬，意識到傳承下來的是一份值得珍藏的寶貴遺產，他們加入到其他成員當中，參加每天在紅衣主教團會議廳召開的會議。除被保羅六世授予過紅色四角帽的梵蒂岡科學院院長約瑟夫·拉青格和美國紅衣主教威廉·鮑姆這兩位選舉人外，這對其他紅衣主教來說是一個全新的經歷：自1978年以來，沒有教皇去世，也沒有進行過教皇選舉。

　　儘管外面的媒體不斷地列出一系列理想的下一任教皇名

單，但紅衣主教在他們的全體會議上卻沒有任何機會做同樣的事情。在教皇空缺期間（前任教皇去世到繼任者產生之間的這段時間），紅衣主教管理教會事務，並就一系列單調乏味的事情進行討論和投票。紅衣主教全體會議的第一週主要是仔細地、逐字逐句地研究關於教皇空缺的教會法規，接下來是長時間地討論即將在4月8日舉行的葬禮——這將是電視史上收視率最高的事件。只有在葬禮之後，在所謂的哀悼期（教皇選舉會議之前，為期9天），紅衣主教才能夠坐下來討論教會必須要做的事情和未來的方向。

2003年的紅衣主教會議增加了23位紅衣主教，此時全世界幾十個國家共有115位具備教皇選舉資格的紅衣主教，另外有大約50位因為年紀太大而不能參加選舉（年紀在80歲以上）。一些紅衣主教把報紙上其他紅衣主教的照片剪下來，這樣他們就知道他們是在和誰說話了。他們的任務是在他們之中選舉一位任職教皇，然而他們卻幾乎不認識對方。

紅衣主教拉青格極為出色地主持召開這一系列的會議。他曾經是梵蒂岡教義監督機構負責人、《信仰的教義》紅衣主教全體會議主席；在過去24年裡，他負責接待出訪梵蒂岡的主教，並具有非凡的記憶力。他是一個矛盾結合體：這位神學家認為羅馬中央集權體制是合理的，然而卻又是教皇紅衣主教團當中最支持共同掌權的一位；此外，他還因其謙恭與殷勤地接待而受到來訪主教們的讚賞。此時，在紅衣主教全體會議上，這些優秀品質顯得至關重要。紅衣主教們認識他，他也認識他們；他能夠叫出他們的名字，通常還用他們自己的語言。在教皇選舉會議的前兩個星期，他引導着他們，並把他們這些散亂的、沒有明確目標和方向的紅衣主教團結成為一個整體。

　　對於選舉約翰·保羅二世的繼任者這樣的議題來説，紅衣主教全體會議本身就不是一個合適的平台。紅衣主教們的演講冗長而又含糊不清，那些80歲以上沒有選舉權的紅衣主教，更是希望在近30年來的首次教皇選舉會議上分享他們的聰明才智，因此這些演講往往超出了7分鐘的限制，使得一些人牢騷滿腹地抱怨説，這簡直就像是主教全體會議。在這些紅衣主教當中，大約有一半人不説意大利語，而翻譯設備的品質又差；此外，他們又不能通過媒體相互了解對方，因為紅衣主教團在葬禮之後頒佈了一條紅衣主教不得接受採訪的禁令。

　　事實上，真正的討論是在夜晚進行的。在這個時候，紅衣主教們會在本國的大學或者羅馬公寓（對教皇紅衣主教團的成員來説）舉行晚宴。在這個時候，他們的討論更加真實和直接，可能明確地指出特定的候選人。例如，威斯敏斯特主教科馬克·墨菲奧康納爾在葬禮後，就在英國大學設宴款待了聖加侖組織的成員和他們的客人。然而，大多數的紅衣主教，特別是那些來自亞洲和非洲的紅衣主教，並不知道有這樣的聚會，他們只能根據對全體會議的印象做出他們的決定。

　　改革派沒有明顯的候選人：馬提尼紅衣主教已經年屆八十，而且還患有帕金森病症，走路的時候，他還拄着拐杖，因此無論如何他都是被排除在外的。改革派希望通過預選程序出現一位自己中意的候選人，其結果證明這種做法是致命的。相反，在保守派陣營，教皇紅衣主教團一直在推舉紅衣主教拉青格。他們知道教皇選舉會議是怎樣運作的——教皇選舉會議上，在會議開始時一定要有衝勁，這樣才能在選舉中有一個不俗的表現，因此他們在選舉會議召開之前努力活動、運作，確保拉青格在首輪投票中搶得頭籌。

在説英語和德語的紅衣主教中，推選拉青格人為候選人的是維也納紅衣主教克里斯托夫·施波恩，而教皇紅衣主教團當中另外兩個來自拉丁美洲、説西班牙語和葡萄牙語的紅衣主教阿方索·洛佩斯·特魯希略和喬治·梅迪納·埃斯特韋斯，剛剛抵達羅馬就被強行拉到保守派的陣營當中了。一位不願具名的巴西紅衣主教在當年晚些時候對《環球報》的記者描述説，他們剛剛放下行李箱，教皇紅衣主教團的這兩個拉丁美洲人就邀請他們參加聚會和晚宴。"在交談中，他們明確表示，他們已經向拉青格諮詢過了，而他也同意參加這次選舉活動。"保守派非常有説服力地辯論説，拉青格是神學界的泰斗，是唯一有能力繼承約翰·保羅二世遺志的人，而且他在教皇紅衣主教團的經歷也意味着他能夠解決那裡的問題。

在教皇選舉會議的準備階段，意大利報紙宣稱，拉青格可能獲得大約40張選票。媒體開列了一個長長的、可能當選教皇的人員名單，不過大部分人認為下一任教皇可能是一位拉丁美洲人。貝戈利奧的名字也列在這個長長的名單之中，但大多數記者認為有希望的人選，可能是洪都拉斯德古西加巴的奧斯卡·羅德里格斯·馬拉迪亞加，或者巴西聖保羅方濟各修道會知名度較高的克勞迪奧·烏米斯。不過，媒體的推測也就到此為止。除洛佩斯·特魯希略和梅迪納·埃斯特韋斯支持拉青格外，拉丁美洲其他的紅衣主教既沒有主動組織起來，也沒有加入到其他組織當中，貝戈利奧就更不用説了。他拒絕一切的晚宴邀請，也不接受任何採訪，如同往常一樣在入住的旅館和朋友們（而不是其他紅衣主教）一起吃晚飯，平靜地度過每一個夜晚。

貝戈利奧告訴同他一起出訪的馬可，代表他拒絕一切採訪，並處置任何有關在布宜諾斯艾利斯發生事情的傳聞。其中的一個傳聞針對的就是在羅馬的貝戈利奧。在教皇選舉會議召開之前的第三天，一個人權組織的律師向布宜諾斯艾利斯法院提出一起訴訟，指控貝戈利奧是約里奧和亞歷克斯拘捕案的同謀。這個指控儘管在法律上沒有任何意義，就如同馬可在新聞發佈會上說這只不過是"過去的誹謗"重提罷了，但是它製造了一條新聞，而且無疑是有意的。在投票前夕，它給人留下的印象是：貝戈利奧如果當選教皇，他的過去就可能被人利用，把他當作靶子攻擊。

這起訴訟起源於2005年2月出版的一本新書《沉默》。這本書的作者是霍拉西奧·韋爾比特斯基，他是一位改行從事新聞報道的前庇隆主義左翼城市游擊隊員，此時成了基什內爾的親密盟友。這本關於教會是那場骯髒戰爭所謂同謀的書在一個章節宣稱，根據掌握到新的證據，支持埃米利奧·米尼奧內原來關於貝戈利奧出賣約里奧和亞歷克斯的說法。

韋爾比特斯基在書中說，他一直都很公正地看待貝戈利奧。他注意到他的人權組織"法律與社會研究中心"創始人米尼奧內與艾麗西亞·奧利維拉曾經就這位大主教骯髒戰爭記錄發生過爭議；此外，在1999年對貝戈利奧的採訪中，他發現他對那個事件的看法也還是有可取之處。不過自此以後，韋爾比特斯基寫道，他發現了新的證據，使得他對這位紅衣主教的陳述產生了懷疑。但在得出結論之前，韋爾比特斯基回顧了過去的那些指責，包括那位不願透露姓名的耶穌會士指責說，貝戈利奧想要尤里奧和亞歷克斯離開貧民區，"當他們拒絕離開後，就讓軍方知道他們已經不在他的保護之下，並用眨眼之類的小動作（讓軍方）逮捕他們。"（韋爾比特斯基沒有說那個不願透露姓名的耶穌會士就是胡安·路易斯·莫亞諾，也沒有提到在莫亞諾談到的發生那個事件的時候，他本人在智利。）

　　貝戈利奧最終從這起事件中擺脫出來，韋爾比特斯基所謂的新證據只是一名移民官員1979年寫的一份備忘錄。這名官員談到，貝戈利奧與弗朗西斯科·亞歷克斯的一份護照申請有關，因為後者想要返回阿根廷。根據這份備忘錄，貝戈利奧告訴這名移民官員說，亞歷克斯曾經因為所謂的與游擊隊員接觸而被捕過，而這使得這位移民官員拒絕了亞歷克斯的護照申請。韋爾比特斯基得意地宣稱，這表明貝戈利奧是一個兩面派，一方面答應幫助他人，另一方面卻在背後搞破壞，並指責他在約里奧和亞歷克斯這兩個人身上採用了同樣可恥的手法；這種行為的一再重複本身就表明米尼奧內指責的真實性。然而，韋爾比特斯基並沒有提到，正是貝戈利奧自己代表亞歷克斯向移民當局申請護照的；在申請時，貝戈利奧沒有提到亞歷克斯曾經被捕之事，而是那位移民官員致函詢問他，為什麼亞歷克斯此前匆匆忙忙地離開了阿根廷。貝戈利奧不得不向他講明原因，而且還特別強調說對亞歷克斯的指控是錯誤的，亞歷克斯與游擊隊絕對沒有任何關係。不過，這位移民官員在備忘錄當中省略了貝戈利奧告訴他的那部分內容。

　　韋爾比特斯基的指控被人歸納、概括、總結，並在教皇選舉會議召開之前，匿名投遞給了在羅馬說西班牙語的紅衣主教。

　　關於這次卑鄙的行動，有兩個問題至今仍然是個謎。第一個問題是，誰是這件事情的幕後主使。在方濟各當選教皇後，阿根廷媒體援引梵蒂岡來自羅馬的消息稱，這是阿根廷基什內爾政府精心設置的一個圈套，由阿根廷駐羅馬教廷大使胡安·巴勃羅·卡菲爾羅組織，在一位友好的紅衣主教的合作下共同實施（當然，這遭到了卡菲爾羅的強烈否認）。第二個問題是，這件事情的影響是什麼。紅衣主教討厭外界（特別是那些帶有政治目的的人）試圖影響教皇選舉會議，而這種指控（如果紅衣主教有時間調查清楚真相的話）很可能引起他們的同情而不是痛恨。美國一位資深紅衣主教2013年說，早在2005年，"我們都知道那些指控，而且我們知道它們不是真的。"

2005年4月17日星期天的晚上，紅衣主教們搬進了梵蒂岡新的旅館：聖瑪塔旅館。4月17日上午，他們在聖彼得教堂一起做"選舉羅馬教皇"彌撒禮拜儀式；下午，115位紅衣主教魚貫而入，走進西斯廷教堂——這是貝戈利奧第一次走進這座教堂。在西斯廷教堂，他們宣誓遵守選舉程序，不得透露關於此次選舉的任何細節；此後，他們身後的大門關上了，那把鎖的大鑰匙交了上來：秘密選舉教皇的會議正式開始。選舉會議的首輪投票或者正式投票於下午5點半進行。2小時之後，在4月18日首輪投票之後，在第二天（4月19日）下午，在教皇選舉會議的第四次會議上，約瑟夫·拉青格當選為本篤十六世教皇。

紅衣主教們儘管曾經發誓要保守教皇選舉會議的秘密，但是關於教皇選舉投票的結果，在後來還是通過其中一位紅衣主教的日記呈現在世人面前，因為這位紅衣主教覺得，投票結果應當是歷史記錄的一部分。那些構成意大利2005年9月一篇外交事務週刊文章基礎的投票結果沒有引發爭議，其真實性也為梵蒂岡大多數的評論員所接受，其真實性不亞於一些極為細微的、戲劇性的細節，諸如里斯本總主教約瑟·達克魯斯·波利卡波紅衣主教從聖瑪塔旅館走出來抽一支雪茄。

在4月18日星期一的首輪投票當中，拉青格得到47票，在其後面的貝戈利奧得到10票，馬提尼得到9票。此外，得到選票的還有許多其他人，包括：索達諾得到四票，羅德里格斯·德馬拉迪亞加得到三票，以及據不願透露姓名的巴西紅衣主教稱烏米斯也得到了數張選票。不過，真正令人驚訝的是貝戈利奧，他的得票數表明，在拉丁美洲18位教區紅衣主教（也就是説，教皇紅衣主教團的拉丁美洲紅衣主教除外）當中，他的支持率超過半數，剩餘的大部分支持羅德里格斯和烏米斯。

改革派在心中進行了一次數學計算。像貝戈利奧這樣一位拉丁美洲教區大主教，一位同馬提尼一樣的耶穌會士，一樣地關注改革派主張的共同掌權體制，如果把他的得票數，加上馬提尼的得票數，再加上羅德里格斯和烏米斯的，這將是一次棋逢對手的比賽，一次真正的選擇。

回到聖瑪塔旅館，他們便着手工作。那篇日記的作者描述説，德國主教團會議主席卡爾·萊曼和布魯塞爾大主教戈德弗雷德·丹尼爾斯，是"美國和拉丁美洲紅衣主教、以及教皇紅衣主教團兩三個紅衣主教的重要團隊"的領袖。晚餐時，在走廊裡和套房內，他們三三兩兩地聚集在一起，愉快地交談着。改革派的戰略是通過歐洲與美國改革派聯盟，再加上拉丁美洲贊成共同掌權這種賦予教區教會更多管理權體制的紅衣主教，就可以把貝戈利奧的得票數提升到至少39張。這樣一來，拉青格的得票數就無法達到必需的三分之二的多數，即77張。碰到這種情形，要麼是他的票源流向貝戈利奧，或者如果他的選舉團一分為二，那就會出現另外一位候選人，正如1978年教皇選舉會議第二次會議時產生約翰·保羅二世那樣。

4月19日上午，教皇選舉會議共有兩輪投票。在第一輪投票中，拉青格的得票數增加到65張，貝戈利奧的得票數增加到35張，另外15張分散到其他幾個人那裡（索達諾仍是原來的四張，不過原來支持馬提尼、羅德里格斯和烏米斯的票源流向了貝戈利奧）。第二輪的投票中，改革派的戰略贏得了勝利：拉青格的得票數為72張，距離必需的77張還差五張，而貝戈利奧的得票數高達40張，這就是說，假如這位阿根廷紅衣主教的得票數一直保持這個數，拉青格就不會當選。第二輪選舉之後，兩個競選團隊多少有些興奮地返回到了聖瑪塔旅館。

就在這個關鍵時刻，貝戈利奧退讓了。在共進午餐的時候，到底發生了什麼事情，我們不得而知，因為日記作者沒有描述。不過，據另外一個消息來源稱，貝戈利奧"幾乎流着淚"地懇求其他紅衣主教，請他們投票支持拉青格，至於他是與他們單獨進行的會談，還是同他們一起說的，那就不清楚了。當天下午，也就是4月19日下午，在第一輪的投票中，貝戈利奧的得票數下降到了26票，拉青格以84票的多數當選。

貝戈利奧為什麼難過呢？這位日記作者說，在投票時，貝戈利奧滿臉都是痛苦的表情。他凝視着米開朗基羅的《最後的審判》，"就好像在哀求說，'不要這樣對我'"。不過，在教皇選舉會議之後，當一個紅衣主教問貝戈利奧，如果當選他取什麼名字時，他一點也沒有猶豫地答道："我會取名約翰，按照'仁慈的教皇'約翰二十三世命名，我會完全地感受到他的感召的。"貝戈利奧對聖彼得教堂主牧師弗朗西斯科·馬基薩諾說，曾經考慮過取名和計劃，並不能說明一個人不自信或者害怕。然而，他曾經難過過。在看到馬可神父時，他告訴他說，他從來都沒有像星期二上午那樣的需要祈禱。回到布宜諾斯艾利斯後，他告訴一個朋友說："你永遠都猜不出來，他們對我做了什麼。"

貝戈利奧的一個傳記作者暗示說，他之所以退讓，是因為他不想拖延教皇選舉會議進程，從而給外界造成教會內部意見不一致的印象。但是，這個解釋並不能説明貝戈利奥為什麼如此的不安、難過。一位名叫喬治·威格爾的評論員認為，他因為被進步團隊“利用”而憤怒，他們看錯他了：貝戈利奥“是親拉青格聯盟的一個重要組成部分”，“他無疑是因為整個行動都是為了他而感到驚恐”。也許他的話有一定的道理——改革派犯了一個錯誤，因為他們沒有徵得貝戈利奥的同意，不過這個推論的前提是不成立的：貝戈利奥尊敬和喜歡這位未來的本篤十六世，並認為他應當是教皇，但他不是任何組織或者聯盟的一部分，至少不是保守派的一部分。同樣，改革派知道，貝戈利奥想要改革，支持共同掌權體制，但是他不“屬於”聖加侖組織那種活動方式的團隊。

實際上，他面臨的問題是，教會的的確確存在有派別之爭。令貝戈利奥感到難過的是，他成了教會破裂的焦點，而這種破裂註定要兩極分化，就如同20世紀70年代那樣，分化成不同的意識形態陣營。這種難過純粹是心理層面上的，這是從消除這種分化一直都是他畢生工作的一個重要部分的角度來説的。不過，可能更令他難過的是，他已經洞悉到了不良勢頭存在的端倪。教皇選舉會議應當在精誠團結和達成共識的宗旨的指導下進行；貝戈利奥看到的卻是，2005年的教皇選舉會議朝着相反的方向發展。“邪惡的靈魂總是想要分裂，想要把耶穌分開，”2006年1月他在對西班牙主教講伊格內修斯靜修時説，“因此，它不要團結。”這就是他為什麼覺得他能夠和有義務阻止正在發生的事情。這也是他感到難過的原因：不是為了他自己，而是為了整個教會。在西斯廷教堂，他瞥見了巨蛇（誘惑夏娃的蛇）的尾巴。

此外，他還認為他沒有做好準備：更為重要的是，拉丁美洲沒有做好準備。他的烏拉圭哲學家朋友阿爾貝托·米索爾·費雷，在約翰·保羅二世去世僅數天之後接受採訪時這樣解釋説。作為最古老的非歐洲教會，拉丁美洲教會已經由"反射教會"轉向成為一個"源頭教會"，從而最終將給普世教會帶來生機與活力；但在20世紀八、九十年代，這個進程被迫中斷了，甚至倒轉了回來。除非拉丁美洲的主教們在下一屆的拉丁美洲主教團會議團結起來——自從聖多明哥災難以來已經13年了，任何當選的拉丁美洲教皇代表的也只能是他本國對歐洲教會的反射。

米索爾·費雷相信，（貝戈利奧）此時需要的是一個過渡的歐洲教皇，而拉青格紅衣主教"是當時最適合的教皇人選。"關於這一點，"他們的觀點是一致的，"這個烏拉圭人哲學家說。正如教皇方濟各在從里約熱內盧返回羅馬的飛機上對記者們所說的那樣，"他當選為教皇，我很高興。"

這就解釋了2005年晚些時候貝戈利奧返回羅馬的原因。當時，那位紅衣主教的秘密日記剛剛公佈，貝戈利奧非常難過，因為他成了反對拉青格的藉口或者掩護性候選人。"他也許被那些投他票的人看作是一種選擇，但是他從來都不——也絕對不想被看作是拉青格之外的另一種選擇。"卡里奎里說，他在貝戈利奧抵達羅馬之後不久就去看望他。貝戈利奧非常苦惱，告訴記者說，"這種輕率、魯莽的行為"讓他"困惑，而且受到了傷害"，因為它傳遞的是一種不真實的情況。列舉關於教皇選舉的一些奇聞軼事和事實，以此來暗示教皇是由那些人決定的，他說，但是"我們大家都意識到我們什麼也不是，我們只是工具，按照神的旨意選舉一位合適的約翰·保羅二世的繼任者的工具。這就是所發生的一切。"

他曾經在感恩祭那天返回羅馬，參加2005年10月的主教會議——也是由本篤十六世主持的第一次主教會議。此次會議顯示出歡迎開展更加開放和真誠的討論的跡象，這倒不是因為在那年早些時候佔據支配地位的主教會議秘書長肖蒂的去世。在主教們的演講中，允許西方世界再婚、虔誠的天主教徒參加聖餐儀式問題成為一個主要話題。新西蘭的一位代表描述說，"聖餐饑餓"可以與生理饑餓相提並論。不過，同共同掌權體制一樣，允許再婚天主教徒參加聖餐儀式是一個很大的問題，是主教會議現行機制所不能解決的，因此現行的實踐活動只是得到了再一次的肯定，這也使得許多的主教們很沮喪。另據媒體透露，在250個主教當中，僅有50人對40號提案說不。該提案稱，如果一對夫婦的婚姻關係不能解除，而"客觀條件又使得他們不可能同居"，在這種條件下，如果他們能夠把夫婦關係轉化成為"忠誠的友誼"，他們只可以領受感恩祭聖餐。此後，紅衣主教卡斯帕與洛佩茲·特魯希略就此提案通過媒體展開交鋒，前者聲稱這個問題不能看作是已經完結，後者堅持說這個問題"既沒有進行過辯論，也沒有可以爭辯的餘地。"

貝戈利奧沒有就這個令人頭痛的話題發表意見，但是就感恩祭、聖母馬利亞和人民之間的聯繫展開了沉思冥想。後來，作為教皇方濟各，他就當時得出的結論採取了行動措施：這個議題需要在一個非同尋常的主教會議上做一次更加徹底的研究，一個權力更大的主教會議，並作為深遠的共同掌權體制改革的一部分加以研究。

在此次主教會議結束前不久，他以80票的最多數當選為主教會議理事會主席，負責會議的總結報告。11月，他返回阿根廷，當選為主教團會議主席。

2005年是投票之年，但是並不是所有的投票都是受歡迎的。

　　貝戈利奧在2006年1月對西班牙主教講伊格內修斯靜修的這個事實表明，即使在離開耶穌會近15年之後，他作為耶穌會士精神導師的技能一點也沒有丟掉。這些沉思冥想引自他原來的靜修和作品，並引述馬提尼紅衣主教（對某些西班牙掌權人來說，他是一個爭議性的人物）的話和他最喜歡的教會文件、保羅六世的《新世界中傳播福音》作為補充。不過，使得這些冥想顯得特別豐滿的是，他對聖伊格內修斯識別原則在大教區管理的應用上。這次靜修解決了現代教會廣大範圍內一系列光與影的問題，展示了貝戈利奧強大的、深層洞察力。

　　在歐洲的一個國家，教會感到被一種敵對狀態包圍着，宗教實踐活動也大幅度下降。在對這個國家的主教同行們演講時，貝戈利奧告誡他們，不要用成功和失敗、進步和退步來看待信仰，這樣他們會失去更深層的東西。他告訴他們說，在這種令人憂傷的精神狀態下，"我們痛苦地發現信仰削弱了，參加彌撒的人少了，我們拿不堪的今天與過去的那些輝煌的日子相比。"他繼續說：

　　我們忘記了基督徒的一生是一場持久的戰鬥，與偶像崇拜的誘惑力戰鬥，與撒旦及其努力誘導人們失去信仰、走向絕望、走向精神和肉體自殺的戰鬥。我們忘記了基督徒的道路不僅用行走的距離來測量，而且還用戰鬥的數量、遇到的困難、掃除的障礙和遭遇攻擊的兇殘程度來測量。

　　這就是在我們的這個時代清醒地看待信仰為什麼如此複雜。社會統計學是不夠的，用它來計算基督徒的數量、計算宗教活動的數量等等都是不夠的。我們要考慮的還包括，為了繼續信仰並按照《福音書》所說的去做，基督徒還必須時刻準備着打一場激烈的戰鬥。

在2006年，貝戈利奧變得越來越大膽起來，展現出了越來越多的、在那次靜修中時常談到的使徒勇氣。在那次對西班牙主教的靜修之後，貝戈利奧回到羅馬參加主教會議後期會議。期間，他謁見教皇本篤十六世，請求解除阿根廷教會與索達諾·卡塞里的關係——自2003年以來，這種關係因為索達諾任命保守派阿德里亞諾·貝爾納迪尼出任羅馬教廷駐阿根廷大使而得到了加強。據媒體根據梵蒂岡的消息報道稱，近年來，阿根廷主教團的觀點在新主教的選拔上一直不被重視：保守派的教廷駐阿根廷大使寵信卡塞里和阿格爾，而不是阿根廷主教團會議。在返回布宜諾斯艾利斯後，貝戈利奧避免談到任何暗示衝突的事情（他說，"聖靈是不會與那些通過政治解讀教會事務的人同在的。"），並且友好地談到了教皇（而不是聖座）。幾個月後，問題得到了部分地解決：本篤十六世解除了索達諾國務卿的職務，不過貝戈利奧提名的教廷駐阿根廷大使在羅馬被擱置了。

回到布宜諾斯艾利斯，貝戈利奧與基什內爾繼續世故的處理彼此之間的事務。基什內爾回避了約翰·保羅二世的葬禮（杜阿爾德和梅內姆參加了），不過他參加了本篤十六世的就職儀式；當阿根廷駐羅馬教廷大使試圖想要預先安排他們兩個人相見時，他們兩個人都說沒有這個必要。不過，在4月份，兩個人之間的關係有一段短暫的解凍期：教會舉行禱告儀式，紀念在1976年大屠殺中遇難的天主教使徒會神父們，基什內爾可能在政治利用這次宗教活動。

教會並不確定這位總統是否參加這個活動，而且他遲到了。儘管如此，貝戈利奧還是堅持站在聖派特里西奧教區教堂的台階上，等待他的到來。當基什內爾到達後，兩人相互握手，然後一同走進裡面。基什內爾祈禱的經文是《天主經》。聖埃吉迪奧社區組織這次活動的馬可·蓋洛説，儘管時間很短，"但是這意味着其他的事情是可能的。"在離開紀念活動現場之後，基什內爾告訴記者説，他與教會的關係從來都沒有交惡。沒有人相信他：他與貝戈利奧紅衣主教同在一處的這個事實可以作為一條新聞了。

基什內爾因為單方面解僱一名隨軍牧師而造成與教會關係緊張，他也因此沒有參加2005年5月25日在布宜諾斯艾利斯大教堂舉行的感恩活動。在2006年的這一天，他來到了大教堂，參加了這個全國性活動的儀式。貝戈利奧在演講中宣揚八福詞（該演講稿事先沒有發給玫瑰宮）。"當我們抵禦仇恨和持久對抗的時候，我們是得到了賜福的，因為我們不想要混亂和無序這種置我們自己於帝國操控的狀態。"這句話被外界普遍認為是投向基什內爾反帝國主義談話軟肋的一支標槍。一個老練的政治家最保險的做法就是通過應戰使這個演講為己所用，不過這樣做意味着承認（教會是）國家之外的精神權威。為了表示自己的不滿，基什內爾自此以後再也沒有踏進大教堂裡面一步——他使自己顯得很脆弱，而貝戈利奧反而顯得很強大。

2005年晚些時候，教會與政府的關係再一次急轉直下：退休的伊瓜蘇港教區主教與基什內爾的密友、米西奧內斯省省長一起競選該省的省長，以此來打破長期以來他一再當選的局面。這位在西班牙出生的華金·皮納主教獲得了60%的選票，他把這件事看作是米西奧內斯人民自己的正義之事；基什內爾則把它看作是教會對政府的公然對抗和挑釁。由於貝戈利奧是阿根廷主教團會議主席，再加上兩個人都是耶穌會士，基什內爾因此公開譴責貝戈利奧組織策劃了這次選舉活動，並宣稱他是"政治對抗的精神領袖"——這個詞語後來變得非常有名。

貝戈利奧一如既往，避免直接衝突，保持沉默。不過，在一週之後，在阿根廷全國朝聖堂聖母盧漢聖殿大規模朝聖活動（當年大約200萬人參加）佈道時，他批評精英們脫離人民，並煽動人民搞分裂活動。他向聖母祈禱，允許人民像兄弟和姐妹那樣一起生活，遠離魔鬼——"不和諧之父"。新聞媒體一再地打電話給馬可，想要知道貝戈利奧是否是指基什內爾夫婦。"你告訴他們說，我是指每一個人。"貝戈利奧對馬可說。但是，媒體並不相信，於是馬可自己就在一個電話中表達了個人的意見，說他認為總統伸出手指來問罪是不合適的。緊接着，被激怒的基什內爾說，如果為他的人民追求公平正義是在播撒不和諧的話，他就是在播撒不和諧。他還用老式的、反教權主義的、尖酸刻薄的語言補充說，"魔鬼接觸每一個人：接觸我們當中戴帽子的人；接觸我們當中黑色法衣的人。"

基什內爾從他羨慕的古巴和委內瑞拉政權那裡得到啟示，從這個時候開始，不僅把貝戈利奧看作是政府的敵人，而且還把他看作是國家的敵人（在他看來，這兩者之間沒有什麼區別）。在這個時候，一位上了年紀的非天主教徒前往拜訪貝戈利奧。他吃驚地發現，在他的辦公室有一台古典的收音機正在以較高的音量播放節目，其音量比背景音樂高，但是又不妨礙兩個人的談話。當這位俗家弟子問起這件事時，貝戈利奧把他帶到窗戶旁邊，並朝外邊一輛車頂上安裝着天線的白色卡車指了指。他解釋說，阿根廷國家情報局把一個靈敏度極高的麥克風對準他的窗戶，以此來竊聽談話內容。不過，這個已經不成問題了，他說，因為在良心的驅使下，在經過激烈的思想鬥爭之後，卡車上的工程師走進來就他正在從事的活動懺悔。由於不希望這個工程師丟掉工作，他們就此事達成了一致意見：竊聽活動繼續，不過在室內播放音樂，使其音量剛好能夠阻止基什內爾在五月廣場對面的人聽到他的談話。

�

🍃

　　貝戈利奧雙膝跪地，緊閉雙眼，鞠躬，牧師們舉起的手在他的頭上方。當這幅照片出現在《民族報》上時，它引發了強烈的衝擊波，甚至使得天主教傳統主義者宣稱他是一個背信者。這是貝戈利奧2006年6月在布宜諾斯艾利斯體育場由成千上萬人參加的靈恩派祈禱集會上的一個大膽的舉動。從2000年以後，他對靈恩派的靈性越來越開放，這表明他的內在生活發生了重大變化。

　　從任職大主教的早期開始，基於奎拉西諾現有的關係，並在參與跨宗教對話活動的馬可神父的幫助下，貝戈利奧與在歷史上有重要影響的新教教會和東正教教會、以及猶太教和伊斯蘭教負責人建立了牢不可破的關係。這些關係是在各種危機期間建立起來的，從2000年拉青格的《主耶穌》，到2004年梅爾·吉布森主演的《耶穌受難記》。前者是梵蒂岡的一部文獻，觸怒了非天主教基督徒；後者被認為具有反猶太主義傾向。對話是富有成效的，特別是在2001-2002年經濟危機期間，他們舉行了一系列的會議，發表了一系列的宣言，並承諾共同努力，解決共同問題。這樣一來，到2005年，布宜諾斯艾利斯成了跨宗教和教會之間的對話極其活躍的地方，而所有的這一切都離不開貝戈利奧編織的友誼之網。布宜諾斯艾利斯聖埃吉迪奧社區負責人馬可·蓋洛回憶說，在2004年由主教團會議組織的一次跨宗教會議上，"在所有的宗教負責人當中，貝戈利奧是最輕鬆的一個。他真的非常了解他們。"

　　不過，在與歷史上有重要影響的教會關係融洽、和緩的同時，貝戈利奧卻很少與福音派新教會聯繫。在梵蒂岡第二屆大公會議之前，天主教會認為他們是異教徒；在第二屆大公會議之後，天主教會稱他們為分離的兄弟。但是，隨着20世紀八九十年代五旬節派在拉丁美洲的擴展，天主教會在文獻中輕蔑地把他們描述成為"教派"。在任職主教之前，貝戈利奧與他們沒有任何聯繫；在接管主教教區後，他也沒有從奎拉西諾那裡繼承到什麼聯繫。在他開始了解天主教靈恩派之後，這種情況才發生了變化。

　　天主教會所謂的靈恩派復興開始於20世紀60年代晚期。當時，五旬節派教徒為天主教徒祈禱，天主教徒分享他們的信念：教會被一種新的聖靈充滿內心的洗禮召喚着。據官方統計，靈恩派天主教徒目前共有1.2億人，約佔天主教徒總數的20－25%。

　　靈恩派採用一種類似於五旬節福音派的精神崇拜方式，並與天主教聖禮和傳統的信仰和實踐結合起來。作為耶穌會省長，與當時其他教會負責人一樣，貝戈利奧沒有時間關注這種現象，並在20世紀70年代批評靈恩派"自稱擁有聖靈"。他和他的繼任者安德列斯·斯溫尼恩禁止阿爾貝托·伊瓦涅斯·帕迪拉參與此事（正是這個耶穌會士把這種復興帶到阿根廷的）。正如方濟各在2013年從里約熱內盧返回途中在飛機上說的那樣，他過去認為靈恩派"把聖餐儀式與一種流派的森巴舞混淆了"，不過後來在"更好地了解了他們、並看到了他們所做的善事之後，便改信這種信仰了。"

　　這種轉變發生在1999年，他從那個時候開始在布宜諾斯艾利斯為靈恩派天主教徒舉行年度彌撒。"他在靈恩派復興中看到了神聖和具有深遠意義的東西。"靈恩派在布宜諾斯艾利斯的一個負責人、後來成為貝戈利奧的一個密切的合作者回憶說，"他說，'在我走向聖壇的時候，我聽到了（對主的）頌揚，我感覺到我的內心都充滿了。’作為一個在心靈深處祈禱的人，他意識到這就是聖靈。”他們問他，當他舉起聖體和聖杯時，他是否會允許他們念15秒鐘的禱文，他回答說他會的。

在2000年，貝戈利奧開始在天主教靈恩派年度派別形成大會上發表相關談話。在這些談話中，他就靈恩派教會的復興形成了自己的思想：非教徒如何需要承擔他們傳播福音的責任；教會如何需要走到人民當中去，等等。“現在，你聽他說的任何事，”貝戈利奧的合作者說，“他都是在談靈恩派的復興。”

布宜諾斯艾利斯福音派牧師喬治·希米提安與天主教靈恩派復興領袖瑪竇·卡利西，在意大利建立了友誼。處於兩個人之間的友誼，在四位福音派牧師和四位非天主教徒的啟動下，一個獨特的教會大聯合組織在阿根廷誕生了。復興福音教派與天主教派聖靈共融會（以下簡稱“共融會”）於2003年開始舉行禱告與讚美類型的聚集，並在新湧現聖靈的談論中快速成長。在2004年和2005年，貝戈利奧小心謹慎地參加共融會舉辦的集會，但是沒有投入其中（“我到這裡來，只是跟其他人一樣。”他告訴組織者說），只是坐在天主教徒和福音教徒當中，留意着乞靈的禱文、富有活力的“讚美”音樂、令人不安的歌唱練習、人們相互為對方禱告的方式、以及對聖靈療效的那種自信。

2006年6月，當共融會邀請教皇的官方傳教士、靈恩派行乞修道士拉涅羅·坎塔拉梅薩山到布宜諾斯艾利斯佈道時，貝戈利奧把這場活動安排在可以容納7000人的月亮公園體育館。令人驚訝的是，在活動當天，到場的天主教徒比福音教徒還要多。這樣大規模的教會聯合集會恐怕在全世界也很難找到第二個了。

領唱讚歌的是墨西哥福音教派音樂家馬科斯·威特、坎塔拉梅薩山和共融會包括希米提安在內的四位牧師。一如既往，貝戈里

奧紅衣主教整個上午都與其他人坐在一起。後來，威特牧師邀請
人們拉住身邊的人的手（不管他是何人），然後為對方祝福。攝
影師恩里克·坎加斯拍攝到了這樣一個畫面：一位42歲的福音派教
徒熱情地為貝戈利奧祝福，貝戈利奧的頭枕在他的肩膀上。愛德
格多·布雷佐維克後來說，他不知道他是誰，當他後面的人說這個
牧師就是布宜諾斯艾利斯的大主教，他這才認出了他。

　　當天下午，當共融會的組織者邀請貝戈利奧站出來給大家講
幾句話時，他請求佈道者先為他祈禱，然後雙膝跪地，鞠躬，牧
師們的手在他的頭上方舉着。牧師們的禱文很長，採用靈恩派的
風格，冗長而又急迫，感謝主在阿根廷發出了一個預言的聲音，
並請求主賜予貝戈利奧智慧和領導才能。"主啊，作為耶穌基督
的兄弟們，沒有差異和障礙，我們祝福他，以拿撒勒耶穌之名，
並請求你消除籠罩在您的僕人上方所有邪惡的力量吧！"諾伯特·
薩拉克牧師吟誦着，並在體育館爆發的雷鳴般的掌聲中用漸強的
乞靈禱文做結束語："主啊，用您的聖靈和力量充滿他吧！以耶
穌基督的名義！"

　　貝戈利奧接過麥克風，談到了成為"和諧多元"社會的美
好所在：在這樣的社會，每個人都可以保留自我，同時又走在同
一條道路上。接着，他開始就三個主題進行佈道：風、擁抱和傷
口。然而，不同尋常的是，特別是那些認識他的人，是他佈道時
那種爆發的熾熱的情感——激情、急切、清澈和有力。他甚至做
了復興主義者最傳統的手勢：不斷地抖動着伸向空中的雙臂。

　　貝戈利奧紅衣主教的激情在燃燒。

　　"那是一個轉捩點。"希米提安牧師的女兒、新聞記者、貝
戈利奧的傳記作者埃萬赫麗娜·希米提安說，"他開始感到更自由
了。這一切的關鍵是，他對聖靈是開放的，他讓自己跟着新的體

驗走，即使到了他這個年紀。"自此以後，他不只是參加共融會的集會，而且還走上舞台，而且一待就是一整天，唸禱文，唱讚歌。跟隨貝戈利奧12年的自由攝影師恩里克·坎加斯説，"我拍攝到他最開心的笑容是在共融會上。"

貝戈里奧利給大家的下一個驚喜是在月亮公園聚會之後。儘管他不認識那些牧師們，不過他告訴希米提安説，他想定期跟他們在一起祈禱。"於是，從2006年開始，我們每個月聚會一次。"希米提安回憶説：

> 我們有時四個人，有時五個，每次都是1個半小時。我們談當前的局勢，然後為這個國家和社會祈禱。我們不談《聖經》，在大多數情況下我們只是祈禱。我們同時祈禱，就像我們福音派教徒所做的那樣，他也像我們那樣，簡單直接地祈禱。從第一天起，他就要我們不拘禮節，不要拘泥於形式，要我們忘掉"大主教"和"紅衣主教"——他會説，我們要麼是兄弟，要麼不是。我們發現，他是一個謙卑、樸實的人，一個禱告、親近人民的人。

這些牧師包括：希米提安、薩拉科、卡洛斯·姆賴達、安吉爾·內格羅和未來明恩堂的奧馬爾·卡布雷拉。他們輪流做東道主，貝戈利奧總是會乘坐公共汽車或者地鐵到他們那里去。這些牧師把他們的聚會看作是按照《馬太福音》第18章裡面耶穌説的那樣去做：有兩三個人奉我的名聚會，那裡就有我在他們中間。他們的情況是，兩三個教派、傳統、五百多年的對手，此時他們在一起祈禱，在同一個聖靈下團結了起來。

2009年，在這樣的一個聚會之後，希米提安告訴貝戈利奧説，他們在關注這樣一個情況：天主教會在談論一種新的福音傳道，然而95%的神父沒有過對復活的基督的個人體驗。"喬治（·

貝戈利奧）說，'我同意。你們有什麼建議？'"於是，牧師們就提議為神職人員提供一個靈修的場所。"我們對他說，'我們去找牧師，你去找神父。'他同意了，把日記本掏出來，然後問我們，'哪天？'"

2010年，靈修活動在主教靜修處舉行，牧師們對100多名神職人員進行了一天半的佈道。2012年，靈修活動又開展了一次，重返月亮公園的坎塔拉梅薩山神父這一次加入到了牧師們的行列當中。他們的這項活動遭到了兩個傳統教派的反對：一些天主教的主教不喜歡，有那麼一段時間福音派牧師們的日子也不好過。不過，神父們喜歡這種活動。事實上，沒有誰試圖想要改變誰的信仰，大家信仰的是同一個耶穌基督。對貝戈利奧來說，這就是他所說的"和諧多元"。

教皇的這位傳教士對此印象極為深刻。在有生之年，他一直都走在天主教徒和福音教徒之間的精神最前沿，然而他卻從來沒有遇到這樣的情況。"整個教會都在非常小心地看着布宜諾斯艾利斯正在發生的一切。"坎塔拉梅薩山神父在2012年重返月亮公園時對成千上萬的聽眾們說。

2005年教皇選舉會議之後，貝戈利奧的大膽還來自於這樣一個認識：拉丁美洲教會正在繼續其走向融合的歷史進程，成為偉大的祖國，成為世界教會的源頭。

約翰·保羅二世去世數日之後，貝戈利奧完成了他的梵蒂岡朋友古茲曼·卡里奎里寫的一本書《賭定拉丁美洲》的序言。這本書是一本關於拉丁美洲歷史命運與挑戰的論說文集。貝戈利奧為這本書寫的序言讀起來就像是在發表《國情咨文》演講。

　　"這是教育家和建設者的時代，"貝戈利奧斷言，"在接下來的20年裡，拉丁美洲將在21世紀塑型的偉大戰鬥中發揮關鍵性的作用。"最重要的是，他寫道，"該是沿着朝向融合的道路、朝向南美聯盟和拉丁美洲偉大祖國的戰略佈局邁進的時候了。"這條道路意味着將要面臨許多的重大挑戰：創設消除這個星球上一些嚴重的社會不平等的經濟可持續發展新模式、政治改革，以及確保所有的這些服務於共同利益的狀態。然而，如果不開展對人民（一個在"天主教和拉丁美洲自我意識"的基礎上建立起來的"有組織的共同體"）的"教育、動員並使其參與"這項巨大任務，一切都無從談起。

　　這是一個大膽設想的未來，通向這個未來的大門是一種嶄新的福音傳道方式，其旨在釋放人們團結、自由和希望的熱情和能量。關閉這扇大門意味着重新回到不合時代的意識形態或者"極端自由的個人主義"和"主張消費至上的享樂主義"頹廢文化的老路上。

　　貝戈利奧看到了兩種"脆弱思想"中存在的特別的危險。一種是摧毀獨特個性的帝國主義版全球化思想：他指出，"真正"全球化不是一面體而應該是多面體，在這個多面體中每一種文化都保留其自身的獨特性，同時又為了共同的利益而團結在一起。另外一種是基於好戰和世俗主義的"青年進步主義"思想：這種思想不僅僅是阿根廷的基什內爾主義，而且還是委內瑞拉的查維斯主義，這種思想只是一種新的、國家中心意識形態的帝國主義。這兩種思想威脅着要吸取福音傳道的能量，並詛咒拉丁美洲進入到無窮的破壞循環當中。

　　現在的任務是，把拉丁美洲教會裝備起來，完成那件歷史性的福音傳道任務。在教皇選舉會議一個月之後，貝戈利奧來到智利利馬，舉行周年紀念活動，紀念拉丁美洲主教團會議成立50周年。他說，該是一個擁有世界上一半天主教徒的大陸"向普世教會提供一種服務"、分享聖靈慷慨地賦予其人民的才能的時候了。"這是預言的、拉丁美洲在這第五次會議必須接受的任務。"他告訴他們說。在前往參加第五次會議計劃會議的途中，神學家卡洛斯·加利神父打電話問貝戈利奧，在這次會議上他是否有想要強調的要點，他告訴他說，"耶穌基督和窮人。"加利認為這太顯而易見了，就又問了兩次他是否還有其他要強調的。"在這三次當中，他給我的答案都是一樣的，'耶穌基督和窮人。'"加利回憶說。

在約翰·保羅二世任職教皇的最後十多年期間，從1992年開始，在通往走向那個新大陸範圍內集會的道路上，他們遇到了無數的結，但是他們還是一個一個地把這些結解開了。約翰·保羅二世的國務卿安傑洛·索達諾紅衣主教和同他一起無情傾軋拉丁美洲主教團聖多明哥會議的羅馬拉丁美洲紅衣主教團，反對另一個全體會議的主意，相反他們贊成在羅馬設立一個專門的主教團會議——這是他們把拉丁美洲主教團會議降格為秘書處而不是地方教會代言人的戰略的一部分。不過，本篤十六世沒有滿足他們的願望。當選教皇後，他召開了一個由四名拉丁美洲紅衣主教參加的會議：新任拉丁美洲主教團會議主席、智利聖地牙哥紅衣主教弗朗西斯科·艾拉蘇里斯，拉丁美洲主教團會議總部所在地、哥倫比亞波哥大大主教佩德羅·魯比亞諾·薩恩斯，巴西聖保羅大主教、新任梵蒂岡一個部部長的克勞迪奧·烏米斯，阿根廷布宜諾斯艾利斯大主教貝戈利奧。這次會議同意第五次全體會議將於2007年5月在拉丁美洲巴西阿帕雷西達聖母聖殿全國朝聖堂舉行。

　　令人遺憾的是，對貝戈利奧影響深遠、堅信拉丁美洲必將成為源頭教會的預言家、烏拉圭哲學家阿爾貝托·米索爾·費雷，因病沒能參加阿帕雷西達會議，並於兩年後去世。不過，正如摩西在生命最後一刻在尼波山瞥見應許之地那樣，這位烏拉圭預言家還是在有生之年看到了他的預言變成為現實。在他充滿知性的遺囑（《二十一世紀的拉丁美洲》，這份遺囑公佈之後貝戈利奧就把它發給了許多朋友）中，米索爾·費雷預言，本篤十六世20世紀80年代與拉丁美洲的接觸將會帶來拉丁美洲天主教忠於教權思想的新春天。這正是阿帕雷西達會議的實質。

　　現在看來很清楚了：本篤十六世贊成米索爾·費雷關於拉丁美洲正在成為普世教會源頭的觀點。據卡里奎里說，在從聖保羅飛往阿帕雷西達參加拉丁美洲主教團會議全體會議開幕式的途中，本篤十六世說，"我相信，在這裡將決定天主教會的未來，至少是部分地，但卻是主要的部分。對我來說，這一點一直都是很清楚的。"

　　這也解釋了這位表面上看起來自相矛盾的教皇：作為紅衣主教，拉青格在20世紀八九十年代為梵蒂岡的中央集權制提供神學上的辯護；作為教皇，現在的本篤十六世允許拉丁美洲主教團會議完全自由、不受羅馬干涉地準備召開第五次全體會議，而且還給予支持和祝福——就像保羅六世時期召開麥德林會議（1968年）那樣。秘魯神學家、神學解放的先驅古斯塔沃·古鐵雷斯在後來說，"阿帕雷西達會議的召開在很大程度上是因為拉青格。"

　　第五次全體會議最終的重要文件擬定人紅衣主教貝戈利奧描述說，這是本篤十六世允許的"拉丁美洲教會的一次教權行動"，"教皇就拉丁美洲存在的問題做出了總體指示，然後就放手了，'交給你了，交給你了！'"他在2007年晚些時候回憶說。本篤十六世完全認可拉丁美洲的這種教權（教導宗教教義的權威），因為它是在與教皇的對話中進行的；是在教皇的指導下開展的。拉丁美洲主教團會議主席、紅衣主教艾拉蘇里斯回憶說，"我們把會議結論拿去，請求本篤十六世審閱和批准，可是他說他不打算批准這些文件，這樣就不至於把主教制度與教皇教權混淆了。"教皇後來經常引述此次會議的內容，以此表達讚美之意。紅衣主教艾拉蘇里斯回憶說，阿帕雷西達會議是"一次與教皇交流的美好經歷。"

拉丁美洲主教團會議第五次全體會議，在聖保羅東北100英里的阿帕雷西達聖母馬利亞聖殿舉行，為期三個星期，共有200名拉丁美洲主教參加。聖母馬利亞聖殿儘管在大小上僅次於梵蒂岡聖彼得大教堂，但是卻能夠容納更多的人（可容納4.5萬人），每年吸引1200萬名遊客前來參觀，而聖殿內擺放的聖母熏黑的木質小雕像，才是人們前來參觀的原因。這個雕像是瓜拉廷格塔附近的三個漁民在1717年用魚網打撈上來的，他們在此前曾經向她祈禱，希望他們有個好收穫。這個因為她而發生的奇跡提高了漁民和奴隸們的自信和自尊，更重要的是窮人繼續湧向她的聖殿，向她朝拜、祈禱。

虔誠的人們堅定的信奉主的背景故事使人們想起，本篤十六世在第五次全體會議開幕式上所說的，拉丁美洲人民"強烈而又深刻的普遍篤信宗教"是天主教會的"寶貴財富"。貝戈利奧後來說，這份文件"是在主教們的勞動和朝聖者樸素的信仰的相互影響、在聖母馬利亞母親般的保護之下誕生的。"普遍篤信宗教的主題成了這份文件的重要主題。

阿帕雷西達會議，給了我們一個觀察羅馬主教團會議如何進行的機會。會議並不是從預先確定的一份文件開始的，而是首先對每個國家當前文化和趨勢做出分析和判斷，然後把它們歸納、整理成為可以討論的具體問題。這是一種自下而上的方式，而不是羅馬主教團會議的那種自上而下的方式。此次會議成功的關鍵，在於不同國家主教團會議之間的友好關係和會議的兩個負責人之間的親密友誼：拉丁美洲主教團會議主席艾拉蘇里斯和起草委員會主席貝戈利奧紅衣主教。羅馬派來參加會議的11位神學專家之一、阿根廷主業會神父馬里亞諾·法齊奧對會議的共同掌權體制印象深刻。"意見各不相同，這是對的，也是正常的，因為觀點不同，但是大家在根本上是團結的。曾經參加聖多明哥會議的人告訴我說，這兩次會議的差別令他們難以置信。"梵蒂岡的代表們受到了熱烈的歡迎，發言也完全自由。不過，這裡可是拉丁美洲主教團會議的秀場！

　　貝戈利奧首先作為阿根廷主教團會議主席發言說，那些在早些時候被稱為邊緣化或者受壓迫的人現在可以被稱為被留下的人，因為對市場經濟來說，他們是多餘的人，是不需要的人。他把這種觀點與他所說的拋棄文化聯繫起來：窮人、老人、孩子、未出生的人、移民，他們被拋棄了，就好像過時的物品一樣。本篤十六世離世後，貝戈利奧在一次大型彌撒佈道時，第一次（至少在重大公共場合是第一次）用了另外一個令人印象深刻的隱喻：存在邊緣化。阿帕雷西達幾乎每一個主教都居住在一個外圍不斷地被外來移民擴展的城市，這個詞引起了許多人的共鳴。這個詞使人想起的不只是貧民區，還有那些脆弱和虛弱存在的地方，痛苦、渴望和貧窮、仍然還有快樂和希望的地方——耶穌基督選擇在當前拉丁美洲顯示自己的地方。

　　正是這種洞察未來趨勢、並向他們說出一種全新的、令人吃驚的語言的才能，與會代表們才以壓倒多數的票數選舉貝戈利奧，由他負責大會最終文件的擬定任務。這是一件綜合推理性的歷史任務：在文件擬定的過程中，需要對各個分設委員會提交的建議進行提煉、歸納和整理，並為確保文件得到批准而進行修改。"看着他在阿帕雷西達奔波忙碌是一件奇異的事情，"時任布宜諾斯艾利斯天主教大學副校長的維克托·曼努·費爾南德斯神父說，"看着他使得大家一致通過的能力，看着他營造一種合適的氛圍，看着他以自己的行動贏得一點一滴的信任。" "他的行動極其低調，效率卻又很高。他同每個人談話，隨時都能找到他，在不同觀點的人們之間達成共識，一直都保持鎮定自如的狀態，而且一忙就忙到深夜，還總是面帶微笑。"法齊奧回憶說。他超凡絕倫的表現，在大會結束的時候為他贏得了雷鳴般的掌聲。在離開阿帕雷西達的時候，貝戈利奧成為了拉丁美洲教會的一個領袖。

然而，對於外面的世界來說，他自始至終幾乎都是看不到的：偶爾的一瞥，能夠看到他同其他主教一邊走，一邊進行着深入地交談，並儘量避免與媒體接觸。"他高高的個子，瘦瘦的身材，看起來很嚴肅，總是拒絕媒體的採訪。"一位通訊記者訴苦說。有鑑於此，他只好借助中美洲一位第一次遇見這位阿根廷紅衣主教的代表發表他對貝戈利奧的看法。"他不愛說話，只有在問到的時候才發表意見。"這位代表說，"他非常謙遜，但是也很聰明。他是一個聖人。"

費爾南德斯與另外一位阿根廷神學家卡洛斯·加利神父一起，協助貝戈利奧開展會議最終文件的擬定工作。兩人都充滿着阿根廷人民神學的氣息，而加利更是其先驅盧西奧·格拉的門徒。貝戈利奧熱切地希望最終文件強調普遍篤信宗教的重要性，並請他們這兩位神學家草擬這個部分——文件中最完美、最醒目的部分。

這三個阿根廷人清楚地知道，即使整個文件得到了一致通過——文件的每一句話都需要與會代表投票通過，他們強調的普遍篤信宗教使得文件朝向一個不同於預先確定的方向。"在一個令人困惑的時候，貝戈利奧對費爾南德斯說，'要是文件搞砸了，他們就會怪我們，因為我們在這裡，這是三個阿根廷人搞的。'"加利回憶說。不過，他們成功了。艾拉蘇里斯紅衣主教說，文件的這個部分是阿根廷人的一個重要貢獻，"我們對阿根廷人如何珍視普遍篤信宗教而感到驚異"，不過與會的代表們是感激的。"顯而易見，文稿關於普遍篤信宗教的部分是最精彩的。我們為阿根廷這樣把它反映出來而向他們喝彩。"

貝戈利奧在阿帕雷西達取得的另一個成就雖然不是那麼顯而易見，但是影響卻是深遠的。

在文件草擬初期，許多代表想要文件採用傳統的看－判斷－行動的方法，對當前的現實情況進行分析。貝戈利奧對這種方法沒有什麼疑問，不過他想要在文件的前面加一個如何看的引介部分——如何看，也就是說，就如同傳教的使徒最初"通過耶穌基督，從主那裡收到愛；通過聖靈的施塗油禮"看一樣。在經過激烈的討論之後，貝戈利奧的觀點被採納。2013年7月，當他作為教皇方濟各返回巴西的時候，他對拉丁美洲主教團會議的領袖說，"教會從一開始就存在一個誘惑：拋開《福音》本身和教會解讀《福音》的誘惑。"他還拿阿帕雷西達會議舉例說明，"在會議的某個時候，（我）感受到了這種誘惑…選擇一種完全'不受感染'、分離和脫離的'看'的方法，而這是不可能的。我們'看'的方法往往受到我們目光指向方法的影響…問題是，'我們如何看待現實，以便我們看它？'阿帕雷西達會議的回答是，'用使徒的眼光來看。'"

這是20世紀70年代他與耶穌會進步論者辯論的論點。在宣稱利用科學分析來觀察社會問題時，他們拋棄了信仰的眼光。這使得他們對意識形態採取開放的態度，結果使得信仰變成了一種工具——馬克思主義者神學解放的錯誤。

阿帕雷西達文件是阿根廷教會在20多年裡高舉拉丁美洲神學的火炬、確保神學解放思想免於陷入自由和馬克思主義思想的圈套的成果，並通過與窮人及其文化保持密切聯繫做到了這一點。這樣的結果是，在阿帕雷西達，拉丁美洲教會的財富可以安全地釋放了，其程度遠比1968年麥德林會議大得多；而且阿帕雷西達還為偉大的思想、優先選擇窮人提供了物質基礎。

阿帕雷西達是新的成熟的表現，是地方教會時代到來——米索爾·費雷所説的源頭教會的表現。在它的展望和活力當中、在它堅決支持窮人、傳教精神、大膽宣稱信仰新春天的誕生當中，阿帕雷西達此時是拉丁美洲一個重要的、新的、福音傳道活動的計劃和關鍵。在世界上，沒有什麼地方可以與之相提並論，而這也使得它成為普世教會的項目。

現在，我們需要的是一個帶着這把火炬走出這個半球，走進天主教日益疲倦、荒涼的中心的拉丁美洲教皇。

第八章

慈濟眾生的先知

(2008－2012)

　　想要聽到對紅衣主教貝戈利奧的批評，你要從北部由阿維尼達里瓦達維亞開始，然後到北區——拉普拉塔河兩岸有許多這樣的地方行政區。在拉雷科萊塔、巴勒莫、貝爾格拉諾和奧利沃斯附近地區，解放者、聖達菲和科爾多瓦大街呈扇形由雷蒂羅車站向外展開，就像輻條從輪軸向外伸展一樣，經過職業賽馬俱樂部、小飛機場、賽馬場、博物館、藝術長廊和大使館。這裡的街道兩旁是正面用大理石貼面的公寓樓，站在公寓樓上向外可以看到工藝品市場和有機意大利麵館。這裡也有令人敬畏的大廈和高樓，不過在這些街道上盡可以一窺阿根廷失意的命運，就如同一個中產階級站在歐洲文雅和新大陸野心的十字路口一樣。這是布宜諾斯艾利斯人希望生活、而且盡力不想離開的地方。

　　對生活在北區的天主教徒來說，方濟各是一個新的發現，因為他們幾乎沒有聽說過紅衣主教貝戈利奧。對於一些他作序發行的新書，他也很少出席發售會或者典禮。於是，人們就抱怨說，他甚至從來都沒有參加這裡教區的慶祝活動或晚宴；如果參加了，他也想馬上就脫身，他會說一過晚上9點他的腦子就不好使了。“我不知道他在這裡是否舒服，不過他沒有把這裡看作是一個優先考慮的地方。”最近退休的聖伊西德羅主教喬治·卡薩雷托說。這不僅僅是地理位置的問題。一位多年來一直努力將工商業界與教會社會教義聯繫起來的資深神父說，貝戈利奧“對中產階級天主教徒的世界一點也不感興趣——包括商業界、銀行界、藝術界和大學。”

這不是忽視一個教區的問題。北區有一個主教，也不缺乏主持教區事務的神職人員。這也不是站在社會偏見的對立面：紅衣主教貝戈利奧與各種背景的人都有聯繫，包括富有的人、有權力的人和學術界人士。除在辦公室和大教堂外，他有很多的時間，他只不過是選擇把這些時間花在這個城市比較窮的地方。這個選擇一直持續了13年，這就給這位紅衣主教出了一個大兒子的問題。在《聖經·福音》書中，有一個關於浪子的比喻：把自己得到的那份財產肆意揮霍的小兒子在苦難中幡然悔悟，回到了家鄉，不僅受到了父親的擁抱、親吻，而且還受到了盛情款待和歡慶；正直誠實、踏實肯幹、正在田地裡勞作的大兒子就心生怨恨，因為他那不負責任的弟弟正在揮霍他的那份產業。這位父親關心小兒子，不是因為他更愛他，而是因為這個浪子更需要他，兒子那顆破碎的、悔改的心打開着，需要收到父親的愛。這個比喻是福音書裡面的一個故事，意思是說主的仁慈是不計後果的。不過，這也可以用來說明，一個教區的主教偏愛窮人。

北區一個由自由主義天主教徒組成的著名組織抱怨說，正如20世紀80年代阿根廷省的耶穌會知識份子所做的那樣，貝戈利奧信奉“普遍虔誠”。他們認為，窮人需要斷掉他們現代之前的宗教，而大主教也不要放縱他們。人們對《瑪麗亞解結者》的狂熱使得這個組織的一名神父困惑了，"這意味着什麼呢，在一個城市裡充滿了虔誠，是介紹另外一個（信奉的主）嗎？"在私底下，他抱怨說，"普遍虔誠成了虔誠的一個範例。"聽着他們談論這個話題，你很容易聽到類似於長子的比喻：一方面是虔誠的天主教徒，他們每週都參加彌撒，並根據要求和禮拜規則做禮拜；另一方面是那些看起來幾乎不參加彌撒的人，而他們卻以眾多的數量前往聖母盧漢全國朝聖堂朝聖——有的在到達的時候還是醉醺醺的。

北區的其他組織提出不同的反對意見。反庇隆主義者反對說，貝戈利奧的管理風格是庇隆主義而不是共和主義，他提出的人民思想有把政治與神學意義上的人民混淆的危險。左翼知識份子因為尤里奧和亞歷克斯而懷疑他；右翼知識份子說，他關注社會事務太多，而關注道德事務太少。傳統主義者說，他使得天主教徒很難舉行老式的彌撒；進步論者則說，他不與梵蒂岡對抗。總之，在北區有許多人批評貝戈利奧，他們很高興分享他們的觀點，還補充說方濟各教皇是多麼的出色——還要求說不要署名。

北區的天主教徒同其他人一樣接受電視裡面方濟各教皇，卻把貝戈里奧看作是一個冷淡、嚴厲的人。他們很難把不苟言笑的阿根廷紅衣主教與羅馬那個快樂和魅力十足的教皇等同起來，他們說他是如何改變的，這真是一個奇跡。北區的一個紀錄片製作人胡安·馬丁·以斯拉提過去也是這個觀點。不過，在製作關於方濟各任教皇前的生活的紀錄片時，在通過檔案文件看到了在貧民區或者聖卡耶塔諾神殿慶祝節日的貝戈利奧之後，他震驚地發現這個人與他認為他知道的那個人是不同的，這個人的臉與教皇的臉一樣的容光煥發，令人振奮。

　　布宜諾斯艾利斯市郊21號貧民區教區三個神父小組的負責人洛倫佐·"托托"·德維迪亞神父說，貝戈利奧更喜歡南區是因為"他是麥德林之子：正是這裡的教會養育了他，窮困的教會為窮人。"從托托神父的聖母卡庫佩教區看，布宜諾斯艾利斯呈現的是另外一番景象。在這裡，4萬5000人擠在密密麻麻地建造在175英畝土地上的由磚和波紋鐵皮構築的小屋裡，野性十足的小孩和流浪狗，在狹窄、塵土飛揚、呈之字形延伸的街道上打鬧、嬉笑和玩耍。男人們穿着工作服在鑽孔、錘打，皮膚上刺着花紋、鼻子上戴着吊環的小青年在街角閒蕩，從附近的某個地方傳來的叫喊聲、嚎哭聲和沉悶地擊打聲，壓住了遠處的撞擊聲和狗吠聲。這裡的人身材更加瘦小，皮膚更加黝黑；因為他們大多是巴拉圭人，所以他們多數人說瓜拉尼語，而他們的西班牙語缺少了布宜諾斯艾利斯意大利那種輕快活潑的聲調。他們非常渴望分享喬治神父的故事。

　　如同在布宜諾斯艾利斯南部其他貧民區和工人階級的教區一樣，在21號貧民區，這裡的故事與北區的故事恰恰相反。在這裡，人們說，貝戈利奧和方濟各是一個人，星期三他在聖彼得廣場上怎樣，以前他在貧民區也是怎樣的。他們說，喬治神父一直都到這裡來，至少是每個月一次，來跟他們交談或者靜修，來聽他們懺悔或者只是跟他們打一聲招呼，來到這裡的街道上跟他們聊天，或者到某個人的家里拉拉家常，詢問孩子們的情況。在聖母卡庫佩教區這些狹窄、幾乎令人窒息的街道上，幾乎每個人都能把這些與他們手機裡的照片對證。他們說，喬治神父總是會留下來，參加盛大的節日活動，包括2012年12月8日恭迎聖母卡庫佩的那次活動——他在那次活動之後就去羅馬了，之後就再也沒有回來。在那次活動上，他們清楚地記得，他還排隊品嚐了耐嚼的脫皮甜玉米粒和乳酪豆。

　　貝戈利奧從一開始就決定把重點放在這些邊緣地帶，選擇每個週末到這些新區待上一段時間。儘管基什內爾夫婦豪言壯語、慷慨激昂地說他們反對現存體制，但是他們的政策卻是始終如一地使那些城市中產階級而不是窮人受益。2004年，生活在貧民區的人數增長了10%；2010年當阿根廷經濟再次恢復時，生活在貧民區的人數增長了17%，主教們估計約有11%的兒童處於饑餓狀態。此外，邊緣地帶還意味着患病的人和弱勢群體：醫院的病人和囚犯，吸毒的人和遭受痛苦折磨的人。在宗教節日，貝戈利奧會花上整夜的時間在聖人的殿堂——聖母盧漢朝聖堂、聖卡耶塔諾神殿、聖潘塔萊奧聖殿聽取人們的懺悔；當他不在懺悔室時，他會到人群裡去，花上兩三個小時，聽他們講的各種事，與他們擁抱。他所到之處，神父就會跟隨而至：他會派一些年輕、能幹的神職人員到貧民區去，到醫院和監獄去，到避難所去，去幫助那些需要幫助的人們。

　　貝戈利奧從城市的邊緣地帶開始進行福音傳教。"這個思想主旨是，教會首先要和窮人在一起，然後再從那裡延伸至每一個人。"貝戈利奧任命的貧民區神父司牧古斯塔沃·卡拉拉神父說，"這與經濟學上所謂的點滴投資理論作用相反——只是它永遠也不會滴下來。這不是關於窮人和只顧窮人的思想。這個思想只是從窮人那裡開始，然後延伸至其他人。"卡拉拉神父的司牧職位於2009年8月設立，其主要職責是加強貧民區教區與主教教區官方機構之間的溝通、聯繫與協調。這個司牧的第一個協調員佩佩·迪鮑拉神父說，對貝戈利奧來說，"布宜諾斯艾利斯的中心不是權力存在的五月廣場，而是這個城市的邊緣地帶。"

　　在拉丁美洲，佔人口多數的窮人的信仰與佔人口少數的中產階級的信仰不同。宗教的表達不是在一星期的某個時刻，而且貫穿整個星期；宗教是生活的一部分。卡拉拉說，正因為如此，宗教才成了一種有組織、超越價值的文化，這是財富和權力不可比擬的；正因為如此，他和他的22位貧民區神父們確信，在貧民區，他們得到的比他們給予的要多；也正因為如此，神父們給予各種形式的普遍篤信宗教——虔誠和遊行、聖殿節日和祭品、連續9天禱告式和玫瑰經等的尊重也都起着至關重要的作用，並且會轉化的。聰明、深思熟慮的卡拉拉是貝戈利奧的弟子，他接受每個人的信仰需要淨化的說法，不過他對接受審判持謹慎態度，說人們可能不會每個星期日都參加彌撒，但是他們會在節日期間每天都參加。"最終，只有主才能對每個人的信仰做出評價。"

卡拉拉認為，貝戈利奧到貧民區參加節日活動而不去北區參加雞尾酒會是因為，在節日裡窮人為耶穌基督舉行慶祝活動，不是為他們自己。"節日具有不同的多樣性：可以通過彌撒、食物和舞蹈表達對聖母、耶穌基督的敬意。之所以有節日，是因為節日是耶穌基督和聖母的盛宴，它們與宗教相關聯，卻又帶有人類深層的東西。"對此，托托神父表示贊同，"在貧民區，人們珍視在其他地方已經失去的價值：人們互相認識，並且鄰居是非常重要的。要擁有基本的生存條件，你必須依賴他人。正是這些因素，人們才形成了強烈的社區感，無論是向善還是向惡。你昨天還和那個傢伙持刀相向，夜晚你卻和他一起通宵未眠，因為他媽媽病了。這是一種強烈的存在。"

貝戈利奧想要這個城市向這種團結學習。2010年，他在慈善機構博愛社的一個隱修所說，貧民區可以教會住在高樓大廈裡面的人們如何結成兄弟般的友誼。2012年年底，胡安·以撒斯門迪神父在接受21號貧民區社區廣播電台採訪時說，他一直因為這個區的兩件事而深受觸動：

第一件事是強烈的團結意識。你可以因為某個人或者某件事而非常憤怒，但是團結這種意識是你必須馬上就有的，必須能夠讓人感覺到的；能夠看到團結，對我來說是件好事。與其他地方相比，自尊自大的利己主義在這裡就少得多，這裡更團結一些。第二件事是這裡的信仰。這裡的人們信仰聖母，信仰聖人，信仰耶穌。我真的被他們的信仰打動了，不只是這個貧民區，而是這個城市所有的貧民區。耶穌一直都說得很清楚，謙卑的地方是信仰最容易進入的地方，這是真的。他說，"如果你不能變得像小孩子一樣，你就進不了天國。"此外，"如果你的心底不純潔，如果你的心底不謙卑，你就很難進入天國。"當你過着一種謙卑的生活，當你靠自己的勞動養活自己——正是勞動給了我們自尊，那麼，信仰就會生出更多的根。這兩件事一直都讓我深受觸動：團結和信仰。把這兩件事放在一起，你得出了什麼結論？慶祝的能力。這些區的人們舉行慶祝活動，慶祝節日——他們是快樂的，這太了不起了。只要你有了這兩件事，信仰和團結，當你把它們放在一起時，你就得到了快樂。

說服貝戈利奧在2009年8月設立新的貧民區神父司牧職務的是，毒品販子在幾個月前聲稱要殺死佩佩神父。

2009年3月，貧民區神父針對阿根廷國會就毒品合法化展開討論這件事，發表了一份毒品販子不喜歡的聲明作為回應。神父們說，事實上，毒品在貧民區已經合法化了，因為在這裡進行毒品買賣而不受懲罰，毒品已經給這裡脆弱的人們的生活帶來了災難。神父們還反對媒體想當然地認為，與毒品相關的暴力和犯罪問題來自貧民區，並給整個城市帶來危害；他們指出，事實上，毒品以及與毒品相關的犯罪都來自外界，毒品販子為那些生活在北區西裝革履、開着跑車的人賣命。神父們繼續用證據説明快克可卡因的效果、以及渴望得到愛和認同的青少年被犯罪團伙剝削、誘騙吸毒、奴役的悲慘遭遇。最後，他們提出了一系列切實可行的建議，從而從根本上解決這個問題。

這份聲明文件成了頭版頭條新聞，並引起了媒體展開許多天的討論。托托神父在21號貧民區的前任是佩佩神父。這位留着鬍子的年輕神父曾經在貝戈利奧的支持下，於1997年把巴拉圭人崇拜的聖母卡庫佩雕像帶到布宜諾斯艾利斯，並安放在21號貧民區；他是教區13年活動的建築師：在此期間，他修建了15個小教堂、一所中學、一所中等職業學校、一個老年人之家、各種賑濟處、預防毒品項目、一個康復中心、兩個農場——吸毒者在戒毒後工作和生活的地方、一所日托幼稚園、一家社區報紙和一個社區廣播電台。作為貧民區神父的負責人，再加上像耶穌一樣留着鬍子和漂亮的面容，佩佩神父不可避免地就反毒品聲明文件接受了媒體的採訪。

毒品販子發出的第一次警告是在當年4月的一天夜裡。當時，他正騎着自行車返回教區，一個把自己裹在一件衣服裡的人突然從陰影裡走出來，要他趕快逃走。"這件事一旦上了新聞，你就完了。"那人告訴佩佩神父説，"他們已經盯上你了。"

第二天，在神父會議期間，第二次威脅出現在他的手機上（既有手機短訊威脅，也有書信威脅）。會後，佩佩神父把貝戈利奧拉到一邊，並告訴他説，"你看，老闆，他們威脅要殺我，

我想這件事可能很嚴重。"貝戈利奧沉默了一會兒。"首先,我
們要冷靜,因為我們是按照《福音》的要求做的。"他說。然
後,他又補充說,"如果有人必須要死的話,這個人就是我。我
會祈求主把我帶走,而不是你。"

　　他們同意了,因為黑手黨喜歡在暗中活動,公眾的關注可能
是最好的保護。第三天,貝戈利奧舉行年度學年開學彌撒,媒體
也都做好了報道的準備。於是,他就對2000名教師和5000名學生
講,他的一個神父遭到他所謂的"黑暗的商人"的威脅。在佈道
時,他講出了事情的源由,"21號貧民區的神父們,最近在里亞
丘埃洛附近,走進三個家庭,幫助年輕的吸毒者。毒品販子不喜
歡這樣,他們有的變得不安起來,就威脅說要殺死一個神父。"
他補充說,"我們不知道這件事會如何結束。"

　　這件事成了當天的夜間新聞。第四天,布宜諾斯艾利斯356
名神父簽署了一份聲明,支持貧民區的神父們,譴責發出威脅的
人。佩佩神父繼續參加一個新聞發佈會,並在那裡接受了無數次
的採訪。在返回21號貧民區時,他發現了一大群支持他的人們。
當他和人群一起向前走時,人們從各家各戶走出來,加入到人群
當中,而這引來了更多電視台的報道。第五天,貝戈利奧同往常
一樣來到21號貧民區,同佩佩神父走在街道上,同人們打着招
呼,一會兒吃東家一顆棗,一會兒吃西家一個梨。他們發出的信
息是明確的:牧羊人是羊群中的一分子,並隨時準備為他們去
死。到了第六天,這件事仍在繼續,成千上萬的群眾聚集在聖母
卡庫佩教區的街道上,他們唱着讚歌,要求佩佩神父留下來。到
這個時候,這件事已經被全世界知道了。在接下來的幾個月裡,
貝戈利奧設立了司牧這個職務,負責管理貧民區神父,第一任司
牧由佩佩神父擔任。司牧成了與政府當局的對話者,就改進事宜

與政府進行協商。這個事件的曝光說明國家在貧民區幾乎是不存在的。

此時，深深植根於貧民區人民生活當中的教會成了他們的公益維護人。2010年，阿根廷開始舉行一系列的200周年慶祝活動，紀念為期6年的脫離西班牙獨立進程（1810年5月25日，阿根廷人在布宜諾斯艾利斯市政廳發表聲明，開始脫離西班牙的獨立運動，並於1816年7月9日在圖庫曼發表獨立宣言，最終脫離西班牙而獨立）。在這個時候，貧民區的神父們呼籲布宜諾斯艾利斯，不僅要把棚戶區居民看作是客體，而且還要把他們看作是歷史的主體。他們提出觀點說，正如所謂的下層階級在國家誕生時是變革力量一樣，然而從來沒有哪一條街道以他們的名字命名，因此歷史要尊重布宜諾斯艾利斯貧民區的居民。

貧民區神父司牧發佈文告，反對私有財產的狂熱推崇者，因為他們宣稱貧民區居民是無主土地的非法佔有者；同時也反對政府的官僚主義者，因為他們認為貧民區是一個需要從權威的角度"解決"的問題。神父們提議說，貧民區居民應當被看作是城市的一個特殊群體，他們有自己的風俗習慣和道德觀念，政府應當傾聽他們的聲音，並與他們對話。神父們說，在為期6年的獨立慶祝活動期間，政府應當通過新的、允許貧民區居民像公民一樣發表意見的社會協議，把貧民區與城市整合到一起。貧民區有青春、朝氣與活力，有較高的出生率，有移民們為他們的孩子而幹一番事業的雄心和抱負。他們說，這裡是阿根廷夢的發源地，擁抱貧民區國家就會有自己的未來。

　　在阿帕雷西達為正義新秩序而努力的號召的激勵下，貝戈利奧決定以200年周年慶祝活動為契機，推動新的、賦予國家新生的國家項目。如果能夠就把阿根廷人團結在其周圍的核心價值達成協議的話，它將改變公眾的生活。這個協議的核心將是通過基於共同利益的一系列政治和經濟措施，消除貧困，改善包括被邊緣化群體在內的人民的生活。這個提議是在貝戈利奧的主持下、由阿根廷主教在2008年12月發佈的一個具有遠大抱負的文件《在正義和團結中向200周年邁進》中提出來的。

　　這份文件背後的深層次思考，可以在貝戈利奧為古斯曼·卡里奎里著述的一本書寫的序言中找到。在這本書的序言中，貝戈利奧指出，拉丁美洲仍在繼續為精英們的烏托邦理想付出代價，而這種空想的自由思想脫離了現實生活和人民的核心價值。這已經不是一種新的思想了：早在20世紀70年代，他就已經提到過多次了。但是，時代發生了變化：阻止人民向前發展的不再是以救世主自居的馬克思主義意識形態。不過，他稱之為“有神論者的諾斯替主義”卻是一種新的脫離現實的思想——這種思想用教會的術語來表達應當是，“沒有教會的主，沒有耶穌基督的教會，沒有人民的耶穌基督。”針對精英們的這種“空氣噴塗有神論”，貝戈利奧提出了他所謂的“具體的天主教的東西”，而這種東西是存在於拉丁美洲人民歷史和文化的核心的。其含義是顯而易見的：沒有植根於具體的天主教的東西，就沒有任何拉丁美洲“國家項目”能夠取得成功。

　　接下來，他對國家、民族和祖國進行了區別。國家是一個地理區域，民族是公共機構搭建的平台，而祖國是一代傳一代的遺產。國家的邊界是可以改變的，民族是可以轉化的，但是祖國“要麼是保留其根本，要麼消亡……我們可以發展它，但是不可以對它摻假。"這是阿根廷主教200周年文件背後的基調：深深地植入這個民族DNA當中的基督教價值是新國家項目的基礎。

這份文件，是把阿帕雷西達展望轉變成為新的政治學的一次大膽嘗試。它呼籲阿根廷"批准並賦予惠及窮人的優先選擇權"，並援引阿帕雷西達的號召稱"同樣，（阿根廷還）必須設立新的機構以推進開展真正的人類共存項目，防止傲慢自大居於主導地位，並就必要的社會共識推動開展建設性的對話。"通過結成新的兄弟關係、團結協作關係，並就把窮人優先選擇權納入國家政策達成協議，貝戈利奧相信，阿根廷能夠抵禦全球化的負面影響；並通過家庭和公民社會的鞏固防止社會分裂和社會關係的逆轉。

這份文件指出了阿根廷核心的結構缺陷：儘管經濟繼續增長，但失業率仍然居高不下；政府官員的貪污和腐敗根深蒂固；政府機構成為利益集團的政治委託代理人；毒品販賣、吸毒和賭博之風盛行；缺乏對生命和家庭的尊重；越來越多的人被遺棄。新國家項目是一種請求：學習在2002年經濟危機中出現的對話和團結；通過動員公民社會的能量和重振公眾生活，共同解決阿根廷存在的問題。文件還列出了一系列有益的、加強民主和機構建設的建議。

一如既往，玫瑰宮對教會指出的問題和提出的建議一點也不感興趣。2007年12月，內斯托爾·基什內爾宣佈退出競選，克莉絲蒂娜·基什內爾當選為總統。同她丈夫一樣，克莉絲蒂娜在意識形態上不受任何思想的影響；對她來說，教會對政治家說教的可能性一點都沒有。她同意定期與主教們舉行會議，聽取他們的意見和建議。總的來說，政府與教會的關係沒有內斯托爾時期那樣緊張，但是政府的政策和政治仍是一樣的，一副贊同就和我們在一起、不贊同就對抗的慷慨激昂的姿態，只要教會提出改進社會弊端的要求，政府就會咆哮、怒吼：當主教們提高聲音談貧窮，他們就會受到是骯髒戰爭"同謀"的指責。但是，政府和教會之間關係緩和的可能性也是存在的。例如，在2008年，貝戈利奧就成功地居間調解了農民和政府之間一場可能惡化成災難的衝突；同年晚些時候，克莉絲蒂娜接受了貝戈里奧的邀請，參加了在聖母盧漢朝聖堂舉行的彌撒。然而，基什內爾夫婦太忙於試圖使國家不受教會的傷害了——他們用意識形態的過濾器把教會與政府的合作看作是一種倒退，因此他們沒有時間與主教們一起考慮如何解決國家存在的問題。

　　貝戈利奧繼續施加壓力，並對在經濟增長時期教會反而需要加大慈善物品供應量照顧越來越多的窮人而憤怒。不過，他非常謹慎，不只是指責政府不作為。例如，2009年8月在舉行聖卡耶塔諾年度彌撒時，貝戈利奧痛惜地說，阿根廷"令人震驚"了，因為她沒有擔負起照顧窮人的責任；並憤怒地指出，"在我們的城市，我們每天對待那些無家可歸的人，那些不健康的人，那些被拋棄的人，就像對待丟棄在垃圾車裡的垃圾一樣。"不過，他非常明確地指出，他是在批評每一個人——"我們都有責任"，並拿拜金主義做例子說錢被從需要的地方挪作他用了。貝戈利奧對《馬太福音》第25章的話進行了修改，說耶穌在《最後的審判》裡告訴人們說，"離開我，因為我餓了，你們不給我吃的，因為你們在忙着指責政府。"

　　阿根廷教會與政府的直接衝突在一個問題上是不可避免的。

儘管克莉絲蒂娜是總統，但是卻是時任國會議員的內斯托爾受到西班牙社會黨5年前法案的啟發，於2010年推動政府出乎意料地通過了同性婚姻法案。儘管他從來都沒有表現出對同性戀權利或同性戀者感興趣，但是這個政策卻是典型的基什內爾分化戰略的導火線。通過把同性婚姻作為一項少數公民的權利提出來，他就可以使傳統意義婚姻的保衛者和教會與主張平等權利者對立起來，因為教會正在尋求將其道德觀念施加在這條法律之上。這正是他想要的那種鬥爭：一方面可以喚起基什內爾政治基礎的鬥志，另一方面還可以使他的對手陷入混亂狀態。

貝戈利奧認識許多同性戀者，在精神上一直與他們當中的許多人相伴。他知道他們遭到了家人的反對，也知道提心吊膽地生活、擔心被當作不正常的人看待和遭人痛打是什麼樣子。馬塞洛·馬爾克斯是一個前神學教授，也是一個天主教同性戀激進分子。貝戈利奧對他說，他贊成同性戀權利，也支持法律承認的、同性戀伴侶，也可以加入的公民聯盟；但是，他堅決反對任何試圖通過法律重新定義婚姻的做法。"他想要保護婚姻，同時又不願意傷害任何人的自尊或者排擠他們。"貝戈利奧的一個密切合作者說，"他贊成最大程度地從法律上把同性戀者包括在內，也支持同性戀者的人權，但是永遠都不會在婚姻的唯一性上妥協，因為一個男人和一個女人的婚姻對孩子有好處。"

2002年，阿根廷通過了一條僅適用於布宜諾斯艾利斯的公民結合法：在性和性取向自主的情況下，任意兩個同居超過兩年的人享有權利。對此，貝戈利奧並沒有提出強烈反對，因為他認為這純粹是一項民事、法律協議，並不會影響到婚姻；儘管這條法律賦予了一些權利，但不是收養或者任何遺產的自動繼承權。不過，羅馬對貝戈利奧沒有反對這件事提出了批評，因為梵蒂岡於

2003年下發了一份文件，要求主教和政治家對同性結合的任何法律認可持"明確而又斷然的反對"態度。

與此同時，貝戈利奧對任何破壞夫婦意義婚姻法的企圖做出了快速反應。2009年，他給布宜諾斯艾利斯市長毛里西奧·馬克里寫了一封措辭強硬的書信，因為他沒有馬上打擊一名法官違反法律批准同性戀人"婚姻"的企圖。這是他任職主教18年來首次公開點名批評一名政府官員。

2010年4月初，自2007年以來一直擔任貝戈利奧新聞處負責人的費德里科·瓦爾斯解釋說，貝戈利奧的立場是，堅決贊成現行法律支持的一個男人和一個女人結合的婚姻，而同性"婚姻"則是不能接受的；但是，只要這一點確保婚姻的完整性，它就不能阻止對公民結合概念的修訂和擴展。在數個星期之後召開的由阿根廷數百名主教參加的全體會議上，作為主教團會議主席的貝戈利奧稱，這是他的立場，並要求主教們採用正確的和智謀的戰略，並告誡他們如果他們只是簡單地反對法案（而沒有提出推進同性戀者公民權利的選擇方案），他們就會做出有利於基什內爾的事情，反而會促進同性婚姻法案的通過。

事情正如他所料的那樣發生了。

在阿根廷主教團會議主席6年的任期內，這是貝戈利奧在投票中唯一失利的一次（60：40）。以拉普拉塔大主教赫克托·阿格爾為首的保守派，極力主張採用簡單的反對方式，因為2003年梵蒂岡文件禁止在法律上認可任何形式的同性結合。這份文件指的是賦予所有形式的同居雙方權利的公民結合法，還是只是指同性同居，這一點並不清楚；不過，由於這份文件是由時任教皇本篤十六世簽署的，阿格爾自然會說，對任何公民結合的"背書"都是違背教皇意願的，都是這份文件所謂的"嚴重不公正的法律"。這份梵蒂岡文件是一份典型的、聖加侖組織紅衣主教們長期以來批評羅馬的手伸得太長的例子：這份文件的詳細規定，束縛住了地方教會主教的手腳，剝奪了他們在任何鬥爭中爭取更大益處的迴旋餘地。

投贊成票的主教發表的聲明並沒有提到公民結合法，而是極力捍衛傳統意義的婚姻，聲稱這種婚姻以男女性特徵的相互補充為基礎，對社會和孩子們至關重要，其本質特性是孩子們成長的關鍵。主教們否認這種觀念存在歧視性，同時還辯論說同性婚姻法可能會把合法意義上的婚姻降格為一般的伙伴關係，因而會降低這種婚姻在未來人們心目中的份量。

2010年5月25日，這份提案在眾議院以126票贊成、110票反對勉強通過，重新把婚姻定義為任何有收養孩子權利的兩個人之間的伙伴關係。接著，這份提案提交參議院，由參議院投票表決。在參議院，這份提案遭到了72位議員中大多數人的強烈反對，特別是來自內陸省份的代表。在7月中旬參議院辯論的準備階段，貝戈利奧動員整個教區，呼籲天主教徒們發表自己的觀點，並請求各個教堂在7月8日誦讀主教們發表的聲明。

然而，正是在這一天，貝戈利奧在兩個星期前寫給布宜諾斯艾利斯四個加爾默羅會修道院的一封私人信件洩漏了出去——但是不知道是如何、為什麼洩漏的。這封書信中具有感染力的語言，自然使得它成了當天的頭版頭條新聞，也使得教會主教們的公開聲明黯然失色。這封寫給修女們的書信被描述為一種"危險的策略"，而這種策略起到了事與願違的效果。然而，這封信並沒有什麼策略可言：它既不是任何政治或者教會內部的戰略，也從來沒有打算對外公佈。貝戈利奧對加爾默羅會的聖女小德蘭非常虔誠，與布宜諾斯艾利斯加爾默羅會修道院修女們的關係也很密切。他非常相信她們禱告的力量，多年來經常寫信給她們，請求她們為這件事或者那件事禱告，特別是當他感到有壓力的時候。這一次也不例外。"那只是一封信而已。在這封信中，他把心中所想用信仰宗教的人的語言與至交、勸解人分享。"貝戈利奧的一位親密合作者說。

貝戈利奧告訴加爾默羅會的修女們，他在同性婚姻立法當中察覺到了危險：一個可能導致孩子們被剝奪走父親和母親的嚴重威脅。這是"對主的律法的正面攻擊"：這不僅僅是一場政治鬥爭，而且還是"謊言之父尋求迷惑和欺騙主之子的企圖。"他繼續請求修女們禱告，尋求"聖靈"的幫助，"保護我們，解除那些贊成這條法律的人詭辯的符咒，因為這條法律已經在迷惑和欺騙甚至是善良的人們。"他認出了蛇的尾巴，它帶着所有的同以往一樣的警告標誌：歇斯底里、分裂、迷惑和嫉妒。這是一場"主的戰爭"，正如他在信的末尾所說的那樣。

任何一個了解他的宗教著述的人都知道，這是老式的貝戈利奧。他在與耶穌會士交往時曾經使用過這種語言，一種在祈禱、靜修或者進行精神指導時使用的語言。他看到，在這場政治鬥爭的背後，另外一場精神的較量也在進行。在這場較量中，魔鬼在對抗意識的驅使和挑撥下（同性戀者突然對沒有資格結婚而怨恨），同以往一樣，以光明為幌子（平等、正義和公民權利——所有美好的事物），因而欺騙了善良的人們。

這份議案的內心包藏着一個謊言：同性婚姻說是異性婚姻的補充，或者與後者共存，然而在現實生活中卻是在拆開異性婚姻。允許同性戀者結婚，要求古老、自然、神授的婚姻制度與使它成為神的旨意反映的東西本身剝離，而神的旨意是：使男人和女人結合，並在永久和性的排他性的關係中，由親生父母生育和撫養孩子。正如貝戈利奧在正式發佈的公開信中所說的那樣，認可男女婚姻沒有法律歧視，而是適當地加以區分——適當地，是因為男女結合，如同孩子需要父親和母親一樣，是人類現實生活的核心。試圖讓婚姻成為其他的什麼東西是"人類學實實在在的嚴重倒退。"

脫離了對精神世界觀察的背景，又沒有說明和註解，這封信自然就成了一顆燃燒彈。它不僅激起了基什內爾主義者的憤怒，而且還給教會帶來了極大的不便，因為許多人對其語言感到遺憾。由於主教們否決了貝戈利奧提交的推進通過社會包容同性戀者議案的提案，這就給了基什內爾一個巨大的攻擊的目標。他洋洋得意地宣佈該是阿根廷人"決定性地拋棄這些蒙昧主義和帶有歧視的觀點"的時候，由政府資助的"五月廣場母親"組織忠實地宣稱，教會是獨裁統治者的同謀，意味着它"沒有道德權威"來談論這件事情。正在中國訪問的克莉絲蒂娜以總統的姿態對（教會）反對該議案表示遺憾。這是一種恥辱，她說，在"我們所能做的是正視現實"的時候，"平等婚姻"被看作是一個"宗教道德"問題。

此時，所有的眼睛都在盯着參議院。2010年7月15日，就在天主教徒和福音教徒在外邊舉行遊行示威之時，國會參議員分成了三個派別：贊成政府重新定義婚姻為性別——中性的為一派，反對政府議案的為一派，提出採用法國類型的同居合約議案（不過還包括收養權）的為一派。在貝戈利奧的支持下，聯邦庇隆主義（反對基什內爾）聖路易斯參議員莉莉安娜·內格雷·德阿隆索作為中間人，在第二和第三派之間達成了一項協議，反對政府提出的議案，贊成一個擴展的但不包括孩子收養權的公民結合的議案。"貝戈利奧知道我們需要提出另外一個議案，並給予我們支持，這對我們來說是一個很大的安慰。"天主教主業會組織成員內格雷回憶說，"通過不懈地努力，我們設法就贊成一個公民結合議案達成協議，從而在一方面使同性戀得到了實惠，另一方面保證了婚姻法的完整性。當時，我徵求了許多人的意見，其中就有貝戈利奧紅衣主教。他在家裡打電話對我說，'你走對路了。'"

　　進入討論階段時，內格雷明顯獲得了參議院大多數人的支持。但是，在接下來的24個小時裡，支持基什內爾的參議員利用貝戈利奧被洩漏的信件，以一種慣用的狂熱的反教權主義手法，發起了兇猛而又令人鄙視的進攻。"在那24個小時的會議期內，我聽到的關於貝戈利奧的事情不堪入耳。"內格雷回憶說。她被指控為納粹分子，想要對同性戀者做出希特勒對猶太人做出的那種事情，這使得她傷心得流下淚來。辯論結束時，迫於親政府陣營負責人的壓力，參議院議長做出妥協議案無效的裁決，迫使參議員們就政府議案投贊成票或者反對票。在混亂和憤怒的現場，在許多參議員走出去抗議政府的無情打壓期間，議案以僅僅的六票得以通過。"我們擊敗貝戈利奧了！"內格雷記得基什內爾陣營的負責人格格地大笑着，"就好像整個的辯論是在他們與他之間進行一樣。"

　　3個月後，內斯托爾·基什內爾去世了，享年60歲。在2010年，基什內爾的心臟病兩次復發使得他住進了醫院，但是這次心臟病在他聖克魯斯省巴塔哥尼亞家中復發得過於嚴重，最終搶救無效死亡。儘管貝戈利奧曾經派一名神父前往施臨終塗油禮，但是卻被克莉絲蒂娜拒之門外。基什內爾的守靈儀式在玫瑰宮舉行，接着在他南方的家鄉舉行葬禮。在消息傳出來的當天，貝戈利奧就在布宜諾斯艾利斯大教堂為他做安魂彌撒。儘管基什內爾對教會，特別是對他自己惡語相向，但是貝戈利奧的佈道卻是仁慈寬厚的典範。"我們在這裡為一個名叫內斯托爾的人祈禱。"貝戈利奧說，"主用雙手接受了他，他的人民也為他施了塗油禮。"

基什內爾主義是貝戈利奧所謂的青年進步論者思想的典範。這種思想一方面要對過去的獨裁統治實施報復，另一方面在政治上和精神上為游擊隊辯護、開脫。對他們來說，"人民"在現實生活中就是指年輕的城市進步論者，而他們針對的是那些過去的敵人：教會、軍隊、軍事組織的報紙如《號角報》和《民族報》等、外國銀行、農業出口公司、美國和英國等（這份清單很長）。

政府在前七年的主要盟友，是人權組織和被血緣和同情綁在一起的上一代游擊隊員。政府調撥巨額資金給許多這樣的組織，用於對骯髒戰爭展開調查、聽證和起訴。到2010年，由政府資助的這些組織提起的訴訟近一千起，數以百計的人被判刑入獄。貝戈利奧一直都與他們合作，無論是按照要求提供信息，還是協助調閱教會檔案等。他告訴拉比斯庫爾卡說，許多人至今還不知道他們的親人發生了什麼事，"他們失去了親人，可是他們不知道到哪裡去為他們哭泣。"不過，接下來需要的是治療創傷與和解。"仇恨解決不了任何問題。"他說。

政府資助的龐大的人權組織行業的努力，並沒有提供多少關於失蹤人員的信息（最終確定的失蹤人員數目實際上比薩巴托委員會在20世紀80年代估計的要少），與此同時採取多種方法，使阿根廷人更加難以與20世紀70年代的獨裁軍政府妥協。任何認為游擊隊是人員失蹤的一個因素的想法，都會遭到官方的斥責。因為在官方看來，只有一個魔鬼，那就是武裝部隊和暗殺小隊。這種過於單純化的兩元論，激發了一種懲罰性的態度。由於確信那些應當負責任的人，沒有為他們的不公正付出代價（阿方辛和梅內姆的特赦不斷地受到批評），人權組織在實地調查聽證會上，採用目擊證人的證詞作為證據，從而提起越來越多的訴訟。這就是2010年11月貝戈利奧因為尤里奧和亞歷克斯案被傳喚提供證據的理由，而尤里奧和亞歷克斯案，則是阿根廷宏大的海軍酷刑中心海軍機械學院案長期調查的一部分。

兩個月前，一位曾經出現在下弗洛雷斯貧民區兩個耶穌會士被捕現場的被盤問者宣稱，兩個耶穌會士之所以被捕，是因為貝戈利奧收回了他們的牧師許可證，使他們失去了教會的保護，貝戈利奧之所以這麼做是因為他反對他們與窮人共事。這種說法聽起來疑似米尼奧內/韋爾比特斯基的陳述，但是負責這起調查的代理人路易斯·薩莫拉，是一個托洛茨基派的政治家，也是韋爾比特斯基在人權組織法律和社會研究中心的一個同事，他不打算再追查下去。他先入為主的觀點是，也正如他對一個電視台節目所說的那樣，"教會是獨裁統治的共謀，也是其強制工具的一部分，這是不可爭辯的事實。"在掌握了傳喚貝戈利奧的證詞之後，薩莫拉決心兩天的審問當中證實韋爾比特斯基的指控，並從貝戈利奧那裡獲得一些可以起訴他的東西。

阿根廷法律允許高級公眾人物選擇審問他們的地方。由於意識到薩莫拉試圖想要把這次聽證安排成好像他因為犯罪而被起訴的審判一樣，因此貝戈利奧把聽證地點選擇在大主教教區的庫里亞，而不是法院。"他們想要他成為一場表演的一部分。"瓦爾斯說，"他是不會讓他們得逞的。"貝戈利奧在聽證之前很緊張，不過還是要庫里亞的工作人員像往常一樣，告訴他們說，"他們是沖我來的，不是你們。"《耶穌會士》這本書是在當年早些時候出版發行的，是一本貝戈利奧接受新聞記者塞爾吉奧·魯賓和弗朗西斯卡·安布羅蓋蒂採訪的書。在這本書中，貝戈利奧第一次公開談到那次骯髒戰爭，並含糊地談到了那些他曾經幫助逃走的人。瓦爾斯想要跟這些人聯繫，這樣他們就可以把他們的經歷講給記者們，不過貝戈利奧說"不"：如果他們想要那樣做，他們自己會說出自己的名字的。"放鬆，費德里科，"他說，"這個時刻會到來的。"

在這次聽證之後，薩莫拉試圖宣稱貝戈利奧閃爍其辭，隱瞞了一些東西。"這是一個非常沉默寡言的證詞。"他告訴一個電視台的記者說，"他在3天後知道這兩位耶穌會士被關押在什麼地方，可是當我問他是如何知道的，他就含糊不清了，拒絕給出名字。就是他真的給出了一個名字，這個人已經死了，也不能傳喚作證。"然而，錄影和法庭證詞記錄呈現的卻是完全不同的情況。薩莫拉多次用挑釁的語氣質問貝戈利奧，這使得法官不斷地提醒他貝戈利奧不是在接受審判。儘管如此，在四個小時的聽證期間，貝戈利奧還是主動提供了事件的背景及經過等詳細情況，足以推翻韋爾比特斯基的說法。他的確沒有說出耶穌會士的名字，那是因為他要保護他們，使他們免受政府質詢機器的摧殘；他還回避對尤里奧和亞歷克斯或者任何其他人發表評論。他從來都沒有想着為自己辯護，只是堅持用事實說話，提供所有的背景情況，幫助調查事情的真相。這是一次枉費心機的行動，使得薩莫拉七竅生煙，暴跳如雷卻又無可奈何。

2011年，貝戈利奧就一個女人在1977年曾經向他尋求幫助提供了更多的證據，而且他還跟一個主教談到過她。五月廣場母

親和韋爾比特斯基此後宣稱他在證詞中撒謊，因為他說只是到了
1980年他才發現有計劃地從拘留所帶走出生在那裡的孩子的事
情。韋爾比特斯基說，他"肯定"知道。不過，這件事情是骯髒
戰爭最骯髒的秘密之一，儘管在當時有這樣的傳聞，但是如果他
知道一些真實的情況，那將是令人吃驚的。

　　儘管五月廣場母親的名聲在國外很完好，但是這個具有標誌
性的人權組織，在阿根廷的信譽多年來已經受到了嚴重的損毀。
除了財政上的醜聞和內部無休止的爭論外，母親們的領袖希伯·
德鮑納菲妮是一個極力主張墮胎和反教權主義者，她對於恐怖分
子表達的同情通常連基什內爾主義者都瞠目結舌。她甚至為美國
的世貿中心遭到恐怖襲擊、以及西班牙武裝組織和哥倫比亞革命
武裝力量的殘暴行徑而拍手叫好。對貝戈利奧來說，與那些指責
他是"叛徒"、說他是酷刑者的共謀——是他們所謂的"右翼教
會"而不是他們自己所謂的"人民的教會"的代理人的組織處好
關係，並不是一件容易的事情。但是，對於他們的責罵和攻擊，
他從來都不回應；當魯賓和安布羅蓋蒂問他是否同意鮑納菲妮的
過激行為沒有用時，他一直都把重點放在母親們的痛苦上。"我
可以想像，這些女人拼命尋找她們的孩子，又遇到了當局的冷嘲
熱諷，羞辱她們，把她們像皮球一樣踢來踢去。我們怎能不理解
到她們的感受呢？"

　　遠離政治舞台，貝戈利奧有許多與人權活動分子和失蹤人員親
人的幕後會面。他會接待任何想要見他的人，他們會發現他非常富
有同情心，總是能夠提供他們想要得到的信息。他們的會面是有共
同的原因的，因為貝戈利奧在那場骯髒戰爭中也失去了親人。

　　內斯托爾去世引發的對總統克莉絲蒂娜的同情，使得她在
2011年年底第二次當選總統。克莉絲蒂娜政府仍然把自己密封在

自說自話、與世隔絕的世界裡，並且變得越來越獨裁。不過，在政府那個狹隘的天地之外，卡洛斯·阿卡普托神父的社會與教區辦事處多年來打破界限，在政治家、商人和工會領袖之間構築了一個強大的關係網絡。同2002年對話一樣，這個辦事處的職責就是重建阿根廷的公共生活，培養以貝戈利奧大主題為奮鬥目標的新一代領導人，這個大主題就是：政治服務意識、優先選擇為窮人、碰撞、團結和共同利益文化。

　　貝戈利奧與阿卡普托十年來設立的"社會教區日"，是一個非常特別的現象：這是一個由教會主持、所有黨派和主要利益集團的領袖參加、共同研討國家面臨的挑戰和優先發展項目的年度集會，其目標是就各方所代表的利益如何被看作是整體的一部分，以及代表其他利益的主體如何被看作是人類共同的一部分達成諒解。"在那個時候，你會發現，在政治家或者商業領袖背後，有那麼一個同你一樣的人，他遭受痛苦、有困難、有疑惑，然後你就會發現那個人，而不是他的人格。"阿卡普托解釋說，"如果你能夠認識到這一點，你就能夠與你遇見的人發展一種相互碰撞的關係。"

　　"社會教區日"（過去）是（現在仍是）貝戈利奧消除阿根廷政治生活相互攻擊、黨派之爭私人化現象、打造一種政治文化的實踐嘗試，其成果可能只能等到後基什內爾時代才能收穫。

❧

　　紅衣主教貝戈利奧是跨界關係的構築大師，而在這些關係當中有許多發展成了深厚的友誼。梵蒂岡與其他宗教關係理事會主席、法國紅衣主教讓··路易·托朗會談稱，"阿根廷的各宗教間對話模式在世界上獨一無二。"吉列爾莫·馬可神父在貝戈利奧的支持下，於2005年創立了一個不同宗教信仰對話學會。他說，阿根廷的各宗教間對話模式的特殊之處就在於，它賴以存在的基礎是友誼，而不是達成神學協議。對話不是在宗教機構或者代表之間開展，而是通過友誼在不同宗教或者派別的領袖之間進行，他們相互站在對方的立場考慮問題，從來不在其特性上妥協。作為2001－2002年危機的結果，"阿根廷模式"部分地反映了其產生的方式，那就是：在國家機構缺乏信任時，人民就會轉向宗教領袖，而宗教領袖就需要聚集在一起，對當時的需要做出實質性的回應。

在眾多值得注意的關係當中，其中三個突出的關係是：與伊斯蘭教、猶太教和聖公會福音教派之間的關係。

阿根廷一百多萬具有敘利亞和黎巴嫩血統的阿拉伯人，是在20世紀20年代到達的，他們大多是基督教徒，就如同前總統梅內姆一樣。奧馬爾·阿布德的阿根廷祖父是一位教長，也是第一位將《古蘭經》翻譯成西班牙語的穆斯林。據他估計，阿根廷的穆斯林人口（遜尼派、什葉派和阿拉維派）大約有30萬：不過，很難知道確切的穆斯林人口數目，因為阿根廷的人口普查並不給出非基督教徒的確切數目。不過，虔誠的穆斯林相對較少；布宜諾斯艾利斯只有三座清真寺。他們是一個安靜、完整的族群，直到9.11紐約恐怖襲擊事件以後才成為人們關注的焦點，而當時在阿根廷共和國伊斯蘭教中心工作的阿布德則成了該中心的發言人，向媒體說明被伊斯蘭教意識形態激發的恐怖分子，與普通而又虔誠的穆斯林有什麼不同之處。

在馬可神父進行過聯繫接觸之後，貝戈利奧於2004年5月第一次訪問這個伊斯蘭教中心，他是自1931年成立以來第一位訪問該中心的主教，更是第一位訪問該中心的阿根廷大主教。"我感謝主，大慈大悲的主。"貝戈利奧在訪客留言簿上寫道，"為了這兄弟般的盛情，為了我在這裡發現的阿根廷愛國精神，為了見證為我們祖國的歷史價值所做的努力。"直到一年多以後去世，伊斯蘭教中心主任阿德爾·梅德一直定期與貝戈利奧會面。2005年的8月，貝戈利奧重返伊斯蘭教中心，並在梅德主任的靈前祈禱。到那個時候，各宗教間對話學會也已經成立，並就不允許國外緊張關係影響阿根廷國內關係達成協議：這就是說，例如，本篤十六世於2006年9月在德國雷根斯堡發表的演講，就沒有造成阿根廷國內穆斯林與天主教徒之間的磨擦，但是該演講被斷章取義，引發了穆斯林世界的憤怒。（不過，那次演講導致馬可辭去貝戈利奧發言人的職務，因為他對教皇的演講發表表示遺憾的評論，被報道成為貝戈利奧發表的評論。）

"貝戈利奧教我們，並向我們展示如何開展對話。"在梅德去世後接任伊斯蘭教中心主任的阿布德回憶說，"他把少數派和大家聚集在一起，創造出一個前所未有的公民空間。"例如，在年度感恩活動時，貝戈利奧邀請阿布德和其他宗教領袖參加，並安排發表共同宣言和承諾，就社會問題表達宗教界的聯合主張。

阿布德這位時年47歲、語言清晰有力的敘利亞人後裔成了貝戈利奧的親密朋友。他定期到庫里亞拜訪貝戈利奧，他們一起喝咖啡，吃西班牙夾心餅，談論足球和政治，還談論文學、音樂和歌劇（"我從他那裡學會了欣賞德國歌劇家瓦格納的作品《帕西發爾》"）。阿布德向他說明一些關於伊斯蘭教的事情，不過他發現這位紅衣主教已經知道得很清楚了。貝戈利奧借書給他，讓他看到基督教和伊斯蘭教平行發展的歷史，並向他說明他的四條公民原則的重要性：整體大於部分、團結勝於衝突、現實優於理想、時間勝過空間。對於這四條原則，阿布德不僅謹記在心，而且還轉化成為伊斯蘭教的觀念，並時常用於指導生活實踐。

"一個穆斯林怎麼能向一個天主教的神父學習呢？"阿布德表示驚異地搖了搖頭說，"我是通過他的話語認識到了伊斯蘭教仁慈的能動性。"他們的討論天馬行空，從神的特性（穆斯林主張神的單一性，而天主教徒則認為主是三位一體的），到阿布德稱之為"一個伊斯蘭耶穌的願景——那將是一個奇跡。"不過，他們談論的話題最多的還是仁慈的共同點和神的特性。"在貝戈利奧看來，行善本身就是一門功課，就是要我們通過換位思考提高我們對他人的認識。"阿布德回憶說。阿布德非常欽佩貝戈利奧超凡的精神洞察力（"那是他一生的嚴謹和祈禱的結果，"他說。）和他對物質的"零附屬"。"事實是，"阿布德說，"在許多方面我都愛他。"

另外一個愛貝戈利奧的人是拉比亞伯拉罕·斯庫爾卡。

貝戈利奧的父親馬里奧過去曾經告訴他的兒子，猶太人幾個世紀以來是如何遭受迫害的，其中包括遭受教會的迫害；而且他還應當知道的是，耶穌也是一個猶太人。長大以後，貝戈利奧在弗洛雷斯認識了許多猶太人。在阿根廷，大多數的猶太人是東歐的德裔猶太人，他們的祖先是在19世紀80年代之後乘船來到阿根廷的（在紐約的接收配額滿了之後，他們中的大多數就把布宜諾斯艾利斯作為他們的第二個選擇）。斯庫爾卡的波蘭祖父母是在20世紀20年代到達的，他在家說意第緒語。

阿根廷猶太人口大約為20萬，比過去的人口少了一些，因為在2001－2002年阿根廷經濟危機後，移民以色列的猶太人增多了。不過，阿根廷猶太人仍然是拉丁美洲最大、最重要的猶太人散居群體，他們在阿根廷有許多重要的機構，在布宜諾斯艾利斯有十多座猶太教堂。在20世紀三四十年代，天主教知識界民族主義分子發起了反猶太主義運動，在20世紀70年代獨裁統治期間反猶太主義運動又在軍人政府的高層抬頭。儘管如此，從整體上看，阿根廷猶太人是安全的、完整的。不過，在20世紀90年代初期，中東的衝突在布宜諾斯艾利斯上演了：國外伊斯蘭教激進分子利用汽車炸彈炸毀了阿根廷以色列互助協會，炸死85人；兩年後，一起針對以色列大使館的襲擊又造成29人死亡。這些襲擊都留下了它們的印記：在貝爾格拉諾寂靜的大街上，斯庫爾卡的貝奈提克瓦教堂的窗戶上釘上了橫木，教堂也配備了一天24小時的保安。不過，斯庫爾卡一直認為，真正的安全並不是把自己鎖在屋子裡面。於是，從20世紀90年代中期，他開始發展與神父和當地穆斯林領袖的關係。此外，他還是貝戈利奧所讀報紙《民族報》關於猶太事務的特約撰稿人。

　　貝戈利奧繼承了猶太團體與紅衣主教奎拉西諾之間牢不可破的關係——奎拉西諾在大教堂安放了一個玻璃牆，用來擺放從大屠殺中搶救的文獻，而這是前所未有的。在任職大主教之後不久，貝戈利奧擴大了這面玻璃牆，增加了紀念在1992年和1994年兩次襲擊事件中受害者的部分，並在大教堂舉行宗教儀式，紀念襲擊事件的受害者。在接下來的幾年裡，他把布宜諾斯艾利斯猶太人與天主教徒的關係發展到了一個新高度。他定期參加納粹迫害猶太人年度紀念活動“水晶之夜”，並且不只一次在大教堂主持這個紀念活動，代表那些在20世紀30年代旁觀、任由大屠殺事件發生的人，請求猶太人的原諒。他保證，在教區學校和神學院要向學生們講解襲擊事件，並於2012年派三名神父實習生到耶路撒冷參觀大屠殺紀念館。他派他的輔理主教代表教會，參加猶太團體舉行的年度紀念阿根廷與以色列互助協會的受害者，並於

2010年7月親自參加、在玻璃牆前祈禱，並告訴記者們説襲擊事件是"主揀選的子民遭受痛苦的歷史上悲痛與迫害鏈條上的另一個鏈環。"

　　貝戈利奧還注意加強與猶太領袖之間的聯繫。在這些人當中，其中有拉比丹尼爾·戈德曼和塞爾吉奧·伯格曼。同馬可神父和奧馬爾·阿布德一樣，戈德曼是各宗教間學會的一分子。塞爾吉奧·伯格曼是阿根廷猶太主教堂的拉比，也是一位中右派政治家。多年來，伯格曼一直與貝戈利奧合作，發揚恢復政治良好名譽的共同公民道德：貝戈利奧為伯格曼2008年的《公民隨筆》作序，而伯格曼把貝戈利奧描述成他的"拉比"——所有阿根廷人而不只是天主教徒的精神導師和所有人都可以參與、獻計獻策並保持自身特性的公民空間的創造者。拉丁美洲猶太人會議執行理事克勞迪奧·埃普爾曼和阿根廷與以色列協會代表團的阿爾伯托·齊默爾曼也是貝戈利奧的朋友，他們受到他的邀請，在聖誕節前夕共進晚餐，並給他們上了猶太教規定的食物。

　　時年63歲的斯庫爾卡是布宜諾斯艾利斯拉丁美洲希伯來語學院院長。同貝戈利奧一樣，他曾經是一名化學系學生。2004年9月，斯庫爾卡邀請貝戈利奧參加他的社區塞利肖特舉行的苦行贖罪儀式，他們一起祈禱，一起掰麵包。此後，他們便成了親密的朋友，斯庫爾卡經常到貝戈利奧的辦公室去（在辦公室裡，他們有時會就誰支持的球隊在走下坡路而爭執不休），並開始就許多項目開展合作。貝戈利奧為斯庫爾卡的書作序，並在此後問這位拉比是否願意為一本由新聞記者塞爾吉奧·魯賓和弗朗西斯卡·安布羅蓋蒂寫的、關於他的訪談錄《耶穌會士》作序（該書於2010年出版）。貝戈利奧的這一舉動深深地打動了斯庫爾卡。他問道，"什麼？你是在請我嗎，一個拉比，一個猶太人？"

　　在2010年，斯庫爾卡和貝戈利奧在一位記者的陪同下每個月見一次面。這個記者把他們的討論內容進行了記錄和編校，裝訂成書，並於2011年出版，書名為《論天堂和地獄》，內容大部分是關於道德和倫理方面的話題，包括安樂死、離婚、墮胎、全球化、貧困、婚姻和大屠殺等。"對話，從其最深層的意義來講，就是使一個靈魂接近另一個靈魂，從而啟迪和照亮一個人的內心。"斯庫爾卡在這本書的導言中寫道。拉比和紅衣主教，他們兩個那年都失去了一個親人：紅衣主教的弟弟阿爾伯托於6月去世，而拉比的岳母也於當年去世。當斯庫爾卡陪同貝戈利奧為他的弟弟守靈時，他問貝戈利奧為什麼請他為他的書作序。"他不假思索地説，'那是發自我的內心。'我激動得流下了眼淚。"

　　2010年10月，貝戈利奧和斯庫爾卡開始參加大主教教區的電視頻道一個不同尋常的三方對話《運河21》的節目錄製。在這三方中，主席位是新教神學家馬塞洛·菲格羅亞。最終，這個節目共31集，每月一集，每集時長一小時，每一集討論一個社會主題，包括團結、性特徵、權威和幸福等，每個主題都以《聖經》為中心展開，因為三方都以該書為經典，而且參加節目的這三個人對該書都有很深的造詣。兩年後，在慶祝梵蒂岡第二屆大公會議改變了天主教與猶太教關係的文件《教會對非基督宗教態度》宣言第五十周年紀念活動時，貝戈利奧授予斯庫爾卡布宜諾斯艾利斯天主教大學榮譽博士學位，而這在阿根廷是前所未有的。

　　他們之間的友情是深厚的。斯庫爾卡説，貝戈利奧是一個真正的好朋友，是一位正直誠實、徹頭徹尾的朋友。不過，他們的關係是嚴肅、認真的，這表現在使用正式的西班牙語usted的格式上，不是慣常的tú。"這標誌着在深厚友情的基礎上構築的一個完全尊重的框架。"斯庫爾卡說。對外人來說，這些語言上的細微差別是很難理解的，但是正如我們說拉比：我們不會視對方為理所當然；我們尊重對方的傳統。在他們的說笑和友情之下，都有一個嚴肅、認真的目的。"只要我們在一起，我們總是問自己'我們現在做的是否能為這個世界增添一丁點兒的精神性？'我們時常問對方，'我們的下一個計劃是什麼？我們的下一個任務是什麼？'"他們想要在更深層次理解猶太教對基督教意味着什麼，反之亦然；如果猶太教徒在信仰上是基督教徒的"長兄"（現代天主教徒的客套話），那麼，這對兄弟的關係可能或者應當是什麼樣？貝戈利奧關注的重點是耶穌的視（自己）與窮人和弱勢群體為一體，這使人回想起以色列的先知和希伯萊聖經《托位》，斯庫爾卡說，從而也使得兩個阿根廷人因為有了共同點而不斷地會面。"他覺得我們處在他的信仰的根源。"

　　保持着耶穌會最優良的傳統，作為紅衣主教的貝戈利奧仍然是一個生活在前沿的人，聽從召喚，生活在特性相互矛盾的壓力下，為生活在類似險境下的他人提供支持。在他人當中，其中的一個就是在英國出生的南非聖公會福音派主教托尼·帕爾默。托尼和意大利的埃米利亞納都在南非的開普敦工作和生活，後來他們相遇並結婚。當時，他們兩人都是福音派教徒，托尼是傳教士。2004年，他們離開南非，到意大利居住。在意大利，托尼開始與意大利天主教靈恩派領袖瑪竇·卡利西一起合作，而卡利西與布宜諾斯艾利斯福音派牧師喬治·希米提安的友誼，又促成了布宜諾斯艾利斯月亮公園體育館的大集會。托尼與卡利西結成了兄弟般的友誼，而他們的友誼促進了與基督教其他教派（兩個聖公會教徒和一個東正教教徒）之間的團結，並在共同信仰的基礎上結成了聯盟，這個基礎是：聖靈使基督教各個教派團結起來朝向未來的統一邁進。

通過靈恩派運動，埃米利亞納與天主教會和解了，而托尼則被福音新教聖公會教派共融會接受。該組織由新教和聖公會領袖於20世紀90年代創建，這些領袖把自己看作是教派會聚運動的一部分。通過福音新教聖公會教派共融會，他於2005年被授任為神父，並於2010年被授任為主教。

在任職神父一年之後，托尼與卡利西一起來到布宜諾斯艾利斯，他們的任務是把天主教徒和福音教徒聚集在一起。貝戈利奧會見了他們當中的五人，並且說想聽聽他們自己的故事。他對托尼的經歷特別感興趣，因為他的婚姻促進了教派的大聯合。托尼說，儘管他們的婚姻很好，因為他們的差異是互補的，不過也存在有一個問題。"我告訴他說，自從我帶着全家加入到天主教後，我就被告知不能領聖餐了。每星期日到教堂做禮拜時，我只能坐在長椅上。所以，在領受聖餐回來後，我的孩子就問我說，"爸爸，你為什麼要帶我們加入到一個把一家人分開的教會？"說到這裡時，托尼回憶說，貝戈利奧的"心都碎了，他的眼睛充滿了淚水。"當他們離去時，貝戈利奧把托尼拉到一邊，問他是否願意跟他建立聯繫，也許他們可以一起探討婚姻生活中的聖餐問題。托尼同意了：在接下來的幾年裡，當他與年輕人一起在布宜諾斯艾利斯工作時，他們都會見面，並通過電子郵件和電話保持聯繫。（他們一直都說意大利語；托尼稱他為"馬里奧神父"。）

他們就初次見面時托尼提出的問題進行過深層次的交流：天主教不允許非天主教基督徒在彌撒時接受聖餐的規定。托尼言辭激烈的辯論說，聖餐不是機構合一的象徵，而是統一於耶穌基督的象徵，而天主教會的規定意味着，教會宣稱聖壇是羅馬的聖壇，而不是耶穌基督的——這是一種褻瀆。"我沒有跟他講新教神學，而是講我對天主教聖典的理解。"托尼強調說。紅衣主教沒有試圖為教會的規則辯護，只是肯定了托尼的聖典神學思想，對他深表同情，並且一再勸托尼要耐心。"他想讓我平靜下來，想讓我成為一個改革家，而不是一個叛逆者。"

2009年，教皇本篤十六世就聖公會教徒加入天主教會設立了一個新的教會法律機構，也就是眾所周知的聖公會教派辦事處，貝戈利奧打電話給南美洲南部錐形國駐布宜諾斯艾利斯聖公會大主教葛列格里·維納布林斯。在進早餐的時候，"他非常清楚地告訴我，聖公會教派辦事處是完全沒有必要的，教會需要聖公會，就像聖公會需要教會一樣。"貝戈利奧對托尼也是這麼說的，於是托尼就在想這個機構是不是為他設立的。"他告訴我說，我們需要的是搭橋人。他勸我不要行動，因為那樣看起來就好像我是選擇了一邊，那樣的話我就會停止成為搭橋人了。"托尼說，貝戈利奧認為"為了這個使命，團結的使命"，他應當留在聖公會；於是，"為了這個使命，團結的使命"，他"剝奪"了自己成為一個天主教徒的權利。托尼說，每次他去見貝戈利奧，他都"不是作為聖公會教徒，而是作為他的教子"見他的。

托尼當時還沒有意識到貝戈利奧在普世教會內部變得越來越重要，只是敬畏耶穌基督的向心性在這位紅衣主教生活中的地位。"他賦予福音以生命，"托尼說，"他在最深的層次過着一種神聖的生活：他讓福音變成了他自己。"貝戈利奧的謙卑和簡單具有欺騙性，托尼說，"如果你不準確地聆聽他說的話，你就聽不到他在深層次裡說的是什麼。他不用情結來表達；在這個方面他是高度自制的——他可能會強調某一點，但是你卻沒有意識到。這就是你為什麼必須聆聽的原因：要平靜下來，然後聆聽。"

❧

　　貝戈利奧在作為大主教最後幾年的任期內，除了加強教會在貧民區的建設、從貧民區開始進行福音傳教、與其他宗教和政治之間開展深層次的交往與聯繫之外，他還在第三個領域執行他的任務使命。要完成這個使命，他就需要向掌控布宜諾斯艾利斯賭博業、人口販賣、賣淫、血汗工廠勞工等醜惡世界的黑手黨挑戰。主教們發表的200周年文件，已經將公眾的注意力吸引到了暴露的賭博和毒品、以及由此帶來的吸毒和暴力上；此外，讓公眾關注的目標還有貪污腐敗和對弱勢工人的剝削，特別是那些沒有正式文件證實其合法身份的移民。在2002－2003年阿根廷國家墜入崩潰之後，所有的這些醜惡現象都在轉移，腐蝕着警察、法官、政府官員、許多的城市和聯邦政府高級官員。

　　合法賭博的興盛是國家與市場勾結的標誌。隨着私營公司獲得越來越多的特許權以換取政治捐款和酬金，賭博從擲骰子、博彩、賓果遊戲廳到遊戲室，遍佈在城市的每一個角落，特別是在貧困地區，從而導致民眾賭博成癮和家庭破裂。其中一個公司的老闆，是內斯托爾·基什內爾和布宜諾斯艾利斯市長毛里西奧·馬克里的商業盟友。這個公司控制着所有其他公司，不僅給公司帶來了豐厚的利潤，而且還給聯邦政府和市政府帶來了數百萬美元的稅收收入。

　　從2008年開始，貝戈利奧向這個關係網絡發起了挑戰。在這一年，馬德羅港擲骰子賭博業的工人們舉行大罷工，要求改善他們低劣的工作條件（包括性剝削），然而他們卻被公司解僱了。

在貝戈利奧書面和公開支持下，這些被解雇的工人聚集在五月廣場表示抗議，從而引起媒體對賭博特許權和與政府之間的聯繫提出了種種疑問。通過這種曝光，教會發表強有力的聲明，游說與貝戈利奧關係密切的政治家，貝戈利奧獲得了一次重大勝利：2008年12月，馬克里否決了一批新的賓果和老虎機特許權。

至少在這次事件中，教會成功地説服國家置共同利益於經濟利益之上。貝戈利奧繼續向政府施加壓力。在2010年12月的一份文件中，他和主教們指出，賭博業與漂白販售毒品和武器走私、販賣人口獲得的黑錢有着密切的聯繫，並把賭博業描述成為"一種用大筆的錢服務於少數人而損害多數人，特別是窮苦人的商業活動。"在列舉了賭博成癮給窮苦家庭帶來一系列的嚴重後果之後，他們呼籲國家控制和規範工業企業，並發起一次到2011年復活節截止的全國性宣傳活動。

2001年危機之後，廢舊物品挑揀工成了阿根廷最令人同情的階層之一。他們由男人（多數為男孩）組成，裸露着上身，夜間在垃圾堆中挑揀可以回收的廢舊物品來賣。貝戈利奧在20世紀70年代瓜爾迪亞的一位老同事有一個叫胡安·格拉瓦伊斯的律師兒子，在胡安的幫助下，布宜諾斯艾利斯約3000名廢舊物品挑揀工組成"被排斥工人運動"組織。貝戈利奧從一開始就支持"被排斥工人運動"的工作，來到他們設在奧賽廣場的基地，幫助他們制定戰略和計劃。每當胡安被捕或者遭到襲擊，貝戈利奧就會四處奔走，向他提供需要的幫助。他成了廢舊物品挑揀工們的牧師和朋友，支持他們，為他們舉行婚禮，為他們的孩子施洗禮。他們的一個領袖塞爾吉奧·桑切斯説，貝戈利奧是"唯一在他們鬥爭最艱難的時候站出來幫助他們的人。"

"被排斥工人運動"與紡織工人密切合作，發起了"拉阿拉米達"反人口販賣運動，為逃離城市血汗工廠和妓院的工人提供新的生活和保護。2006年，卡巴里托一家秘密開設的地下紡織廠發生火災，造成六名被販賣至阿根廷的玻利維亞人死亡，其中包括四名兒童，他們被鎖在樓上的一個房間裡，以免讓他們正在工作的媽媽分心。這起火災使得地下秘密紡織廠暴露在光天化日之下。一份報告表明，2006年，布宜諾斯艾利斯估計至少有2000多家這樣的紡織廠。在這些紡織廠，沒有正式文件證明合法身份的女移民在奴隸般的條件下工作，每小時掙一美元，每天工作18個小時，吃和住的地方就在縫紉機旁邊的地板上，她們的身份證明被工頭拿走了，警察因為收了工頭的好處而對這種事熟視無睹。沒有錢和身份證明，在每個星期可以出廠的幾個小時裡，這些女工們也無處可去。

隨着關於"拉阿拉米達"運動消息的傳出，這些女工們開始到他們那裡去，尋求他們的幫助。她們的故事使得"拉阿拉米達"運動領袖、此前曾經是一名教師的古斯塔沃·維拉理清了整個事件的來龍去脈：地下紡織廠，是由黑手黨操控、從事毒品交易和賭博活動的人和利益集團參與的地下黑工廠。這個犯罪網絡涉及到聯邦警察和市政府高級官員。隨着他接收這些女工、並向媒體報道她們的證據，維拉開始收到黑幫頭目的威脅。由於不能向警察尋求幫助，因為警察已經被收買了，維拉同意了格拉瓦伊斯提出的與貝戈利奧會見的建議。維拉是一個格瓦拉左翼分子和無神論者，但是他拜讀過貝戈利奧對資本主義將人轉變成為商品的野蠻生產方式的控訴，對他印象深刻。2008年8月底，維拉在庫里亞留下一封信說想要得到貝戈利奧的幫助。在一個小時之後，維拉接到貝戈利奧的秘書打來的電話，請他進去。當他們相見時，令維拉感到驚奇的是，貝戈利奧很快就明白他講給他的一切。

　　一個星期後，貝戈利奧在拉博卡港口地區的移民聖母避難所舉行彌撒，參加會眾是"拉阿拉米達"運動和"被排斥工人運動"動員的廢舊物品挑揀工、被販賣的女工和以前的妓女。他告訴他們說，他已經認識到，他在學校裡知道的1813年《憲法》宣佈廢除奴隸制是一個謊言，此時在布宜諾斯艾利斯有比那裡更多的奴隸。他說，他看到了，在幾天前的夜裡，一輛滿載紙板的平板車在大街上被拖着，開始他還以為是由馬拉的，結果卻發現拉車的是兩個不滿12歲的孩子。城市法早就禁止動物在大街上拖運貨物，他補充說，可是這算是什麼呢？難道一個孩子還不如一匹馬值錢嗎？

　　這次彌撒此後成為每年7月在憲法廣場舉行的一個活動，成千上萬的廢舊物品挑揀工、被剝削和販賣的工人、妓女和移民工人都會聚集在這裡。五年裡，貝戈利奧利用這個活動把藏匿在地下的人口帶到了光天化日之下。彌撒起到了兩個方面的作用：表明教會是他們的同盟，並努力使他們獲得自由，鼓起人口販賣罪行的受害者的勇氣和希望；向那些從這種造成巨大傷害的工業獲益或者對此熟視無睹的人挑戰。

　　貝戈利奧經常在星期六乘坐地鐵到"拉阿拉米達"運動設在阿韋亞內達公園的基地去，喝杯飲料，和那裡的志願者、倖存者、無神論者和不可知者、左翼分子和天主教徒聊天。他們叫他喬治，而他總是隨時準備為他們服務，有一次他給從血汗工廠營救出來的一名縫紉女工的三個女兒施洗，而她們的教父母一個是無神論者，另一個則是猶太教徒。他就如何以及什麼時候將他們的起訴公佈於眾為維拉和其他負責人出謀劃策，鼓勵婦女們為爭取新的生活而鬥爭。在向他們提供支持的五年裡，"拉阿拉米達"運動提起的、針對秘密工廠違犯勞工法和安全規定的訴訟共有85起勝訴，並使得3000多名工人獲得自由。

許多遭販賣的婦女被賣進了妓院。當她們為獲得自由而抗爭時，她們和那些幫助她們的人，就會成為皮條客和腐敗警察的眼中釘。正如他對佩佩神父所做的那樣，貝戈利奧會站出來，公開支持那些受害的婦女，為她們提供公開保護，並把她們安置在修道院或者靈修所，直到確保她們是安全的為止。就是通過這種方法，貝戈利奧遇到幾十個妓女，並幫助她們找到住所和新的生活，就如同聖伊格內修斯和他的同伴曾經在羅馬所做的那樣。貝戈利奧成了他們的公益維護人，講述她們的故事。例如，2010年7月，他在憲法廣場的佈道時說：

前天晚上，一個可憐的女孩子被從一個強迫她在那裡工作的妓院帶出來，並緊急送往醫院。為了摧毀她的意志，他們把她灌醉，並給她注射毒品，她昏迷了。這就是那些黑手黨幹的，那些優雅紳士們的錢浸透着鮮血。他們是我們這個時代的奴隸販子，他們經營組織機構的目的就是腐蝕年輕人，摧毀他們的意志，用毒品摧殘他們，剝削他們。他們都是重要的、有影響力的紳士；他們幹這樣的勾當，但是他們從來都不露面，也從來都不會承擔後果，因為那個偉大的布宜諾斯艾利斯眾所周知的解決方案，那就是：賄賂……我們不要因為路邊的一個窮人挨打而選擇從路的另一邊經過吧！我們站起來，指出那些醜惡的焦點吧：奴隸制度和腐敗、地下黑工廠、妓院、卡巴萊酒店、他們出售毒品和榨取貧苦人血汗的地方和我們的兄弟姐妹們被當作祭品獻祭的現代祭壇。

維拉估計，貝戈利奧接見的被販賣婦女有80多個。每次見面，他都會問維拉，這些婦女都得到了什麼幫助，她們是否有工作，是否有住的地方。他從來都不作記錄，而只是說“好的”。

起初，維拉不知道他這麼做是什麼意思，不過在兩三天之後，他就會接到工會領袖、商人、修女或者貝戈利奧朋友的電話，為她們提供工作和住所。喬治總是記得每一個案子、每個名字、每個人的故事，而且他想讓維拉告訴他，她們過得怎樣。

維拉說，那些見過貝戈利奧的婦女走出來後顯得"很平靜"，她們說從來沒有一個人像他那樣全神貫注地傾聽她們的傾訴，也從來沒有一個人能夠像他那樣充滿愛地注視着她們。當貝戈利奧走出來時，他的眼睛紅紅的，充滿了淚水。有一次，他告訴維拉說，"我從她們那裡看到了耶穌基督的傷口。"

天主教週刊《標準》雜誌的編輯約瑟·馬利亞·普瓦里耶回憶說，貝戈利奧的辦公室"實在是太小了，因為它太令人不舒適了。在裡面的時候，你要打開門（讓某一個人進來），就得把椅子挪開，等關上門之後，你還得把椅子放回原處。"與1998年剛剛任職大主教時相比，他現在沒有什麼變化：一切都是教區優先，優先選擇為窮人服務，仍是那樣的儉樸和謙卑。最重要的是，有一件事是一直不變的：他仍然是在每天早上四點之後不久起床，然後是祈禱，這個時候是頭腦最清醒、心底最坦蕩的時候，因此也是他做出最重要決定的時候。

他一切都是根據主的旨意誠實地管理教區事務，那些和他一起工作的人說。他的敏銳的觀察力使得他做事堅決果斷，而祈禱中的經歷又會使得他重新進行思考。他本能地對執事這種想法產生敵意，例如把他們看作是擔任神職的俗人，但是卻被告知其中的三個就是為了這個任務來進行訓練的，"我真的不喜歡執事。

可是，聖母昨天夜裡降臨於我，並為布宜諾斯艾利斯要了三個執事。"

他的主教伙伴對他的工作量感到很驚奇。"除了祈禱和接見人們外，他一直都在工作。"喬治·卡薩雷托主教說。在20世紀90年代向聖母發過誓之後，他就不再看電視了，也不再看電影和戲劇了。當聖菲大主教何塞·瑪麗亞·阿蘭西多問他在一月的假期期間做了什麼時，他告訴他說，他待在庫里亞，通過祈禱和重讀經典著作放鬆自己。貝戈利奧新聞處負責人費德里科·瓦爾斯說，在休假期間，他週末的大部分時間都是在貧民區和避難所度過的，就像一個牧師一樣。"在那裡，我看到他很放鬆，那裡養育了他；和普通人在一起，他很放鬆。"

他花很多的時間寫作。在寫信時，他使用1986年在德國買的一台意大利產奧利維蒂電子打字機；不過，在寫其他東西時，他就用手寫。"貝戈利奧的字很漂亮，他喜歡寫作，而且他的風格也很好。"曾經與他一起制定阿帕雷西達文件的卡洛斯·加利神父說，"他喜歡對文件進行修改、完善，直到恰當為止。"《西班牙牧師出版物》於2005年和2006年發表過他的一些訓誡和演講，並於2011年和2012年發表了他更多的作品。除此之外，他還為一些期刊寫過許多文章，並為一些書寫過序言。

大主教阿蘭西多認為，通曉經典名著說明了"他西班牙風格的高超和散文的優美"的原因。正如所有優秀的作家努力想要做的那樣，貝戈利奧避免使用陳詞濫調。如果前面已經說過，他寧願不說，或者採用一種新的說法。這就是說，他使得教會的永恆不變的教義聽起來像是新的，而這對天主教主教來說是超乎尋常的。他的這種能力一部分是因為他率直：他憑直覺知道人們看重什麼，並說出來；另外一部分是因為他的簡明：就是使用一種既能表情達意又能讓人理解的語言。他的這種能力不是天生的；他的思想是複雜的，是多層次的，需要對他的原始語言進行加工，使之成為容易理解、通暢、充滿令人驚奇的比喻的信息。

對於媒體，貝戈利奧仍然是一個沉默寡言的人。他很少接受採訪，樂於讓其他主教接待媒體。不過，他會和那些他了解和信任的記者進行非正式的交談，向他們簡要地講述這個或那個故事，有時還建議他們把他的觀點說成是"與紅衣主教密切的消息來源"；這些記者包括《號角報》的塞爾吉奧·魯賓、《民族報》的弗朗西斯卡·安布羅蓋蒂、西爾維納·普雷馬特、卡洛斯·帕尼和馬里亞諾·德維迪亞和羅馬的詹尼·瓦倫特和伊莉莎白·皮克。儘管他不再看電視，但是教區電視頻道"運河21"卻是他的傑作；儘管他不知道如何使用社會媒體——他既不使用電腦也不使用手機，但是他派瓦爾斯學習了解新技術，把這些新技術看作是教會影響人們的一種方式：在2012年，他在羅馬告訴記者安德里亞·托爾尼里說，"我們努力通過數字媒體、網絡和短訊影響那些在遙遠的地方的人們。"後來，只要瓦爾斯把他的某一次佈道放在網際網絡上，貝戈利奧都會告訴他，"記住把它精練成140個字的東西。"

他成了一個堅定的分權協作領袖，每兩個星期與他的六個輔理主教（全部都是他提名的）召開一次會議，共同管理他們的大教區。喬治·洛薩諾回憶說：

儘管他是大主教，但是他聽我們講，也不妨礙我們在各自的領域行使職權。例如，當我們考慮要更換神父時，我們就會行使作為教區主教的職責：我們一起坐下來，然後討論哪個教區需要神父，哪個神父需要更換；但是，如果遇到敏感問題，他就會第一個直接對相關教區的主教說話。在座的每一個人發表自己的觀點，然後他會說好，我現在會考慮這件事，我會告訴你們結果。幾天後，在做出最後決定之前，他會打電話給相關主教，與他商量，看他是否同意，如果這位主教同意，他就會打電話告訴我們大家他做出的決定。他和輔理主教之間的關係是非常積極的，是共同掌權和交流。

他有許多促使達成一致意見的方法，而且這些方法都很高明。他的另一個輔理主教回憶說，他們在一個靈修所召開一個時長一天的計劃會議，然而會議在上午的討論中陷入了僵局。在進午餐的時候，貝戈利奧告訴主教們說，"我去休息一會兒，我們會解決這個問題的。"然後，他就拿着一個蘋果進了他的房間，按照往常那樣休息45分鐘，並進行冥想。與此同時，其他人吃午餐、喝酒。然後，當其他人困倦閒聊時，他再次出現了，清醒而又精神，就像早晨的青草一樣。他把他們一個一個地叫到一邊，就遇到的問題與他們進行交談。當大家迷迷糊糊重新聚集在一起時，解決方案已經有了，大家也都表示贊成。

許多人把他描述成為一個不可思議的人，正如耶穌會士們所說的那樣。主教卡薩雷托說，貝戈利奧的性格"相當不受外界影響"。儘管他對人熱情、友善，但是他是一個性格內向的人，他本能的想要安靜地躲開。他真正的強項是一對一地進行溝通和交流。"他創造了一個面對面溝通、無與倫比的關係網絡。"塞爾吉奧·魯賓說，"在發展私人關係方面，他太神奇了。"

儘管主教卡薩雷托和貝戈利奧不是朋友，但是兩個人的關係相處得很好。他說，貝戈利奧是一個"極其聰明的人，一個能夠透過表面現象看到本質的人"，他見多識廣，能夠對每一件事提出深思熟慮的見解。他廣博的知識令人窘迫和不安。"你不能拿廢話搪塞他，因為他一眼就能看穿你的把戲。"21號貧民區的神父胡安·伊薩斯門迪回憶說，"你不能說，'一切都好，教區的一切都很好'，因為不久前他已經問了一個尖銳的問題，這說明他已經清楚地知道發生了什麼事情。你什麼事情都瞞不住他；如果你想瞞他，他是不會買帳的。"《標準》雜誌的編輯普瓦里埃在2005年為一家英國報紙寫關於貝戈利奧的人物概評時這樣寫文章的起頭，"紅衣主教貝戈利奧想的是什麼？沒有人知道。"在此後不久的一次新書推介會上，貝戈利奧走近普瓦里埃，笑着說，"這麼說，沒有人知道我想的是什麼了？"

普瓦里埃曾經在那篇文章裡寫道，貝戈利奧"可以和國際象棋高手博弈"。這是一個許多人用在他身上的比喻。阿根廷主業會教區神父、曾經在阿帕雷西達與貝戈利奧在一起的馬里亞諾·法齊奧說，"有時，你會覺得自己就像是棋盤上的一枚棋子一樣——整盤棋都在他的腦子裡。"馬可神父用同樣的比喻說，"他是一個安靜的棋手，移動着棋子，能夠向後看許多步。他知道什麼時候停下，移動什麼。你永遠都不知道他的規則，因為他從來都不告訴你。"普瓦里埃補充說，貝戈利奧"（向你）傳達一種自信：他知道他所處的位置，知道他想要做什麼，知道他的方向，即使他自己也不能清楚地告訴你。"

他的辦事高明還體現在另外一個方面。"他傾聽每個人的意見，與每個人談話，然後走開，考慮最後的決定。"瓦爾斯說，"不過，決定一旦做出，就不會更改——每個人都會如同預期的那樣表示贊同的。"那些與他一起工作的人證實了他的這個說法：一旦就某個行動方案做出決定，任何影響、壓力或者干擾因素都是動搖不了他，因為他已經完全地陷入到了聖伊格內修斯要專注焦點的訓諭。拉比斯庫爾卡說，他就是一台推土機。"當他就某件事情做出決定時，他就會全力以赴：他會開闢出一條道路來的！他只管向前衝，把擋在路上的石頭扔向一邊。"

這種專注與堅韌與非同尋常的深思熟慮和敏感，都是他所具備的優秀品質。許多人最喜歡的貝戈利奧的軼事都與這些品質有關：一條手寫的感謝短信；某個人生日接到的一個自我介紹說是"貝戈利奧教士"的驚喜電話；噓寒問暖的體貼和關心。他繼續從最不經意的一個小動作看到大的視野。正如全世界的人後來都知道的那樣，貝戈利奧在每個月底都會穿過五月廣場，把橡皮筋歸還給報刊亭的主人丹尼爾·德爾雷格諾，因為他每天都要用這些橡皮筋向訂戶投遞報紙《民族報》。"這是你的工作的一部分，"當丹尼爾說他沒有必要這樣做時，貝戈利奧對他說。

與塞爾吉奧·魯賓一同編寫訪談錄《耶穌會士》的弗朗西斯卡·安布羅蓋蒂說，如果要她說出他的某個最優秀的品質的話，那就是他的"關心體貼他人、傾聽他人說話、對他人的需要無微不至的考慮。"幾乎每個人都對他的記憶力印象深刻——借助於記事本和日記，這使得他能夠記住對他人來說是緊要的事情。阿根廷《民族報》宗教專欄作家喬治·羅伊林曾經請貝戈利奧為他祈禱，因為他的一些體檢結果要出來了。後來，羅伊林的體檢結果表明，他什麼病也沒有，他也因此就把這件事給忘了。三個月後，貝戈利奧與他不期而遇，就問他，"我現在是不是可以停止為你祈禱了？"

貝戈利奧的生活是緊張的，緊張得令人無法忍受。事實上，這樣的緊張生活是所有的主教都必須面對的：一方面，他是一個重要的公民社會機構的有效的領導人；另一方面，他仍然是一個對每個前來尋求幫助的人關心體貼的牧師。如果說貝戈利奧比大多數主教做得更成功的話，那是因為他竭力想要成為"泰山"（正如他在《耶穌會士》裡面所說的那樣），成為一個無所不能的人。正是因為他太想把每件事都做好了，這就使得他難免在心裡留下遺憾。

2010年，在教會博愛慈善機構的一個靈修所，貝戈利奧就講了在這個方面令他長期都得不到安寧的一個例子。早在孩提時候，在他的家鄉，一個名叫康塞普西翁·馬利亞·米努托的婦女每個星期都會到他們家裡兩次，幫助他媽媽。她是一個西西里人，一個帶着一群孩子的寡婦，一個勤勞的婦女。他們一家人都很喜歡她。後來，她的孩子長大外出謀生，她也就到其他地方去謀生了，貝戈利奧就再也沒有她的消息。十多年後，大約在1980年，也就是他任職馬克西莫神學院院長的時候，他被告知她在大門口說要見他。貝戈利奧當時非常忙，就讓人告訴她說第二天再來，而她再也沒有來過。

幾個星期後，貝戈利奧開始感到非常地懊悔，於是就為她祈禱。此後的25年裡，他這種愧疚一直像陰影一樣縈繞在他的心頭揮之不去。一個偶然的機會，他的一個牧師遇到了她開計程車的兒子，這才使得他打聽到了她的下落。2006年，已經90多歲高齡的康塞普西翁在女兒的陪伴下來見貝戈利奧。"那天是我一生中最幸福的一天，"他回憶說。他從她那裡得知，她那天到馬克西莫神學院是想向他道別的，因為她打算回意大利去，但是沒有成行，她因此就留在了阿根廷。"聽着，喬吉托（'喬治'的妮稱），"她對他說，"我將不久於人世，所以我想把這個送給你。"說着,她遞給他一串神聖的、用聖牌串成的項鍊——至今他還戴着這串項鍊。從此以後,他們經常見面,交談,直到她去世。"我感到太幸福了,"貝戈利奧對靈修所的人說,"你無意在做某件事,然後主幫你實現了你的願望,這可真是太神奇了。經過這麼多年的祈禱之後,主最終還是給了我改錯的機會。她給予我的太多了。"

在《耶穌會士》這本書中,貝戈利奧講了另外的一個例子。當時,作為輔理主教,他正要離開大教堂,趕火車去給修女們上靈修課。就在這個時候,一個青年男子走上前來請求懺悔。貝戈利奧讓他等到值班神父下午回來後再說,可是男子一離開時,他就深深地感到愧疚了,於是調過頭來聽那個男子懺悔。後來,他仍然趕上了火車,按時給修女們上課。上完課後,他就為自己懺悔,因為他想,如果不懺悔的話,他第二天就可能因為愧疚而無法做彌撒。安布羅蓋蒂想,他可能為那個忘記他的職責的那個瞬間而懺悔。

這個職責是,正如前耶穌會總會長阿魯佩所說的那樣,"為他人服務"。任職紅衣主教最後的幾年裡,他成了這個職責,成了這個"標準"生活的化身。關於他隨時為他人服務和對人慷慨的故事不計其數,儘管大多數是在他當選教皇之後才廣為人知。

普瓦里埃回憶起了一個非同尋常而且也很典型的例子。有一次,共產主義抗議者在五月廣場舉行抗議示威活動,他們當中有一個人沒錢支付他和老婆孩子租住房子的租金。普瓦里埃說,"得知這件事情,貝戈利奧就對他說,'我可以幫你。我可以為你支付三年的租金,不過在這三年期間你得答應我,你要讀完高中,找個工作,並且讓你的孩子們上學。這是我們之間的協議。'很顯然,他每個週末給他打電話,了解他的孩子們在學校怎麼樣，他怎麼樣，他是否履行了諾言。那個人最後畢業了，找到了一份工作，也能夠支付租金了。"

在75歲的時候，貝戈利奧已經是一個生活在精神中的人了。他仍然牢記伊格內修斯核心的訓諭：操課，冥想經文（想像自己充當不同的角色），為他的佈道、靈修課、每日禱告和每日自省提供營養。除此之外，他每天還按照教規唱聖歌、祈禱和領聖餐，完成主教教區每一位神職人員的日常操課。他每天都進行三鐘經祈禱，唸十五組的玫瑰經，每天在聖餐前在小教堂做一小時的祈禱。與此同時，他受到20世紀所謂的新教會運動的啟示，並取著這些運動的營養。這些運動是由不同派別的天主教團體領導，其關注重點是某個任務等。儘管宗教團體和教區主教用懷疑的眼光看待他們，但是貝戈利奧稱讚他們是"教會內部新生活的奇跡"。

同時，他也讚賞靈恩派復興運動。他對目前阿根廷起源於意大利的三種運動特別關注：聖埃吉迪奧社區，他們在教會服務於窮人、各宗教間對話和正義等方面有共同的觀點；普世博愛運動，該運動宣導的團結與"接觸文化"有著許多的共同之處；共融與解放運動，貝戈利奧曾經說該運動的創始人路易吉·吉薩尼所做的這項工作對他的幫助很大。在20世紀，天主教會內部還創建了另外一個重要的組織——主業會。2003年7月，貝戈利奧在主業會創始人聖喬塞·馬利亞·艾斯克里瓦在羅馬的墓前祈禱了30多分鐘，感謝他所做的工作。

除了來自天國的幫助外，貝戈利奧在大多數情況下還是向信任三人組尋求幫助。在小教堂，他供奉著一尊聖母盧漢的雕像；在房間裡，他供奉著一尊睡著的聖約瑟夫的雕像；在書架上，他供奉著一張聖女小德蘭的畫像。他尤其崇拜小德蘭，因為她在西

班牙家喻戶曉。當他感到有壓力和焦慮的時候，他就確信這位法
國加爾默羅會修女就會像她在《靈魂經歷》中承諾的那樣從天而
降，向他提供幫助。（聖女小德蘭生於1873年，於1897年死於肺
結核，在去世後24小時就因為她的這本自述性書信體文集而聞
名。）在羅馬，他總是會到梵蒂岡附近一座聖方濟會教堂的聖女
小德蘭雕像前祈禱。

"當我遇到困難的時候，"貝戈利奧對魯賓和安布羅蓋蒂
說，"我就請求聖女小德蘭，不是請她解決這個困難，而是把這
個困難接過來，幫我接受這個困難。作為一種標誌，我幾乎總是
收到一朵白玫瑰花。"斯特法尼亞·法拉斯卡回憶貝戈利奧告訴
她說，在羅馬，"有一次，當他必須就一個複雜問題做出重要決
定時，他就請她幫他做出決定。一段時間後，一個陌生的女人把
三朵白玫瑰花放在聖器室的台階上。"他在布宜諾斯艾利斯的合
作者說，這種事情經常發生。貝戈利奧經常會在辦公桌上發現一
朵白玫瑰花——一個人陌生人放在門口送給他的。在收到白玫
瑰花時，他就會說，"這麼說，聖女小德蘭已經來過了，我知道
了。"即使在他離開庫里亞的時候，送玫瑰花的陌生人也會跟着
他。貝戈利奧的一個密切合作者記得，有一次，她和他在布宜諾
斯艾利斯一個教堂開會，一個女人捧着一大束漂亮的白玫瑰花出
現在教堂的門口。"這些花是送給聖母的嗎？"她問那個女人。
"是送給紅衣主教的，"那個女人回答說，留下花就消失了。

費德里科·瓦爾斯關於白玫瑰花的故事更具戲劇性。貝戈利
奧的這位新聞處負責人每年的8月7日都要陪他到聖卡耶塔諾聖
殿參加節日活動。這一天的活動對體力的要求極高，先是一場盛
大的戶外彌撒和一次重要的關於工作和失業的佈道，然後是長達
三、四個小時、步行10個街區與主神聖的子民見面和問好活動。

儘管如此，貝戈利奧還是很期待這次活動。不過，在2010年8月7日那個又冷又潮濕的早晨，當那輛由一位朋友駕駛來接瓦爾斯的車到來時，他發現車子裡面的貝戈利奧看起來很糟糕。他告訴瓦爾斯説，他的一條腿很痛，再加上沒有吃止痛片，因此他一夜都沒睡。不過，他向聖女小德蘭祈禱過了，他説，如果這是主的意志，他的疼痛會好轉的。

然而，做過彌撒之後，疼痛加劇了，貝戈利奧的腿瘸得很厲害。當他開始沿着成千上萬的民眾排成的10個街區長的隊伍往前走、握手和交談時，他的臉色因為疼痛而變得發白。瓦爾斯確定，他不能再繼續走下去了。在開始走第二個街區的時候，他讓瓦爾斯去把車叫到下一個街道的角落等着。瓦爾斯告訴司機，然後回來陪貝戈利奧。

我們走到第二個街道角落的時候，一個人高馬大的傢伙出現了。他大約40歲；他的個子非常高——儘管貝戈利奧個子很高，但是他也只能抬起頭來看他。這個傢伙手放在雨衣裡面，向前邁出一步，走到他前面，就像拿破崙一樣。他快速地從雨衣裡面拿出一朵白玫瑰花，遞給了他。貝戈利奧接過那朵白玫瑰花，看着他，祝福他，其他什麼也沒有説。那個傢伙只是站在那裡。於是，我帶着貝戈利奧向那輛車走去。貝戈利奧對我説，"不，不，你不明白。這是我一直在等的消息。我就會好的。"他把玫瑰花給我，就在這個時候我抬起頭來看那個傢伙，但是他已經走了。貝戈利奧説，"這是聖女小德蘭現身，告訴司機在貝萊斯足球球場等我們。我們會應付得了的。"然後，他繼續向前走下去，精神非常好，走完了整個10個街區，那條腿當天再也沒有疼痛過。

❧

　　2011年9月，貝戈利奧完成了為期六年的主教團會議主席任期，把主席職位移交給盟友聖菲大主教阿蘭西多。兩個月後，他到75歲的時候，他向教皇遞交了辭職信，因為教會法令要求主教這樣做。辭職信提議說從現在開始到將來的某個時候接受他的辭職，除非身體健康或者其他指令要求立即接受他的辭職。不過，他的預期是，他的繼任者的名字可能在2012年晚些時候公佈，並於2013年初就任。他知道，羅馬以往的那部分人在施加壓力，想要提名拉普拉塔大主教赫克托·阿格爾出任下一任阿根廷首席主教；而且作為搬走貝戈利奧這個絆腳石計劃的一部分，他們同時提名他出任梵蒂岡某個部門的負責人。這是他擔心的命運（他開玩笑地對瓦爾斯說那樣他就是"被關在梵蒂岡的囚犯"），而且他已經做好了反抗的準備。隨着傳言開始滿天飛，瓦爾斯跟他開玩笑說，他們早就提名他了，只不過是他在阻止他們罷了。"你瘋了？"貝戈利奧對他說，"他們永遠都不會把我拽到羅馬去的。你知道我打算死在布宜諾斯艾利斯。"他在弗洛雷斯康達科大街的神職人員退休人員之家預訂了一個底層的房間。在問到他打算在那裡幹什麼時，他說他會"完成從來都沒有完成的博士論文，同那些在弗洛雷斯工作的其他神父們一起住。"接着，他有先見之明地補充說，"你從來都不知道主給你安排了一個什麼樣的角色。"

　　在2011年晚些時候，他與布宜諾斯艾利斯天主教聖母聖心孝子會出版社總監取得了聯繫，因為早些時候這家出版社出版了他的佈道和演講選集。他告訴古斯塔沃·拉臘札巴爾神父說，他正在對他的作品進行分類，為退休做準備，希望他評估一下，看看哪些東西值得出版。2012年，這家出版社出版了他的文集系列——
這些文集都是他的至愛；沉思錄系列，共48篇沉思作品，大部分
是在耶穌會時所寫，以《開放的思想，虔誠的心》為書名出版，
這是他一生的智慧與見識匯編。穩重的貝戈利奧仍然是一個敏銳
的精神洞察家、一個謊言和錯誤方向的揭露者、隱修——給予的
大師。不過，現在的貝戈利奧有一種年輕時的他沒有的優雅和親
切。例如，談到亞當被從伊甸園放逐，他在一次沉思中把亞當比
作是那個浪子，寫了一篇近似於詩的作品：

　　即使他遠離家鄉在他鄉流浪，這個兒子在骨子裡感受到了
混亂的記憶裡父親的家。儘管他是一個流浪者，這個兒子具有方
向感這個上天賦予的天資，並且按照這個天資的指示，他努力想
要和他的真正的自我相遇。他發現出現了問題，並努力糾正前進
的方向。他認識到了心中那顆指路明星的重要性，儘管他不知道
這顆星來自何方，要把他帶向何處。換句話說，他祈禱——為他
的回歸祈禱。每個人都有自己的路，每個人存在的意義正是在祈
禱中順次呈現。也只有在祈禱中，我們的心才能清楚地看到它
"從"哪裡來，"向"何處去，現在處在什麼位置。

　　最後的深思比以往任何時候更加明確地說明，為什麼貝戈利
奧看到了需要與窮人保持密切聯繫。"我們的天主教精英們，"
他寫道，"錯過了至福的點，而耶穌準確地說出了我們遭遇失敗
的那些時間⋯耶穌談的最多的是卑微的人經歷的失敗，因為這是
他對他們說的。不過，當我們這些享有特權的精英們聽到同樣的
信息時，他們不願意想到失敗，一想到失敗就不高興。

　　他已經75歲了，可是他的工作幹勁比年齡還不到他一半的
人還要足。但是，在2012年，就在他等待他的命運的時候，人們

發現他開始衰老了。有時候，你得傾斜着身子聽他說話；在大教堂，那裡的聲音無論如何都是個問題，你必須伸長耳朵才能聽清楚他在說什麼。20世紀80年代經歷的那種重壓，再一次壓到了他的心頭上：無權無勢的他只能眼巴巴地看着主的事業正在被毀壞。教區改革正在按照阿帕雷西達規劃的願景開展着，可能還需要至少一代人的努力才能完成。但是，改革很容易被終止，甚至倒轉過來。瓦爾斯認為，他變衰老是因為他的那種（改革）可能不能完成的感覺。"在阿帕雷西達會議之後，他已經有了一個明確的教會發展計劃，但是如果普世教會不進行改革，這個計劃就不能實施。"

貝戈利奧在阿帕雷西達時的神學助理、阿根廷天主教大學校長大主教維克托·曼努·費爾南德斯回憶，在這個時候，教會內部都在談論貝戈利奧即將退休的事情，一些阿根廷主教因此就和"羅馬教廷的代表（他說得很清楚，不是羅馬教廷大使）"湊在一起，覺得可以隨意批評貝戈利奧了。"他們批評他對信仰的要求不夠高，對神父的特性要求得不夠清楚，在性道德的問題上宣傳不得力，等等。"他們那種一切將會按照他們預想的那樣發展的信心，給費爾南德斯留下了深刻的印象。

貝戈利奧因為與時任加拿大魁北克大主教馬克·奧韋萊特紅衣主教的友誼而受邀參加了2008年的國際聖體大會，並做了發言，這是他在那些年除羅馬和阿帕雷西之外唯一離開布宜諾斯艾利斯的一次。2010年，奧韋萊特被任命擔任主教聖會負責人之後，貝戈利奧這才使得他的主教提名人得以通過。2012年阿根廷報紙的一篇報道稱，貝戈利奧和阿根廷主教團會議提交了一份三人組大主教名單，而阿格爾不在其中。

不過，羅馬保守的反貝戈利奧集團的勢力仍然很強大，他們繼續支持阿根廷的保守派。例如，貝戈利奧花了一年半的時候才使得費爾南德斯正式宣誓就任阿根廷天主教大學校長，就是因為阿根廷的一些保守派團體對費爾南德斯的正統性提出了質疑。然而，貝戈利奧安排費爾南德斯在羅馬對保守派提出的質疑做出回應，費爾南德斯不斷地被回絕：在預約之後，他來到羅馬，卻被告知說沒有預約記錄；而此後的預約登記又如同石沉大海，一直沒有回音。貝戈利奧一方面勸費爾南德斯要耐心，而他自己卻是非常憤慨：羅馬教廷這個執行機構的這種蠻橫傲慢，不是在為地方教會服務，而是要扼殺地方教會。

梵蒂岡此時正在發生內訌事件。2012年2月，貝戈利奧來到羅馬參加紅衣主教團會議任命新的22名紅衣主教（其中大部分來自羅馬教廷）時，媒體的頭版頭條全部都是關於天主教會機密文件洩露醜聞的報道。這個醜聞從1月份一部意大利電視紀錄片的播放開始，到5月份的時候已經到了一個新的深度：本篤十六世教皇辦公桌上的文件被公開出版，而這些被出版的文件都是大管家保羅·加布里埃爾複製的副本！洩露事件本身聳人聽聞，使得被報道的內容顯得黯然失色，更不用說事件在人們心目中形成的無能無權的教皇，統治着因宗派主義和對立而變得四分五裂的梵蒂岡的形象了。這些洩露信件表明，許多人認為的本篤十六世改革羅馬教廷（特別是醜聞不斷的梵蒂岡銀行）和消滅腐敗的嘗試，不斷地受到來自梵蒂岡內部勢力集團和他的國務卿塔西西奧·貝爾托尼的阻撓。這些洩露信件還表明，越來越遙不可及的本篤十六世教皇正在面臨重大挫折，羅馬教廷背着他在他的眼皮底下做了許多他不知道的事情。加百利把這種挫折以醜聞的形式展現了出來：他的目的不是傷害教皇，而是發出警報，向世界說明正在發生的事情，從而採取有效的措施。加百利鋌而走險舉動背後的挫折是人所共知的。

在羅馬，人們有一種一個時代即將終結的感覺。駐羅馬教廷的外交官們把他們自己看作是1797年崩潰之前的威尼斯共和國最後一任大使。不過，如果貝戈利奧看到這種情況的話，他是不會放棄的。在接受安德里亞·托爾尼里的採訪時，貝戈利奧說教會是他的母親，看待教會的過錯，就應當像兒子看待自己母親的過錯一樣，他更願意記住她的善良，和她曾經為他做的那些好的事情，而不是她的過錯。在被問到梵蒂岡的執行機構羅馬教廷時，他說了同樣的話，承認羅馬教廷存在自己的過錯，不過在羅馬教廷工作的大多數人都是好的，是聖潔的。儘管他反對精神世俗和虛榮，但是你從他的回答中一點也看不出他認為梵蒂岡有必要進行改革的暗示，或者看起來有這方面的可能性。如果你能夠看出什麼暗示的話，那就是他可能會走極端，反過來指責媒體只關注醜聞和缺點，這就使他看起來就像是梵蒂岡名譽的捍衛者，因為他們對任何不當行為的曝光的反應就是指責報信者。

2012年2月，教皇本篤十六世對紅衣主教們的講話中，沒有任何跡象表明他有辭職的想法。他請他們祈禱，"我可能繼續向主的子民提供完美教義服務的見證，並用堅定而又謙卑的手帶領聖潔的教會前進。"但是到3月份，在對墨西哥和古巴進行簡短的訪問之後，他意識到他不能繼續下去了。在墨西哥瓜納華托州萊昂的大教堂，他被台階絆倒了；當天夜裡，在那座城市他下榻的賓館裡，當他摸索着走向浴室時，他的頭磕碰到了水池上，傷口不是很深，幾乎沒有人知道，因為他戴的無邊小帽把傷口蓋住了。不過，正如老年人在經歷了這些跌倒之後經常發生的事情那樣，他突然認識到了自己身體的脆弱。

正是因為這一點，而不是文件洩露醜聞——儘管他也因此

受到了傷害，本篤十六世才做出辭去教皇職務的決定。除了他幾
個最親近的顧問之外，在當時羅馬教廷無處不洩密的情況下，保
守住這個秘密並不是一件容易的事情。他同意了顧問們的辭職安
排：辭職日期將在不到一年之後，即：2013年2月28日；宣佈日期
將在辭職日期前的兩個星期。這樣，新任教皇就可以在2013年的
復活節就職，並在7月份主持在巴西里約熱內盧舉行的世界青年
節。鑒於本篤十六世在阿帕雷西達表現出的對拉丁美洲教會的信
心，這位在墨西哥站立不穩的德國老教皇百感交集，先是想到了
巴西，接着是600年來首位教皇自動辭職的決定，甚至可能猜到了
阿根廷的這位紅衣主教成為他的繼任者。回想起來，你不難從這
個決定中看出，一個疲憊不堪的歐洲教會正在退後，從而使得充
滿活力的拉丁美洲教會能夠邁步向前。

　　"疲憊不堪"這個詞正是20世紀天主教傑出人物、紅衣主教
卡洛·馬利亞·馬提尼用來描述歐洲教會現狀的。8月31日去世（享
年85歲）前幾個星期，他接受了一位長期合作的耶穌會士的採
訪。不過，他要求採訪要在他去世後發表。在他去世和葬禮舉辦
期間，對他的採訪的發表引發了一系列的頭版頭條新聞。馬提尼
是這樣開始接受採訪的：

　　教會疲憊不堪了，疲憊於追求在歐洲和美國的康樂上了。我
們的文化很古老，我們的教會很大，我們的教堂是空的；教會的
官僚機構正在不斷增長，我們的儀式和法衣華而不實。這些東西
確實表達了我們的真實情況嗎？是康樂把我們壓垮了。我們發現
自己就像那個富有的年輕人，當耶穌基督叫他成為他的弟子時，
他難過地走開了。我知道，放棄一切並不是一件容易的事情。不
過，至少我們還是能夠看到那些自由的人，那些鄰居更加親近的

人，正如主教羅梅羅和薩爾瓦多的耶穌會殉難者那樣。在我們當中，那些激勵我們的英雄在哪裡呢？……餘燼怎樣才能從灰燼中解脫出來重新點燃愛的火焰呢？……我建議教皇和主教們在行列之外尋找12個人，給他們領導職位。這12個人應當是那些與窮人最親近的人，是那些被年輕人圍在中間的人，是那些嘗試新鮮事物的人。我們需要類似於這樣的人：帶着一團火到處傳播這種精神的人。

對於馬提尼這番話的含義，更多的意大利紅衣主教知識份子們竭力用酸腐沉悶的陳詞濫調來解釋，另外一部分人則對他説的那些令人不安的話置之不理，認為那不過是他在癡呆之後胡説八道。然而，教會所有教派那些有思想的天主教徒，把他説的話看作是一種成熟的、光與影的見解勇敢地表達，一針見血地説出了一個真相：在富有的北方，教會的某種東西已經消失；而在貧窮的南方，教會展示的活力和預言性力量給人留下深刻的印象。

馬提尼指出教會疲憊的一個症狀是，基督教聖餐已經變成了一塊用於內含的東西，而不是一種康復的方式。"聖餐不再是一種訓誡的工具，而是人們在旅行和生命虛弱時的一種幫助。"馬提尼補充説，"我們是在向那些需要一種新的力量的人們提供聖餐嗎？"

看起來似乎非常巧合的是，就在這次採訪出版之後剛剛兩天，貝戈利奧就發表了一份震撼心靈聲明，譴責那些拒絕為非婚生嬰兒施洗禮的神父，説他們是"偽善的法利賽教徒"。他描繪了一個頂着壓力拒絕墮胎的婦女的形象：她"鼓足勇氣把孩子帶到這個世界上，而她本來是可以把他捨棄掉的"；她"從一個教區走到另一個教區，到處尋找為她的孩子施洗禮的人"。那些拒絕這樣的女人的人，他説，"是當今的偽善者，是教會中那些阻止主的子民得到拯救的人。"貝戈利奧把給嬰兒施洗禮看作是生命優先項目的一部分——無論這個孩子是怎樣來到這個世界的。

借用耶穌會神學家卡爾·拉納的一個形象，馬提尼在採訪中談到了如何點燃聖靈之火，"我看到在今天的教會，餘燼之上的灰燼太多了，也常常因為無能為力而感到困擾。怎樣才能把餘燼從灰燼的束縛中解脱出來，重新點燃愛的火焰呢？"幾個星期後，貝戈利奧在博愛慈善機構的一個靈修所用到了同樣的詞語。他説，教會"需要找到信仰的餘燼、希望的餘燼、愛的餘燼。"使灰燼冰冷的東西就是他所説的"沒有魅力的教會"——一個妄自尊大、害怕、把耶穌關在聖器室不讓他出來、精神世俗的教會。他説，這個教會疏遠了聖靈帶給主聖潔而又虔誠的子民不知疲倦地關愛他人的"魅力"；疏遠了"聖靈在給予時，在我們內心深處説話、為我們祈禱和帶着那種深深的就連聖保羅也無法用語言表達歎息的魅力。"

貝戈利奧在那個靈修所，談到了幾天前在羅馬剛剛結束的主教團會議。這次主教團會議的議題是"新福音傳道"。這個概念於20世紀80年代首次在拉丁美洲形成，並由約翰·保羅二世明確提出，不過在本篤十六世時期這個概念越來越多地用來指把歐洲從世俗之中拯救出來。於是，一個新的主教理事會成立了，其職責就是負責這個概念的制定，而此次主教團會議的目的，就是向這個理事會提供實施這個概念的建議和戰略。

2012年初，貝戈利奧在阿帕雷西達時的神學助理卡洛斯·加利神父在羅馬進行講學。這時，一份準備性文件令他感到不安，因為該文件提議此次主教團會議的主要議題是歐洲信仰危機。於是，他就打電話把這件事告訴了貝戈利奧。貝戈利奧要他向會議的組織者説明，新福音傳道要在所有五大洲開展，而不只是歐洲。主教理事會證實説，新福音傳道將在所有五大洲開展。儘管如此，理事會執行機構負責人的準備工作，反映的仍然只是一個以歐洲為中心的設想：歐洲信仰危機是唯一真正重要的問題；歐洲教會的好壞決定着普世教會的好壞；為歐洲制定的新福音傳道戰略，在一定程度上適用於其他地方的教會。準備性文件做出的診斷（教會存在的問題是相對主義和世俗主義）和救治措施（制定與當代西方文化接觸的創新性戰略，把新教會運動作為一種模式），與阿帕雷西達願景提出的以邊緣地帶為重點的傳教教會相差甚遠。加利神父警覺地意識到，這個歐洲中心模式就是羅馬教廷正在籌劃的後本篤普世教會。

2012年7月，在拉丁美洲主教團在哥倫比亞波哥大召開的一次會議上，拉丁美洲的主教對他們的意見進行了調整，並在羅馬主教團會議剛剛開始之後又在羅馬召開了一次會議。羅馬主教團會議在10月份召開，來自全世界的49名紅衣主教、71名大主教和127名主教參加。在三個星期的會議期內，幾乎每一位拉丁美洲主教在演講中都談到了阿帕雷西達願景及其傳教士的、以邊緣地帶為導向的福音傳道。他們的言語和他們提出的願景充滿了希望、活力、傳教精神，同與會的其他發展中地區主教產生了共鳴；尤其是亞洲的主教們：儘管經常遇到殘酷的迫害和挑戰，但是他們還是談到了福音傳道的希望、快樂和成果。與此形成鮮明對比的是，歐洲和美國的主教們談論的重點，卻是越來越少的信徒和日益敵對的文化給教會和宗教自由帶來的威脅。他們的發言的整體效果是令人沮喪的：悉尼紅衣主教喬治·佩爾説他們“缺乏激情和活力”，而灰心喪氣的紐約紅衣主教蒂莫西·多蘭告訴記者説“（他們的發言給人的感覺）不是削弱或者避開世俗主義，而是我們也許應當考慮如何更好地加入到其中。"不過，如同以往一樣，主教團會議的工作方式，使得主教們沒有機會對教會的任何道德規範進行分析和研究。

作為阿根廷主教代表團的一名成員，加利神父在會後說，貧窮國家教會對此次會議的貢獻最大。"風從南方颳了過來，"他對梵蒂岡廣播電台說。

關於這一點，在布宜諾斯艾利斯的貝戈利奧也看到了。主教團會議使大家看清楚了米索爾·費雷曾經的預言：歐洲不再是教會的源頭。用伊格內修斯的話說，歐洲教會已經陷入孤立境地：閉關自守，顧影自戀，對認識到的威脅過於恐懼。為什麼被剝奪了基本自由、甚至面臨被殺害或者炸死的亞洲或中東地區主教，能夠如此的充滿希望和快樂，而沒有真正遭到迫害教會的主教說話的口氣，就好像基督教將要面臨毀滅一樣呢？

貝戈利奧看到，富有國家教會把自己走向衰落的責任歸咎到文化上，而不是教會本身。所以，教會的第一個障礙不是文化，而是教會本身，因為他們不再進行福音傳道。教會任由生活用水走味、變質；他們過着舒適、世俗、妄自尊大的生活，已經變得"沒有魅力"了。教會存在的問題是"我們把耶穌關在聖器室裡了，"他對博愛慈善機構靈修所的人說。貝戈利奧引用《聖經·啟示錄》裡面耶穌站在門口叫喊的那段詩篇說，現在不是耶穌敲門讓他進去，而是他被關到了裡面，他要他們放他出去。

第九章

稱方濟各的教皇

(2013)

　　喬凡娜·基里在工作的新聞編輯部裡看着發自梵蒂岡的錄影，掌握了足夠多拉丁語的她，能夠聽懂教皇用平靜的聲音講出來的有關他打算辭職的話，他甚至把具體的日期也說也出來：2月28日。但她能在沒有得到官方確認的情況下，就把新聞發出去嗎？這位記者撥打了梵蒂岡新聞辦公室主任費德里科·隆巴迪神父的電話。在電話留言之後，她覺得自己不能再等了：最重要的是，她確實聽到了教皇說的那番話。"令人稱奇的是，"她開始說，可就在這時，隆巴迪神父給她回電話了。"你的理解完全正確，"他告訴她，"教皇是要辭職。"基里的這條獨家新聞立刻發了出去，世界各大媒體紛紛轉載。"我癱在了辦公桌旁，"她回憶說，"而且我哭了。"

　　2013年2月11日是梵蒂岡假日，這是為了紀念1929年的這一天，意大利與羅馬教廷圍繞教皇國的領地問題而形成的長達59年的對峙，最終得以解決。本篤十六世召集了一個小型紅衣教會議，只有幾位在羅馬的紅衣主教參加，按官方安排會上將宣佈三位新的聖徒。梵蒂岡國務秘書處蘇格蘭官員、紅衣主教利奧·庫什雷，那天正好在會議大廳。他覺得本篤看起來有些疲倦，但其他方面都挺好的，他根本不知道將要發生什麼事情。

紅衣主教安吉洛·阿瑪托宣讀完三位追封聖徒的人員名單後，教皇本篤的秘書、大主教喬治·甘斯衛因站在旁邊，教皇像以前一樣照着一個準備好的文稿開始講話。庫什雷有一定的拉丁語水平，也能聽懂教皇在講什麼："可以確定的是，由於我年事已高，沒有那麼多精力去履行好教皇的職責。"當他完全理解了本篤教皇說這話的意思時，心裡就像打翻了百味瓶。教皇主動退位，這樣的事情可是600年來都沒人見過，卻真真切切地發生在他的眼前。

"我看到前面一位助理電視攝像師慢慢地用手捂住了嘴，像卡通人物做出驚詫姿態一般，坐在我旁邊的神職人員低聲啜泣，大主教甘斯衛因沉了沉肩。坐在下面的紅衣主教們身體前傾，確保能聽清教皇說的話。我發現自己也在檢查是否驚訝得下顎下垂。隨後現場陷入一片靜寂。"

在布宜諾斯艾利斯，紅衣主教貝戈利奧讚揚這項決定是一種在主面前經過認真思量而做出的"革命行為"。接下來的兩週時間裡，他一直在為一次長達三週的出差做安排。他計劃坐一整夜的飛機，2月27日，也就是本篤十六世的辭職生效前一天，抵達羅馬。梵蒂岡方面給他寄了一張頭等艙機票，但他卻換成了經濟艙，因為他擔心在長途飛行中會遭受坐骨神經痛的折磨，便請求將自己的座位安排在應急出口旁，以便他的腿有更大的活動空間。只有當紅衣主教們先開過碰頭會後，教皇選舉會議的召開時間才能被確定下來，但大多數人都預計會安排在3月中旬，幾天之後再做新教皇的就職彌撒。他的回程票訂在了3月23日，以便他有時間複習一下他為月底的復活節禮拜準備的講義，其中有一些講義他已送到自己的福音派和猶太教的朋友們那裡，請他們評述。他已告訴五月廣場另一側的一個報亭的老闆，自己會在20天后回來，屆時應將《民族報》給他送去。

　　這一次貝戈利奧獨自出行，不像2005年那次由馬爾科神父陪同出行。在菲烏米奇諾機場，有幾輛豪華轎車負責接抵達的紅衣主教們。但他從行李傳送帶上取了自己的小箱子之後，像以前那樣乘坐火車前去特米尼車站，然後乘公交到維亞·黛拉·斯克洛法，入住專為接待神職人員的多莫斯國際保盧斯六世酒店。這家酒店的收費為每晚85歐元（110美元）（含用餐）。當他在這座曾做過耶穌會中學的石頭宮殿打開自己的行李時，在台伯河的另一側，本篤十六世正在給普通民眾做最後一次講話。他告訴聖彼得廣場上成千上萬的人，他的決定給他帶來了內心的平和，在他擔任教皇的8年時間裡，曾有多少次波濤洶湧，而“主似乎入睡了”。

　　在那段不可思議的過渡期內，媒體既在回顧本篤擔任教皇期間的高峰和低谷，也在展望誰會在教會的危難關頭成為新的教皇。幾十位常駐梵蒂岡的新聞記者組成的梵蒂岡記者團一致認為，教皇候選人的大門是敞開的，還沒有明顯的領跑者。被認為可以做教皇接班人的紅衣主教至少有三、四位，甚至有十幾位之多。記者看好的這些紅衣主教並不包括貝戈利奧，儘管學識更為淵博的人覺得他能成大器，他是一位受人尊敬且資格很老的紅衣主教，他的觀點將影響着拉美的同代人。但他剛開始時並沒有進入大家的視線，部分原因在於他的年齡——大多數紅衣主教都説下一位教皇年齡應該在六、七十歲——而且大部分原因在於他沒到過羅馬幾次，即便偶爾到了羅馬也不怎麼露面，對他了解很多的人寥寥無幾。來自65個國家的4000名記者中，除了能說兩句他很樸素、不愛接受採訪之外，幾乎沒人能再多說一些有關這位布宜諾斯艾利斯的大主教的情況。梵蒂岡記者團知道他曾在2005年進入過教皇候選人名單，但都認為他的時機已經錯過了。沒有哪位在一屆教皇選舉會議上屈居亞軍的候選人，會在下一屆教皇選舉會議上當選教皇，而且自上屆教皇選舉會議結束之後，還有誰聽到過太多他的音訊呢？

梵蒂岡電視中心新近任命米蘭的前電影研究教授達里奧·維加諾擔任主任，他們用自己的電視鏡頭向世人展示了本篤十六世2月28日晚離開教廷，前去岡道爾夫堡教皇居所的辛酸場景。維加諾做了令人哀傷的場面調度。在銀白的直升機飛到梵蒂岡空中之後，兩次繞飛聖彼得大教堂穹頂，隨後飛越羅馬上空，飛機投射下來的影子從沐浴着陽光的城市紀念碑上滑過。這種景象讓人們不由回想起費德里科·費里尼的影片《甜蜜生活》中著名的開場：一駕直升機下面吊着耶穌像飛向梵蒂岡，它投下的影子似乎在賜福這個城市的千家萬戶。維加諾也想把它拍攝成一次“教皇的賜福之旅”。

教會此時處於宗座從缺狀態，暫時由紅衣主教團管理。他們3月4日在宗教會議廳召開平日的全體會議，與此同時工人們在西斯廷教堂安裝假地板及通信干擾裝置，為即將召開的教皇選舉大會做準備。大多數紅衣主教出入都坐着豪華轎車，來躲避記者們的圍堵，但貝戈利奧仍然每天穿着他那件黑雨衣步行去梵蒂岡，路上沒人能認出他來。

　　當最後一位紅衣主教到場後，出席會議的紅衣主教總人數達到151人。當然了，80歲以下且有選舉資格的有115人，與2005年的總人數相同。但這次教皇選舉會議與上次會議在至關重要的方面存在差別。這次不會因為要做葬禮安排而佔用大量的討論時間，而且這一次那些權貴之人——主持牧師、紅衣主教安哥魯·索達諾和羅馬教廷的管家、紅衣主教貝爾托內——由於在梵蒂岡醜聞裡陷得太深而不能成為教皇候選人。這次紅衣主教們相互之間更為了解，這是因為本篤十六世在他擔任教皇的八年裡，先後五次將他們召集一起，而且在每次開全會之前都要開一整天的小範圍會議。

　　儘管羅馬教廷高層的全體會議是閉門舉行的，但神父隆巴迪每天都舉行吹風會，美國的紅衣主教也在北美大學舉行記者招待會，再加上意大利的報紙會花錢買通翻譯探聽消息，因此外界都已提前得知會議的主要話題，就是梵蒂岡貪污和機能障礙。數月前本篤教皇任命三位紅衣主教對腐敗進行調查，他們隨時準備匯報調查結果，而且他們寫的300頁的秘密報告將放在下一位教皇的辦公桌上。

　　美國的紅衣主教尤其熱衷於討論羅馬教廷的機能障礙，這是因為他們從前幾個月的內部吹風會上嘗到了甜頭。紅衣主教卡羅·瑪麗亞·維加諾（和梵蒂岡電視台主任維加諾沒有關聯）是羅馬教廷派駐華盛頓特區的大使，他曾告誡本篤十六世，在他揭露有關方面在簽訂花費羅馬教廷百萬歐元的那份合同中存在貪污行為後，為了把他排擠出羅馬，教廷國務院2011年10月任命他去華盛頓特區任職。美國紅衣主教們——美國教會和德國教會是梵蒂岡的主要資助者——對維加諾提供的情況感到震驚，他們決心選出一個能大刀闊斧地清除貪污的新教皇。作為紐約的大主教，紅衣主教蒂莫西·杜蘭在自己的教皇選舉會議回憶錄中寫道："我們知道全世界都在期待着選出一位能在教會內推行重大變革的新教皇。"

羅馬教廷的機能障礙並不只是反映在金融腐敗上面，它還反映在小的派別之爭上。不同的贊助網絡——意大利人會用英語中"游說"這個詞——導致有些能力平庸者被提拔到很高的位置，而有些素質優秀的人被打入冷宮。所謂的同性戀說客就是其中一例：一小幫平信徒（教友、會友）和個別神父為了保護並拓展自身的利益，不惜採取勒索和賣官之類的手段。羅馬教廷的4000位平信徒和1000位神父中的絕大多數都德才兼備，許多人也異常敬業，但他們需要與一種身份文化作鬥爭。在這種文化中，不少中層的官僚們都在混日子，而且能力不如關係重要。現在需要的是一種文化的整體改變——一種履行神聖使命的新的服務精神。

行政體制改革方面有這麼多要談的：不但需要有一位平易近人的、明智的且能放開手腳做事的教皇，同時也需要讓羅馬與地方教會之間的交流保持暢通。隆巴迪神父3月9日告訴記者說：共同領導"一直是這麼多次討論的主題。"波士頓大主教、紅衣主教西恩·奧瑪雷回憶說："我們可以確信，會出現一些巨大變革，有了集體領導，人們會以一種新的方式來看待羅馬教廷。"聖加倫集團在21世紀初年做出的診斷現在都已應驗。人們都認同梵蒂岡的機能障礙極大地妨礙了福音傳播，羅馬的集權及缺乏責任感，是導致機能障礙的主要原因。有些人談到改革主教會議以便能推動真正的變革；其他的人想討論宗教工程學院，也就是所謂的梵蒂岡銀行，以及它主張改革的董事長埃托里·戈蒂·泰代斯基被神秘解僱一事。大家一致認為羅馬教廷應少為自身着想一些，更好地為地方教服務。至少一位紅衣主教建議説，統率全球教會的任務壓在一個人身上過於重大，因而下一位教皇需要有一個來自羅馬之外的紅衣主教組成的理事會來協助他。

在這個話題上講得最具説服力的是梵蒂岡的庭院律師、紅衣主教弗朗西斯科·科科帕爾梅里奧，他曾在米蘭的紅衣主教馬提尼手下做輔理主教。他提到需要對羅馬教廷進行調整，確保每位部門領導與教皇之間、地方教會與羅馬之間聯繫通暢。梵蒂岡的內部分裂甚至將嚴格主義者變成了改革主義者。比如，一向保守的悉尼紅衣主教喬治·佩爾發現羅馬教廷竟然任命沒有專業知識的人選，以及絕密材料不斷地洩露給媒體，也深感震驚。在全會上，他和其他人一起堅決擁護羅馬教廷改革，而且教皇需要諮詢羅馬之外的人。實際上，真正想保持現狀的，就是一些深信他們自己就能消除梵蒂岡弊病的羅馬教廷樞機主教。

通常情況下，在意大利教區主教協助下，羅馬教廷事先會將教皇選舉會議的各項籌備工作做好，但這一次他們這麼做的條件並不具備。羅馬教廷分裂成了貝爾托內支持派和索達諾支持派，儘管兩派都想阻止紅衣主教安吉洛·斯柯拉當上教皇。斯柯拉是米蘭的一位有能力但很尖刻的大主教，他被許多意大利之外的人們視為本篤十六世的自然繼承人，但卻遭到意大利主要教區的反對。安吉洛·索達諾是羅馬教廷很有勢力的前國務卿，現擔任着樞機團團長，他儘管由於年齡太大而沒有選舉權，卻依然在誰當下任教皇上面有着絕對的發言權。團結在他周圍的團隊提出，應當找一個人替代安吉洛·斯柯拉擔任教皇。他這個團隊的計劃就是推舉巴西聖保羅的大主教奧迪路·謝瑞爾，他們覺得這位前梵蒂岡官員聽他們的話。他們的想法就是一旦謝瑞爾當上了教皇，他會任命來自阿根廷的羅馬教廷官員萊昂納多·山德里（索達諾的前二號人物）擔任國務卿，這樣一來就能夠保持住他們的權力格局。借助推舉一位羅馬之外的人物來當教皇，他們相信他們能夠讓自己的人重新掌握實權。然而，在全會召開之前，這個計劃因為被媒體曝光而胎死腹中，還導致羅馬教廷內部產生一種反意大利紅衣主教的情緒，後來這種情緒發展為反意大利人。

　　歐洲的改革主義者感到自己的時機來臨了，他們現在拿到了提議權。早在2005年時，他們就開始推舉貝戈利奧。他們中有些人，像紅衣主教柯馬克·墨菲·奧康納年事已高沒有選舉權；其他的人——包括沃爾特·卡斯帕（當教皇職位空缺時，他剛好沒到80歲），霍德弗里德·丹尼爾斯和卡爾·萊曼——是有選舉權的人。他們吸取了2005年的教訓。他們首先徵得貝戈利奧的同意。問及是否願意擔當，貝戈利奧說他相信在這個教會的危難時刻，倘若有人請其出山，沒有哪位紅衣主教會拒絕的。（墨菲·奧康納故意告誡他說，“要小心了”，他的機會來了。他回應說：“我懂。”）隨後他們開始運作，通過在多地舉辦紅衣主教餐會來為他贏取支持。他們聲稱，既然教皇也可以退位，那麼他的年齡——76歲——不應該再被視為一個障礙。掌握了自2005年之後宗教選舉會議的動態，他們明白那些在羅馬之外有很強影響力的紅衣主教們，是決定票數多少的關鍵。他們的目標就是在第一輪投票中，至少為貝戈利奧贏得25張選票。一位資深的意大利紅衣主教知道在教皇選舉會議開始前，他們能爭取到的選票有多少張。

　　貝戈利奧團隊可以指靠拉美的19位紅衣主教，自從阿帕雷西達成了天主教徒的一個朝聖之地後，他們都開始把阿根廷的紅衣主教視為他們的領袖。但由於超過一半的選舉人來自歐洲，因此他們還需要獲得一定數量的歐洲紅衣主教們的選票。像他們一樣，歐洲這些人有不少屬於改革派——他們中許多人來自德國、法國和中歐——該團隊可以指望一些懷念貝戈利奧2006年靜修的西班牙紅衣主教們提供支持。西班牙紅衣主教桑托斯·阿夫里爾·卡斯達約在羅馬的聖母大殿擔任大主教，以前曾在拉美擔任過羅馬教廷大使，他很熱情地在伊比利亞集團中為貝戈利奧拉選票。維也納的紅衣主教克里斯托夫·順伯恩曾是2005年拉辛格的主要支持者之一，他和巴黎的紅衣主教安德列·凡托也幫助貝戈利奧在歐洲拉選票。他們倆即便以前並不支持貝戈利奧，但現在都支持他參選。

非洲有11位紅衣主教，亞洲有10位紅衣主教。對於那些來自歷史上講英語國家的紅衣主教，英國的紅衣主教墨菲·奧康納是一個控制點，而且是把他們爭取過來的關鍵。在第一階段，非洲紅衣主教的關鍵人物、來自剛果金沙薩的帕亞樞機去找貝戈利奧詢問他的肺病。貝戈利奧告訴他說，他在20世紀50年代就做了肺部手術，自此以後他的肺功能良好。

北美的紅衣主教們——美國有11位，加拿大有三位——是歐洲和拉美之外的最大團體，對贏得選舉至關重要。他們只是在3月5日以後，也就是開完第二天的全會之後，開始考慮推舉貝戈利奧。當時，在北美大學的紅房子裡舉辦了一次大型宴會，威斯敏斯特的墨菲·奧康納和悉尼的佩爾都應邀出席。

"美洲的紅衣主教們對何去何從存在很大分歧，"墨菲·奧康納回憶說。他們中的關鍵人物是芝加哥的紅衣主教弗朗西斯·喬治，他此前一直想在斯柯拉與另外一位高水平的人選、加拿大主教大會主席、樞機馬克·偉萊這兩人之間做出取捨。墨菲·奧康納提議將貝戈利奧列入考慮對象，可當晚並未得到回應。波士頓的紅衣主教奧馬里（貝戈利奧與他2012年在布宜諾斯艾利斯共事時，曾送給他一張阿根廷彌撒光碟，）也在支持貝戈利奧的陣營。但對其他美洲的紅衣主教們而言，貝戈利奧有點兒名不見經傳。紅衣主教喬治尤其擔憂貝戈利奧的年齡。"問題是，'他還充滿活力嗎？'"他提出質疑。

第一天，也就是3月6日星期三，波士頓的奧馬里和天主教加爾維斯頓·休士頓總教區的丹尼爾·狄納多在北美大學的新聞吹風會上告訴記者們，紅衣主教們還未做好確定教皇選舉大會召開日期的準備，而且還需要更多的時間斟酌教會需要什麼及需要誰來領導。這成了教皇選舉大會召開前他們最後一次新聞吹風會：在當天下午召開的全會上，大家一致同意為了進行更為充分的討論，美國紅衣主教們應當停止他們每天召開的新聞吹風會。這令美國紅衣主教感到非常憤怒。他們在會議討論的保密方面一直很守規矩，慎重行事，而且認為全球媒體的關注是天賜良機，借此既可以向返回家中的天主教徒們說明情況，又可以向更廣範圍的美國社會傳遞福音。不少紅衣主教，尤其是紐約的多蘭，覺得由於意大利的紅衣主教（或翻譯）言行失檢而洩露機密，羅馬教廷反過來拿他們當替罪羊。

這次禁令帶來的結果就是樞機全體會議和意大利的梵蒂岡主義者，都有消息洩露出來——有的是新聞媒體花錢買消息，有的則是因為偏好哪一方而主動透露消息。在教皇選舉會議召開前夕，這些消息成了媒體討論的重點，也誇大了羅馬教廷內部與意大利派內部之間的緊張關係。依據意大利新聞界在教皇選舉會議召開前發表的見解，世界媒體的報道稱教皇選舉成了不同的意大利派和梵蒂岡派之間的拜占庭式競爭。出於這種原因，而且還由於貝戈利奧團隊謹慎地組織的競選活動沒被大家察覺到，因此在樞機全體會議召開的那一週，當宣傳貝戈利奧的樂隊花車開到街上時還沒有被媒體捕捉到。時至今日，大多數梵蒂岡主義者都認為在讓貝戈利奧當選的那次教皇選舉會議召開前，沒有競選團隊在為他爭取選票。

✿

貝戈利奧堪稱百年一遇的集兩種優秀素質於一身的奇才：他是具有超凡魅力的政治天才，也是具有遠見卓識的宗教聖賢。當他在3月7日召開的樞機全體會議上起身發言時，他的這兩方面才華都得到展示。在簡潔有力的發言中，他想法讓教會定格在那一刻，然後提出了診斷結果和治療方法。

貝戈利奧的發言只有三分半鐘，在那一週的眾人發言中，只有一位紅衣主教沒有用到分配給他的5分鐘時間。不比葛底斯堡演說——林肯的英語演說用了271個英文單詞，貝戈利奧的發言用了363個西班牙語單詞——長多少，而且他發言的簡潔和措詞都可與林肯的演說相媲美。他的發言提醒了聽眾們他們在這裡的使命是什麼，從更大的意義上來講，他們是誰。他的發言創造了一種新的敘事風格，或者說拯救了曾被人們遺忘的敘事風格。那一週貝戈利奧事先對自己的發言進行過無數次的推敲，並從理論上做好闡明與分析，因此他能明確有力地給大家發出行動起來的號召，就像修道院的鐘聲一樣清晰可聞。

倘若不是哈瓦那的紅衣主教傑米·奧爾特加後來向貝戈利奧要了一份他的發言稿，那麼教皇的這次葛底斯堡演說般的發言可能就失傳了。貝戈利奧本沒有發言稿可拷貝——他依照所做的筆記用意大利語講——但後來他用一支鋼筆把它寫成了西班牙語，並於次日早晨交給了奧爾特加。在方濟各當選後，奧爾特加把它掃描成PDF格式，然後上傳到哈瓦那教區的網站，世人就是這樣看到這篇發言稿的。

"傳遞福音已被提及，"貝戈利奧開始講道，"這是教會存在的理由：保羅六世談及'傳福音那種甜美與快慰的歡樂'。是耶穌自身在我們的內心去激勵我們。"他指出，傳福音：

在教會裡意味着要有走出自我的勇氣。主召喚教會走出自己的小天地，走進外面的大天地，這裡說的天地並不只是地理概念上的天地，還是靈魂上的天地：罪惡的神秘天地、苦難的天地、不公平的天地、傲慢與缺乏宗教信仰的天地、思想的天地和每種不幸的天地。

倘若教會不做這些事情，他警告說："它就變得自我依戀，隨後就生病了：《福音書》（路加13:11）中那位彎腰的婦女浮現在腦海。"接下來他講述了自己對教會哪裡出了問題所做的診斷，僅僅兩個月前，他在布宜諾斯艾利斯舉行的靜修活動中，曾與人分享了他在這方面的真知灼見：

長期以來出現在教會機構中的邪惡，已紮下了自我陶醉的深根，這是一種神學上的自戀。耶穌在《啟示錄》中稱，他站在門邊喊叫，這段文字顯然指的是他站在門外，敲門請人讓他進來。但有時我卻在想，耶穌是從裡面敲的門，請我們讓他出去。自戀的教會通常會讓耶穌在裡面呆着，不讓他出去。

他繼續說，由於沒有意識到這一點，因此教會固執地認為它有自身的光輝，進而開始自我陶醉，不再散發"月亮的神秘之光"。早期教會的神父們曾用這個術語，向人們講述就像月亮是暗淡的，月亮自身沒有光澤，但在夜間當月亮反射出太陽的光芒時，它在夜空中很閃亮；教會也一樣，沒有其他的旨意，只是反映主的旨意。貝戈利奧繼續說，倘若教會不再這麼做，而是設法借自身的光亮生存，那麼它就會落入“精神世俗”。按神學家亨利·迪·呂巴克的說法，他說道：“這將是降臨教會的最壞的惡魔。”

他接着推斷出教會面臨的抉擇：一方面，擺脫自我依戀，積極傳遞福音，虔誠地傾聽並忠實地宣揚上帝之道。否則，“世俗的教會便會自我沉溺，自我依戀，只為自我。”這樣一來，他說道：“應該出現教會為拯救靈魂而必須進行的可能的變化與改革。”他總結說：

想一想下一任教皇：他應該是一個敢於擔當的人，透過主的沉思和對主的敬仰，幫助教會走出自身的小天地，走進外面的大天地，並幫助她體驗“傳福音那種甜美與快慰的歡樂”，成為一位很有收穫的母親。

在樞機全體會議現場，鼓掌是不被接受的，但在片刻沉靜之後現場響起的聲音要比掌聲更大。紅衣主教順伯恩轉過頭對坐在旁邊的人說：“這正是我們所需要的。”紅衣主教奧爾特加稱貝戈利奧的發言“有權威性、有啟發性、有擔當而且真實。”這足以讓紅衣主教喬治轉而支持貝戈利奧，喬治告訴紅衣主教墨菲·奧康納說自己現在明白了——他懂得了他們給他推薦的貝戈利奧是一位多麼了不起的人才。貝戈利奧給紅衣主教們指明了前進的道路：進行一場要比僅僅清除梵蒂岡腐敗並改進領導更為深刻的變革！這場變革將讓教會明白自己的追求及其活力的源泉。那天下午，紅衣主教們投票確定：教皇選舉大會定於下週二，3月12日召開。離開會議大廳時，紅衣主教喬治喜氣洋洋的表情說明了一切。“我們準備好了！”他告訴新聞記者。

在那個週末，貝戈利奧穿上了他那件並不招眼的衣服。當教

皇候選人中的領跑者——斯柯拉、謝雷爾和奧樂提——在他們的
領銜教堂做週日彌撒時，記者們蜂擁而至。此刻的貝戈利奧則悄
然離開聖羅伯特·貝拉明，一個人靜靜地和紅衣主教烏巴爾多·卡拉
布雷西92歲的妹妹用午餐。卡拉布雷西是貝戈利奧的老朋友，以
前曾擔任羅馬教廷駐阿根廷大使，於2004年駕鶴歸西。在某個時
候他還曾在一家咖啡館外無意中碰到三藩市名譽退休紅衣主教。
約翰·奎恩紅衣主教1999年寫的《羅馬教廷的改革》倡議聯合領
導，這是改革者們——當然包括貝戈利奧——需要學習的重要著
作。"我讀過你的書，我希望你的倡議得到實施，"貝戈利奧告
訴他。

　　到了這個時候，貝戈利奧明白自己是未來教皇的主要人選，
他感到了千鈞重擔。貝戈利奧在納沃那廣場邂逅加拿大神父、電
視製作人湯姆·羅西卡，他緊握住羅西卡的手，讓羅西卡為他祈
禱。"你緊張嗎？"羅西卡問道。"有一點兒"，他答道。但到
了那天晚上，當貝戈利奧的老朋友、天主教記者詹尼·瓦倫特和斯
特凡尼婭·法拉斯卡來到他的住處時，他們發現他安詳而放鬆。
"我像個孩子一樣快要睡着了，"他對他們説。

　　次日早晨，週二，3月12日，紅衣主教們住進了有120個房間的
梵蒂岡賓館，也就是聖馬塔之家，準備出席當天下午的教皇選舉大
會開幕式。紅衣主教們的手機和筆記型電腦都被收了起來，他們的
包也經過安檢。房間的窗戶用百葉窗遮閉，手機信號被屏蔽。

　　貝戈利奧住在207房間，德國神學家、紅衣主教卡斯帕住在走
廊的另一側。卡斯帕最新的神學作品《仁愛》的西班牙語譯本剛
剛出版，他也收到了幾本。他自己留兩本，送給貝戈利奧一本。
"噢，仁愛，"當貝戈利奧看到這本書的書名時不禁説道，"這
是我們的主的名字。"

回到房間，貝戈利奧發現自己的床上有一朵白玫瑰。

❧

115位紅衣主教次日首先在聖彼得廣場做了彌撒，然後返回聖馬塔之家吃午飯，休息一會兒，然後便前去西斯廷教堂參加當天下午的莊嚴宣誓。隨後會場大門關閉，他們開始第一輪投票，而全世界都在等待着投票結果。

儘管氣氛有些緊張，但教皇選舉會議寧靜而肅穆，像一次靜修。紅衣主教們身着祈禱服飾，像是參加一次禮拜儀式。投票的時候因為要對選票進行複查，所以這個過程顯得沉悶。沒有誰會偷懶，但選舉過程肯定快不起來。會場共有四排桌子，分別擺在兩側，兩邊的人面對面對坐着。與會人員會按照先後順序，一個接一個地離開自己的桌子到前面投票。每位走到前面的紅衣主教會跪在聖壇前，抬頭看一看米開朗基羅的壁畫《最後的審判》，然後宣誓在主的見證與評判下，他的票將投給他認為在神的恩澤下能夠當選的人。投票者起身，將折疊起來的選票——上面印着"我選＿＿＿＿為教皇"，此時選舉人已經將空格處填寫完畢——放進聖壇上的一個銀盤或祭碟裡，然後把它倒進一個巨大的銀盃，返回自己的座位。這樣的動作重複了115次。投票結束後，用抽籤的方式從選舉人中選出三位監票人，他們從銀盃中拿出選票，唱票工作隨即開始。由於音響效果很差，監票人請一位聲音宏亮的墨西哥紅衣主教來重複唱票。

為了讓候選人能獲得三分之二的多數票，選舉人還是很有必要返回聖馬塔之家進行談判和討論。不像2005年，沒有哪位紅衣主教站出來，給大家拿出一本記錄着投票情況的"秘密日記"，這就迫使那些梵蒂岡主義者在教皇選舉會議結束後，把從選舉人的談話中獲取的零星信息拼湊起來。這次的選票統計出現了重大轉變。貝戈利奧的支持者原來努力爭取的25張進入第二輪門檻的票數，都已經爭取到了，但這個票數能否讓他在其他幾個競爭對手中一馬當先可就不得而知了。像意大利媒體預測的那樣，斯柯拉、謝雷爾和奧樂提也爭取到了各自的選票。然而大家一致認為在次日早上開始的第二輪投票，也就是教皇選舉會的第三次投票中，阿根廷的貝戈利奧會脫穎而出，贏得超過50張的選票。

到了這個時候，除了貝戈利奧，也只有斯柯拉還有當選的可能。大家在聖馬塔之家用午餐時，氣氛有些緊張。紅衣主教奧馬里坐在貝戈利奧旁邊，發現他很憂鬱，只是埋頭吃東西。"他似乎被所發生的事情搞得很頹廢，"奧馬里後來說。無論午餐期間到底發生了什麼——有些記載稱，斯柯拉請他的支持者轉而支持貝戈利奧，作為對阿根廷在2005年做出的友好姿態的回報——在週三下午第一輪投票，也就是教皇選舉會的第四次投票幾乎要結束的時候，貝戈利奧的得票數才接近所需要的77票。那天下午，紅衣主教多蘭稱："貝戈利奧異常平靜……他顯然感覺到這是主的旨意。"

隨後令人吃驚的事情發生了。那天下午的第二輪投票，也就是教皇選舉會的第五次投票，在監票人發現收到的總票數，要比參加投票的總人數多出一張之後，這次投票被宣佈無效。經查證，問題出在一張空白選票被誤粘在一張寫有名字的有效選票的後面。儘管這張空白選票不會影響到結果，但由於立了規矩，紅衣主教們還得重新投票。由於選票只有等到次日上午或下午的選舉結束之後才能燒掉，因此外界所了解到的，就是到了那個時候兩輪投票必定結束了，無論是黑煙或是白煙，都會在晚上6點左右從西斯廷教堂的煙囪中冒出，如果推遲冒煙就意味着出現問題了：或許發生了緊急醫療事故，或許煙霧機出了故障。

在西斯廷教堂的角落，臨近出口的地方，擺着兩個巨大的古銅色爐子，像資金不足的科幻影片中製作出的兩個戴立克機械人一樣。它們的功能只有一個：被紅衣主教們用來向世界傳遞每次投票的結果。

右邊的那個爐子用來在監票結束之後將選票燒掉，它在1939年被首次使用，並在接下來的五屆教皇選舉大會上都被使用。為了向外界表明教皇還沒有選出來，出席者過去常常在燃燒的選票中加些濕稻草，本來冒出的白煙頓時就會變成黑煙，但這種做法還是有風險的。1958年召開的教皇選舉大會選出了約翰二十三世，當時人們第一次放上稻草時卻依然冒出白煙（因為原來存放的潮濕的稻草已經晾乾了；在他們還沒有來得及第二次放上潮濕的稻草時，錯誤的消息已經傳出去了：只經過兩輪投票，教皇就已選出來了）。後來添加進特殊的粉末，以便能分別冒出白煙和黑煙。但1978年召開的多輪教皇選舉會議，先後選出了約翰·保羅一世和二世，但煙囪冒錯煙的問題仍沒完沒了地出現：觀看冒煙的民眾們不止一次地證實冒的是白煙，這讓廣場上的人們大為氣惱。在那年的其中一次教皇選舉會議上，向下的氣流將濃煙從煙囪中壓了回來，擴散到教堂裡，搞得紅衣主教們都氣喘吁吁地跑了出來。

2005年，由於一直用的那個爐子不夠大，而要焚燒的東西又實在太多：監票人收集的230次投票用紙及所有其他活動用紙。因此在4月19日早晨，人們看到了兩股黑煙。到了當天下午，這倒不算什麼問題了，因為本篤十六世只經過一輪監票就當選了，這樣一來就不用擔心其他紙的處理了。但即使在那個時候，也沒有誰敢十分肯定地說冒出的灰煙究竟指的是白煙還是黑煙。（梵蒂岡方面告訴世人，那就等着聽聖彼得廣場的鐘聲再來確定選舉結果，但在10多分鐘的時間裡沒有人聽見鐘聲，這是因為當局的電話線路出現了故障）

到了2013年，他們開始尋求萬全之策。他們又安裝了一個輔爐，其唯一功能就是製造煙氣。它的旁邊堆放着幾個墨水匣，上面標有黑煙，只有一個盒子上面標有白煙。週二晚上和週三午餐時間，輔爐裡爆燃的墨水匣冒出的濃煙，順着用螺栓固定在教堂牆上的暖氣管，向上穿過它的拱頂，並從細小的鋼製火爐管中冒出，半個地球的人都在看着它。冒出的濃煙實在太多，而且持續冒煙整整7分鐘，巨大的煙柱在空中翻騰，任何一刻你甚至都覺得要響起消防車的哀號聲了。

全球媒體關注的目光都定格在那個煙囪上，週三晚上結果不明帶來的緊張倒讓電視直播一顯身手。電視台的現場解說員站在一個可以俯瞰廣場的平台上，設法解釋結果推遲公佈的原因，而節目主持人卻放慢了他們的聲音，利用短暫的間隙告訴人們歷史正在被創造，以此提升人們的心理預期。教皇選舉會議是一種中世紀體制，而它本來能為當今這個24小時新聞滾動播出的時代做些專門設計。在每一個人，無論王子還是平民，都能同一時刻看到新聞的今天，還有哪個國際組織靠冒煙發信號的方式，來宣佈其新當選的領袖呢？

在教堂內，當貝戈利奧為後來他所稱的"換個教區"而做準備的時候，他內心很平和。"我是那種會擔憂，會焦慮的人，"他後來對拉美教派的成員說，"但當時我非常平和。它讓我確信這就是主的平和。"

當唱票人第77次唸到貝戈利奧的名字時，大家都鬆了一口氣——就像是空氣迅速從破氣球中漏掉一樣，緊張的情緒瞬間得到釋放。紅衣主教們起立鼓掌。"我覺得這個屋裡的所有人都流淚了，"紅衣主教多蘭回憶説。在那個時候，巴西紅衣主教、聖方濟創立的教派的成員克勞迪奧·福曼斯擁抱着貝戈利奧，親吻了他，並對他説："不要忘記窮人。"

紅衣主教們又坐了下來。只有等到115票全部被唱完了，才會問他是否接受這個職位。他還有幾分鐘考慮時間。不要忘記窮人。貧窮這個詞在他腦海裡翻轉，就像經常進行的禱文冥想一樣，直到那個名字走進他的心田：聖方濟，貧窮之人，平和之人，關愛之人，創造之人。

選票統計完畢：貝戈利奧獲得的選票超過95張。此時紅衣主教喬瓦尼·巴蒂斯塔·雷帶着這樣一個問題走到他身邊：他願意接受羅馬教皇這個職位嗎？貝戈利奧用流利的拉丁語回答説，接受，並補充道：即便我是一個大罪人。這一刻定格在下午7點零5分。

雖有瑕疵卻聽從召喚。他又一次接到明君之邀，做出了自己的選擇，像伊格內修斯在其《修煉》中所言，當我們的主這麼感動並吸引那些毫無疑心的虔誠信徒時，這些信徒就全心追隨主，像聖保羅和聖馬太那樣追隨我們的主。他第一次莊重地回答"是的"，應該追溯到半個多世紀之前，那是在齋日，在弗洛雷斯的聖約瑟教堂裡的木製懺悔室裡。從那次説"是的"開始直到今天，他的人生歷程由一根線穿在一起，人生中的結也被一種偉大的、柔和的力量解開。

"你想取什麼名字？"紅衣主教里·沃卡伯·弗朗西斯庫斯問道。"我選方濟各這個名字，"貝戈利奧堅定地説，"為紀念阿西西的聖方濟。"紅衣主教們怔了一下，然後又紛紛鼓起掌來。

方濟各被帶進一間緊鄰西斯廷禮拜堂的房間，在那裡試穿白色袈裟和腰帶，決定繼續讓他穿自己那雙舊的黑皮鞋，戴上他一直戴在胸部的銀色十字架。教堂的門打開了，與會者都走進來，他們將選票投進爐子裡，然後裝上墨水匣。當從西斯廷教堂的爐管中冒出的一縷白煙升騰到潮濕的夜空時，廣場上響起了歡呼聲。很快教堂的大鐘也敲響了，歡快的鐘聲與人群中爆發出的歡呼聲融匯一起，響徹雲霄。

身着白色袈裟的方濟各返回教堂，紅衣主教們再次為他鼓掌。教堂裡擺着一把裝飾考究的椅子，這是供方濟各接見大家時坐的，但他卻一直站着和紅衣主教們一一相擁。隨後，他意識到外面還有成千上萬在雨中等待他的民眾，便開始朝陽台走去。在途中他體驗到精神的憂慮。"一種極度的焦慮向我襲來，"他後來回憶說。按照本篤改革後的教皇選舉規則的要求，天主教教皇方濟各在紅衣主教福曼斯和阿戈斯蒂諾·瓦利尼的左右陪伴下，走進了波林禮拜堂，並跪在後排座位前。對自己的使命感到憂慮，他曾在一位靜修時對大家說，可能是"一種好精神的標誌"。

當我們意識到我們被選中了，我們感覺到肩上的責任重於泰山，而且我們體驗到了憂慮——在有些時候，甚至會有點兒慌亂。這是我們嶄新的宗教之旅的開端。與此同時，我們感覺深深地被主吸引，主在召喚我們用火一般的熱情去追隨他。

當世人們都屏住呼吸時，波林禮拜堂裡的方濟各讓自己沉靜下來。以新的身份坐在前廳的他，花費片刻功夫讓不屬於自己的一種神秘力量為自己充電。當外力的干預終於得以解除時，他渾身洋溢着歡樂與平和。"我沐浴着一種偉大之光，"他後來回憶稱，"它只持續片刻，但對我而言似乎非常漫長。"

聖賢伊格內修斯在他第二週的"洞察規則"中寫道，只有

主，我們的主，會在毫無前因之下去撫慰我們的靈魂。造物主的
特權就是能出入我們的靈魂，能創造出那美妙的時刻，讓我們的
靈魂鍾愛他至高無上的神聖。

梵蒂岡電視台主任維加諾安排攝像人員用4K高清設備，把這
一切都拍攝下來留給後世子孫。他看到傳回電視轉播車的圖像，
描述了自己眼前的情景：

教皇在紅衣主教福曼斯和瓦利尼的陪伴下，低頭穿過西斯廷
教堂。他在向下看；他沒有與沿途的紅衣主教們打招呼，好像他
在扛着一件極重的東西。走進波林禮拜堂後，他們給他準備了一
個王座，但他並沒有坐下。他說服紅衣主教們在最後一排他的兩
旁分別坐下。他靜靜地祈禱。過了一會兒，教皇站了起來。他轉
過身，退回國王廳，而在那一刻他完全變了一個人。那是一個滿
臉微笑的人。看起來他這種選擇所帶來的重擔已有所託付，彷彿
主在私下對他說：“不要擔心，我和你在一起。”他成了一個不
再沮喪的人。他臉上的表情也不再凝重陰沉。他成了一個能審視
並詢問自己需要做些什麼的人。

在許多人看來，方濟各已證實了這段記述，他對一位紅衣主
教說，他“強烈地感到內在的平和與自由向他湧來，自此之後再
也沒有離開他。”他還對另外一位紅衣主教說：“我相信聖靈已
改變了我。”

一聲“晚上好”拉開了方濟各時代的序幕。晚上8點22分，在
聖彼得教堂的凹陽台上，紅衣主教福曼斯和瓦利尼分立左右，方

濟各站在那裡，面對下面兩萬多被雨淋濕的民眾以及數百萬電視觀眾。下面的廣場上，無數手機和平板電腦在黑暗中閃爍，彷彿是夜空裡的星星。方濟各羞澀而又堅定地用流利的意大利語通過麥克風開始演說。

方濟各笑稱"我的紅衣主教兄弟去了地球的另一端，"，只是為了"給羅馬尋找一位主教。"他請大家為"我們的榮休主教本篤十六世"祈禱，然後帶領眾人吟誦我們的主、萬福瑪利亞、聖靈。隨後他説道："主教和民眾們，現在讓我們踏上旅途。這是一次羅馬教會為所有其他教會主持慈善之旅，一次兄弟之旅，關愛之旅，還是一次體現我們之間的信任之旅。"能意識到"主持慈善"這句著名古訓的人可謂寥寥無幾。方濟各用"主持慈善"來描述羅馬教廷與地方教會之間的關係，寓意深刻：方濟各在發出這樣一個信號，他將做一個全力實施聯合領導的教皇。偉大變革的號角已吹響。

而那天晚上讓大多數人記憶深刻的，則是接下來發生的事情：方濟各請求"民眾為主教賜福——你們為我賜福。"教皇低下頭，做出一種極其謙恭的姿態，緊接着便是一片沉寂。這種令人感動的姿態拉近了彼此的距離，一種持久的友好關係正在形成。教皇在向羅馬這座城市，在向這個世界，在向"所有善良的人們"賜福之前，先請求主的神聖臣民賜福。

他沒有乘坐教皇的豪華轎車，而是改坐公共汽車和其他選舉人一同返回聖馬塔之家。晚宴上，他告訴他們："願主能原諒你們所做的一切。"紅衣主教稱，他的這句話"一下子讓房間裡鴉雀無聲。"次日，方濟各擔任教皇後做的首件事情便是乘坐一輛梵蒂岡警車穿過羅馬，8點剛過就來到了聖母大殿。大殿內掛着聖·路加畫的羅馬民眾保護神瑪麗亞的畫像。方濟各在那裡獻了一束花，然後去了一個小教堂，洛約拉的伊格內修斯1538年曾在那裡第一次做彌撒。隨後他到十六世紀的教皇庇護五世的墓前祈禱。當年，庇護五世依照多米尼加的習俗，確立了教皇穿白色袈裟的傳統。在返回梵蒂岡的途中，他順道去自己以前的住處取行李——他到自己的房間，把自己的個人物品裝好。讓工作人員吃驚的是，他自己付了房費，並告訴他們，作為教皇，他應該做個榜樣。

當天下午，他與紅衣主教選舉人一起做了彌撒，讓他們吃驚的是，方濟各考慮到他們已在教皇選舉會議期間做過彌撒，便做出讓步，把這次彌撒安排在賜福殿舉行。司儀們圍在他身邊，給他講解在他擔任教皇的第一次彌撒上，要做些什麼及何時去做。方濟各讓他們站到一邊，對他們說，"好了，你們不必為我擔心。我做了50年的彌撒了。不過你們別走遠，萬一我需要你們可以隨時找得到。"

做彌撒期間，他不是像其他教皇那樣坐在椅子上，而是像一位教區神父那樣站在講道壇上講道。他沒有機械地去讀一篇事先準備的稿子，而是用毫無瑕疵的意大利語即興講話、佈道。他這次還像以前一樣，用了七、八分鐘時間，圍繞三個關鍵點侃侃而談：行走、創建和懺悔。"我們想走多遠就能走多遠，我們能創建很多東西，然而倘若我們不向耶穌基督懺悔，就要出差錯了，"他告訴他們，"我們可能會變成一個做慈善工作的非政府組織，而不是真正意義上的教會。"他還引用了激進的法國皈依者萊昂·布洛伊筆下的名句："不向主祈禱的人會向惡魔祈禱。"方濟各20世紀70年代在德耶羅時，曾和朋友一起閱讀過萊昂·布洛伊的作品。

那天晚上他和管理教廷房產的大主教喬治·甘斯衛因走進了教皇公寓——自本篤離開之後已被封上。甘斯衛因黑暗中摸索着打開燈，方濟各發現自己彷彿置身於一個鍍金籠子：大理石鋪的地板上擺着許多厚重的傢具，一件挨着一件，似乎沒個盡頭。一種孤寂之感頓時湧上心頭，他看到只是孤獨與隔離，便當即做出決定：仍然住在聖馬塔之家，這個公寓用來開會。

他打了幾個電話：首先給他布宜諾斯艾利斯的牙醫打電話，取消看牙預約；接着給他的報紙投遞員丹尼爾·戴爾·雷尼奧打電話（"沒和你開玩笑，我是喬治·貝戈利奧，從羅馬給你打的電話。"），感謝他數年來的服務；隨後，還給他唯一還在世的親妹妹瑪麗亞·埃琳娜打了電話。

"他告訴我，'你看，他們把我選上了，而且我也接受了，'"她回憶說，"而我卻問道，'你還好嗎？你感覺怎樣？'我這話快要把他笑死了，他答道，'我很好，很放鬆。'我說，'你在電視上看起來挺好的，臉上煥發着光彩。我真想擁抱你一下。'他說，'我們這就是在擁抱，我們在一起。我心裡一直惦記着你。'和自己哥哥交談，而哥哥又是教皇，要解釋這究竟會是怎樣一種情形並不簡單。"興奮得又哭又笑的瑪麗亞·埃琳娜補充說："它真的很複雜。"

方濟各次日在福廳接見了全體紅衣主教，包括那些沒有選舉權的紅衣主教。當紅衣主教墨菲·奧康納走上前來時，方濟各擁抱着他，笑着用手指蹭了一下他的臉，對他說："這都是你的錯！看看你都對我做了些什麼？"

後　記

偉大變革者

　　喬治當選教皇這個激動人心的消息,在阿根廷的每個鄉村、每個城鎮——尤其是在布宜諾斯艾利斯的貧民區裡,人們奔相走告:"他們讓喬治神父當教皇了!"——主的信徒們中間傳遞開時,克莉絲蒂娜·費爾南德斯·德基什內爾的顧問們漸漸明白:這個消息要比以前阿根廷贏得1978年世界盃的消息更為轟動,方濟各將成為自卡洛斯·加德爾之後名氣最大的阿根廷人,倘若總統閣下不對這件事情做出積極表態的話,他的支持率將會出現急速下滑。

　　阿根廷女總統克莉絲蒂娜得到了消息。她先是用冷淡而簡略的賀電,對方濟各的當選表示祝賀。總統之所以這樣做,是為了避免讓人覺得她在對待方濟各的態度上,突然之間來了一個180度的大轉彎。在此不妨套用一種說法,她免得讓人覺得自己變得比教皇更像天主教徒。甚至連以前一直抨擊方濟各的五月廣場聖母會會長、一向尖刻的赫柏·德波納菲尼也找了一個台階下來,在一封示好的信中告訴方濟各(她稱他為"唐·弗朗西斯科"),她是多麼驚喜地發現他為貧民區做了那麼多工作。方濟各3月19日參加就職儀式之前，接見的第一位政要就是克莉絲蒂娜總統，當時她給他帶去了富有阿根廷特色的箱子，裡面裝有巴拉圭茶、葫蘆、200周年紀念活動保溫瓶，甚至還有糖。"我都要了，"他告訴她，"我可沒有糖，我只帶了我自己。"她告訴記者自己第一次被教皇親吻過，她不會是最後一個的，方濟各已經放棄了傳統——不親吻別人，也不被別人親吻。

在方濟各就職那天的一大早，五月廣場天主教堂外守夜的人們，突然通過廣播聽到方濟各的問候。他講話親切直率，彷彿在對家人說話，讓他們相互關照，讓他們照顧老幼，讓他們關心周圍的世界，不要動輒爭吵或批評別人，或者像他說的那樣，不要去揭別人的短處。昔日的加烏喬人總喜歡這麼說，這次教皇不但說了他們的語言，而且還用了他們的典故；儘管他現在有了另外一個身份，但他依然是布宜諾斯艾利斯的那個大祭司。

"我們必須去適應一種新的做事方式，"隆巴迪牧師告誡記者們說，他自己都正在努力適應方濟各的自由與坦誠。在走上教皇職位的首個週日，方濟各簡單披件白袈裟就在梵蒂岡的聖安娜小教堂做彌撒，這讓穿着非常正式的羅馬警察們感到吃驚。當眾人們走出教堂時，站在教堂門外的方濟各同他們一一打招呼，這讓有些媒體將他稱為"世界的教區牧師"。在更換回教皇的官服之後，他走出聖安娜教堂的大門，離開這塊梵蒂岡領地幾分鐘時間，去同聖彼德廣場大道圍欄後的民眾握手。他身邊的安保人員這下可亂了方寸，他們向一家意大利報紙抱怨說："倘若局面沒有控制住，他都要把我們給急瘋了。"有人稱這種直率和親民，預示着那種僵化的教皇體制正在瓦解。修道士恩佐·比安奇在《意大利時代》上說得更簡要：方濟各是"成為凡人的教皇。"

方濟各利用做彌撒和隨後敲週日祈禱鐘這兩個機會，宣佈了恩典時刻——這是頌揚主的時刻，主此時會以一種全新的、戲劇化的方式顯靈：號召信徒們行動起來，悔過自新。"慈愛的主最偉大的福音，"方濟各站在使徒宮的陽台上對下面廣場上的人群說，布宜諾斯艾利斯的一位老太太曾告訴他，沒有了慈愛，世界將不復存在。"我問她是否在格利高里教過神學，"他拿耶穌會在羅馬最著名的大學開玩笑說。他興高采烈，一遍遍地傳遞着一個清晰、歡快的訊息：主永遠也不厭煩幫助我們，但我們卻厭煩尋求他的幫助。他的講話既不乏幽默，又穿插着趣聞軼事。他祝大家"吃頓好午餐，"同時又讚揚紅衣主教卡斯帕"既是一位聰明的神學家，又是一位善良的神學家，"自己在教皇選舉會議舉辦期間抽空拜讀了的作品《仁愛》，同時他又笑稱他不是在為增加這位德國人的作品銷量而做廣告。

兩天之後的3月19日，蔚藍的天空見證着就職彌撒的隆重舉辦，前來參加活動的包括132個國家派來的代表團，數十位宗教領袖及兩萬民眾。在這些宗教領袖中，君士坦丁堡的東正教的元老級人物巴薩羅繆，應一向關注羅馬慈善事業的方濟各之邀，首次參加教皇的這項活動，或者說至少自11世紀東西方教會大分裂之後，這是首次由東正教的元老級人物參加。方濟各在2001年做紅衣主教時，曾寄信（這次是通過羅馬教廷大使派送）稱他不想讓人們把錢花在買機票參加彌撒上，與其這樣還不如將這些錢花在窮人身上。但在他自己邀請的嘉賓名單中，卻有像塞爾吉奧·桑切斯這樣的普通人。方濟各宣導的就是聖約瑟的關切保護、溫和可親的領導風格：

讓我們永遠不要忘記真正的權力就是服務，教皇也一樣，在行使權力時，必須竭盡全力提供感恩聖主、惠及信徒的服務。他必須被能體現出聖約瑟關愛的具體的、誠心的服務所激勵，而且能像聖約瑟那樣，他必須張開自己的臂膀，保護主的所有臣民，用心呵護全人類，尤其是那些最貧窮者、最虛弱者、最渺小者以及《馬太福音》列出來的應該關愛的對象：饑餓者、乾渴者、陌生人、衣不蔽體者、患病者及那些在監獄裡的人（《馬太福音》25:31-46）。只有那些用一顆愛心去服務的人才能夠提供保護！

維也納的紅衣主教克里斯托夫·順伯恩在訓誡的整個過程中都流着眼淚，他悄聲地對紐約的紅衣主教說：“蒂姆，他講起話來像主一樣。”“耶穌，我覺得那是他的崗位職責，”多蘭答道。

彌撒結束之後，方濟各坐上一輛白色敞篷多功能車（從技術層次講，也叫做教皇專車）來到眾人中間，釋放自己的激情與歡樂。廣場上有人拿着旗子，上面寫着主對阿西西的聖弗朗西斯説的話“維修我的教堂”，歐洲國家的國旗中間還飄揚着不少拉美國家的國旗。教會事業的新生力量已經來到了。

方濟各長時間地呆在民眾中間，親吻、擁抱、握手，偶爾會停下來喝一口別人遞上來的巴拉圭茶，飲茶成為他每週三媒體見面會時的一個習慣。他還開始了將會成為他另一個習慣的活動：走出車外，非常輕柔地擁抱一位嚴重殘疾的人。

廣場上的這週活動重點放在關愛病人和殘疾人身上，以及他與民眾的親切交流上面，這些都是推進這場偉大變革的關鍵：借助療治教權主義所帶來的創傷，羅馬的主教同主的神聖信徒重新建立起密切的聯繫。要知道，可惡的教權主義曾縱容或掩蓋性虐待。方濟各希望大家永遠不要忘記：虔誠的民眾應該被放在最重要的位置，神職人員應該為他們服務，培養他們的力量，療治他們的傷痛。

　　"教會，"他在前一個週六告訴記者，"是由主的神聖信徒組成，這些神聖信徒在此要與主相會。只有從這個角度考慮，我們才能對教會的生活與活動做出讓人滿意的描述。"他曾在20世紀70年代和80年代敦促耶穌會學習這種聖經註解學——理解教會的關鍵——在20世紀90年代和21世紀初，作為牧師的他也曾敦促神職人員這麼做。現在，這成了他給世界各地的教會要上的一課。

　　這次在保羅六世大廳舉辦的媒體見面會上，方濟各感謝媒體在教皇秘密選舉會議期間所做的工作——自保羅七世起這就成了一個傳統。會議結束時，方濟各注意到許多媒體工作者不是天主教徒，甚至不是任何宗教的信仰者，因此他也就沒有給予通常的祝福。"我悄聲地但熱情地祝福你們每個人，敬重你們每個人的良知，但我了解到你們每個人都是聖子，"他告訴他們。他們都被方濟各這種優雅大度的姿態所感動。此時，結束了就職彌撒的採訪任務，記者們開始收拾自己的行頭裝備打道回府，他們中有些人——尤其是那些無神論者或不可知論者，剛剛到達羅馬之後，聽到梵蒂岡貪污和偽善的故事後無奈地了頭——承認，過去兩週梵蒂岡發生的一切讓他們感到驚訝：教會這條擱淺的船在一陣似乎不知從何而來的清新勁風吹動下，又乘風破浪前行了。

　　這就是它的神奇之處：在制度失效的長夜到達最黑暗的那一刻，一切似乎都變得老化、困頓和孤寂時，這種奇跡卻出現了！正像喬治·貝戈利奧20年前在科多巴那段最傷心的歲月裡所寫的那樣："它是一具殭屍，可神聖正藏於其中，而且將會復活……主的變革就在此發生，沒有別的解決途徑，唯有在絕望中抱着一絲希望。"

從讓人刮目相看的第一週開始，方濟各一直在對梵蒂岡權力集中的君主政體模式進行大修，沿用前面"君主政體"這個不太貼切的比喻，把一些只能被描述為"共和政體"的構件裝配進去。這並非一件一蹴而就的工作。方濟各在2013年10月稱："當紅衣主教馬丁尼談到關注梵蒂岡大會和宗教會議時，他知道朝那個方向前進還有多難，還需要用多長的時間。"他渴望前行，他指出，沿着（天主教的）聯合領導和會議決斷那條道路"步履輕盈卻堅持不懈地走下去。"

當選教皇還不足一個月的時間裡，他成立了一個由來自世界各地的八位紅衣主教組成的理事會，輔佐他管理全球教會及籌劃天主教教廷改革。他稱這八位成員組成的理事會"讓教會開始既有自上而下的垂直領導架構，又有平行的領導架構。"這個理事會的成員們每兩個月在梵蒂岡開一次會。"我總是出席他們的會議，"方濟各告訴《世界報》，"但我不發言，只是傾聽，這讓我受益匪淺。"這些紅衣主教們分別來自印度、德國、剛果、美國、澳大利亞、洪都拉斯和意大利，這樣一來便可應對天主教神學家伊夫·孔加爾指出的那種危險：倘若教會管理層都依照某種模式挑選——通常是可靠的人，他們捍衛着忠誠與傳統，卻不冒任何風險，因此也不會帶來任何驚喜——久而久之，這個機構會在其核心層與外圍之間設置一道屏障。八人理事會則將外圍——世界的各大洲——帶入中心舞台，用來自洪都拉斯首都特古西加尔巴的理事長、紅衣主教奧斯卡·羅德里格斯·馬拉迪亞加的話講，提供了"經常出入羅馬教廷的人並不了解的情況。"

很顯然，自2014年2月為期兩天的全體紅衣主教會議召開之後，方濟各便想在實施改革之前，讓他們扮演類似參議院的角色，在管理全球教會方面發揮更大作用。方濟各在那次會議結束的次日，也就是2月22日，便新挑選出了19位紅衣主教（其中16位有選舉權），這反映了他期望的羅馬教廷的未來走向：提升貧窮國家的話語權，改變羅馬教廷以歐洲為中心的不平衡局面，減少來自教廷的紅衣主教的數量。沒有新增來自美國的紅衣主教，羅馬教廷的眾多紅衣主教中只有四位獲得任命，而且只有兩位來自歐洲教區；其餘的紅衣主教均來自發展中國家（包括他親自挑選的布宜諾斯艾利斯紅衣主教繼任者馬利奧·波里），這意味着122位有權選舉的紅衣主教名額，如今在歐洲和世界其他大洲之間進行了均衡分配（延續這種勢頭，未來的紅衣主教會議毫無疑問地將把來自歐洲的紅衣主教調整成少數，這反映出天主教會在世界各地的分佈情況）。用多蘭的話說，這是"貧窮國家的紅衣主教會議"：紅衣主教要麼去到邊遠貧窮國家——海地和布基納法索（非洲國家）——要麼去到既有窮人又有富人的大城市，如倫敦、漢城（首爾）或里約熱內盧。

在條件成熟的地方，加入八人理事會的紅衣主教顧問們，還應是超國家主教機構的現任或前任領袖：德國慕尼克的紅衣主教賴因哈德·馬克思和印度孟買的紅衣主教奧斯瓦德·格拉西亞斯，分別是歐洲主教團委員會（CCEE）和亞洲主教團協會（FABC）的會長；而金沙薩（剛果）的勞倫·蒙桑沃·帕辛亞和聖地牙哥（智利）的弗朗西斯科·艾拉蘇里斯·奧薩，則分別是非洲和馬達加斯加主教團專題討論會（SECAM）和拉丁美洲主教團會議（CELAM）的前任會長。這樣一來，可以毫不誇耀地說，方濟各已讓梵蒂岡不但對地方教會負責，而且對地方教會之外的宗教組織負責。以前這些宗教組織常常被梵蒂岡忽略或視為一種威脅。

方濟各在《福音的喜樂》中表明了自己的意圖：他要給主教會議（包括像CELAM和CCEE這樣的超國家主教組織）"真正的法理上的權威"。用這種方法，方濟各為羅馬教廷和地方教會之間早期宗教平衡的恢復開了綠燈，以便像1992年聖多明哥事件不再重演，而且當其他洲的天主教發展壯大後，像天主教阿帕雷西達總教區（羅馬天主教在巴西的一個教省總教區）這類機構也可以在那裡設立。正如大主教約翰·R·奎恩在其著作中所言，我們甚至有可能想像到方濟各希望實施的宏偉規劃：未來將會有自治的地區主教區，那裡的主教都由本教區任命，一些禮拜儀式方面的事情也可自行決斷。

　　（天主教的）聯合領導，還意味着教皇和梵蒂岡不會爭奪地方教會出彩的機會。梵蒂岡年度機構目錄於2013年5月出版後，方濟各只被簡單地稱為"羅馬主教"，他的其他所有頭銜都被印在目錄靠後的內容中。方濟各在《福音的喜樂》中認識到"過度的中央集權……繁雜的教會生活及其傳道範圍，"他下令減少梵蒂岡各個機構的發文數量及會議數量：他持的觀點就是，過多的羅馬神學和條例扼殺了地方教會的創新精神和行動自由（他在2010年圍繞同性婚姻展開的抗爭中對此深有感觸）。教皇及其教義監督者的部分任務，就是讓世界各地天主教在大的方面保持一致，沒有這一點團結也便無從談起，但做這項工作時要慎之又慎。2014年1月，他曾告誡參加聖會的人們，在制定信仰教義時要避免"只從意識形態的角度去理解教義，或者把教義變成一堆抽象的、華而不實的理論。實際上，教義的唯一目的就是服務於主的臣民的生活，它所追求的是為信仰夯實基礎。"

　　不斷周遊各地的"帝王般的"教皇，能讓人意識到主教會議的重要作用，為了避免削弱這種重要作用，方濟各把主要精力花在羅馬之外的意大利之行上面：在他擔任教皇的第一年，他只出訪過一個地方（里約熱內盧）。他2015年的出訪集中於亞洲不斷壯大的天主教會：2014年8月去過韓國，2015年1月去斯里蘭卡和菲律賓，或許還去日本。除了這些之外，2015年他的出訪計劃，在我寫本書的時候已得到確認的只有9月訪問美國。方濟各避免提及同性戀婚姻或已被某些國家在法律上通過的安樂死，他把這類事情留給地方的主教們，讓他們發佈聲明並制定出具體的教會政策：在《福音的喜樂》中，方濟各引用保羅六世的話說，為千差萬別的問題一一提供答案，這既不是教皇的志向所在，也不是教皇的使命，"這應由基督教團體根據他們各自國家的具體情況，客觀地進行分析。"但他樂於支持地方教會在政策上有新的突破，就像他在2014年7月號召大家保護越過墨西哥邊境進入美國的年輕移民。

八人理事會會長、紅衣主教羅德里格斯2014年1月稱，教皇將做的緊要事情，就是讓平時常開的理事會，而非每三年才在羅馬開一次的梵蒂岡大會，成為"推進集體領導的一個有用的、強有力的工具。"方濟各把一個改革後的理事會視為"克服梵蒂岡中央集權，並將核心地帶與邊緣地帶重新聯繫起來"的根本，只要從這裡做起，他相信——和神學家孔加爾一樣——預言中的改變能夠實現。（"倘若革新運動在拒絕或誤解教會對團結的需求方面有過錯的話，"孔加爾寫道，"那麼機構在曲解或扼殺實現預言的那種激情方面也同樣有過錯。"他還補充說，羅馬這個核心地帶有義務去關照邊緣地帶。"當樹積聚的痛苦越來越大時，它的汁液都會冒出來。"方濟各當選教皇沒多久，就任命紅衣主教洛倫佐·巴爾迪塞里擔任理事會秘書長。洛倫佐2013年6月說，教皇正在尋求"一個富有活力的、永久存在的理事會，他需要的不是一個結構化的有機體，而是一種功能，一種能將核心地帶與邊緣地帶聯繫一起的功能。"

　　方濟各計劃中的宗教會議的向心性，在他2014年4月寫給紅衣主教巴爾迪塞里的信中有所反映，這封信使用法律術語來描述自20世紀60年代以來，人們很少聽到的宗教會議。用非技術性語言來講，方濟各所說的革新後的宗教會議，擁有真正的權力去闡釋宗教面臨的重大問題，如同它在基督教創立早期所做的那樣。它將成為一個獨立於元老院之外，且又高於元老院的機構，既對教皇負責也對主教們負責。梵蒂岡的首席廷院律師、紅衣主教弗朗西斯科·科科帕爾梅里奧，是幫助方濟各當選的功臣之一，他正在制定有關細則。

　　宗教會議已開始按方濟各的思路運轉起來。2013年10月初，方濟各與巴爾迪塞里負責的宗教會議理事會商談兩天之後，宗教會議宣佈將花兩年時間，認真探討"在基督教化的背景下宗教所遇到的家庭挑戰"這個課題，這表明他們開始着手處理涉及方方面面的棘手問題，包括困擾2005年宗教會議的一個問題——離婚者與再婚者做聖事的途徑。不同於以前召開宗教會議之前，送到主教們手中的那些冗長的、抽象的準備文件，這次宣佈的文件簡潔且講究實際，開篇便提及2013年11月至12月召開的主教大會對38個問題的審查情況。宗教會議理事會不但得到了由114位主教參加的大會的磋商結果，還收到了大約800個天主教組織的回饋意見，這足以確保宗教會議依照阿帕雷西達模式，並沒有拿一些抽象的東西紙上談兵，而且直接掌握了當時遇到的文化挑戰。他們並沒有勉強地把它放到為期3週的會議上匆忙討論一下，而是制定了一個深入探討它的兩年計劃：先由部分紅衣主教在2014年2月進行初步討論；接下來在2014年10月由小規模的、短期的"特派"主教（190名選舉成員）召開會議，收集觀點，提出建議；最後，在2015年10月由全體主教（250名選舉成員）召開會議，為教皇提出解決方案。

2014年2月下旬圍繞主教會議所發生的那些事情，為人們提供了一個很好的觀察點，從那裡人們可以見證這些日子裡，羅馬天主教的各項活動提升到了新的層次。那些天飛到梵蒂岡的一位資深觀察家評論說，方濟各的變革將打破"委員會、理事會和紅衣主教會議實際存在的僵局。"國際諮詢公司和會計師事務所頻繁出入梵蒂岡：麥肯錫公司負責審核新聞領域，畢馬威公司提升了它的會計標準，安永會計師事務所全面審查梵蒂岡政府的財務，總部設於華盛頓的鵬睿金融集團，詳查IOR（俗稱的梵蒂岡銀行）和APSA（宗座財產管理局）的經營狀況。要知道，羅馬天主教的資產及股份均由這兩家機構管理。

方濟各將185位紅衣主教召集在一起開了兩天的會，聽取並討論紅衣主教沃爾特·卡斯帕對家庭與婚姻的想法。卡斯帕的發言剛一結束，紅衣主教們中間就出現許多不同意見，但方濟各對此並不在意：加爾迪尼和孔加爾已教他學會了讓不同的意見相互碰撞，哪怕是不同立場的人激烈對峙，在堅持原則的基礎上讓大家暢所欲言，這對達成一種新的、更好的一致必不可少。他指出，見解不同會帶來激烈而又豐富的爭論。"我不怕這一點，實際上，我反倒要尋求這一點，"他後來告訴意大利《晚郵報》。

在選舉紅衣主教的重要會議上，他告訴大家要拋棄自己是"教會的王子"這種念頭，消除"對抗、嫉妒、小集團"及

"要陰謀、說長道短、拉幫結派、寵愛、偏袒"之類的"世俗心態"。他說,紅衣主教"是要進入羅馬天主教會工作的,而不是進入宮廷享受的。"他強調,主並不是為傳授良好的舉止而來,而是"向我們展示脫離罪惡的唯一途徑,這條途徑就是慈愛。"他說他們應該"用謙恭反對傲慢",而且使用"《福音書》中的語言:我們說"是"的時候,心裡想的就是同意;說"不"的時候,心裡想的就是反對,不能口是心非。

這次重要會議剛剛結束,羅馬教廷便宣佈第一項重大舉措:成立專門負責經濟工作的新秘書處,由澳大利亞紅衣主教喬治·佩爾掛帥,負責管理一個新的經濟理事會。該理事會由經濟專家和具有財務工作經驗的主教組成。幾個月後,也就是2014年7月,紅衣主教佩爾宣佈對所謂的梵蒂岡銀行進行一系列改革,剝奪了它的投資職能,讓它只為宗教人士提供存款及貸款服務。宗教事務委員會(IOR)關閉了大約3000個不適合新職能的帳戶,已降低了資產負債率。佩爾稱改革的目標就是建立一種良好的運行與管理模式,而且它能"不聲不響地取得成功。"佩爾還宣稱由前BBC總裁掛帥的一個十一人媒體委員會,將實施一項優化梵蒂岡職能重疊多個新聞出口的計劃。

這些改革有一項基本模式:引入(與教會中有宗教職司人員相對而言)非神職的專業人士,讓羅馬教廷的運行國際化(或者"去意大利化"),同時讓各項活動服務於其核心目的。這就是八人理事會正在研究的羅馬教廷結構全面調整背後的部分標準。這個八人理事會已經明確指出,他們所要尋求的,不只是更新或修改塑造了羅馬教廷現有結構的1988年憲法,他們要對這部憲法進行重寫,而且會在2014年年底或2015年年初宣佈。

方濟各的國務卿紅衣主教皮耶特羅·帕洛林是一位60歲的意大

利職業外交官，他與自己的前任形成了鮮明的對比。紅衣主教索達諾和貝爾托內出行總愛乘坐高級轎車，而帕洛林則喜歡獨自步行，他像方濟各一樣，是一位謙恭禮讓、傳遞福音的變革者。他生活很簡樸，這與他的前任對比更為鮮明：2014年5月，有人披露紅衣主教貝爾托內退休後，住在聖馬塔之家的隔壁，獨佔兩套公寓和一個平台，總的建築面積是方濟各的兩居公寓的好幾倍。國務卿傳統上來講扮演着雙重角色：既是梵蒂岡的首席外交官，負責羅馬教廷的對外關係；同時又是行政主管，管理着整個羅馬教廷。將來他很可能集中力量扮演好第一個角色，同時將設置一個新的崗位來做第二項工作，也就是負責梵蒂岡的機構管理。

八人理事會推出的重大調整，將優化龐大的、複雜的且常常功能重疊的梵蒂岡主要機構：九個紅衣主教委員會（這些都是很有權力的立法機構）；十二個主教理事會和七個主教委員會（大都是諮詢機構）；三個法院。為非圈內人士的普通信徒設立一個新的委員會已成定局，這個代表着主的神聖臣民的機構，將與那些管理主教及牧師的機構平級。梵蒂岡的理事會和委員會很可能要麼合併，要麼關閉，要麼併入紅衣主教委員會。比如，紅衣主教羅德里格斯建議家庭理事會可以由一對夫婦負責，隸屬於將來為普通信徒設立的委員會。

針對梵蒂岡官僚體制的其他改革也在實施中，目標在於改變它的文化。大多數羅馬教廷的職位有待確定：方濟各已取消了65歲以下的神父的獎金與榮譽頭銜；從2014年2月起，梵蒂岡部門負責人已被告知不再錄用新人，不再漲工資，而且要極力削減開支，彌補預算赤字。與此同時，方濟各要求所有羅馬教廷的工作人員遵守強制靜修政策，同時他還要尋求其他途徑來補助和支持4000左右的職員。

　　方濟各成為現代教皇中最平易近人的教皇，人們時常於午餐時間在聖馬爾塔餐館看到他的身影。餐館的一邊擺着一張供他使用的桌子，但他每次都像來這裡就餐的其他人一樣，拿着餐盤排着長隊。訪客們稱他會走出聖馬爾塔餐館，親自迎接他們。而到了招待所後，那裡客人們時常驚訝地發現當電梯門打開時，教皇像普通人一樣和大家說笑着就走進去了（"我可不開口借錢，"他給大家開玩笑說）。秘書處不再是教皇直接對外接觸的瓶頸了，工作上的漏洞也不復存在。

　　這些變革並非總能讓他廣受歡迎。方濟各在教會領域之外異常受人歡迎的現實，卻與梵蒂岡不少人對他的評價形成對比，他們對他可以說是怨聲不斷。老一批的既得利益者失去了自己的控制權：曾經權傾一時的官員們覺得自己被排擠在外。聖艾智德團體的創立者安德列·里卡爾迪稱，"抵制成了家常便飯。"有些人對方濟各顯然蔑視天主教的禮儀與傳統的做法十分憤怒：他們稱他決定在復活節那一週的週四去為一位婦女洗腳，這直接壞了規矩；而且作為教皇，他可以自由去更換他們，但不能漠視他們。其他的人指責方濟各經常使用苛刻的語言，不符合羅馬教廷溫文爾雅的風格，而且感到他沒有站在他們那一邊，方濟各的"大兒子"的問題也頗受梵蒂岡詬病。然而，倘若把它看成羅馬教廷同方濟各的顧問之間關係緊張，那就錯了。"羅馬教廷中有不少職員也認為，羅馬教廷不能一成不變了，他們在自己的提案中也對我們表示支持，"紅衣主教羅德里格斯稱，"羅馬教廷決不是鐵板一塊。"

　　方濟各發動了反對精神低俗——他在佈道和致辭中多次強調這一點，有時措詞嚴厲——的運動，而他的致勝法寶，則是讓媒體曝光梵蒂岡的奢侈浪費行為。比如，2014年4月27日，梵蒂岡舉辦了褒揚保羅二十三世和約翰·保羅二世的活動，活動期間他們在梵蒂岡經濟事務署大樓的陽台上，為150位商人和記者舉辦要員宴會，據報道這次宴會花了贊助商——一家保險公司和一家石油公司——2萬5000美元，這讓方濟各大為惱怒。腦子裡時刻想着"方濟各可能不贊同這麼做"，這種念頭會產生一種寒蟬效應：觀察家稱梵蒂岡停車場裡的豪車數量驟減，主教們對穿奢華的法衣變得更為謹慎了。曾有一位資格很老的意大利紅衣主教以前有個弱點，就是喜歡穿做工考究且帶有辦公室標誌的衣服，經常到一家餐館用餐。但方濟各當選僅僅一個月後，這位紅衣主教卻穿着普普通通的黑色牧師裝，去這家餐館用餐。當被問及這身新着裝時，他說，"在這位教皇領導下，簡樸成了新的時尚。"

　　教皇方濟各在第一年任期結束時聲名鵲起，幾乎成了每家雜誌的封面人物，而且在民意測驗中都名列前茅，他被譽為一位模範領導，扭轉了重病纏身的羅馬教廷的命運，讓它重新成為這個世界的一支生力軍。《名利場》雜誌在2013年7月第一次向他拋出橄欖枝，宣稱"他的第一個百天任期，已經將他置於創造歷史的世界領袖行列。"在聖誕節到來之時，他成了美國《時代》週刊、英國《倫敦時報》和同性戀雜誌《擁擠者》的年度人物。他也成了《滾石》和《紐約人》長篇專題採訪的對象，同時也居於《財富》雜誌所評出的"世界最偉大的領導人"榜單之首，被《福布斯》雜誌稱為"世界上第四位最有權力的領導人"（名列美國總統、俄羅斯總統和中國國家主席之後）。在英國雜誌《展望》所評出的"世界頂級思想家"中他名列第五，同列其中的還有著名的經濟學家和哲學家如阿瑪蒂亞·森。《經濟學人》雜誌稱，哈佛商學院應該將方濟各與美國國際商用機器公司（IBM）的盧·格斯特納，以及蘋果的斯蒂芬·喬布斯放在一起去研究，因為他們都是"實現逆轉的總裁"，他們給行將死亡的機構注入了活力。該雜誌將方濟各描述為"一個僅用一年時間就重塑了羅馬教廷形象的偉人"。英國的《衛報》宣稱方濟各是當今"全世界反對安於現狀的最強音"，《金融時報》則稱他是"全球悲憫與謙恭的代表性人物"。

　　但並非每個人都感到開心。一位在聖彼得廣場附近賣紀念品的巴基斯坦商販哀歎，方濟各"天天把窮人掛在嘴邊，這樣一來窮人們都來梵蒂岡了，他們沒錢消費。"

　　在沒有更改一條核心教義——教皇不能隨意這麼做——的前提下，方濟各做成了一年前看似不可能做成的事情：對話當代西方文化的精髓。天主教徒不必再心懷戒心地屈尊行事；正如一位記者所說："總體效果就是讓教會重新登上世界舞台，讓人去敬仰、去愛戴。"然而，要非常準確地解釋方濟各所做的一切，卻並非一件易事。《時代》週刊之所以將方濟各評為它的"年度人物"，是因為"他讓羅馬教廷走出了宮殿，走上了街頭。"而且還因為"用慈愛來平衡人們的評判。"而它的前期宣傳——隨後予以更正——聲稱他"靠着自己的平易近人和拒絕教會的教條與奢侈贏得了人心，上了頭條。"一位觀察家稱，《時代》週刊追封方濟各為聖者，是想將他宣傳成"一位推進改革的人道主義者，努力讓天主教在曼哈頓的晚宴上被人們所接受。"這篇文章極力去說明一位教皇在沒有對教義做任何更改的情況下，卻改變了一切。它最後總結稱，他是一位公關大師。但這一點沒有說服力。真正讓民眾擁戴方濟各的，就是他表裡如一，他自由而坦誠地做事，對自己是否能上頭條漠不關心。正像《金融時報》所稱，方濟各"具有世界其他領導人無法媲美的誠與真。"

　　方濟各身上真正令人矚目的——儘管很少有人能像紅衣主教

申博爾恩那樣在就職彌撒上坦率地說出來——是他的行動、語言和姿態，喚醒了西方文化中一種模糊的、時常意識不到卻又讓人記憶深刻的那種雖鍾愛過卻又迷失的革命精神。

"有人說你是一個革命者，"巴塞羅那的《先鋒報》記者2014年6月採訪方濟各時稱。方濟各答道：

"在我看來，最偉大的革命就是深入群眾，認識他們，了解他們此時的心聲。做一個革命者和深入群眾並不矛盾。實際上，我認為不忘本是帶來真正變革的唯一途徑。在人生路上，倘若你不學會後退一步，不知道我們從哪裡來，我們姓什麼，我們的文化或宗教姓什麼，你永遠無法前行一步。"

深入群眾的人往往主張根本變革。方濟各的激進主義，誕生於他畢生深入鑽研《福音書》和神秘祈禱之後對主的非凡認同。那種認同讓他渴望簡樸與專注，渴望增加主顯靈的機會。他掌握的是既富有活力又能讓人緊張起來的領導藝術，一方面他讓大多數天主教徒歡欣鼓舞，吸引了教派之外的廣大民眾，另一方面他又讓教會裡的許多"團團伙伙"感到沮喪與不安。在這方面，昔日的貝戈利奧與今天的方濟各始終如一：一位激進主義者可能深深地吸引着人們，但永遠不會被所有人喜歡。

方濟各宣揚的慈愛源於他的頓悟：一個在被技術和財富轉變的世界，首先容易產生這樣一種錯覺：人類，而非主，是至高無上的。慈愛是進步的樂觀主義和保守的悲觀主義的一劑解藥，因為它將其希望根植於主對我們罪過的寬恕上面，而非根植於我們對自身資源的自信上面。這就是為何窮人能比富人和受過教育的人更快地領會方濟各的意圖，也是為何方濟各的反對者來自精英階層，這在一些特別論述中有所反映。

2012年的宗教會議披露了其中有些論述，尤其是那些在歐洲及美國做出的論述：由於存在着一種敵意文化，教會為了強調它的純潔與忠誠，對這種文化做出的必然反應就是採取防禦姿態，其結果就是導致教會江河日下。在無意識地展現這一點的過程中，西方文化迷戀上了主，可方濟各已向人們表明，教會是可以專心傳遞福音、傳教佈道的。那些有關宗教沒落和採取守勢的論述，“恰如一件禦寒冬衣，”邁克爾·西恩·溫特斯指出，“方濟各將這件冬衣拿掉，鼓勵每個人通過親身體驗，真正認識到其實天氣不再那麼冷了。它產生的效果，就是那些突然發現自己身上沒穿冬衣的人們感到困惑，而且他們會奇怪自己最初為何要穿上那件冬衣。”

方濟各隨心所欲的交流及他所宣揚的傳教的關鍵——也就是將關愛、仁慈和療治創傷的重要性放在規章與教義之前——尤其是冒犯了美國文化戰爭一線的某些人。有些人將方濟各在平日說教及頻繁接受採訪時的即興講話，看成是製造了容易被教會的敵人利用和誤讀的歧義。以前能夠給他們“信心，讓他們有堅實的教義依據去打一場漂亮仗的，”用一位反墮胎的作家的話來說，是“一種嚴格的體制，在這種體制裡，教皇說的每一句話或寫的每一行字，或者梵蒂岡任何一個辦公室就某件事情發表的聲明，都會被認真審核。”如今，她滿臉不悅地說道：“顯然（梵蒂岡）連個值班的都沒有。”

早在2013年5月，方濟各在早晨訓誡稱，耶穌已救贖了每個人，“包括無神論者，”這話似乎意味着無神論者無須轉變信仰便可得到救贖。類似這樣的言談招致有人批評他“幼稚”和“魯莽”，給了那些人（自由主義者）攻擊天主教的口實。在方濟各前去里約熱內盧的前夕，費城大主教查理斯·查普特告誡說，保守派對方濟各“並不是真的感到滿意，”因而“他必須去安撫他們。"2013年秋季，方濟各一鳴驚人的耶穌會訪談更加劇了他們的不滿，各大報紙報道這次訪談時，所用的標題對他們來說更是夢魘：教皇坦率地對教會關注同性戀和墮胎提出質疑（《紐約時報》）；教皇方濟各：教會不能"干涉"同性戀（美國有線電視新聞網）；教皇方濟各：教會不要緊盯着墮胎這件事情（《三藩市紀事報》）。他們想法讓許多人相信方濟各在兜售世俗的現代性，而這種觀念被諸如《時代》、《擁擠者》之類的自由派喜歡的刊物所推崇。

耶穌會訪談這一波未平，僅僅幾週之後另一波又起：方濟各會見了《共和報》的創辦者歐金尼奧·斯卡爾法里，這是一位九歲時由天主教徒轉變為無神論者的知識份子。《共和報》隨後便刊發了這條爆炸性新聞。

斯卡爾法里與方濟各之間的對話，顯示出教皇吸引非宗教信徒方面的偉大技能。他們倆之間的交流始於2013年夏天，當時的採訪內容刊登在《共和報》上。隨後，這種交流一直繼續着，到了10月初，斯卡爾法里還在《共和報》上發表相關的文章。他們最初在聖馬爾塔相遇，斯卡爾法里將自己由宗教信徒變為無神論者的經歷告訴了方濟各，這是一則典型的年輕信徒的現代童話，童話中的他在中學遇到笛卡爾（法國哲學家，數學家），最終開始相信個人，也就是"自由思想的基座"，是一切存在的基礎。借助溫和地同斯卡爾法里探討問題，解除他的戒心並讓他回憶宗教道路上遭受的挫折，方濟各最終使他對自己曾愛過的宗教重新燃起希望之火，而且承認他在人文哲學方面存在着欠缺，導致自己不能應對人類的挑戰。最終他們倆不但成為朋友，還成了合作伙伴，而且一致認為人類在忘卻關愛之後，自私便不斷滋長，這就需要心懷善意的男男女女們把它扭轉過來。他們之間的相互交流充滿溫情，相互尊重且生動有趣，並且澄清了各自的差異，所有這一切深深地打動了斯卡爾法里。

後來，他靠着回憶寫文章講述兩人之間的交流。（在文章刊登出來之前，斯卡爾法里提出先交給方濟各審閱一下，但方濟各卻說這純粹是浪費時間，並告訴他：“我相信你。”）刊登出來的採訪中有許多事情方濟各明顯說過，但其中有些話語卻非常不像出自方濟各之口，而且有些細節顯然是錯誤的——比如斯卡爾法里聲稱方濟各認同他參選之前曾產生過懷疑；方濟各不再相信罪惡的存在，因為主的仁愛與寬容是“永恆的”。梵蒂岡當局連續幾週在收到人們對這篇採訪的質疑，並做出相應的澄清之後，最終把它從其網站上撤了下來，聲稱這篇採訪儘管總體可信，但一些具體細節上卻並不準確。整個事件讓觀察家們大跌眼鏡：教皇怎麼能同意這樣一次採訪不錄音或抄寫一下呢？難道他不知道自己是教皇嗎？

2014年7月，方濟各與斯卡爾法里又一次會談（關於教會和黑手黨內的性虐待）之後，同樣的事情再次發生了。斯卡爾法里在《共和報》上發表的文章中，指出方濟各曾經親口說過什麼話，但牧師隆巴迪後來澄清，方濟各從未說過這類話。很顯然，對方濟各而言，斯卡爾法里誤用或者誤解他可能說過的話，比起他與斯卡爾法里之間建立起來的密切關係，以及他的文章能在宗教界之外產生的廣泛影響，並不算什麼，他看重的是後者。這種交流的目的就是能把話講到別人的心坎裡，這正是喬治·貝戈利奧當年加入耶穌會時的內心追求。若按傳統的等級觀念看待羅馬教皇這一重要職位的話，教皇的各種交流應該體現出清晰、連貫和高貴威嚴。顯而易見，方濟各的做法與此產生了直接衝突。

牧師隆巴迪一直都在鼓勵記者和評論員們接受教皇講話的

新風格：不拘禮節、即興，而且有時會將講話稿的整理和最終發表全權委託給別人。牧師隆巴迪指出，這就要求"採取一種新的詮釋方式，"以便能夠"闡述好講話的大致意思，而不是過多關注細枝末節。"但批評者指出，大多數人無法分清哪些是大致意思，哪些是細枝末節；他們關心的只是教皇都說了些什麼。一位保守的評論員指責方濟各"在虔誠的信徒中間製造了困惑、惶恐和迷亂，"他擔心"這樣一種不拘禮節且時常模棱兩可的交流方法，不但無法幫助樹立教皇莊嚴的訓誡權威，反倒會損害這種權威。"這位評論員補充說："教皇，像國王一樣，應該認識到自己的言論一旦公開發表，都不是無關緊要的小事。"然而，方濟各並不把自己看成是國王，只是把自己看成是漁夫。

　　對不少人來說，壓垮駱駝的最後一根稻草在2014年4月底出現了。一位阿根廷婦女在同一位離異男子結婚之後，自稱她接到了方濟各的電話，方濟各告訴她不要管她的神父怎麼說，去另外一個教區領受聖體好了。牧師隆巴迪拒絕對此發表評論，只是說即便是教皇的電話也不能讓誰有特權，人們要遵從的是教皇在聖馬爾塔小教堂的訓誡。隆巴迪補充說，方濟各是否打過像她所說的那個電話，目前還不清楚：紅衣主教貝戈利奧的新聞官費德里科·威爾斯，稱他在布宜諾斯艾利斯的時候頻繁接打這類電話，但他從來不會建議任何人去違背教會的教義。但在羅馬教廷及其他地方的許多人看來，先由教皇來接打這類電話似乎不太負責，尤其是由於這可能被人用來繞開當地的神父和主教。

　　方濟各聽到了這些批評，對自己的有些習慣稍做改變，算是他做出的回應，可彼此之間的緊張關係並沒有消除：他堅稱自己有同梵蒂岡教廷之外的某個人直接進行通話的自由。這是貝戈利奧似非而是的觀點之一：宣導聯合領導的教皇在以看似目空一切

的方式，行使自己的權威。最重要的是，方濟各了解民眾：他的
政府是一個高度人性化的政府，它繞開僵化的體制，借助密切關
係拓展合作，同時對整個機構進行嚴格管控。他懂得權力，而且
知道如何去用它。"具有諷刺意味的是，"有位在梵蒂岡有較好
職位的耶穌會會士說，"這位教皇一方面在大力解決教會出現的
中央集權問題，另一方面，他個人則是自庇護九世之後最集權的
教皇。大事小事都得打報告送到他的辦公室簽批。"

　　倘若保守的天主教徒有種無家可歸的感覺——以前的本篤
十六世在他們眼中是父親般的形象——那麼自由的或進步的天主
教徒重新有了歸屬感。《天主教國家紀事報》的牧師托馬斯·里斯
稱："等到第二屆梵蒂岡理事會召開之後，我們又能找到以前的
那種感覺了。"他補充說他已經"幾十年來沒像現在這樣對教會
抱有希望了……做天主教徒又變得挺有意思了。"保守的喬治·韋
格爾和托馬斯·里斯是經常進行友好爭論的對手，他感到疑惑不
解的是"他一直在美國的天主教會尋求着什麼，以前的幾十年他
都悶悶不樂。"里斯的話表達了進步的天主教徒們的一種普遍感
受，他們以前的幾十年裡都感覺自己是不受歡迎的異教徒。恰如
天主教宗教和公民權利聯盟主席威廉·多諾霍所講："左派現在嗅
到勝利的氣息了。"

　　然而，許多自由主義天主教徒卻誤讀了方濟各在涉及更大的
教義靈活性方面，所宣導的自由與隨心所欲的交流。北歐的自由
改革游說團對方濟各堅持維護天主教教義的完整，以及願意懲戒
未能做到這一點的牧師，感到有些不知所措。他支持梵蒂岡對美
洲修女聯盟主要組織進行改革，以確保這些組織能夠忠誠天主教
教義；他批准了對澳大利亞墨爾本的一位神父給予逐出教會的懲
處，因為這位神父擁護給女性授任神職。他批評有些人企圖對教

義進行取捨，聲稱忠誠教義是歸屬教會的一個根本。2013年11月他寫給大主教阿戈斯蒂諾·馬爾凱托的一封信中還明確表示，本篤十六世對第二屆梵蒂岡理事會給予了支持，他建議人們更為保守地解讀此次理事會。方濟各可能是一位激進的變革者，但他推行的變革基於這樣一個前提：教皇的使命就是捍衛主傳下來的教義，而且為了傳遞福音，天主教徒必須遵守大家對那種教義所形成的核心共識。

在接受耶穌會士的採訪時，方濟各稱不需要再對墮胎這個多年來人們一直談論的話題說些什麼了。可此後不久，他卻向天主教的醫生們談起這個話題，並將墮胎和一次性文化相提並論。他說道："每個還未出生的孩子，儘管已有了主創造的身體，卻被流掉。有些孩子甚至在還未出生之前，以及剛剛出生之後，都經受着這個世界的拒絕接納。"在《福音的喜樂》中，他說明了如何將反墮胎與保護人權結合起來。"人類是自身的目的，永遠不是解決其他問題的手段，"他指出，"一旦這種信念缺失，捍衛人權的堅固而持久的基石也將缺失，這樣一來人類時常會聽命於缺乏持久生命力的奇思怪想。"

方濟各支持保羅六世1968年頒佈的對人工避孕的禁令，並在這方面也採取了同樣明確的路線，這件事成了許多自由主義的天主教徒及其出版物的試金石，也成了他們對羅馬教皇不滿的緣由。在當選教皇一年之後，方濟各接受意大利《晚郵報》的採訪時，讚揚保羅六世在拒絕他任命的專家們提出的建議一事上的遠見卓識。方濟各稱："為了維護道德紀律，他有勇氣把自己置於少數反對多數的境地。他像文化河流的一道閘門，反對新馬爾薩斯主義（主張用節制生育來限制人口增長的一種人口理論，它提及拉丁美洲主教團委員會1968年頒佈的麥德林公告，講述了人工避孕的價值）。儘管宗教會議可能考慮涉及與教義有出入的宗教問題，但方濟各説："改變這條教義沒有問題。"

　　方濟各的激進主義不能與進步主義的教義或意識形態混為一談。它之所以是激進的，是因為它是傳教士的、神秘的主義。方濟各本能地、而且也是發自內心地反對教會中的"宗派"：他在履行教皇職責時，堅持主的臣民們，主要是窮苦人傳統的天主教義。他在一些將教會與西方世俗分裂開──自由主義者希望通過將教義現代化來填補這種裂痕──的熱點問題上，決不妥協。然而教皇顯然也不站在天主教右翼的立場上：他不會借助自己的權威來發動政治文化戰，他認為這方面的事情應由主教轄區這個層面來解決；他所提倡的是吸引與教化；他覺得沒必要去重複探討大家都已熟知的事情，他只想強調曾被忽略的方面──行善與寬容。天主教的保守主義者喜歡更多地談論道義而非社會問題，方濟各卻恰恰相反，他這樣做是為了讓天主教義"沒有缺漏"。

　　方濟各力圖團結世界各地的宗教，就像20世紀70年代他在耶穌會的所作所為。他紮根於普通信徒和窮困之人，同時讓全球12億天主教徒關注自己的使命與福音傳道。他請"各個宗教團體"不要只是拘泥於自己教會的計劃與概念。他給不同年齡段的天主教徒們都提供了最大的機會，讓他們填平自由主義與保守主義之間的鴻溝：他是第一位雖由宗教大會選出，卻不站在任何一邊的教皇；他早就看到了把宗教會議引入歧途的誘惑，但他敢於拒絕這種誘惑。

　　約翰二十三世和約翰·保羅二世分別是各"邊"的代表人物，方濟各在2014年4月召開的第二屆梵蒂岡大會上，同時追封上述兩位教皇為聖者，這讓他的推進雙方團結的工作邁出了重要一步。這次追封儀式啟發了美國一位著名的共和黨人士和一位著名的民主黨人士，他們發表了一份聯合聲明，呼籲他們各自的天主教徒走出各自的小圈子，建立一個共同的平台，把墮胎和移民視為牽扯到生命權的大事，"維護生命的尊嚴與為社會正義而鬥爭，並不是水火不容的政治議程，而是為建立一個公正社會所要確立的同一道德架構的一部分。"

在方濟各看來，對他這一代人來說，"偉大的靈光"就是保羅六世，他已追封其為聖者。幫助天主教徒與宗教會議步調一致的另外一個重要時刻，就是為本篤十六世舉辦葬禮的時刻，這是有史以來首次由一位教皇去安葬另外一位教皇。在天主教保守主義者眼中，本篤如同一位能給人以勇氣的父親。儘管方濟各走上教皇的位置得到了本篤的提攜，但他卻覺察到一個時代走向終結，於是便培養新生力量，鼓勵拉美的教會在世界宗教舞台上找到自己的位置。方濟各2013年7月在科帕卡巴納海灘表達了對本篤的感恩之情，他告訴那裡的眾多香客們，他從電視上了解這裡的活動進展情況，而且他還為這裡的每個人祈福。看見年輕人猶猶豫豫地喊着"本篤"，方濟各便帶領大家一起高喊"本篤！本篤！"

方濟各曾說過等時間到了，他也會決定是否辭職（"主讓我做什麼我就做什麼，"他告訴《先鋒報》。）。許多人認為這是不可能的事情，方濟各在身體變得過於虛弱之前，會一直呆在這個位置上。當一位記者提起方濟各拖着虛弱的身體每週在廣場上露面時，方濟各對這位記者說："坦率地講，在我這個年齡，我已經沒有太多可輸的了。"但如果他真的辭職的話，很多當年在布宜諾斯艾利斯與他關係很近的人都認為，他會返回自己熱愛的這座城市，儘管這看似並不確定。如果他不退休，那麼他會住在教會之母修道院。這樣的話，到時新的人選該怎麼辦呢？一種做法就是仿效名譽退休的教皇本篤十六世住在山上，另外一位教皇也在那裡——阿根廷的耶穌會曾這麼做過。

喬治·方濟各的激進主義源自他樂意走進民眾中間，向他們宣傳《福音書》；儘管他有超強的智力、敏銳的政治頭腦和很高的神學造詣，但他的信仰卻很簡單，很純潔：主是至高無上的，邪惡很猖獗，我們必須學會辨別和選擇。在辨別善惡方面歷練了50年的方濟各，不再把邪惡看成是一種虛構的事情或神學上的命題，而是看成一種每天都要面對的現實，看成是"這個世界的王子"，他仇恨聖靈借助財富、權力和出人頭地去引誘人們，慫恿人們去指望自己的資源，而非主的資源。"仇恨的根源在於：我們被拯救了；但這個世界的王子不想讓我們被拯救，他憎恨我們，而且從很早之前主誕生的那個時候直到現在，他一直讓迫害大行其道。"方濟各在2013年的訓誡中，告誡人們"你無法和那個王子對話。"

他透過世界上棘手的、充滿暴力的衝突看到了邪惡。2014年6月8日，他把以色列總統希蒙·佩雷斯和巴勒斯坦總統馬哈茂德·阿巴斯一起請到梵蒂岡，共同為和平祈禱。他對他們說："我們不止一次已經到了實現和平的邊緣，但邪惡之人利用各種手段，成功地阻止了和平的實現。這就是為何我們要來到這裡，因為我們知道而且我們也相信，我們需要主的幫助。"

方濟各相信祈禱的力量，認為它能夠履行"看似不可能的外交使命。"因此，2013年9月8日，方濟各跪在聖彼得廣場聖母塑像前，帶領着廣場上的數萬信徒，以及世界各地千千萬萬民眾，為敘利亞的平和進行3個小時的守夜祈禱，祈求主能結束這個國家野蠻、悲慘的大屠殺。"我多麼希望所有的善男信女能凝望十字架，哪怕只是一會兒，"他說道，"在那裡，我們能看到主的應答：不能以暴制暴，也不能用讓人死亡的威脅來應對死亡。在十字架的靜默中，各種武器的咆哮聲停止了，人們聽到的是和解、寬容、對話與和平的聲音。"那天晚上，有不少德高望重的人參加了祈禱。第二天是個星期天，方濟各在梵蒂岡花園裡漫步，一位園丁送給他一朵白玫瑰。次日，俄羅斯總統摧毀敘利亞化學武器庫的指令，比計劃中的美軍轟炸先行一步。

他還相信私人交往具有傳遞神恩的力量，這就是為何他前去中東時，會帶上來自布宜諾斯艾利斯的猶太教和伊斯蘭教的好友亞伯拉罕·斯科卡拉比和奧馬爾·阿布德——在教皇的官方隨行團中還有其他教派的領袖，這堪稱開創先河。他們三人一直呆在一起，這本身就給分裂的教派傳遞了一個強烈的信息。當這三人站在耶路撒冷的哭牆前擁抱時，每個人的眼淚都在盡情地流淌。

私交也能給基督教的團結帶來突破性進展，比如方濟各和五旬節派的主教托尼·帕爾默私交不錯，當年方濟各在布宜諾斯艾利斯擔任紅衣主教時兩人就相識了，方濟各便通過托尼·帕爾默來做工作。帕爾默2014年1月在聖馬塔之家遇到方濟各，方濟各在帕爾默的智能手機上錄了一段視頻，讓他在下一週帶到即將召開的一次會議上，數百位超大型教會的牧師和福音派領袖將參加這次會議。在智能手機拍攝的一張懷舊照片中，方濟各坐在一把綠色的煙窗型椅子上，一盆一品紅做背景。方濟各在這段視頻中稱，他渴望基督教結束分裂，並且提及已經開始出現的"團結的奇跡"。當這段視頻轉發之後，帕爾默收到了世界各地福音派領袖發來的短訊，詢問他們能為推動團結做些什麼。

2014年6月24日，帕爾默把五個福音教派的領袖們——他們可能代表着8億人——帶到聖馬塔之家與方濟各會面。在這次會面中，那些領袖們聲稱他們想與羅馬的主教團結起來，雙方可從發

表一個宗教團結的共同宣言做起。天主教與福音教派都擯棄企圖歸化對方的一切敵意，並宣稱他們共同發佈同一部《福音書》。

幾天後，帕爾默離開倫敦前去南非兩週，從機場給我打電話講述了這次會面。他說教皇方濟各在客人們眼中像"一位兄長"一樣："開朗、質樸、謙恭、真誠、高尚、友好、熱情。"他和領袖們同方濟各一起談了一個小時，隨後大家一起用午餐，一直吃到下午3點。帕爾默稱方濟各"就像一個大男孩。大家度過了美妙的時光。"

帕爾默說他希望在這次會談中討論的這份非同尋常的宣言，能夠2017年在羅馬簽署。屆時可以專門舉辦一個天主教會——路德教會共同典禮，以紀念馬丁·路德的95篇論文發表500周年。他說方濟各已經將他的計劃草案拿走，並在對它進行斟酌，帕爾默期望自己返回倫敦之後，能夠得到新消息。

帕爾默回來後不久，也就是此書剛要出版時，便死於一起摩托車車禍。他的葬禮在英格蘭的巴思舉行，大家為他做了天主教安魂彌撒；隨後，他被安葬在附近的一個天主教墓地，最終與自己感覺那麼親切的宗教結合一起。她的妻子埃米利亞納在葬禮上宣讀了方濟各發來的唁電。方濟各在唁電中稱，他和他的親密朋友"過去常常在同一個教派祈禱"；帕爾默出於對主的愛，將自己的生命奉獻給宗教的團結事業；所有愛他的人會在他的熱情的激勵下，繼承他留下了珍貴的遺產，繼續前行。"

梵蒂岡的記者們現在很忙。過去他們靠着從他被禁止的說教及聲明中摘抄一些語句，來拼湊成一篇報道，可如今這樣的日子一去不復返了：方濟各每一次活動中可能會做些什麼或說些什麼，這都讓前來採訪的記者們絲毫不敢懈怠。他們的編輯想要故事：方濟各時刻都在推銷着故事。記者們在自己寫的簡介裡經常使用"史無前例"、"非同尋常"和"歷史性的"之類的詞語。梵蒂岡颳起了新聞旋風。

方濟各在擔任教皇的18個月裡接受採訪的數量，要多於他做紅衣主教12年間接受採訪的數量（他年長的新聞官費德里科·沃爾什笑稱："（譯者：把我累成這樣）我真想把他殺了"。同時，他還會在飛行途中接受記者採訪，這種時候什麼樣的問題都可能提出來。這樣做的結果是大家的關係更密切了。方濟各2014年6月底接受羅馬的日報《消息報》採訪時，那位記者感到採訪氣氛非常融洽，便詢問她能否提出批評意見。"當然了，"方濟各説。她指出他只把女性當成妻子與母親來談論，而不是當成國家的領導人或大公司的總裁來談論。他明白她話裡的意思，稱他們正探討一門新的女性神學。在這次採訪中，方濟各還表示他或多或少地保留着他在布宜諾斯艾利斯的生活風格，只是做了一些必要的調整。"在我這樣的高齡，要做出改變有點兒可笑，"他説道。他告訴朋友們，有些事情他非常留戀：不能外出，去坐坐公交了。但他們報道説，他很高興，而且很放鬆，更愛表露自己，更快樂了。他喜歡當教皇。

他離開了布宜諾斯艾利斯，許諾會回來的，卻沒回來。在他成長的這個城市中，他如今成了仁愛的化身，他的笑容綻放在貧民區裡貼着的海報上，他成了歡樂的圖標，成了國寶，也成了布宜諾斯艾利斯市政府組織的3小時"教皇之旅"的話題。"教皇之旅"是一項旅遊推介活動，旨在讓布宜諾斯艾利斯成為世界各地朝聖者們前去的目的地。當年他父母在弗洛里斯生活的地方，如今建成了一所現代的小房子。公共汽車會帶你先來參觀這所房子，下一站去他接受浸禮的教堂，途中經過被他當作學習場所的一座修道院，以及一座他做第一次懺悔的教堂，在那裡他聽到了主的召喚，而這決定了他的人生走向。公共汽車接着帶你到他學習化學的初中，在卡里·康達科的牧師退休住宅，以及他做了部分肺切除的神學院，瑪麗亞·德薩塔努多斯不斷解開人們心結的教區，最後到達五月廣場的天主教堂，那裡的人會帶你去看當年方濟各買報紙的報亭，理髮的理髮店。這一切現在雖已離他很遠，卻永遠不會在他記憶中消失。

嶄新的領域尚待開發：現在履行使命時應該放眼全球。當古老的基督教文明在伊拉克被殘酷摧毀時，教會在亞洲獲得重生。而有些事情保持不變。他每天黎明起床去傾聽，然後走出去宣告能滋潤主的聖徒們心田的訊息。每天都帶來新奇，當聖靈有了施展的空間時他就本應如此。

"聽好了，"方濟各在2014年週日的聖靈降臨節告訴聚集在聖彼得廣場的數千民眾，"倘若教會有生命，它必定總會帶來驚喜。"隨後他笑了笑說："沒有能力給人們帶來驚喜的教會，是虛弱的、患病的、垂死的教會。它應該立刻被送到醫院的康復室。"

鳴　謝

大西洋兩岸的許多人都為《教皇方濟各傳——偉大的變革者》的出版提供了幫助。

在阿根廷，我非常幸運地結交到有知識、人脈廣的朋友，我非常感謝《波士頓環球報》駐羅馬記者伊內絲·聖馬丁花數週時間轉錄採訪內容，並為我提供數不勝數的幫助與建議。胡安·帕布魯·卡納塔、羅伯特·博斯卡和費德里科·沃爾什是我可靠的朋友和領路人。標準委員會（我對自己是其中的一位成員感到自豪）為離家的我又提供了一個家，該委員會編輯、我的另外一位老朋友何塞·瑪麗亞·普瓦里耶與我分享了他的幽默、遠見、人脈和故事。牧師卡洛斯·加利在不止一次的會面中都給了我指導。與此同時，牧師伊格納西奧·佩雷斯·戴爾·比索、耶穌會會士阿方索·戈麥斯、費爾南多·塞韋拉、胡安·卡洛斯·斯坎諾內、萊奧納多·納丁、拉斐爾·韋拉斯科幫我找材料，安排採訪，做進一步的澄清。我還要感謝攝影師恩里克·坎加斯在第一天就帶我去21號貧民區，感謝聖埃吉迪奧的馬可·蓋洛幫我介紹各宗教的規模，感謝卡里達斯的丹尼爾·加斯曼給我講述貧苦人的世界，感謝伊萬傑琳·希米提安充當我接觸福音派信徒的橋樑，感謝薩爾塔省的喬治·米利亞和聖達非的安娜及瓦爾特·阿爾沃諾斯，他們以多種方式給我提供幫助。在收集素材和統計數字方面，我非常感謝國家科學圖書館和耶穌會的元老院，感謝在聖達非一家地方報紙工作的古斯塔沃·維托里幫我挖掘出一篇老文章，感謝喬治·岡薩雷斯·瑪門特讓我參考他尚未出版的回憶錄，還感謝安德列·埃斯特班·巴約為我提供照片。

在里約熱內盧，我的老朋友埃恩納多·賓格馬給我介紹了方濟各何時來到城裡，在他的祖籍國阿根廷創建耶穌會。在智利的聖地牙哥，天主教大學的索菲亞·烏爾夫和耶穌會的安東尼奧·德爾福牧師，就像耶穌會會士胡安·巴爾德斯那樣熱心提供幫助。

我衷心感謝你們所有人，還有那些不想被提及姓名的人。

在羅馬，我還應向耶穌會的一位朋友邁克爾·車爾尼牧師道謝，謝謝他耐心的幫助和寶貴的建議；感謝瑪麗亞·利亞·澤維諾講述了貝戈利奧的故事；保羅·羅達里澄清了有關元老院的事情；感謝費德里科·隆巴迪及其梵蒂岡新聞辦公室的同事們；感謝鹽和光團隊的托馬斯·羅西卡，馬科·卡羅奇奧和聖十字教堂的新聞部；感謝教廷國務院的葛列格·伯克。正像我在文中說明的那樣，我要真誠地感謝眾多不知疲倦的梵蒂岡新聞搜集人士和分析人士，我在羅馬期間他們總是樂於提供幫助，他們是約翰·阿倫、辛蒂·伍登、弗蘭克·羅卡、菲力浦·普利拉、妮可·溫菲爾德、安德里亞·托爾涅利、羅伯特·米根思、傑勒德·奧康奈爾和亞歷山大·斯佩恰萊。

在紐約，我那位很有耐性的經紀人比爾·巴里聯繫了亨利·霍爾特出版社，出版商史蒂夫·魯賓和編輯瑟瑞娜·瓊斯，他們經營着一個作家的夢之隊。在華盛頓，衷心感謝喬治·威格爾、凱薩琳·洛佩茲和保羅·埃利。

在英國，我由衷感謝耶穌會的牧師、牛津大學坎皮恩學院院長詹姆斯·哈尼牧師中肯的建議、明智的指導、熱情好客，以及大度地讓我使用圖書館。我還感謝牛津大學圖書館和拉美中心的職員，特別感謝我的同事們和天主教之聲董事會，由於我寫書暫時離開，他們承擔了額外的工作，尤其是傑克·瓦萊羅、凱思琳·格里芬、愛琳·科爾、克里斯托夫·摩根和伊莎貝爾·埃林頓。

　　我最應該感謝的是我的妻子琳達，她給我提供了我可能會需要的一切，早晨喊我起床，讓我在最後期限內完成這部作品，而一旦我完工了，她便用美味佳餚犒勞我。她和家裡養的狗都不曾抱怨我在家中花那麼長時間去寫一位阿根廷教皇。

　　最後，真摯感謝與我同甘共苦的伙伴利雪區的聖·特雷斯和瑪麗亞·德薩塔努多斯，提供了只有我們才知道的額外幫助。

於英國牛津郡

2014年7月